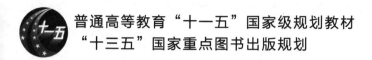

普通高等教育"十一五"国家级规划教材
"十三五"国家重点图书出版规划

王斯德　主编

世界通史 第三版

第三编　现代文明的发展与选择
——20世纪世界史

余伟民　郑寅达◎著

华东师范大学出版社
·上海·

图书在版编目(CIP)数据

世界通史.第三编,现代文明的发展与选择:20世纪世界史/王斯德主编.—3版.—上海:华东师范大学出版社,2020
ISBN 978-7-5675-5092-6

Ⅰ.①世… Ⅱ.①王… Ⅲ.①世界史—高等学校—教材②世界史—现代史—20世纪—高等学校—教材 Ⅳ.①K10

中国版本图书馆 CIP 数据核字(2020)第 035424 号

普通高等教育"十一五"国家级规划教材
"十三五"国家重点图书出版规划

世界通史(第三版)

第三编 现代文明的发展与选择——20世纪世界史

主　编	王斯德
著　者	余伟民　郑寅达
责任编辑	范耀华
特约审读	朱　茜
责任校对	王丽平
装帧设计	俞　越
出版发行	华东师范大学出版社
社　址	上海市中山北路3663号　邮编 200062
网　址	www.ecnupress.com.cn
电　话	021-60821666　行政传真 021-62572105
客服电话	021-62865537　门市(邮购)电话 021-62869887
地　址	上海市中山北路3663号华东师范大学校内先锋路口
网　店	http://hdsdcbs.tmall.com
印 刷 者	上海华顿书刊印刷有限公司
开　本	787×1092　16开
印　张	20.5
字　数	444千字
版　次	2020年4月第1版
印　次	2021年12月第2次
书　号	ISBN 978-7-5675-5092-6
定　价	54.00元
出版人	王　焰

(如发现本版图书有印订质量问题,请寄回本社客服中心调换或电话 021-62865537 联系)

Preface 前言

人类历史、人类文明社会的历史和世界历史是类似同心圆结构的三个既重合又不同的概念。其中,人类历史是涵盖面最大的圆,从地球上出现最初的人类群体算起,大约已有300多万年;人类的文明史一般指脱离了蒙昧和野蛮状态、有了文化传承和形成了社会运作机制的人类历史,这样的文明社会历史大约已有五六千年;世界历史则是最小的圆,它是指人类社会进入了整体性发展、形成了世界性体系结构的现代工业文明时代以来的历史,如马克思和恩格斯所说:"大工业……首次开创了世界历史,因为它使每个文明国家以及这些国家中的每一个人的需要的满足都依赖于整个世界,因为它消灭了以往自然形成的各国的孤立状态。"①这一工业文明时代的历史大约发端于16—18世纪,目前仍在延续、发展。

《世界通史》,顾名思义是对世界历史的通观,它所考察的对象应当是人类社会作为一种整体性历史运动的发展进程。它之所以区别于国别史和地区史,首先就在于它以"世界"——人类社会的整体作为自己的考察对象和研究视域;而它之所以区别于更广义的人类史或人类文明史,也在于它所确立的中心概念——"世界"具有结构意义上的特殊内涵,而不是一般意义的对人类社会的泛指。然而,人类社会的发展并非一开始就具有世界性,"世界史不是过去一直存在的,作为世界史的历史是结果"②。严格意义上的"世界历史"只是在最近的500年间才逐步形成,尽管在发展的速度和程度上这500年的变化是以往任何时段所不能比拟的,但毕竟只是人类历史长河中短短的一程。而且,世界历史的发生学研究也需要从人类社会的各个时段、各个局部的发展形态中破解整体性运动得以形成的历史基因及其组合密码。因此,《世界通史》对人类社会整体运动的考察不可能仅限于500年左右的世界历史,在内容上必然要扩及世界历史的漫长前史,贯通人类社会从远古以来、迄今为止的历史总进程,包含着前世界历史时代的地域性历史。

从总体上看,人类社会的发展线索可以概括为两个基本向度:

一是纵向的发展,主要指人类文明形态的演进。以生产力和生产关系的发展为主轴,人类社会由文明的低级阶段向高级阶段演进,迄今已发生过两次大的文明转型,即从原始的采集、游猎文明向农业(游牧)文明的嬗变;从农业文明向工业文明的飞跃。目前,正在继续向更高级的后工业的新型文明演化。虽然在进入工业社会前各地区、各民族的具体文明形态表现不一,各自的发展路径别具特色,但在多样性中仍然展现了人类文明由生产力水平较低的简单生产方式向生产力水平较高的复杂生产方式发展的总趋势,以及发展水平大致相当

---

① 《马克思恩格斯选集》第1卷,人民出版社1972年版,第67页。
② 《马克思恩格斯选集》第2卷,人民出版社1972年版,第112页。

的诸文明区域之间生产方式的共性特征。这些在相对孤立的发展条件下形成的文明共性，一方面反映了人类作为生物种群的统一性和作为社会种群在行为方式上的普遍性；另一方面也说明了即使在地域性文明时期，人类整体性发展的基因已经存在，这就为后来工业文明的全球性扩展提供了前提。

二是横向的发展，主要指不同文明间的接触、交流、融合、冲突和主流文明的扩展。人类社会的早期文明呈点状分布，在各个原始民族的群落独立地发展，以后随着生产能力的提高和共同体结构的扩大，高度分散的文明点逐渐聚合为较大范围的文明区域。在自然经济条件下，人们既缺乏远距离沟通的技术手段，也缺乏外向型发展的驱动力，所以文明的横向扩展是有限的。诸文明区域间的接触和交流主要发生在交通相对便利的欧亚大陆和北非，主要形式是互通有无的贸易和由商人、宗教使者、探险家推动的文化交流，而历史上通过军事征战一度建立的跨地域大帝国（如阿拉伯帝国、蒙古帝国、奥斯曼土耳其帝国等）也在客观上促进了不同区域间文明的交流。但总体来看，各个地区的民族和国家基本上沿着各自的传统发展路线平行地发展，地域性特征相当明显。至于有些地区，如撒哈拉以南非洲、美洲和澳洲，因为有沙漠、大洋的阻隔，更是处在与其他地区基本隔绝或完全隔绝的状态，文明发展的孤立性更为突出。一直到15世纪末，人类社会的横向发展受到纵向发展程度的严重制约，地域性历史的格局没有根本的变化。

人类社会从地域性历史向世界历史的跨越是横向发展进程中的重大突破，这一具有根本性转折意义的突破是与纵向发展进程中文明形态的重大飞跃——工业文明的兴起联系在一起的。由于工业生产方式从根本上改变了人类受土地束缚的自然经济形态，极大地拓展了人类生存和活动的空间，同时，工业生产方式所提供的经济增长和财富积累的巨大可能性也强烈地刺激了人们追求利益的欲望和不断扩大再生产的需求。这一社会发展机制上的革命性变化带动了全方位的社会形态的变革，人类由传统的农业社会进入了现代工业社会，这个意义上的社会转型也就是通常所说的"现代化"。

现代化的世界进程也就是世界历史的形成过程。这一过程开始于西欧。1500年前后，西欧地区社会结构中有利于制度创新的各种因素通过一系列彼此联结的历史运动（文艺复兴、地理大发现、宗教改革……）而会聚、互动，最终为工业文明的诞生准备了知识基础、制度环境和政治、经济、文化条件。16—18世纪的200年间，西欧地区的科学革命、思想革命、政治革命和产业革命接踵而至，在英、法等国首先塑造了现代社会的原型。此后，就开始了工业文明向全球的扩展。与此同时，以西欧国家为中心的殖民体系作为工业文明扩展的载体而建立起来，到19世纪末，随着世界被列强瓜分即殖民地的"全球化"而形成了世界历史的第一种结构形态——欧洲列强支配的资本主义世界体系。这种形态的世界体系虽然已经具备了一个辐射世界的经济体，即欧洲国家运作的世界市场，但它的世界性又是不充分的，因为世界上大部分国家和地区并未获得进入世界体系的自主权。从这个意义上说，16—19世纪的世界史还只是世界历史的初级阶段。人类社会的整体性发展已经在工业文明的扩展中启动，但是由于工业文明的发展程度还不高，世界体系的早期形态还延续着传统的帝国式政治结构,欧洲之外的大部分地区还未能展开自主的现代化进程,所以,这一阶段的人类社会整体性运动尚处在较低的水平,很多国家的发展不同程度地依然滑行在传统社会的轨道上。

20世纪,在迄今的人类社会发展史上,最充分地展示了具有内在统一性的世界历史运动。这100年间,大工业所开创的世界现代化进程决定性地超越了区域性发展阶段,工业文明的全球普及和现代社会发展机制的全球扩散最终把世界各个区域联结成为一个相互依存、不可分割的整体,人类在经济力量的驱动下,在伴随着各种矛盾和冲突的历史进程中,进入了全球性现代化的世界历史新阶段。

从区域现代化向全球现代化的推进,是工业生产力主导下人类社会整体性发展的必然趋势。这一突破性的进展之所以能在20世纪实现,主要是由于20世纪的历史运动创造了有利于"全球化"的基本历史条件。

第一,20世纪是科学技术不断取得革命性突破的时代,由此带动了社会生产力的大发展。如果说,16—18世纪先后发生在欧洲的近代科学革命和工业革命从地球上的一个区域启动了现代化的世界进程,那么,20世纪初以现代物理学理论的创立为标志的现代科学革命及其推动下的持续的技术革命(尤其是20世纪中后期在能源、信息、材料、生物工程和空间技术等领域取得的巨大进步)通过充分释放工业生产力的潜能,使工业文明的扩展获得了从根本上突破自然区域障碍的强大技术支撑。在现代交通技术和通信技术条件下,居住在地球各区域的人们已不再受自然的时空间隔的束缚,全球性的人员、资金、物资流动和信息沟通成为现代化世界进程进入全球化阶段的重要特征。

第二,20世纪是世界体系经历裂变和重组、向全球统一的世界市场过渡的时代,奠定了经济全球化的基础结构。世界历史的发生、发展与世界体系(首先是经济体系)的建构表现为同一个过程,这一过程约从500年前即已开始。但是,在16—19世纪的早期现代化进程中所形成的世界体系的初级形态还不具有充分的世界性,现代化的区域性严重地限制着世界体系的结构特性。那种以"欧洲体系"为骨架的"世界体系"在进入20世纪后因内外矛盾的激化而发生剧烈动荡和裂变。以战争与革命为基本特征的20世纪上半叶的历史进程,也就是世界体系初级形态的解构过程。然而,这一否定性的历史进程所抛弃的并不是世界体系的本体,而是它的前现代因素。所以,看起来似乎矛盾的现象是,恰恰在解构性运动中,世界历史的整体性进一步增强了,多种选择取向的出现及其斗争并没有背离人类走向现代文明的普遍道路。第二次世界大战是世界体系从解构走向重构的转折点,世界主导力量的转移和殖民体系的瓦解为世界体系的重新整合准备了条件。但是,二战后出现的东西方冷战格局延缓了统一的世界市场的形成,在国际政治层面的两极结构影响下,世界体系一度表现出二元特性。实际上,这种二元性所反映的仍然是世界体系重构中的过渡性。作为世界体系基础的世界市场的本质是由经济运动的客观趋向决定的,所以,即使在冷战过程中,世界体系的重构仍然按其固有的规律调整着世界历史运动的各个层面,其中包括世界经济全球化趋势的加强和国际政治朝多极化方向的发展,最后以二元结构的整合和两极结构的崩溃结束了冷战。冷战后,世界市场的全球性得到了充分展示,市场经济的运作机制也得到了普遍认同。世界体系的发展所提供的结构性要素与科技革命所提供的技术性要素相结合,成为世界经济全球化趋势不可逆转的深刻根源。

第三,20世纪是民族解放运动席卷全球的时代,殖民帝国的崩溃和殖民体系的瓦解以及在此基础上现代民族国家的普遍建立,为世界体系的政治结构奠定了具有普遍性的单元(行为主体)形态。全球现代化虽然是从区域现代化发展而来的,但本质上它不是某一区域发展类型的放大,而是各个区域内在的现代化因素发展融合的结果。只有在每一个地区、每一个民族都获得自主选择发展道路权利的前提下,人类才可能真正形成发展的共识,走上普遍发展的道路。所以,现代意义上的民族解放运动及其推动的世界历史进程是人类社会走向全球现代化的必要政治途径。在这个过程中,社会主义取向的革命运动和现代化实践发挥了重要影响,它不仅是引导和推动民族解放运动的强大政治力量,而且为全球现代化的文化内涵和价值坐标提供了符合人类整体和长远利益的理论导向。

总之,人类历史的纵向发展和横向发展是互相联系、互相推动的。纵向发展的水平决定着横向发展的程度,横向发展的突破又反作用于纵向发展,使纵向发展的速度大大加快,人类文明由此发展到今天的高度。20世纪末的世界相当清晰地凸现了人类历史的"世界性"即整体性发展,也充分地展示了现代文明和现代社会在全球范围的结构性特征。在这个意义上可以认为,20世纪基本完成了地域性历史向世界历史的转变。

以上所述,是我们站在20世纪和21世纪之交的历史高度对世界历史的总体认识,也是我们这部三卷本《世界通史》的基本理论架构和分编的依据。我们认为,世界通史作为宏观史学,首先要把握人类社会纵向发展和横向联系的总体运动规律,揭示人类社会由地域性历史向整体性历史发展的大趋势。通史的灵魂在于"通",要有一种贯通古今、融会经纬的历史通感,"登高壮观天地间,俯仰古今一脉流"。同时,通史对历史进程的阐释又必须建立在具体的、生动的历史事实的基础上,所以宏观考察与微观考察应当有机地结合,取精用弘,执简驭繁,将普遍性和特殊性统一起来。当然,通史的理论架构可以各有特色,各家"通"法不一。以已有的各种通史著作为例,有的以王朝更迭为主线,有的以社会形态演变为脉络,有的以阶级斗争为纲要,有的以社会现代化进程为坐标,……"横看成岭侧成峰,远近高低各不同"。相异的视角,不同的史识,形成各种通史体系,这是学术生态的自然景观。百花齐放,才有百家争鸣,客观历史运动的复杂性需要史学研究的多维性,各种理论架构的通史可以从不同的侧面解读人类历史,丰富人们的历史意识。就通史的研究和写作而言,不同学派的学术争鸣能够深化人们的认识,以此提高通史著作的质量,使新出版的著作后来居上,有所突破和创新。

新世纪版的《世界通史》,除了内容上要尽力反映史学研究的新成果,在历史观念、理论框架和编撰体系上更应当吸取以往各种通史著作的经验,结合史学理论的新发展,形成自己的特色和创新点。而在理论创新方面,关键是正确运用马克思主义唯物史观,理解和把握世界历史运动的本质。在此基础上,重视整体性和结构性,是研究世界通史的基本视角和方法。只有揭示了世界历史的结构性特征,才能从整体上对世界历史的发生、发展过程及其阶段性作出吻合于世界历史本质的解释。否则,面对繁杂的历史事件和色彩斑驳的历史行为主体,世界通史的编写很容易陷入历史事件堆砌或国别史汇集的窠臼。

当前,以经济全球化为驱动力的世界历史运动正在将人类文明推向新的高峰。鉴往知来,跨入新世纪的人们比以往任何时候都更需要用世界历史的眼光审视过去、理解现实、展望未来。我们希望,这部新世纪版《世界通史》能够为满足这种需要有所贡献。

目录

第一章　20世纪初世界的动荡与重构 / 1

第一节　列强支配下的世界 / 1
一、世界进入整体发展阶段和欧洲的优势地位 / 1
二、非欧洲国家的崛起 / 2
三、新现象和新事物 / 3

第二节　世界格局转换中的局部冲突 / 4
一、三国同盟与三国协约 / 4
二、两次摩洛哥危机 / 5
三、波斯尼亚危机和两次巴尔干战争 / 5

第三节　第一次世界大战 / 6
一、大战的爆发 / 6
二、战争第一阶段 / 7
三、战争第二阶段 / 9
四、战争第三阶段 / 9
五、战争的结束 / 10
六、战争对交战国经济和社会的影响 / 11

第四节　凡尔赛—华盛顿体系 / 12
一、列强对战后世界新秩序的基本构想 / 12
二、凡尔赛体系 / 14
三、欧洲政治地图的改划 / 15
四、国际联盟的建立 / 16
五、华盛顿体系 / 18

第二章　苏联模式社会主义现代化道路的开创 / 21

第一节　俄国革命的兴起 / 21
一、社会矛盾的深化和革命形势的酝酿 / 21
二、工人运动与列宁主义的诞生 / 22
三、1905年革命 / 24
四、斯托雷平改革 / 26
五、1917年二月革命与沙皇制度覆灭 / 28

第二节　1917年十月革命和苏维埃政权的建立 / 30
一、两个政权并存 / 30

二、列宁的革命战略和策略 / 31
　　三、七月至十月形势的变化 / 32
　　四、十月武装起义 / 35

第三节　苏俄社会主义道路的探索 / 38
　　一、苏俄建国初期的内外政策措施 / 38
　　二、国内战争与"战时共产主义" / 43
　　三、新经济政策的推行 / 47
　　四、苏维埃社会主义共和国联盟的成立 / 50
　　五、列宁逝世前后的党内斗争 / 53

第四节　"斯大林模式"的确立 / 57
　　一、新经济政策的终结 / 57
　　二、五年计划、工业化与农业集体化运动 / 61
　　三、"大清洗"与集权体制的定型 / 66

第三章　资本主义体系的动荡与调整 / 69

第一节　20年代资本主义世界的繁荣与和平 / 69
　　一、20年代西方国家的经济繁荣 / 69
　　二、美国柯立芝繁荣 / 71
　　三、德国赔偿问题 / 72
　　四、欧洲安全问题和《洛加诺公约》/ 75
　　五、裁军问题和《非战公约》/ 76

第二节　社会改良运动与社会民主党参与执政 / 78
　　一、社会民主主义与社会党国际 / 78
　　二、德国社会民主党参与组建魏玛共和国 / 80
　　三、英国工党上台执政 / 83
　　四、法国左翼联盟政府和人民阵线政府 / 84

第三节　世界法西斯运动的兴起 / 86
　　一、法西斯的产生背景和内涵 / 86
　　二、法西斯的类别 / 89
　　三、意大利法西斯运动和法西斯专政 / 90
　　四、德国纳粹运动和纳粹专政 / 91
　　五、日本的法西斯化 / 93

第四节　1929—1933年资本主义世界经济大危机与资本主义体制的自我调整 / 95
　　一、1929—1933年资本主义世界经济大危机的特点与根源 / 95

二、凯恩斯主义的兴起 / 97
三、美国实施"罗斯福新政" / 98

第四章　第二次世界大战 / 103

第一节　法西斯国家的毁约扩军 / 103
一、30年代初的世界战略格局 / 103
二、希特勒撕毁军备条约 / 104
三、斯特莱沙会议和《英德海军协定》/ 105
四、意大利侵略埃塞俄比亚 / 106
五、德国进军莱因非军事区 / 107
六、日本发动侵华战争 / 108
七、法西斯国家实现政治联合 / 109
八、霍斯巴赫备忘录 / 111

第二节　集体安全与绥靖政策 / 112
一、苏联关于欧洲集体安全体系的构想 / 112
二、共产国际方针的转变 / 113
三、法国的巴尔都外交方针 / 114
四、苏联重返国际社会 / 115
五、《东方公约》和《苏法互助条约》/ 116
六、英国的绥靖政策 / 117
七、美国的孤立主义和罗斯福外交 / 119

第三节　从局部战争到全面战争 / 120
一、局部战争与世界大战 / 120
二、德奥合并与慕尼黑会议 / 121
三、德国进攻波兰与英法参战 / 124
四、法国败降的战略影响 / 127
五、德国进攻苏联 / 129
六、太平洋战争爆发 / 131

第四节　战争的战略转折与反法西斯联盟的胜利 / 132
一、世界反法西斯联盟形成 / 132
二、中途岛海战 / 134
三、斯大林格勒会战 / 135
四、阿拉曼战役 / 136
五、意大利的倒戈 / 137
六、欧洲战争结束 / 138

　　　　　七、日本无条件投降 / 140
　　第五节　从德黑兰到波茨坦：战胜国对战后世界的安排 / 141
　　　　　一、战争后期的大国会议 / 141
　　　　　二、组建联合国 / 142
　　　　　三、布雷顿森林体系 / 143
　　　　　四、处置德国 / 144
　　　　　五、波兰的疆界和政权问题 / 144
　　　　　六、雅尔塔秘密协定 / 145

第五章　　东西方冷战的开始 / 147
　　第一节　资本主义体系的重组 / 147
　　　　　一、美国登上霸主地位 / 147
　　　　　二、西欧实力严重衰退 / 148
　　　　　三、处于被占领和半占领状态的日本 / 150
　　第二节　社会主义阵营的形成 / 152
　　　　　一、苏联成为世界大国 / 152
　　　　　二、东欧和亚洲社会主义国家的建立 / 153
　　第三节　美苏走向冷战 / 156
　　　　　一、冷战的缘起 / 156
　　　　　二、美国的遏制战略 / 159
　　　　　三、杜鲁门主义的推行与苏联的对抗措施 / 161
　　第四节　冷战初期的重大冲突 / 163
　　　　　一、第一次柏林危机 / 163
　　　　　二、朝鲜战争 / 165

第六章　　科学技术革命与战后资本主义的发展 / 169
　　第一节　战后科技革命及其影响 / 169
　　　　　一、战后科技革命的成因 / 169
　　　　　二、战后科技革命的主要内容和特点 / 170
　　　　　三、战后科技革命的影响 / 172
　　第二节　美国国家垄断资本主义的发展 / 173
　　　　　一、国家垄断资本主义的发展 / 173
　　　　　二、美国政府国内干预政策的演变 / 175
　　　　　三、美国经济的变化 / 178
　　第三节　西欧的复兴与联合 / 179
　　　　　一、联邦德国的社会市场经济 / 179

二、法国的政治体制改革 / 181
　　三、英国的福利国家和三环外交 / 182
　　四、欧洲共同体的形成和发展 / 184
第四节　日本经济的高速增长 / 188
　　一、战后初期的民主化改革 / 188
　　二、政府主导型市场模式 / 189
　　三、日本成为世界经济大国 / 191
第五节　70年代经济危机与资本主义的再调整 / 192
　　一、70年代中期的"滞胀"危机 / 192
　　二、现代货币主义和供应学派 / 193
　　三、美国的"里根革命" / 194
　　四、英国"撒切尔主义" / 196
第六节　战后发达资本主义国家的社会主义运动 / 197
　　一、民主社会主义党的基本主张 / 197
　　二、社会党国际 / 199
　　三、"瑞典模式"的福利国家 / 200
　　四、欧洲共产主义的形成和发展 / 202

第七章　　**战后苏联和东欧诸国的发展与变革 / 207**
第一节　战后苏联的历史进程 / 207
　　一、国民经济的恢复和"斯大林模式"体制的僵化 / 207
　　二、赫鲁晓夫执政及其改革 / 209
　　三、从勃列日涅夫到戈尔巴乔夫 / 213
第二节　东欧诸国的曲折道路 / 216
　　一、东欧国家走上苏联模式道路 / 216
　　二、苏南冲突与南斯拉夫"社会主义自治制度"的实践 / 217
　　三、战后波兰的三次危机与政局变化 / 219
　　四、1956年匈牙利事件和卡达尔执政时期的改革 / 222
　　五、"布拉格之春"的夭折 / 224
第三节　东欧剧变与苏联解体 / 226
　　一、戈尔巴乔夫改革 / 226
　　二、东欧剧变 / 228
　　三、苏共解散和苏联解体 / 232
第四节　90年代的俄罗斯和东欧、中亚地区 / 234
　　一、叶利钦时期的俄罗斯 / 234

二、90年代东欧、中亚概况 / 238

第八章　20世纪民族解放运动与发展中国家的现代化道路 / 241

第一节　民族解放运动的兴起 / 241
一、民族解放运动的历史前提 / 241
二、20世纪上半叶民族解放运动概况 / 242

第二节　二战后民族独立浪潮与殖民体系的瓦解 / 246
一、战后民族独立浪潮的背景 / 246
二、殖民体系的瓦解 / 247
三、民族独立浪潮中的地区冲突 / 248

第三节　发展中国家的现代化道路 / 253
一、"非资本主义发展道路"的实践 / 253
二、"新兴工业国(或地区)"的崛起 / 255
三、"全球化"进程中的南北矛盾 / 258

第九章　世界格局向多极化的演变 / 263

第一节　两大阵营的分化 / 263
一、美、欧、日相互关系的变化 / 263
二、国际共运论战和社会主义阵营分裂 / 266

第二节　"第三世界"的兴起 / 268
一、亚非会议：新独立国家登上国际政治舞台 / 268
二、不结盟运动的形成与发展 / 270

第三节　美苏争霸 / 271
一、50—60年代美苏关系 / 271
二、70年代美苏争霸态势的变化 / 276
三、80年代美苏关系的重大转折 / 280

第四节　两极格局的终结 / 282
一、德国的统一和雅尔塔体系的瓦解 / 282
二、经互会、华约组织的解散和东西方冷战的结束 / 284
三、向新格局过渡的世界 / 285

第五节　后冷战时代"全球问题"的挑战 / 290
一、世界体系结构性矛盾的深化 / 290
二、人类社会的发展性失衡 / 291

第十章　20世纪思想文化的发展 / 295

第一节　哲学与历史学 / 296
一、科学主义与人本主义哲学 / 296

二、历史学的发展 / 299
　第二节　文学艺术 / 302
　　　一、现代文学 / 302
　　　二、电影艺术 / 305
　　　三、现代美术 / 307

第三版后记 / 309

第一章
20世纪初世界的动荡与重构

第一节 列强支配下的世界

一、世界进入整体发展阶段和欧洲的优势地位

20世纪初,世界已经形成一个紧密联系的整体,各民族各国家的历史被纳入世界历史之中。

在19世纪70年代兴起的科技革命的推动下,资本主义大国进入了电气化时代。它们的产品以低廉的价格,迅速冲破各国闭关自守的大门,把各国的国内市场汇入世界市场,形成以欧美工业国家为中心的世界贸易格局和国际分工体系。亚、非、拉地区生产和出口食品和原料,主要资本主义国家生产和出口工业品,前者沦为后者的农业附庸、原料产地和商品市场。与此同时,资本输出的发展和国际垄断组织的产生,使资本的运动越出国界,资本主义再生产过程开始在世界范围内进行,世界经济体系最终形成。

19世纪后期,帝国主义列强掀起了争夺殖民地和势力范围的热潮,到1898年,世界已被瓜分完毕。以前一直独立发展的国家和民族被迫卷入了国际政治生活。

在这个整体发展的世界中,欧洲仍然保持着优势地位。

经济上,欧洲是世界的工业工厂,工业产量占世界工业总产量的一半左右,

1913年,仅英、德、法三国的工业制成品出口就占到世界出口的60%。同时,欧洲各国的海外投资伸向世界各地,伦敦保持了世界金融中心的地位。

政治上,起源于欧洲的资本主义议会民主制度在全球现代化和整体化的进程中,对各国有较大的辐射作用。

军事上,欧洲国家的陆海军力量不仅数量多,其武器装备和军事技术由于直接依托现代化发展水平,也处于世界的领先地位。

国际事务方面,几乎全部殖民地都掌握在欧洲国家手中,世界外交的中心舞台仍然在欧洲,世界各地的大部分事务都是在欧洲决定的。

二、非欧洲国家的崛起

在欧洲保持世界优势地位的同时,美国和日本两个非欧洲国家迅速崛起。

美国的崛起是从经济开始的。1900年,它的工业产值占世界工业产值的30%,居世界第一位。到1913年,进一步上升到38%,比德(16%)、英(14%)、法(6%)、日(1%)四国的总和还多。

随着经济实力的增长,其对外扩张的欲望也强烈起来。由于世界领土已基本上被欧洲列强瓜分完毕,它便把侵略矛头指向西班牙的殖民地古巴和菲律宾。1898年4月,美国借机向西班牙宣战,5月,美国舰队在菲律宾摧毁西班牙舰队,占领马尼拉,6—7月,美国陆军先后占领古巴和波多黎各。最后西班牙战败求和,把波多黎各、关岛和菲律宾割让给美国,古巴实际上沦为美国的保护国。

美国打败西班牙后,循着两条路径扩展自己的势力。一条是深入控制拉丁美洲,由西奥多·罗斯福(1858—1919)总统出面,重新解释"门罗主义",从以前不准欧洲国家干涉美洲事务扩展到由美国管理美洲,同时继1903年夺取巴拿马运河地区后,先后干涉和控制了一些中美洲国家的内政,逐步把中美洲各国变成自己的半殖民地,把加勒比海变成美国的"内湖",建立了在西半球的霸权。另一条是进一步向亚太地区伸手,1898年正式吞并夏威夷,同时参加列强瓜分中国的活动。

美国在向外扩展势力的过程中,使用的手法与欧洲国家不尽相同。它主要通过间接的方式,如经济援助、军事援助、文化渗透、组织军事集团、扶植代理人、制造分裂、进行颠覆活动等,来扩大自己的控制范围。当时的具体表现,一是在1899年和1900年二次照会英、法、德、日、意、俄6国,提出对华"门户开放"政策,即列强在保持中国领土完整和行政统一的同时,在各自的租借地和"势力范围"内对包括美国在内的其他大国实行商务、关税税则、铁路运费等方面的一视同仁,二是在对外扩张活动中交替使用"大棒政策"和"金元外交"。

日本从19世纪80年代开始,用了大约30年的时间,先后实现了以轻工业为中心的第一次产业革命和以重工业为中心的第二次产业革命,经济实力急剧膨胀。

当时俄国也处于扩张的势头上,为了实现所谓的"黄俄罗斯计划"、侵吞朝鲜和中国东北,不断增强自己在远东的陆海军力量,并通过诱使清政府签订条约、借八国联军出兵之机侵占地盘等手段,控制了中国东北地区。日本在甲午战争后原已割得中国的辽东半岛,但在俄国等国的干预下被迫退还,之后它加紧扩军备战,准备再次同沙俄争夺。1902年,它与英国缔结了针对俄国的《日英同盟条约》,并于1904年发动日俄战争。日军在战争中登陆朝鲜,接连占领旅顺、大连和沈阳,并连续歼灭了俄国的太平洋舰队和波罗的海舰队,迫使俄国在1905年9月签订《朴茨茅斯和约》。俄国在和约中承认朝鲜为日本的势力范围,并把对中国旅顺口、大连湾和附近领土领水的租借权及南满铁路的所有权转让给日本,向日本割让北纬50度以南的库页岛及其邻近岛屿。

日本在日俄战争中打败欧洲陆军强国俄国,不仅标志着它已跻身世界列强的行列,而且被不少亚洲人士看作亚洲黄种人能够打败欧洲白种人的标志,起到了鼓舞亚洲民族主义的作用。但是不久它便加紧吞并朝鲜和侵略中国东北,引起了亚洲民族主义者的警惕。

日俄战争结束后,日本从第一次产业革命向第二次产业革命过渡,大力发展钢铁、机械和电力工业,实力进一步增强。

非欧洲国家的崛起,表明欧洲政治体系已被世界政治体系所取代。

三、新现象和新事物

在生产发展的推动下,20世纪的世界产生了一系列新现象和新事物。

随着电、轻金属和内燃机技术的发展,汽车开始问世,电灯和电话逐渐推广,飞机、无线电和电影也在酝酿产生之中。在煤、钢等"大烟囱工业"继续发展的同时,干净整洁的新工业正在崛起。

由于科学技术和医学的发展,人口的死亡率急剧下降,平均寿命逐渐延长,导致世界人口激增。在欧洲,1800年总人口为1.88亿,1900年增加到4亿,1914年又上升到4.62亿。农业的发展使大量农村劳动力流入城市,加快了城市化进程。在法国,18世纪城镇人口只占总人口的1/4,20世纪初上升到45%;英国的城市人口在19世纪中叶时约占总人口的一半,1900年增加到3/4;德国的城市人口也从1871年的36%上升到1910年的60%;即使是在较为落后的俄国,农村人口也从19世纪初的95%下降到世纪末的80%。城市化一方面导致出现大众社会的端倪,另一方面,随着环境卫生和公共健康问题逐渐突出,政府的干预职能和提供社会保障的职能日渐加强。同时,工业化和城市化导致人的生活方式和观念发生变化。在经济发达国家,人的生活节奏加快,公共意识增强。人们开始重视保健养生,掀起体育活动和户外运动的热潮。19世纪中叶流行的沉重臃肿而华饰造作的家具,逐渐让位给轻便而简洁的式样,社交习俗也开始丢弃僵硬而拘谨的老客套。更多的人重视教育,北欧和西欧国家在20世纪初已基本消灭文盲。

随着工人阶级队伍扩大,工人运动日益高涨。澳大利亚工党继1904年和1908年短期执政后,于1910—1917年连续执政7年。英国工党也于1906年诞生,逐渐在政治舞台上崭露头角。但是在各国工人运动内部,特别是在社会主义运动内部,左右两翼之间的矛盾和斗争越来越尖锐,以社会民主党右翼为代表的改良主义势力,在各国的影响日益增大,以列宁为首的无产阶级革命派,加强了反对右倾机会主义的斗争。

其他阶级的各种思想流派和政治派别也活跃起来。欧洲兴起了激进主义思潮,它代表了小商人、自耕农和自由职业者的利益,追求平等,主张实行自由企业制度,抵制垄断资本,反对政府干预经济生活,反对教会特权。自由主义思潮则代表着资产阶级和开明贵族的利益,他们信奉"自由、法律、代议制"三项原则,要求保障个人自由,以正常程序依法治国,但是反对进一步扩大民主,主张保留世袭君主的一定权力,保留贵族参议院,要求政府采取措施保护工商业的发展。同时,右翼思潮也有所抬头,唯心主义哲学家和史学家施本格勒以文化形态循环交替学说为基础,认为"西方文化的没落"已经开始,主张建立一种由军国主义和"社会主义"相结合的"新文化",来挽救悲剧的命运。

贵族政治在世界各地还继续存在,包括在英、德等中西欧国家内也有大量的残余。但是,政治民主化的进程也在稳步发展。继19世纪70年代法、德、瑞士先后实施男子普选制以后,比利时于1893年、荷兰于1896年、挪威于1898年也实现男子普选权。进入20世纪后,1907年,瑞典和奥地利实行男子普选权,挪威和芬兰把这一权力扩大到成年女性。1908年和1912年,土耳其和意大利先后颁布法律,使大多数男子获得选举权。1914—1915年,丹麦建立以人民广泛享有选举权为基础的议会制度。英国在1906年劳合-乔治自由党政府执政期间,曾经通过法案限制上议院的权力,并对社会立法、所得税和遗产税实行改革,1918年又实施男性公民和30岁以上女性的普选制。

民族主义在世界各地都得到加强。在欧美各国,由于工业化和城市化的发展,原有的地方社团组织的作用下降,而国家在管理、教育和社会福利方面的作用越来越明显,逐渐取代教会的部分职能,更多的民众把以国家为载体的民族视为自己可以依赖和归属的对象。在亚、非、拉殖民地半殖民地国家,随着工业经济的发展,民族资产阶级力量增强,人民在民族主义的旗号下掀起反帝反殖斗争的高潮。

第二节 世界格局转换中的局部冲突

一、三国同盟与三国协约

19世纪后期资本主义经济政治发展不平衡,使各国的实力对比发生重大变化。从1870年到1913年,美国的工业生产由原来的世界第二位升至第一位,德国由原来的第三位升至第二位,英国则由原来的第一位降至第三位。20世纪初,世界已被瓜分完毕,英国占有了最大份额的殖民地,德国则要求按照新的实力对比重新瓜分世界。帝国主义列强在激烈的竞争中不断寻找同盟者,退则能够避免孤立,以团体的力量维护既得利益,进则以同盟的力量威慑并压倒竞争对手,取得争霸场上的战略优势。于是,在欧洲舞台上逐渐形成了两大对立的帝国主义军事集团。

1879年10月,德国和奥匈帝国为了联合对付俄、法两国,首先缔结秘密的军事同盟条约,规定一方受到俄国的攻击时,另一方以本国的"全部军事力量"予以援助,一方受到俄国以外的大国攻击时,双方互守善意的中立。1882年5月,意大利在同法国争夺突尼斯失败后,在德国的拉拢下也参加德奥同盟,签订了三国同盟条约,成为其中一个动摇的同盟者。

法国为了对抗德国,一直想拉拢俄国。但德国首相俾斯麦长期推行"拉拢俄国"的外交政策,在此背景下,俄国不愿意在德国和法国之间作出选择。德皇威廉二世执政后,拒绝了俄方提出的延长《德俄密约》(1887年签订)的提议,此举推动俄国迅速向法国靠拢,于1894年正式形成法俄同盟。英国长期来奉行"光荣孤立"的政策,同法国和俄国之间也存在着争夺殖民地和势力范围的矛盾。当时英、德两国国内都有同对方结盟的主张,但由于种种原因未能实现。相反,英国面临德国的崛起,深感威胁,于1904年同法国、1907年同俄国订立协约,这样便构成三国协约。不过,英国开始时仅仅把这些条约视为"协约"而不是"盟约"。以后随着英德之间的谈判多次失败,英国才同意把三国之间的关系改成同盟关系。

在帝国主义大国矛盾日趋尖锐的同时,受这些矛盾影响的局部冲突也在不断发生,这些冲突反过来又加剧了大国之间的分化与组合,使局势进一步紧张。

二、两次摩洛哥危机

这是法、德两国为争夺摩洛哥而触发的危机。

根据1880年国际《马德里公约》的规定,各大国在摩洛哥都享有平等的权利,20世纪初,法国通过在其他地区作出让步,换取意大利、英国和西班牙同意它在摩洛哥有权"自由行事"。摩洛哥是南扼直布罗陀海峡的战略基地和铁矿产地,德国早就企图攫取它。1905年3月,德皇威廉二世访问摩洛哥的丹吉尔港,发表挑衅性演说,声称摩洛哥素丹是"独立君主",列强在摩洛哥"地位绝对平等"。随后,德国首相毕洛夫要求召开国际会议解决摩洛哥问题,并以战争相威胁。这就造成了第一次摩洛哥危机。但是由于英、俄两国支持法国,德国被迫让步。

1911年秋又发生第二次摩洛哥危机。这年4月,摩洛哥首都菲斯爆发反帝人民起义,法国以恢复"秩序"和保护侨民为名,派兵占领菲斯。德国不容法国独占摩洛哥,相继派遣"豹号"炮舰和"柏林号"巡洋舰进入摩洛哥的阿加迪尔港及附近海面,要求法国交出一部分摩洛哥领土,或让出整个法属刚果。战争一触即发。由于英国站在法国一边,德国不得不降低要求,在同年签订的《德法协定》中承认摩洛哥是法国的保护国,但法国也让出一部分法属刚果给德国,使德属喀麦隆拥有出海口。

三、波斯尼亚危机和两次巴尔干战争

巴尔干地区长期以来是奥地利帝国(1867年以后为奥匈帝国)、俄罗斯帝国、奥斯曼帝国势力交汇之处,三大帝国的不同宗教信仰给各地留下了不同的宗教。随着民族解放运动蓬勃兴起,门的内哥罗、塞尔维亚、希腊、罗马尼亚、保加利亚已先后取得独立。从民族解放的角度看,这是历史的进步,但是由于这里民族繁多,分属东正教、天主教和伊斯兰教,又交错居住，导致领土纠纷复杂，再加上大国的争夺，成了欧洲的"火药桶"。波斯尼亚和黑塞哥维那原受奥斯曼帝国统治，1875年该地爆发反对土耳其的起义，3年后柏林会议决定把它交由奥匈帝国的军队占领，但是实际上并未并入奥匈帝国。20世纪初，巴尔干地区的民族主义情绪进一步高涨，塞尔维亚人创导"大塞尔维亚主义"，希望将塞尔维亚血统的各个民族统一起来。沙皇俄国也企图进入这一地区，在"泛斯拉夫主义"的旗号下支持"大塞尔维亚主义"。奥斯曼帝国也试图"重返欧洲"。奥匈帝国对此极为恐惧和仇视，于1908年10月7日单方面宣布正式吞并波斯尼亚和黑塞哥维那，挑起了波斯尼亚危机。

塞尔维亚政府闻讯立即进行战争动员，并得到沙俄的暗中支持。但是奥匈帝国在德国支持下态度强硬，向塞尔维亚发出最后通牒，要求它无条件承认"吞并"，解除动员。塞尔维亚政府在俄国劝告下被迫屈服。

在波斯尼亚危机的诱发下，巴尔干各国决定联合自保并扩大版图。1912年，保加利亚、塞尔维亚、希腊和门的内哥罗结成既反对奥斯曼帝国又针对奥匈帝国的"巴尔干同盟"，同年10月，同盟四国相继对奥斯曼帝国宣战，引发了第一次巴尔干战争。奥斯曼帝国很快战败，被迫求和。1913年5月，它与巴尔干同盟签订和约，同盟四国取得大片领土，奥斯曼帝国几乎丧失全部欧洲领土，仅保留伊斯坦布尔及其周围的狭小地区。

但是，巴尔干同盟各国在分配战果时又发生分歧，1913年6月，以塞尔维亚、门的内哥罗、希腊、罗马尼亚为一方，以保加利亚为另一方，爆发了第二次巴尔干战争，奥斯曼帝国站在塞尔维亚一边，奥匈帝国支持保加利亚。保加利亚很快战败，被迫割地求和。

在帝国主义列强的实力对比发生较大变化、世界格局面临转换之际，局部战争容易引发世界大战。20世纪初期的这些局部战争并不是第一次世界大战的组成部分，但是它们加剧了帝国主义集团的分化，激化了各国之间的矛盾，强化了战争气氛和战争情绪。

第三节 第一次世界大战

一、大战的爆发

1914年6月，奥匈帝国皇储斐迪南大公前往波斯尼亚检阅奥军的军事演习，并访问波斯尼亚首府萨拉热窝。斐迪南看到帝国面临的内外危机，主张"外保和平，内求改革"。他设想把奥匈帝国改造成联邦式的"大奥合众国"，国内除了拥有共同的王室，实施共同的外交政策和共同的国防外，各民族都将拥有高度的自治权。当时，塞尔维亚的秘密恐怖组织"黑手社"试图联合巴尔干地区的全部南部斯拉夫人组成"大塞尔维亚国"。其时，奥匈帝国皇帝已是84岁高龄，年老体衰，他们担心一旦斐迪南即位后推行新政策，波斯尼亚人和黑塞哥维那人就会安于现状，"大塞尔维亚国"计划将付之东流。于是，"黑手社"派出成员普林西普等人，于6月28日在萨拉热窝刺杀了斐迪南夫妇。从实际结果看，此事件成了第一次世界大战的导火线。

奥匈帝国政府决定利用皇储被刺、国内外群情激愤的有利时机进攻塞尔维亚,将其瓜分甚至吞并。德皇威廉二世则给奥匈帝国开了一张"空白支票",即向它保证,无论奥匈帝国决定采取什么行动,德国都将给予全力支持。德国驻奥大使甚至自作主张地表示,如果奥方现在还不摊牌,德国将不会再把它当作同盟国看待。7月23日下午6时,奥匈政府向塞尔维亚发出条件苛刻的最后通牒,企图把军事冲突的责任转嫁到塞尔维亚一边。通牒要求塞尔维亚严厉取缔一切反奥宣传,镇压一切反奥的"颠覆运动",清除所有反奥的文武官员,由奥方派员到塞尔维亚共同审判萨拉热窝事件的凶手,并限定塞方于48小时内作出答复。塞尔维亚政府在征求俄方意见后,按时面交了复文。塞方接受了通牒的大部分要求,但不同意让奥方派员参加调查工作并参与取缔反奥运动,因为这涉及塞尔维亚作为独立国家的尊严。于是,奥匈政府于7月28日向塞尔维亚宣战。

俄国一向对巴尔干怀有扩张野心,以斯拉夫东正教小国的保护者自居。7月30日,它宣布支持塞尔维亚,并在国内实行总动员。法国担心有朝一日会单独同德国作战,并企图重新获得阿尔萨斯-洛林,决定支持俄国,于8月1日实行总动员。

德国立即抓住时机,介入战争。7月31日,它向俄、法两国同时发出最后通牒,要求俄国在12小时内停止动员,要求法国承诺在德俄战争中保持中立。俄、法两国断然拒绝。德国于8月1日和3日分别对俄、对法宣战。

英国政府在萨拉热窝事件刚发生时,内部曾经对是否参战意见不一,但在奥匈帝国对塞尔维亚宣战后,也决定参战。8月4日夜,它借口德国入侵比利时,宣布英德两国处于战争状态。8月5日,门的内哥罗加入塞尔维亚方面作战。8月6日,奥匈帝国向俄国宣战。一场以欧洲为主要战场的帝国主义国家大厮杀就这样开始了。

在以后的战争进程中,土耳其、保加利亚加入同盟国集团,日本、意大利、罗马尼亚、美国、希腊等先后参加协约国方面作战。许多殖民地和附属国也被帝国主义国家强行拖入战争。战火蔓延到亚洲、非洲和大西洋、太平洋等广大地区,给全世界人民带来深重的灾难。

二、战争第一阶段

战争一开始,主战场欧洲大陆就形成三条战线。西线从北海海岸、法比边境地区向东南延伸,至德、法、瑞士交界处,由德军同英、法、比军队对峙。东线从波罗的海海岸蜿蜒至奥、俄、罗马尼亚交界处,由俄军同德、奥军队对阵。巴尔干战线由奥匈帝国和塞尔维亚军队沿多瑙河和萨瓦河一线展开。在这三条战线中,西线具有决定性作用。

德军按"史里芬计划"首先在西线发起进攻。该计划由德军总参谋长史里芬(1833—1913)于1905年制定,假设德国在东西两线同时对俄、法两国作战的情况下,它将只在东线全线和西线南部保留少量兵力,而将优势兵力集中在西线北部,以先发制人的手段越过比利时和卢森堡,冲入法国北部,然后从西面和南面包抄巴黎,把法军压缩在铁锤(进攻的德军)和铁砧(洛林堡垒地带和瑞士边境山区)之间加以致命打击,在4—6周内迫使法国投降。然后再把主力部队调到东线,会合奥军,以同样的闪击方式全歼俄军,以3—4个月的时间结束整个战争。第一次世界大战的引爆点在东欧,而史里芬计划的作战重点在西欧,计划的实施,将在短时间内把战火燃向欧洲各地,并把法、英等国直接拉入战争。大战爆发前夕,德军继任总参谋长小毛奇根据形势变化,对该计划的兵力部署作了调整,即减少西线北部的突击力量,以加强西线南翼和东线。但这样一来,重点进攻方向上的兵力优势遭到削弱,影响了进攻效果。同时在实际作战中,德军的机动能力远不如预期,又遭到比、法军队的顽强抵抗,史里芬计划一开始就遇到挫折。

德军于8月4日入侵比利时,直到20日才占领布鲁塞尔,9月3日越过马恩河,同月5—12日爆发了大战中第一次大规模战略决战——马恩河战役。法军总司令霞飞(1852—1931)在撤退中发现德军因进攻过快而使两个集团军之间出现空隙,及时调动军队转入反击。双方共投入152万兵力参加战役,前后持续8天,最后德军陷入困境,被迫退却。马恩河战役宣告德军"速战速决"战略破产,拟议中的运动战逐渐打成阵地战,这样既基本奠定了第一次世界大战的战争样式,也决定了同盟国集团将陷于两线作战的不利地位。

正当德军入侵比利时之时,俄军于8月17—18日在东线发动进攻,分别从北部战线攻入东普鲁士,从南部战线攻入加里西亚。8月底,德军第8集团军司令兴登堡(1847—1934)及参谋长鲁登道夫(1865—1937)在北部战线发动坦能堡战役,利用俄军两路进攻部队没有密切配合作战的弱点,先集中兵力歼灭俄第2集团军,然后又进攻俄第1集团军,迫使俄军退出东普鲁士。但是在南部战线,俄军迅速击败奥军,于9月底占领东加里西亚,进抵喀尔巴阡山麓,威胁匈牙利平原和德国的上西里西亚。

在东方的中国也发生了战事。第一次世界大战爆发之初,中国北洋政府中部分人士主张站在协约国一边参战,对德国宣战,收回山东半岛的权益,以阻止日本趁机进一步扩展在中国的势力,并借此提高中国的国际地位。但是,在袁世凯等人的坚持下,北洋政府于8月6日公布《中华民国中立之正式宣布》,宣布中国保持中立。德国在欧洲已经处于两线作战的局面,自感难以保住在中国的殖民权益,因此向中方提议交还青岛。然而,根据1898年两国签订的《胶澳租借条约》规定,如中国提前收回青岛,就要赔偿大量的城市建设和胶济铁路建设的费用,以后还要在相宜之处向德国另行提供殖民地。两国正在为此事进行交涉,日本政府认为出兵中国的时机已到,立即作出战斗部署。1914年8月15日,日本向德国提出最后通牒,要求德国解除远东舰队的武装并撤出亚洲,把胶州湾租借地无条件转让给日本。8月23日,德国没有在限期内作出答复,于是日本向德、奥两国宣战。

日本随后要求中国将山东省黄河以南地区划为"中立外区域"(又称"战区"或"行军区"),容许日军在其中自由行动。日海军第二舰队负责封锁胶州湾。日陆军主力部队(1个军加2个野战炮兵团及4个攻城重炮营)在英军2个营的配合下,分别于8月28日在山东半岛北部的龙口、9月2日在南部的崂山仰口湾登陆。在龙口登陆的日军沿途烧杀抢掠,先沿着胶济铁路向西直达济南,随后向东朝着青岛方向逼近,于9月24日与南路军会合于即墨,开始向青岛外围德军防线进攻。德军拥有陆军约6000人,军舰十余艘,逐渐向青岛城收缩。10月31日,日军分三路强攻青岛城。守城德军弹尽粮绝,于11月7日投降。德国在中国山东省的殖民权益转归日本。

三、战争第二阶段

大战爆发以后,意大利、保加利亚、罗马尼亚和希腊都宣布中立,向交战双方讨价还价。意大利在协约国集团满足其领土要求后,于1915年5月对奥匈帝国宣战,在欧洲战场上增加了第四条战线。保加利亚则在德国满足其对塞尔维亚的领土要求后,于同年9月参加中欧同盟国方面作战。

由于西线战局呈胶着状态,德军把主力转向东线,于1915年5月向俄军发起进攻,迫使俄军退回本国领土。

之后德军又把主力移向西线,于1916年2月发起凡尔登战役。该战役历时10个月之久,双方伤亡共70多万人,凡尔登战场被称为"绞肉机"、"屠场"和"地狱"。战役共分两个阶段。2—9月为德军进攻阶段,德军使用西线1/2的兵力(50个师)发起猛攻,但久攻不克。9—12月为法军反攻阶段,到12月18日收复全部失地。凡尔登战役使同盟国在西线丧失了作战主动权。

当凡尔登战役正在进行时,英法联军从6月24日到11月中发起了索姆河战役。该战役是第一次世界大战中规模最大的战役,双方投入的兵力超过150个师,也是最大的消耗战,双方损失达112万人。英法联军只夺回240平方公里的土地,但牵制了德军在凡尔登的攻势。

在东线,俄军为了支援凡尔登战役和意大利战线,布鲁西洛夫(1853—1926)指挥西南方面军发起夏季攻势,即"布鲁西洛夫攻势",把南部战线向西推进,重新占领了加里西亚的大部分。这是俄军在大战中赢得的一次最大胜利。

经过上述三次战役,第一次世界大战的战略主动权开始转移到协约国一边,同盟国集团在西线转入战略防御。

在海上,1916年5月31日至6月1日,英、德之间爆发了日德兰海战。这是大战期间最大的一次海战,英国出动约150艘军舰,德国出动约100艘军舰。交战结果,英国的军舰损失数大于德国,但仍掌握着制海权。

四、战争第三阶段

几年的帝国主义战争给民众带来极大的痛苦,1916年冬天,德国人民只能以芜菁充饥,被称作"芜菁的冬天",反战与和平运动逐渐在各国兴起。1917年,俄国先后爆发二月资产阶级民主革命和十月社会主义革命,战斗力日益低落,最后实际上已退出战争。

1916年底,德军参谋部承认单靠陆军已无法制胜,下令德军转入战略防御。翌年2月,德国又宣布实行无限制潜艇战,试图用切断海上交通线的办法迫使英国投降。潜艇战实施之初,协约国方面损失较大,但不久英国实行了护航制度,用以制约潜艇战。

第一次世界大战爆发以前,美国同德国的矛盾已日益尖锐,战争爆发时,美国宣布中立,但在以后的三年里,它同协约国的关系越来越密切。德国宣布实施无限制潜艇战后,它立即同德国断交。不久,它获悉德国正在拉拢墨西哥参战,加入反美同盟,于是在1917年4月6日正式对德宣战。美国参战后,暂时停止建造战列舰,大量建造并派出驱逐舰和猎潜艇参加反潜作战,迫使德国的无限制潜艇战走向失败。

1917年3月初,一艘载有500多名中国劳工的法国轮船被德国潜艇击沉,3月14日,北洋政府以大总统布告的形式宣布与德国断绝外交关系。同年8月14日,中国对德、奥两国宣战,北洋政府趁机收回德国在中国的租界,废除两国同前清政府签订的不平等条约,勾销庚子赔款。北洋政府打算派遣军队赴欧洲参战,增强中国在国际舞台上的发言权,但遭到英、法等国的拒绝,于是,原先已经开始实施的"以工代兵"计划在更大范围内实施。直到1918年11月大战结束,相继有14万华工来到战火纷飞的欧洲,从事艰苦而又危险的劳动。

五、战争的结束

1918年,同盟国集团已经到了山穷水尽的地步,物资耗尽,后备兵源枯竭,反战运动风起云涌。

该年3月初,德国利用苏维埃俄国建立初期软弱无力的机会,逼迫它签订割地赔款的《布列斯特和约》,乘机侵占了东欧大片领土。之后它决心在美军到达欧洲大陆之前,在西线发起进攻,彻底击溃英法军队,夺回战争的主动权。为此它集结了大量部队,从3月到7月倾全力在西线发动四次攻势。这些进攻曾经取得明显的效果,5月份一度把战线推进到1914年德军到达过的前沿阵地,但是终因后劲不足,在损失近70万人后,很快受到协约国军队的阻遏。

协约国集团为了进一步协调军事行动,早在1917年11月就成立了最高军事委员会,翌年4月又任命法军元帅福煦(1851—1929)为西线联军总司令。美国军队从1917年6月起陆续开到法国,1918年4月底起人数达到每月30万。大英帝国各自治领的军队也不断开赴西欧前线。1918年7月中旬,协约国军在西线发起第一次大规模反攻,向前推进到马恩河一线。8月8日再次发动进攻,在亚眠以东全歼德军16个师。9月底至10月初,联军全线出击,突破德军筑在西部边境一带的"兴登堡防线",德军连连败退。

在德军败退的同时,同盟各国连吃败仗,纷纷投降。保加利亚于9月29日投降,次日签订停战条款,退出战争。30日土耳其宣布投降。奥匈帝国土崩瓦解,匈牙利等相继宣布独立,奥地利于11月3日签订停战协定,向协约国无条件投降。

德国陷入绝境,内部政治危机加剧。9月底,时任德军总监的鲁登道夫要求德皇趁军队还未彻底瓦解之前同协约国进行停战谈判。10月3日,自由主义与和平主义者马克斯亲王出任德国首相,正式提出谈判要求。从11月3日起,德国爆发十一月革命,9日德皇威廉二世宣布退位。11日晨5时,德国代表团在贡比涅森林福煦的行军火车上签署停战协定,当天上午11时,西线停火生效,第一次世界大战结束。

六、战争对交战国经济和社会的影响

第一次世界大战是一场非正义的帝国主义战争。

参加两大军事集团的帝国主义国家，在内政外交方面并无本质性的差别。

参战大国的目的都是为了争夺更大的霸权。德国企图从英、法手中夺取殖民地，从俄国手中夺取乌克兰、波兰及波罗的海沿岸地区，并摧毁英国的海上霸权。奥匈帝国企图吞并塞尔维亚，在巴尔干地区建立霸权，削弱沙俄。俄国企图占领君士坦丁堡和黑海海峡，夺取加里西亚，建立"大斯拉夫帝国"。英国企图击溃最危险的竞争对手德国，夺取德国的殖民地以及土耳其的美索不达米亚和巴勒斯坦。法国企图收复阿尔萨斯和洛林，进而抑制德国的欧陆霸权，夺取德国盛产煤铁的萨尔区。意大利要瓜分北非沿岸的突尼斯、的黎波里和昔兰尼加，占领的里雅斯特和阿尔巴尼亚，在地中海建立霸权。日本则想夺取德国在东方的殖民地，奴役中国及亚洲各国人民。

战争期间，帝国主义列强签订了一系列瓜分势力范围的秘密协定，进一步证实了大战的侵略和掠夺性质。

当然，对于塞尔维亚和其他一些国家来说，它们从事的战争具有民族解放和抵御外族侵略的意义，但它们并不能改变战争的总的性质。

第一次世界大战历时4年零3个月，有30个国家、15亿人口卷入战争，人员死亡达1850万，其中1000万为非战斗人员，直接经济损失1805亿美元，间接经济损失1516亿美元。

世界大战本身是资本主义发展到垄断阶段和世界一体化进程发展到一定阶段的产物，大战的客观进程以及各国政府为了取得战争胜利而采取的种种应急措施，又极大地影响了交战国国内的政治、经济和社会生活。

战争推动科学技术的新成果及时投入实用。战争期间，刚刚发明不久的飞机受到不少国家的重视，很快进入实用阶段，战争一结束，两名英国飞行员就首次驾机横越大西洋，1920年荷兰还开设了连接伦敦的定期航班。汽车的耐力和机动性得到更多的关注，大战刚爆发时，欧美发达国家的街道和公路上还是马车占据支配地位，到战争后期，已逐渐让位给汽车。德国等原料缺乏的国家为了应付敌方的封锁，大力研制化学合成产品，从而推动了化工技术的发展。战时旺盛的需求促使人们不断改进生产流程，为生产管理的革命提供了条件。

大战恶化了民众的生活境遇，激化了国内的阶级矛盾，造成战后初期的社会动荡，有些国家爆发了无产阶级革命运动，有些国家掀起了法西斯运动。此外，由于战争的限制，上层阶级的生活方式也趋向简单化，他们的衣着变得不那么考究，佣人人数减少，招待亲友的排场也缩小了。

大战爆发之初，各国政府都没有准备打一场长期战争，因而没有作出干预经济生活的安排。但是到了1916年，各国为了应付战争的需要，都建立了一套政府部门、署局机关、政务会和专门委员会等,用以协调政府进行战争的努力,有效地利用全国的人力物力。这些机构着手干预私人企业的投资方向,分配政府订单,控制原料配额,协调劳资纠纷,垄断对外贸易。这种国家垄断资本主义尽管带有应急的性质,不是社会化再生产过程自身发展的产物,但是对30年代国家垄断资本主义的发展具有一定的影响。

战争将大量的成年男子征召入伍,生产部门严重缺乏劳动力,大批妇女进入工厂和管理部门,英国军队中甚至出现妇女团队。其结果是将妇女的活动领域和视野从家庭扩大到整个社会,并提高了妇女的社会地位和家庭地位,改变了婚姻状况和夫妻关系。大战结束后,一些国家先后把普选权扩大到妇女。

各国政府为了保持国内的士气,煽动仇外情绪,普遍加强对宣传舆论的控制,对文化生活实行审查制度。新闻报道、公共演说、报刊社论、教材课本,甚至布告和广告,都被纳入宣传鼓动的范畴。尽管大战结束后这些非常措施大多被废除,但是这种大规模的舆论控制为日后的极权主义国家提供了先例。

世界大战也进一步推动了世界一体化的进程。战争把世界各国都卷入了世界政治的漩涡,促进亚洲北非各民族的觉醒,并催生了人类历史上第一个世界性国际组织——国际联盟。

第四节 凡尔赛—华盛顿体系

一、列强对战后世界新秩序的基本构想

世界大战从某种意义上说,是世界整体化进程发展到一定程度,而世界秩序又严重失调的产物。大战结束以后,作为处理善后事务的和平会议,应该更多地着眼于未来,构筑起较为理想的和平体系,使整个世界得以平稳发展。但是,当时掌握世界事务主导权的政治家们大多缺乏这种远见卓识,更多地关注于本国的利益得失。

巴黎和会于1919年1月18日—6月28日召开,共有32个国家的1000多名代表出席,苏俄被排斥在会议之外,德国及其盟国也没有资格列席会议。在会议期间,与会国全体会议只举行过7次,主要决定大权掌握在"最高委员会"手里,该机构最初由美、英、法、意4国政府首脑和外长加上2名日本代表西园寺公望和牧野伸显组成,俗称"十人会议",后来又缩小为由美、英、法、意4国首脑组成的"四人会议"。由于意大利实力弱小,在"四人会议"中常遭冷落,实际操纵会议的是由美国总统威尔逊(1856—1924)、英国首相劳合·乔治(1863—1945)和法国总理克列孟梭(1841—1929)组成的"三巨头"。

在三巨头中,只有威尔逊的方案在为美国利益服务的同时,还在一定程度上顺应了人类历史发展的趋向。威尔逊在就任美国总统前,曾担任过普林斯顿大学教授和校长,是一名学者型的政治家,自誉"理想主义者"。1918年1月8日,他在国会演说中提出了和平"十四点原则",作为建立"世界和平的纲领"。其主要内容包括废除秘密外交,实现公海航行自由和贸易自由,限制军备,恢复各国被占领土,实现民族自决,公正处理殖民地问题,建立国际联

巴黎和会"三巨头":克列孟梭、威尔逊、劳合·乔治

盟等。该文件一方面是美国争夺世界霸权的总纲领,企图利用自己的经济优势和有利的战略地位,在"门户开放"的旗号下扩张自己的势力,在"民族自决"和"裁减军备"的幌子下削弱劲敌欧洲的霸权地位,并通过国际联盟取得对重大国际问题的干预权和世界盟主的地位,但同时也反映了时代的要求,同世界人民的正义呼声有某种一致性,如以建立普遍性国际组织来适应世界一体化进程的发展,呼吁实行公开外交、民族自决等进步的原则等。威尔逊到达欧洲时,曾经被视作来自新大陆的新型政治家,受到民众的热烈欢迎。

美国由于参战晚,伤亡人数最少,总共不到 40 万人。而且在战争期间利用其本身远离战场、资金雄厚、资源丰富、劳动力充足的有利条件,加紧生产和输出军火、粮食和其他商品,进一步加强了自己在世界上的经济领先地位,从战前的债务国和资本输入国转变为债权国和资本输出国,到战争结束时集中了世界黄金储量的 40%,但是,它的优势主要集中在经济方面,对于争霸斗争具有关键作用的军事实力,尚不能同英、法相比,而且它的军队没有单独占领他国领土。

对构筑战后世界新秩序具有较大发言权的是英国。它尽管在战争中遭到削弱,伤亡 300 多万人,损失 70% 的商船,变卖了 50 多亿美元的海外投资,并欠下美国 50 多亿美元的债务,但由于在战争中打败了德国海军,掌握着德国的大部分舰只,使自己的海军实力进一步增强。它不仅支配着原有殖民帝国的巨大财富,而且在战争中占领了德国在非洲的全部殖民地,约 260 万平方公里,1000 多万人口,占据了奥斯曼帝国名下的伊拉克、阿拉伯半岛和巴勒斯坦地区。

英国的目标是维护殖民帝国和海上霸主的地位,确保在战争中抢占的殖民地和其他利益。对德国的态度,前后有些变化。劳合·乔治政府在 1918 年底举行的大选中,哗众取宠地许诺"要绞死德国皇帝",逼迫德国偿付战争的全部费用,并且"要敲骨吸髓似地把德国压得再也翻不过身来"。但是在巴黎和会上,它又回到传统的"大陆均势政策"上来,除了要消灭能够直接威胁英国利益的德国海军,严禁德国拥有空军外,不愿意过分削弱德国,而企图利用德国来遏制苏俄,牵制法国,在法德抗衡中渔利。可见,英国政治家纯粹是从英国自身的私利出发来考虑问题,违背了世界和人类的发展趋势。

法国在当时也有一定的发言权。它作为参战的主要国家和主要战场,在协约国方面损失最大,伤亡人数达400多万,工农业较发达的东北10省被德军占领过,物质损失计2000亿法郎,并在战争中欠下美国40亿美元和英国6.5亿英镑的债务。但它作为这场大战的主要战胜国,拥有世界上最强大的陆军,占领着莱茵河地区和巴尔干地区等欧洲战略要地,随着德、奥匈和沙俄三大帝国退出角逐,已成为欧洲大陆上最具争霸实力的强国。

法国要追逐的目标和手段,比英国更为偏狭和近视,除了分享德国的殖民地和奥斯曼帝国的属地外,主要是企图独揽欧洲大陆的霸权。为此,它要通过领土上肢解、经济上榨取、外交上孤立、军事上限制等办法,最大限度地削弱德国,使之永远降为二等国。

凡尔赛体系的基本内容,是美、英、法三国构想妥协的综合。

二、凡尔赛体系

列强在巴黎和会上纵横捭阖,矛盾重重,围绕着会议程序问题、对德和约问题、波兰问题、阜姆问题和中国山东问题展开激烈争斗,最后终于达成妥协,拟定了《协约和参战各国对德和约》(即《凡尔赛条约》)。1919年4月30日德国代表团被召到巴黎,5月7日才接到和约文本。德方试图对文件作出修改,但遭到拒绝,最后被迫于6月28日在凡尔赛宫镜厅签署和约。

《凡尔赛条约》共分15部分,440个条款,其中第一部分为国际联盟盟约。条约将战争罪责全部推给德国及其盟国,并对德国实行严惩。

关于德国领土问题,条约规定德国西部边界基本上恢复到1870—1871年的状况;萨尔区的煤矿由法国开采,行政由国联代管,15年后举行公民投票决定其归属;莱茵河西岸的德国领土划分成三个占领区,分别由协约国占领5年、10年、15年,东岸50公里内德国不得设防;德国的东部领土变动比较大,它必须承认波兰独立,并划出大片领土给波兰、立陶宛和捷克斯洛伐克。德国总计失去1/8领土,减少1/10人口。

条约规定剥夺德国全部海外殖民地,共290余万平方公里,由英、法、日、澳、新等战胜国以"委任统治"的形式予以瓜分。和会还不顾中国的反对与抗议,把德国在山东的一切非法权益和胶州湾租借地全部移交给日本,激起中国人民的极大义愤,并引发了伟大的"五四运动",中国代表在全国人民反帝爱国热潮的推动下,拒绝在条约上签字。

条约在限制德国军备问题方面,规定德国废除普遍义务兵役制,撤销总参谋部,不得拥有空军、坦克和潜艇;陆军不得超过10万人,仅用于维持国内秩序和边境巡逻,其中军官不得超过4000人;海军限定为战斗舰和轻巡洋舰各6艘,驱逐舰和鱼雷艇各12艘,海军兵员不得超过1.5万人,其中军官不得超过1500人。

和会未能就德国赔偿总额达成一致协议,仅规定组成由法国人任主席的赔偿委员会,在1921年5月1日以前确定赔偿总额和分配办法。在此之前德国应偿付价值200亿金马克的物品,并承担占领军的全部费用。

继《凡尔赛条约》之后,战胜国又相继与其他战败国签订了一系列条约。计有:1919年9月与奥地利签订的《圣日耳曼条约》;1919年11月与保加利亚签订的《纳依条约》;1920年2月与匈牙利签订的《特里亚农条约》;1920年8月和1923年7月先后与土耳其签订的《色佛尔条约》和《洛桑条约》。这些条约同《凡尔赛条约》、国际联盟盟约一起,构成一个互为联系的条约体系,史称"凡尔赛体系"。

三、欧洲政治地图的改划

经过第一次世界大战,俄罗斯帝国、德意志帝国、奥匈帝国和奥斯曼帝国全面崩溃,"凡尔赛体系"又对欧洲疆界作了较大调整,欧洲政治地图由此发生很大的变化。

芬兰曾在19世纪初被帝俄征服,成为俄罗斯帝国内一个大公国,俄国十月革命爆发后一个月重新独立,脱离俄国版图。

爱沙尼亚和拉脱维亚在历史上曾经先后被日耳曼人、条顿骑士团、波兰和瑞典占领过,18世纪被沙俄吞并。立陶宛一度是个欧洲强国,以后与波兰合并,18世纪又被沙俄吞并。俄国十月革命胜利后,这三个波罗的海国家分别于1918年2月、7月和8月宣布独立。以后立陶宛又获得原来属于德国的梅梅尔地区。

波兰于一次大战结束后复国,其主体是战前帝俄版图内的"波兰王国"。法国为了削弱和包围德国,鼓吹建立"大波兰",因此《凡尔赛条约》迫使德国划出"波兰走廊"给波兰,致使东普鲁士与德国本土分离。波兰走廊上的重要港口但泽成为国联保护下的自由市,但其外交和关税事务由波兰管理。波兰的东界原由协约国大致确定,以大多数居民的民族归属为原则,其走向大体与现今的波兰东界相吻合(因该线由英国外交大臣寇松作出重申,故称"寇松线")。但是,因独立而处于亢奋状态的波兰统治者不肯接受这条线,他们要恢复1772年以前的边界,向东推进到第聂伯河一线,建立一个"从一海到一海",即从波罗的海到黑海的大波兰。苏维埃俄国为了保住新生的政权,决定以空间换取时间,在1921年3月签订的《俄波里加条约》中同意把两国边界划在"寇松线"以东150公里处,让波兰占据了西白俄罗斯和西乌克兰。

德国作为战败国,除了向波兰割让波兰走廊外,还把上西里西亚南部的古尔钦地区划归新成立的捷克斯洛伐克,把阿尔萨斯-洛林归还法国,向比利时割让欧本和马尔梅迪地区,向丹麦割让石勒苏益格-荷尔斯泰因地区。

奥匈帝国瓦解的结果,奥地利和匈牙利分离,分别成为独立的国家,捷克斯洛伐克独立。其余部分,加里西亚地区划给波兰,布科维纳和特兰西瓦尼亚地区划给罗马尼亚,特兰提诺和的里雅斯特割给意大利。斯洛文尼亚、克罗地亚、波斯尼亚和黑塞哥维那作为南部斯拉夫人居住地区,同塞尔维亚和门的内哥罗合并,成立"塞尔维亚-克罗地亚-斯洛文尼亚王国",

1929年改称"南斯拉夫王国"。

罗马尼亚同俄国的边界也发生变化。1918年1月,罗马尼亚趁着苏俄政权软弱之际,出兵占领了两国有争议的比萨拉比亚地区。翌年4月,协约国最高理事会也作出决定,将该地区划归罗马尼亚,但苏俄政府一直不承认这一变动。

第一次世界大战以后的欧洲领土调整,是在协约国打败同盟国的基础上进行的,战胜国在改划欧洲地图时,复仇的情绪和分赃的动机占了主导地位。法、英等国依恃自己的有利地位,严惩德国,压制奥地利、匈牙利和保加利亚,遏制苏维埃俄国,扶持波兰、捷克斯洛伐克、罗马尼亚和南斯拉夫,使中东欧尤其是巴尔干地区的固有矛盾进一步激化。

在这次领土调整中,中东欧一大批国家走向独立,摆脱了大国的直接控制,这无疑是历史的进步。但是,中东欧政治地图的"巴尔干化"在20世纪前半期特定的历史条件下,容易导致欧洲局势动荡,给潜在的侵略者提供可乘之机。

在欧洲地图改划的过程中,各国内部主体民族和少数民族的问题更加复杂化。为此,有些国家由政府出面交换人口,更多的则是民众自发地越界定居,使移民数量急剧增加。尽管如此,很多国家还是拥有不少少数民族成员。20年代初期,这些国家以不同的形式作出承诺,保证给予少数民族成员在政治、经济、教育和宗教生活方面的平等权利,但是在具体实施过程中,各国间的差异较大。民族矛盾尖锐的国家容易成为动荡和战争的导火线。

四、国际联盟的建立

世界性国际组织是世界一体化进程的产物。

早在19世纪中后期便出现过一些专门性的国际机构,如1865年成立的国际电讯联盟、1874年成立的万国邮政联盟等,到1914年已有30多个类似组织,但是这些机构的功能主要是促进各国之间在某一领域内的合作,在技术操作层面上减少磨擦,对各国政府并不具有政治上的约束力,不可能用于制止战争,维护世界和平。第一次世界大战爆发后,不少人士便呼吁尽快建立一个具有政治约束力的普遍性国际组织,以防止新的世界大战发生。美国总统威尔逊在和平"十四点原则"中明确强调,"为了大小国家都能相互保证政治独立和领土完整,必须成立一个具有特定盟约的普遍性的国际联盟"。

巴黎和会专门设置了一个特别委员会负责起草国际联盟盟约,该委员会由美、英、法、意、日五强加上另外9个国家的代表组成,威尔逊任主席。委员会以美英两国提供的联合草案为蓝本,字斟句酌地一再删改。1919年4月28日,巴黎和会通过了这一盟约,并把它列为《凡尔赛条约》和对奥、匈、保各国条约的第一部分内容。

1920年1月10日,国际联盟正式成立。最初只有23个成员国,以后逐渐增多,德国和苏联先后于1926年和1934年加入,埃及于1937年加入,是最后一个参加国,成为第63个成员国。积极鼓吹创建国联的美国始终没有参加这一组织。

国际联盟的主要机构是国联大会、理事会和秘书处。

国联大会由全体成员国组成,每年9月在日内瓦总部举行常会,必要时还可召开特别会议。每个成员国可派3名代表,但只有1票表决权。国联大会是一个大论坛,国家无论大小,都有权发表意见,但实际上所起的作用不大。

理事会由常任理事国和非常任理事国组成。常任理事国原定英、法、美、意、日五国,以后由于美国没有参加国联,减为4个。德国于1926—1933年期间、苏联于1934—1939年期间,也曾担任过常任理事国。非常任理事国原为4个,后增加到9个,由国联大会选举产生,通常由中等国家担任,每届任期1年。理事会每年至少开会1次,后改为每年4次。按照盟约规定,国联大会和理事会有权处理"属于联盟行动范围以内,或关系世界和平之任何事件",它们的所有决议必须全体一致表决通过。

秘书处是国际联盟的工作机构,由理事会指定的一位秘书长领导,另有副秘书长、秘书和其他工作人员,总计人数在500名以上。秘书处负责准备大会和理事会的文件、报告和新闻发布工作,并处理国联的日常事务。1922年,秘书处声称愿意成为约300个非官方国际组织的总部,并开始出版《季度公报》,刊登会议通告和简要会议报道。

此外,国联还设立了常设国际法院(负责受理国与国之间的争端)、国际劳工组织(负责推动改善各国劳工的经济地位和生活状况)、常设委任统治委员会等6个常设机构和专门委员会,以及许多辅助机构。

国际联盟具有两大任务:一是维护世界和平,制止侵略行为;二是关心和处理国际范围的卫生、经济、社会等方面的问题。它在完成后一个任务方面,取得较大成绩,显示了存在价值,如积极着手促进世界卫生,同毒品交易和奴隶贸易作斗争,在国际范围内推动改善劳动条件,协调各国的经济关系等。

关于维护世界和平,国联盟约规定,"联盟成员国有尊重并保持所有联盟成员国领土完整和政治独立,以抵御外来侵犯的义务",一个成员国对另一个成员国发动侵略,"应视为对于联盟所有其他成员国的战争行为"。被侵略国可以向国联理事会提出申诉,或者诉诸常设国际法院。一旦侵略行为被确认,国联成员国就要对侵略者实行集体的经济、政治和军事制裁。当时很多人认为,第一次世界大战纯粹是由几件偶然事件引发的,因而国际联盟制止武装冲突的指导思想,是实施"冷处理"。盟约规定,冲突双方不论是将争端诉诸常设国际法院还是国联理事会,在3个月之内都不许使用武力,这就是所谓的"延缓原则",即通过一个"冷静时期"使冲突热点降温,最后恢复和平。由于国际联盟没有设立国际警察部队,它惩罚侵略者的主要手段只有依靠经济制裁。

从1920年到1939年,国联理事会共受理了66件国际争端,其中有些争端得到了迅速而顺利的处理。如1925年保加利亚和希腊之间发生纠纷,希腊军队进占保加利亚南部,后者提出申诉,理事会经过调查后作出裁决,要求希腊撤军并支付22.5万美元赔偿金。但是对30年代涉及大国的侵略行为,国际联盟却束手无策。

第二次世界大战全面爆发后,国际联盟已名存实亡,1946年4月正式宣告解散。

五、华盛顿体系

巴黎和会主要调整了列强在欧洲的相互关系,和会之后,战胜国在远东和太平洋地区的矛盾日趋尖锐。

战后,德国败北,沙俄消亡,法国忙于医治战争创伤和处理欧洲事务,亚太地区形成美、日、英三国继续争夺中国和太平洋海上霸权的新局面。日本一心想独占中国,趁着大战期间西方国家无暇东顾之机,于1915年提出企图变中国为其殖民地的"二十一条",并加强对华经济渗透,到1918年跃居列强对华贸易的首位。巴黎和会以后,它又正式接管德国在中国山东的全部权益,占领太平洋上的加罗林群岛、马绍尔群岛和马里亚纳群岛,在亚太地区占据了明显的优势地位。美国是个后起的世界经济大国,在巴黎和会上没有达到夺取世界霸权的目标,遂加紧向亚太地区扩张。但是日本同英国订有同盟条约,该条约原来主要针对俄、德,一次大战后转而成为美国争霸太平洋的严重障碍。

海军是当时列强争夺霸权的主要工具,战前海军军备竞赛主要在英、德两国之间进行,战后则在美、日、英三国之间展开。美国有巨大的造舰能力,1919年国会通过新的海军扩充计划,规定到20年代中期将建造大小军舰75艘,超过英国成为世界第一海军强国。日本不甘落后,要求海军实力达到对美国70%的比例,为此1921—1922年度的海军拨款竟占全部国家预算的1/3。英国长期以来奉行"双强标准",即其海军实力必须等于其他两个海军最强国的总和,战后尽管因为财政拮据,不得不放弃这一标准,但仍坚持不弱于其他最强舰队的原则。各国你追我赶,各不相让,展开了激烈的海军军备竞赛。这不仅激起各国人民的强烈反对,对本国经济也是一大负担。因此,三国都想通过会议来限制扩军势头。

美国对凡尔赛体系深为不满,积极鼓动召开华盛顿会议,构筑亚太地区的国际新秩序。1921年8月,它正式邀请在亚太地区有利益关系的8个国家英、日、中、法、意、比、荷、葡举行会议。

1921年11月12日—1922年2月6日,九国华盛顿会议正式召开。会议重点讨论了亚太地区问题和限制军备问题,在一些问题上达成了妥协。

会议首先讨论了英日同盟问题。在美国的压力下,美、英、法、日签订了《四国条约》,主要内容为:缔约各国相互尊重彼此在太平洋区域内岛屿属地和岛屿领地的权利,如发生争端,则召开四国会议解决;一旦受到外部威胁,则四国协商采取行动。经商定,一俟缔约各国批准,英日同盟应予终止。这是美国外交的胜利,借此拔掉了英日同盟这根喉中鲠。

在讨论海军军备问题时,美国代表休斯提出被称为"外交炸弹"的方案,引起各国的震动。其主要内容是:停建3.5万吨以上的主力舰,拆毁部分旧舰,英、美、日、法、意五国的主力舰吨位比例为5∶5∶3∶1.75∶1.75。这是对英国海军绝对优势的挑战,导致英方代表波蒂当场为之昏厥。但是英国缺乏保持绝对优势的经济实力,只得就范。日本要求将比例改为10∶10∶7,美方使出杀手锏,表示如果日本坚持这项要求,今后日本每造1艘军舰,美国就造4艘。日本被迫让步,但附有一项条件,即美英放弃新建或加强太平洋西部的海军基地。该条件后被接受。

1922年2月6日，美、英、日、法、意签订《关于限制海军军备条约》（即《五国海军协定》），条约规定各国主力舰总吨位限额，英、美各为52.5万吨，日本31万吨，法、意各为17.5万吨，即维持5∶5∶3∶1.75∶1.75的比例。同时规定航空母舰的吨位限额为英、美各13.5万吨，日本8.1万吨，法、意各6万吨。该条约又是美国的胜利，它限制了英国和日本的海军力量，使美国得以同海上霸主英国平起平坐。

中国代表在会上提出解决中国问题的"十项原则"，其中包括尊重和维护中国领土完整和主权独立，取消外国在中国的势力范围和一切特权，废除"二十一条"，收回山东主权等要求，同时也包括了美国一再强调的"门户开放"和"机会均等"的内容。美国出于反对日本独占中国和为自己创造扩张条件的动机，支持中国的要求，同时将"十项原则"改为"四条原则"，削弱其中的反帝内容和要求，突出"门户开放"和"机会均等"。英国支持美国的做法。

1922年2月6日，与会各国签订《九国关于中国事件应适用各原则及政策之条约》，即《九国公约》。条约全文共有9项条款，要点是确立美国主张的"门户开放"和"机会均等"原则，这又是美国取得的重要成就。条约虽然宣称各国必须尊重中国领土完整和主权独立，却没有采纳中国提出的取消领事裁判权、归还租借地、关税自主等正当要求。

由于日本坚决反对，中国的山东问题未列入会议议程，改在中、日两国之间举行双边谈判，美、英派观察员列席。日本在谈判中耍尽花招，企图保住在巴黎和会上得到的非法权益，但是在中、美、英三方的压力之下也不得不作出让步。2月4日，中日两国签订《解决山东问题悬案条约》及《附约》，其中规定：日军撤出山东省，胶州湾德国租借地和青岛海关的主权归还中国，胶济铁路由中国以5300万马克（合3200万银元）的代价赎回，前德属煤矿由中日合办。

华盛顿会议是巴黎和会的继续与发展，它所确立的华盛顿体系是列强在亚太地区建立的战后新秩序。华盛顿体系与凡尔赛体系互为补充，合称"凡尔赛—华盛顿体系"。

凡尔赛—华盛顿体系是20世纪人类第一场大搏杀之后确立的世界新秩序，它承认了列强之间相对实力地位的变化，建立了国际联盟这一世界性国际组织来适应世界一体化进程的需要，它所奠定的世界新格局，为20年代世界的相对平稳发展创造了条件。然而，作为一个国际和平体系，它并不理想。它本来应该在一定程度上解决或者缓和世界危机，但实际上并未办到，它的内在弊端反而同第二次世界大战的爆发有着一定的联系。首先，该体系具有反人民性，无视广大殖民地半殖民地在第一次世界大战中的发展和变化，仍然把它们作为战利品在战胜国之间瓜分。其次，它受困于意识形态的对立，无视苏维埃俄国作为一个大国的客观存在，把它排斥在世界体系之外。第三，由于在缔结和平体系时没有从维护世界和平的高度来处理战败国问题，过分强调复仇和奴役，同时还激化了战胜国之间的矛盾，因而直接引发了新一轮的争斗。

第二章
苏联模式社会主义现代化道路的开创

第一节 俄国革命的兴起

一、社会矛盾的深化和革命形势的酝酿

20世纪初的俄国正处于现代化进程的十字路口。1861年农奴制改革以后,俄国社会经历着深刻的结构性变动,一方面,资本主义生产方式获得了相当程度的发展,传统的村社体制趋于瓦解;另一方面,沙皇专制制度却日益强化,落后的政治体制顽固地阻挠着村社的彻底解体和市民社会的形成。于是资本主义工商业和传统农业的发展失衡不断加剧,社会经济和政治的结构性矛盾不断深化,使俄国的现代化进程面临危机。

俄国的工业发展存在严重的结构性缺陷。它是在不具备成熟的市场经济体制的条件下,通过政府部门推行的非均衡发展战略而使某些工业部门获得优先发展,从而使资源配置处于人为扭曲的状态,量的扩张和速度的提高是以经济效益的低下为代价的。农奴制改革虽然为资本主义工商业的发展开辟了道路,但直到19世纪末,俄国仍然没有完成社会经济结构的转型,市场机制远没有建立起来,77%的人口仍在村社份地或地主的土地上从事传统方式的农业生产,2/3的国民经济产值来自农业。在这种情况下,工业的发展主要依赖于政府的扶植,而政府主导的工业化因其难以从市场要素的有效配置中获得资金,不得不采取剥夺农民和引进外资的手段来解决资本积累的难题。对农民的剥夺主要通过强迫农民向国家提供粮食以供出口换取外汇。19世纪末20世纪初,俄国的粮食出口呈持续增长态势,但这并非粮食相应增长的结果,1900年粮食产量比1860年大约增加1倍,而出口粮食的数量增加了4倍;1860年,粮食产品在出口总额中占40%,而1900年几乎达到70%。可见,当时俄国的外贸所得主要依靠粮食出口,而增加粮食出口的同时意味着加重对农民的剥夺。

由于内源性积累缺乏,俄国的工业化对外资的依赖也十分明显,19世纪90年代,外国资本大量进入俄国,几乎占工业全部新投资额的一半,大银行的外国资本也占到50%—70%。沙俄政府为弥补资金亏空还大借外债,1900年,外债总额达40亿卢布。

政府主导和依赖外资还使俄国的工业发展表现出较强的垄断特征。或者说,俄国工业的发展与资本的集中垄断趋势几乎是同步的。20世纪初,5%的大企业集中了工人总数的54%,12家大银行控制着全国银行资本的80%左右。

俄国工业化的上述特点表明:进入20世纪的俄国虽然在一定程度上已经成为一个资本主义类型的国家,在某些指标上甚至进入了当时世界的前列。然而,总体上,俄国的发展仍然处于相当落后的状态,"这个国家的最新资本帝国主义,可以说被资本主义前的关系的层层密网缠绕着"[①]。

发展的不平衡和结构性矛盾首先通过农业危机暴露出来。农业危机的集中表现是接连发生的饥荒和愈演愈烈的暴动。19世纪末20世纪初,俄国几乎每年都发生局部的饥荒,平均三年有一次中等饥荒,五年有一次大饥荒。1902年,乌克兰的哈尔科夫和波尔塔瓦等地发生了大规模的农民暴动,并且蔓延到其他省份和高加索地区。当局对农民进行了残酷镇压。农业危机和农民暴动及其所引起的社会矛盾全面激化,使20世纪初的俄国进入了一个动荡不宁的革命时期。

二、工人运动与列宁主义的诞生

19世纪末俄国工业化的进展造就了俄国历史上第一代产业工人。他们虽然只占劳动力总数的10%,却蕴藏着强大的革命能量。当时,俄国工人的社会地位十分低下,生活极为困苦,他们中的多数原先是村社农民,因贫困和饥饿逃离农村,进入产业工人行列,遂成为早期资本主义阶段"血汗工厂"制度的剥削对象。俄国工人的工资水平居全欧洲的末位,平均每天劳动时间却长达11个半小时,劳动条件恶劣,职业病流行。这种状况必然导致尖锐的劳资冲突。与农民暴动相呼应的此起彼伏的罢工斗争是20世纪初俄国社会矛盾激化的另一个侧面。

1902年前后,俄国工业受西欧经济危机的影响,陷入萧条,3000多家企业倒闭,11.4万余名工人失业。在这一背景下,有组织的工人运动逐步兴起。1898年,代表工人阶级利益的

---

① 《列宁选集》第2卷,人民出版社1972年版,第801页。

俄国社会民主工党宣告成立,但首次代表大会没有制定党纲党章,选出的中央机构被沙皇政府破获,未能发挥作用。因此,各地区工人运动的组织和发动尚处于分散状态。1900—1903年间,工人的罢工斗争在全国范围内普遍展开。为了将工人运动由单纯经济性质导向反对专制制度的政治性运动,当时流亡国外的一批革命者展开了积极的活动。其中,最杰出的马克思主义理论家和革命家是列宁。

弗拉基米尔·伊里奇·列宁(1870—1924),原姓乌里扬诺夫,出身于知识分子家庭。其兄亚历山大于1887年因参与谋刺沙皇而被处死。在哥哥影响下,列宁从学生时代起就走上了革命道路。1887年12月,当时在喀山大学就读的列宁因参加抗议当局的活动而被捕,并被开除学籍。1888年秋,从流放地回来的列宁参加了马克思主义小组,不久即成为坚定的马克思主义者。1893年秋,列宁来到彼得堡,在俄国的政治中心从事革命宣传和组织工作。1895年冬,在列宁组织下,彼得堡成立了"工人阶级解放斗争协会",但不久被沙皇政府破坏,列宁亦被捕入狱。1897年2月,列宁被流放西伯利亚,后又流亡国外。在流放地和国外,列宁继续以坚定的信念从事着革命活动。

1900年12月,列宁在国外创办了《火星报》,通过秘密方式运回国内,在工人群众中散发,它对于宣传马克思主义,提高工人阶级的政治觉悟,发挥了重要作用。以《火星报》为纽带,列宁将俄国各地的马克思主义者团结到自己周围,为建立一个新型的无产阶级政党作了思想上、理论上的准备。

1902年,列宁发表《怎么办》一书,批判工人运动中的经济派思潮,系统论述了无产阶级革命的理论原则和斗争策略,并强调指出,"社会民主党人首先应当考虑建立一个能够领导无产阶级的全部解放斗争的革命家组织"①,这个以"职业革命家"为核心的党将成为"最革命的阶级的真正的先进部队"②。

1903年7月30日至8月23日,俄国社会民主工党第二次代表大会在布鲁塞尔和伦敦举行。列宁出席了大会,并以自己的建党思想同经济派和其他思想流派展开斗争。不同观点的斗争贯穿在党纲、党章的制定和党的领导机关的选举过程中。在讨论党纲时,列宁的观点得到多数人的拥护,大会通过的党纲明确规定:以推翻专制制度、建立民主共和国、实行八小时工作制、消灭农村中农奴制残余为最低纲领,以实现社会主义革命、建立无产阶级专政为最高纲领。在讨论党章时,列宁关于组织原则的观点受到反对,他起草的党章条文未能通过。但在中央委员会选举中,列宁的拥护者获得多数,从这时起,列宁的拥护者被称作布尔什维克(俄语"多数派"音译),其对立面被称作孟什维克(俄语"少数派"音译)。俄国社会民主工党二大完成了建党任务,但同时也形成了理论上、政治路线上存在深刻分歧的两大对立派别,这种对立最终导致组织上的分道扬镳③。列宁后来把党的二大看作是布尔什维克党建

---

① 《列宁全集》第6卷,人民出版社1986年第2版,第112页。
② 同上书,第173页。
③ 1912年1月,俄国社会民主工党布尔什维克派在布拉格举行第六次全国代表会议,决定在组织上与孟什维克决裂,自此,布尔什维克成为一个独立的政党。

立的标志,他认为:"布尔什维主义作为一种政治思潮、作为一个政党而存在,是从1903年开始的。"[1] 布尔什维主义即列宁主义,在这个意义上,1903年布尔什维克党的诞生同时也标志着列宁主义的诞生。

列宁主义,作为马克思主义与俄国革命实践相结合的产物,在20世纪俄国革命的进程中发挥了巨大和深远的导向作用。

三、1905年革命

俄国在1904—1905年日俄战争中的失败给予沙俄专制制度以沉重打击。战争暴露出沙皇俄国的外强中干,激起了人民群众对反动统治的愤怒,加速了革命的到来。

1905年初,彼得堡普梯洛夫工厂工人为争取保障工作权利,改善生活处境,率先举行罢工。罢工很快扩大到整个首都。1月22日(俄历1月9日,星期日)早晨,彼得堡约5万工人及其家属举着圣像、沙皇画像和国旗,唱着宗教歌曲,列队向冬宫行进,准备向沙皇呈递请愿书。请愿书陈述了工人的贫困和痛苦,希望"皇上"给工人以"公道和保护"。当请愿队伍来到通往冬宫的道口时,遭到2万名军警的拦截,随后,军警向手无寸铁的工人开枪射击,骑兵也冲向请愿队伍,顿时,数百上千人倒在血泊中,鲜血染红了地上的积雪。这一天后来被称作"流血星期日"。

沙皇政府对工人的血腥镇压打碎了工人心目中的"皇上"偶像,他们说:"沙皇痛打了我们,我们也只好把他痛打一顿!"

当天晚上,工人们开始自发地夺取武器,筑起街垒,同军警展开斗争。消息传开后,各地工人纷纷罢工,声援彼得堡工人,原本已愈演愈烈的农民暴动也与工人运动相呼应,很快形成了全国性的革命形势。俄国历史上第一次反对沙皇专制制度的民主革命——1905年革命开始了。

1905年5月1日,全国各地普遍举行了工人罢工。纺织工业中心伊凡诺沃—沃兹涅先斯克地区的罢工从5月一直持续到8月,其间,作为罢工的领导机构,选举产生了"工人全权代表苏维埃"("苏维埃"是俄语"委员会"的音译),这是历史上第一个苏维埃组织。苏维埃的诞生使工人的罢工斗争具有了明显的政治色彩,后来进一步发展成为新型革命政权的雏形。

沙皇在不断高涨的革命浪潮中不得不改变统治方式,企图用君主立宪来维持自己的统治。

1905年10月30日(俄历10月17日),沙皇尼古拉二世签署了由内阁大臣会议主席维特(1849—1915)起草的"宪法宣言",答应设立作为立法机关的国家杜马,并"赐给"人民以人身不可侵犯、信仰、言论、集会、结社自由等权利。

立宪许诺未能扑灭革命之火,广大工人在1905年的最后几个月中继续为争取自己的经济、政治权利而斗争。10月,全国爆发了政治性总罢工,其间彼得堡成立了全市性的工人代

---

[1] 《列宁全集》第39卷,人民出版社1986年第2版,第4页。

表苏维埃及其执行委员会。彼得堡苏维埃模式很快被推广到莫斯科等地,到年底,全国已有55个城市和工人区建立了苏维埃。

沙皇政府在向资产阶级立宪派作出让步的同时,加紧对工人运动进行镇压。12月16日,彼得堡苏维埃正在开会时被军警包围,全体与会代表被逮捕。同时,革命派的报纸也被当局查封。这一消息传到莫斯科,激起了工人们的极大愤慨。莫斯科苏维埃于12月19日宣布举行总政治罢工,以示抗议。当局出动军警袭击集会群众,引起对抗,工人的反击迅速转化为武装起义,几天内,莫斯科城内街垒林立,起义工人夺取武器,与军警展开激烈战斗。12月28日,沙皇将精锐的谢苗诺夫近卫兵团调往莫斯科,又从华沙军区调集军队。在重兵镇压下,莫斯科武装起义于12月31日结束。起义的失败,标志着1905年革命在经历了一年的动荡起伏后,形势发生了转折,由战争引发并以工人罢工斗争为主调的革命的高潮阶段已经过去。然而激越的浪潮退却后,深层的社会结构性矛盾却再度凸现,斗争阵地则由街头转入议会。

由于沙皇政府镇压革命得手,在推行君主立宪制方面也态度趋向强硬。1905年12月24日,沙皇政府颁布国家杜马选举法,对人民群众的选举权作了严格限制。妇女、现役军人、不足25岁者无权参加选举,30人以下小企业工人、交通运输工人、建筑工人、手工业者、商店职员等都没有选举权,选举人还受到财产、居住等资格的限制,这样,全国一半以上的成年人(主要是城市居民)被剥夺了选举权。而且,选举人的选票也按不同身份划出若干等级,地主的一张选票等于资本家的3张、农民的5张、工人的45张。此外,选举采用间接方式,对农民规定了四级选举制,对工人规定了三级选举制。

即便如此,沙皇仍担心选出的杜马不听圣旨,于是,采取了进一步削弱杜马权力的措施。1906年3月5日,沙皇公布改组国务会议的宣言和国家杜马选举新条例。随即举行了杜马选举。5月7日,沙皇公布《国家基本法》,援用奥地利宪法模式,将国家最高权力集中在沙皇手中,沙皇拥有统率军队、确定对外政策、任免大臣等大权,国务会议和杜马具有同等立法权,国务会议成员半数由沙皇任命,其余由贵族、教会、地方自治局及工商界选举产生,实际上成为"上议院"。杜马和国务会议通过的法律要经过沙皇的签署才能生效,而在杜马休会期间,沙皇可以不经杜马同意自行颁布法律。

第一届杜马的选举,共选出代表478名,在这一届杜马中,立宪民主党为首的"自由派"和主要由农民代表组成的"劳动派"占据了主导地位,他们在土地问题和宪政改革问题上成为沙皇专制政府的主要反对派。农民代表强烈要求收回农奴制改革中被地主夺去的份地,立宪民主党则附和农民的要求,也提出用赎买方式"收回割地",鼓吹发展自由资本主义。

沙皇政府中以维特为代表的"自由主义官僚"主张顺应农民的情绪,以没收一部分地主土地来解决土地问题,缓和国内矛盾。但此议遭到沙皇和顽固派大臣的激烈反对,结果,在杜马召开前夕,维特被免职。

1906年5月10日,第一届国家杜马开幕,土地问题是首届杜马争论焦点。立宪民主党和"劳动派"分别提出了土地法草案,但都遭到政府方面的拒绝。这样,政府与杜马之间的关系陷于僵局。沙皇政府于7月21日宣布解散杜马。

解散杜马后,沙皇为了更有力地维护专制统治,挑选内阁中的铁腕人物斯托雷平(1862—1911)出任大臣会议主席。斯托雷平上台后,首先严厉镇压当时普遍发生的农民夺地运动,在各地建立起一批特别军事法庭,以4天之内完成诉讼程序的高速度,把大批造反者送上绞刑台。据统计,从1906年9月至1907年5月,特别法庭共处死了1100余人。当时遍布全俄的绞索被称作"斯托雷平领带"。

在镇压农民的同时,沙皇政府策划了第二届国家杜马的选举,选举结果反对派仍然占明显的优势。

1907年3月5日,第二届国家杜马开幕。土地问题继续成为斗争的焦点。5月23日,斯托雷平在杜马发表演说,拒绝农民剥夺地主土地的要求。而农民代表则坚持自己的要求。由于政府和杜马在土地问题上的对立无法调和,沙皇政府故伎重演,于6月16日(俄历6月3日)宣布解散第二届杜马。同时,公布修改后的新选举法,以限制反对派进入杜马。此举被称作"六三政变"。

"六三政变"标志着1905年开始的第一次俄国革命的结束。这次革命虽然没有改变俄国的专制制度,但深刻地暴露了沙俄帝国的结构性矛盾和体制性危机,并且为各社会阶级、政党和集团提供了政治实践的舞台。革命形势的低落是暂时的,新的革命形势仍在酝酿,在这次革命中获得经验的革命者在积聚力量,等待时机。对于尔后的革命来说,1905年是一次"总演习"(列宁语)。

四、斯托雷平改革

"六三政变"后建立的以政治反动为特色的所谓"六三政制",把沙皇专制制度反人民的残暴特性发挥到空前程度,政府和地主黑帮组织互相勾结,形成反革命的恐怖势力,他们对革命者和革命组织进行摧残,几十万人被投入监狱。在这种形势下,革命期间曾回国的列宁等左派政党的领导人和活动家被迫再度流亡国外。

在用铁腕稳定政局的同时,斯托雷平策划了第三届国家杜马的选举。根据修改后的选举法,对代表名额进行了重新分配,明显扩大了地主的选举权,而农民和城市居民的选举权则受到更严格的限制,一个地主选举人代表230人,而一个农民选举人要代表6万人,一个工人选举人所代表的人数更高达12.5万。一些少数民族地区被完全剥夺了选举权。选举结果左翼反对派力量大为削弱,而右派和极右派势力则大力增强,而且没有一个政党占据压倒多数,新一届杜马成为沙皇政府的奴仆和玩物。有了这样一个便于操纵、控制的国家杜马,斯托雷平可以不再受制于左派政党和农民代表的要求,得以展开一场为沙皇专制制度重构经济基础的土地改革。

在土地问题上,斯托雷平一方面表现出反农民的政治保守倾向,另一方面又坚持反村社的激进改革立场,他试图运用专制制度的暴力工具,强制推行有利于地主的土地私有化。

1906年11月22日(俄历11月9日),斯托雷平颁布《关于农民土地所有制和土地使用的现行法令若干规定的补充》(通称《11月9日法令》),推出了他的改革法案。由于遭到第二届杜马的反对,这一法案的实施被推迟到1907年"六三政变"后。1910年,经修改,由国务会议和第三届杜马通过,并由沙皇于6月27日(俄历6月14日)签署,正式生效(改称《6月14日法令》)。

斯托雷平的土地改革法案规定:

每一个根据村社制占有份地的户主,可随时要求将他们的份地确定为自己的私有财产。

若份地超过家庭人口的定额,户主可将多余部分按1861年改革时所规定的价格予以赎买。

农民退出村社须经村社大会同意,如果退社申请递交后30天内村社没有形成划分决议,那么地方长官有权向村社发出命令予以解决。

把份地固定为私有财产的农户可自由支配自己的土地,有权将土地出卖、出租或抵押。

确定份地的农户有权要求村社把其分散的土地集中在一起。

为了按政府意图尽快实施上述法案,当局动用了镇压机器和强制手段,一方面强迫农民脱离村社,凡反抗者予以逮捕、罚做苦役直到流放;另一方面借"土地整理",推动土地兼并和富农农庄的形成。根据1911年6月11日(俄历5月29日)通过的土地规划条例,份地无论是否预先确定为私产,凡实行土地整理的地方,即自动变为私有财产。在土地整理过程中,地方政府及其属下的"土地整理委员会"发挥了直接的作用,成为强制私有化的有效工具。

斯托雷平还为富农农庄的形成提供金融支持,为此,成立了农民银行,向富农发放贷款,并将一部分地主土地和农民份地收购后出售给富农。据统计,1906—1910年改革中,农民(主要是富农)通过农民银行共获得土地600万公顷。

对于多数无力兴办私人农庄的贫苦农民来说,土地改革的结果只能是出卖自己的份地,成为雇农或城市无产者的后备军。政府还通过移民政策,把相当一部分少地或无地农民迁徙到西伯利亚、中亚等边远地区,1906—1910年,移民总数达250万。

斯托雷平改革是俄国历史上一次具有重要影响的土地改革,它针对1861年农奴制改革的遗产,展开了一场无情的"外科手术",同时并用警察手段和经济手段,比较彻底地破坏了传统的村社土地所有制,加速了农业资本主义生产方式的形成。在这个意义上,斯托雷平改革可视为俄国现代化进程中一个新阶段的起点,它"用暴力来摧毁陈腐不堪的中世纪的土地占有形式","为俄国的发展扫清道路",因此,"从科学的经济学来讲"这次改革"无疑是进步的"。[1]

由于改革在一定程度上解放了落后的农业生产力,刺激富裕农民增加投入,改良技术,扩大生产,改革后至一次大战前的几年中,俄国的农业产量出现了历史上少有的高增长,俄国一时成为世界最大农产品出口国,在生产规模上,俄国也成为仅次于美国的世界第二大农业生产国。

但是,斯托雷平改革毕竟是保守政治的产物,它是循着"保住地主,扶植富农,牺牲贫弱,

---

[1] 《列宁全集》第16卷,人民出版社1988年第2版,第388页。

分化农村,培养亲政府势力,维护沙皇统治"的基本思路进行的,改革的代价主要由广大下层群众承受,改革的利益则由上层和少数人享有,改革的方式和手段不仅残酷无情,而且明显不公正。这样,改革的合理性虽然有其经济依据,却难以获得人们的普遍认同,社会结构的矛盾虽然在一定程度上得到缓和,但政治领域的矛盾和冲突反而激化了。原来作为专制制度基础的传统村社已被破坏,而统治者希望构建的新的基础并未形成——如果按改革的自身逻辑发展,以资本主义农业为主体的新的基础结构势必推动专制制度的演变,而不可能在原来的意义上巩固专制制度。这样,斯托雷平改革在政治上走向了它的反面,改革不仅没有消弭革命,反而使自己陷入了来自两方面反对的困境,一方面广大利益受损的农民因改革的不公正而抵制改革,并以"村社复兴"作为反改革和保护自身利益的政治诉求;另一方面,贵族地主和上层统治者也不愿意顺应改革的逻辑而进一步调整既得利益,他们的顽固和麻木也成为改革的阻力。

斯托雷平本人在这种形势下就成为激进左派和顽固右派的共同敌人。在经历数次未遂暗杀行动后,1911年9月14日,斯托雷平陪同沙皇观剧,幕间休息时,被一名刺客开枪击中,伤重殒命。

斯托雷平的去世和改革的中止暴露了沙皇制度的致命弱点,这一腐朽的制度不仅是俄国社会发展的严重障碍,而且缺乏自行变革的内在动力,在维特和斯托雷平两位改革派大臣相继退出政治舞台后,沙皇制度再度面临革命形势的威胁。

五、1917年二月革命与沙皇制度覆灭

战争是革命的加速器。正如1905年革命是由沙俄在日俄战争中的失败所激起,第一次世界大战导致的全面危机引发了规模更大的1917年革命。

第一次世界大战开战第二年,沙俄的战争机器已经陷于瘫痪的境地,到1916年底,俄军损失兵力总数已达700万左右,将近1914年总兵力的一半,大片国土沦于敌手。

战争困境使国内危机空前加剧:为了补充兵员,大批青壮年劳动力被送上前线,使很多经济部门陷于瘫痪,大片土地荒芜;为了筹措军费,国库被掏空,财政几近破产,高达420亿卢布的战争债务导致剧烈的通货膨胀——1917年的货币流通额为1914年的10倍;战争中,波罗的海和黑海的航路被敌方封锁,进一步加剧了经济困难;西部国土的沦丧造成了数百万难民;官吏和投机商利用经济混乱大肆侵吞社会财富,更使人民群众的生活雪上加霜;民不聊生,民怨沸腾,社会下层的革命情绪日益高涨。

军事失败、经济危机也导致统治集团内部矛盾的激化。沙皇亲临前线后,把皇权交给皇后,皇后则受内廷佞臣拉斯普金(1864或1865—1916)等人操纵,宫廷的腐败暴露无遗。为了压制反对势力,沙皇频繁改组政府,从1915年夏到1917年3月,撤换了4个首席大臣、5个内务大臣、3个外交大臣和3个国防大臣。当时,杜马中的立宪民主党、十月党和进步民族主义党曾组成所谓"革新派"("进步同盟")集团,企图劝说沙皇摆脱拉斯普金的影响,建立一个"受全国信任的政府",以此扭转战场形势。沙皇对此十分恼火,干脆下诏停止杜马活动。在

"劝说"无效的情况下,倾向"革新派"的尤苏波夫亲王于1916年底刺杀了拉斯普金。这一事件表明,统治集团已经分裂,"上层"也不能照旧生活下去了。

革命形势已经成熟,但革命的爆发却是突然的。1917年2月,由于首都彼得格勒的面包供应短缺,食品价格猛涨,普梯洛夫工厂的工人提出增加工资的要求被资方拒绝,于是,工人们举行罢工,并影响到其他工厂。3月7日(俄历2月22日,下同),普梯洛夫工厂厂主宣布歇业,使大约4万名工人失去工作,工人的困境引起社会强烈反应。3月8日(2月23日),因买不到面包而愤怒的妇女首先举行抗议示威,她们拥向市政厅,高呼"面包"、"打倒战争"等口号,同日,各工厂也纷纷举行集会,工人们也先后走上街头,首都的主要大街挤满了示威群众,并与警察发生冲突。一场革命风暴就这样在群众的自发行动中形成了。

二月革命初妇女游行

第二天起,罢工和示威更加普遍地展开。彼得格勒200多家企业、数十万工人几乎全部卷入斗争行列。大街上人山人海,当局派出的军警被示威者团团围住。3月10日(2月25日),沙皇下令动用军队武力镇压群众,但士兵们多半不愿向工人开枪,军队开始转向革命一边。3月12日(2月27日),首都卫戍部队发生起义,士兵和工人们一起夺取军火库,占领火车站、发电厂,打开监狱,释放政治犯,逮捕沙皇政府大臣……控制了首都的局面。沙皇试图调运前线部队进京镇压革命,但这些部队被铁路工人截住,并很快也倒向了革命一边。在革命进程中,作为1905年经验的再现,工人们自发地建立起苏维埃,3月12日(2月27日)晚上,各工厂的罢工委员会、起义部队的士兵代表和各左翼政党的代表在塔夫利达宫集会,宣布成立彼得格勒工兵代表苏维埃临时执行委员会,选举孟什维克国家杜马党团代表齐赫泽(1864—1926)为主席,社会革命党人克伦斯基(1881—1970)和孟什维克斯科别列夫(1885—

1938)为副主席,11名委员中,布尔什维克有3名代表。

与此同时,支配国家杜马的立宪民主党和十月党也宣布成立临时委员会,由杜马主席、十月党人罗将科(1859—1924)出任主席,临时委员会决定组成一个临时政府以接管实际已崩溃的沙皇政府权力。在与苏维埃执委会磋商并得到苏维埃支持后,3月15日(3月2日),临时政府宣告成立,立宪民主党人、原全俄地方自治机关联合会主席李沃夫亲王(1861—1925)任总理兼内务部长,立宪民主党人米留可夫(1859—1943)任外交部长,十月党人古契柯夫(1862—1936)任陆海军部长,社会革命党人克伦斯基以个人身份入阁,任司法部长。

当天晚上,国家杜马临时委员会代表来到沙皇尼古拉二世御驾所在地普什科夫,向他通报了要求其退位的决定。尼古拉二世明白大势已去,签署了退位诏书,将皇位让给其弟米哈伊尔大公。

次日中午,临时政府和杜马临时委员会的成员来到米哈伊尔大公的府邸,讨论皇位继承问题。君主立宪派和共和派发生争论,米哈伊尔本人则拒绝接受皇位。于是,他在形式上也签署了一个退位诏书后,历经304年的罗曼诺夫王朝随即宣告寿终正寝。

二月革命的胜利和沙皇制度的终结,是俄国历史上一个重要的转折点。沙皇专制制度的覆灭,为俄国社会的发展清除了一个巨大障碍。短短8天之内,俄国变成了一个"自由"的国家。但是,俄国革命并没有到此结束。二月革命以后,俄国出现了多种力量并存对峙的政治局面,俄国社会仿佛处在十字路口,面临着新的抉择和较量。

第二节 1917年十月革命和苏维埃政权的建立

一、两个政权并存

二月革命的群众斗争风暴推倒了根基已经腐朽的沙皇专制政权,完成了它的"破旧"的使命,但却未能建立起一个具有稳固基础的新政权。

以立宪民主党人和十月党人为主组成的临时政府缺乏实际的行政能力和权威,因为这个政权是由国家杜马临时委员会改组而成,带有浓厚的旧政权的陈腐气息,与掀动革命风暴的工农群众存在相当的距离,一时也无力控制军队(无论是起义士兵还是前线军队),如果得不到革命群众的认可和支持,它几乎一天也维持不下去。在这个意义上,临时政府的生存须取决于代表革命群众的苏维埃的态度,苏维埃实际上拥有左右政局的力量。然而,苏维埃终究也是一种在革命中仓促建立的临时性组织机构,它虽然拥有比较广泛的群众基础,却缺乏强有力的行政手段,以孟什维克和社会革命党人为主的执委会成员也缺乏管理国家的自觉意识。因此,当临时政府宣称自己是接管旧政权的合法代表时,苏维埃的领导人承认了它。

列宁把二月革命后俄国出现的这种独特局面称作是两个政权并存,指出,这是"我国革命中一个非常显著的特点"。他认为,两个政权具有不同的阶级基础,临时政府代表资产阶级,苏维埃代表"无产阶级和农民(穿军装的农民)"。至于为什么后者要向前者让步,即工农代表要把阵地"让给资产阶级"呢?"原因在于无产者和农民的觉悟和组织程度不够",再加上苏维埃领袖们的"错误","他们采取小资产阶级的立场,不去启发工人的意识,反而模糊他们的意识,不去打破小资产阶级的幻想,反而诱发这种幻想,不使群众摆脱资产阶级的影响,反而加强这种影响"①。

当时,俄国迫切需要从危机中摆脱出来,而摆脱危机的唯一出路是:结束战争,给农民以土地,给人民以面包和自由。随着沙皇制度被推翻,形式上的自由和民主似乎一下子实现了,但实质性的问题——和平、土地、面包却一个也没有解决,而恰恰是这些问题关系到人民群众切身利益,决定着俄国政局发展的实际进程。

历史证明,二月革命后上台的临时政府及其合作者苏维埃执委会的领导人均缺乏政治远见和对形势的判断能力,他们未能及时理解和实际解决人民群众面临的首要问题,从而也无法找到使俄国摆脱危机的出路。

在战争与和平问题上,临时政府选择继续战争;在土地问题上,临时政府采取拖延政策。这种态度显然与当时迫切要求结束战争的人民群众和要求重新分配土地的农民的情绪格格不入。继续战争需要军队鼓起士气,而得不到土地的士兵(穿军装的农民)不可能为政府卖命。这种恶性循环不断把临时政府推向危机的深渊。

前线继续在流血,后方依然面临饥荒。在这种情况下,一场新的革命的必要性和可能性又出现了。这一次,站在革命潮头、引导革命方向的是列宁和布尔什维克党。

二、列宁的革命战略和策略

二月革命爆发当时,列宁尚侨居瑞士。他密切关注着国内形势的发展,以超越常人的敏锐眼光,捕捉着将人民群众自发的革命推向布尔什维克党选择的方向的每一种可能性和稍纵即逝的机会,及时地向党内同志提出指导革命的战略和策略。

早在第一次世界大战爆发伊始,列宁就预见到战争可为革命创造前提,明确提出"变当前的帝国主义战争为国内战争是唯一正确的无产阶级口号"②,并从理论上阐述了"社会主义可能首先在少数甚至单独一个资本主义国家内获得胜利"的前景③。

二月革命爆发的消息使列宁十分振奋,他立即领悟到,这是实践其革命战略的绝好机会。为了及时向党内传播自己的思想,他接连给国内的同志写了五封《远方来信》,希望布尔什维克党正确理解俄国革命的形势,不失时机地把革命由第一阶段(资产阶级民主革命)向第二阶段(社会主义革命)推进,并以俄国革命为引爆器,点燃一场世界革命。他要求党内同志"善于在估计任何'当前形势'时不只看到它今天的、现有的特性,而且看到它更深远的动因,看到俄国和世界各国的无产阶级的利益和资产阶级的利益的更深刻的相互关系"④。

---
① 《列宁全集》第29卷,人民出版社1985年第2版,第131—133页。
② 《列宁全集》第26卷,人民出版社1990年第2版,第18页。
③ 同上书,第367页。
④ 《列宁全集》第29卷,人民出版社1985年第2版,第15页。

为了直接领导革命,列宁于4月16日(4月3日)夜间从国外回到了祖国,来到革命的中心——彼得格勒。

次日,4月17日(4月4日),列宁在全俄工兵代表苏维埃的布尔什维克成员大会上发表了演说。4月20日(4月7日),布尔什维克《真理报》发表了这一演说的提纲,题为《论无产阶级在这次革命中的任务》(即《四月提纲》)。

在《四月提纲》中,列宁分析了当前形势的特点,重申了《远方来信》中提出的将革命推向第二阶段的立场,并具体论述了现阶段党领导革命的策略思想。他指出,无产阶级政党要争取群众,就必须抓住群众当前最迫切关心的问题,提出群众愿意接受的口号。现在,既然临时政府不能给人民带来和平,那么推翻资产阶级的临时政府,把政权转到代表工农的苏维埃手中就是理所当然之举,必然会得到群众拥护,而布尔什维克党的当前任务就是在革命进程中这一特定的"过渡"时期,通过宣传群众,用自己的纲领影响群众,从孟什维克和社会革命党手中夺取苏维埃的领导权,为最后确立单一的无产阶级专政的苏维埃政权作准备。

列宁的革命战略和策略曾受到布尔什维克党的部分领导成员的抵制,但经过列宁的说服工作,党的领导和基层组织大多站到了列宁一边,到5月7—12日(4月24—29日)举行布尔什维克党第七次全国代表会议(四月代表会议)时,列宁的方针正式确立为党的指导方针。会议通过了列宁起草的关于战争问题、土地问题、对临时政府的态度问题等一系列决议,把"全部政权归苏维埃"明确为党的中心口号。

四月代表会议后,布尔什维克党把争取群众作为中心工作,列宁更是身先士卒,以不倦的斗志,夜以继日地撰写文章,发表演讲,向各界群众宣传布尔什维克党的路线和方针。据统计,列宁在回国后的三个月内,写下的文章、决议、小册子等宣传品达150多种。列宁和布尔什维克党的宣传对于人民群众的政治取向产生了重大影响。

三、七月至十月形势的变化

7月1日(6月18日),彼得格勒50万人走上街头,示威群众打出的旗帜和标语是布尔什维克的口号:"打倒战争!""全部政权归苏维埃!"这场游行示威展示了人心所向,布尔什维克党已经在首都赢得了群众的支持。

同一天,临时政府下令在前线发动进攻,但很快遭到失败,10天内,俄军死伤6万人,突击部队损失过半,这一举动及其后果进一步加深了临时政府的危机。7月16日(7月3日),彼得格勒再度爆发大规模示威游行,布尔什维克党参加了此次自发而起的群众运动。次日,游行规模达到50万人以上,示威者来到塔夫利达宫前,要求苏维埃执委会立即接管政权。但掌握执委会的孟什维克和社会革命党人却公然站在临时政府一边镇压群众。他们伙同临时政府调军队入城"恢复秩序",由此酿成死伤400多人的流血事件。此后,临时政府又宣布彼得格勒戒严,布尔什维克总部和《真理报》编辑部遭袭击,列宁等布尔什维克领导人被通缉,形势一时逆转。7月21日(7月8日),克伦斯基代替已辞职的李沃夫出任临时政府总理。7月31日(7月18日)原沙俄将军科尔尼洛夫(1870—1918)被任命为军队最高总司令。

7月流血事件及其后的事态发展标志着俄国政治形势出现了重大转折,随着苏维埃领导层与临时政府的完全合流,两个政权并存的局面随之结束。随着临时政府对革命群众和政党实行镇压措施,原先的"政治自由"也不复存在,革命和平发展的可能性就此消失。针对形势的变化,转入地下的列宁和布尔什维克党及时改变了斗争策略。

8月8日(7月26日)至16日(8月3日)布尔什维克党第六次全国代表大会在彼得格勒半秘密状态下召开(只公开大会召开消息,没有公布开会地点)。列宁因躲避通缉而隐匿在位于芬兰边境的拉兹里夫湖畔,未能出席会议,但对会议的方针和文件的制定进行着实际的领导。会议前夕,列宁已经写了《三次危机》、《政治形势》、《论口号》、《革命的教训》等文章,为转变党的行动方针提出了指导性意见,会议期间,列宁通过与特派代表的联系,及时了解和指导会议的进程。

化名为伊万诺夫的列宁身份证

会议通过了中央委员会的总结报告和关于政治形势的报告,决定:收回"全部政权归苏维埃"的口号,代之以"彻底消灭反革命资产阶级专政"的口号。会议把依靠工人阶级和贫苦农民夺取政权的目标明确为党的当前任务,从而为必要时实施武装起义方针作了思想和组织准备。

会议选举了以列宁为首的新的中央委员会,在21名中央委员中,有斯大林(1879—1953)、斯维尔德洛夫(1885—1919)、捷尔任斯基(1877—1926)等老布尔什维克,也包括原属"区联派"①、在这次大会上加入布尔什维克行列的托洛茨基(1879—1940)。

---

① "区联派"是俄国社会民主工党的一个左翼中派组织,其立场介于布尔什维克和孟什维克之间,"区联派"参加了布尔什维克党第六次代表大会,并在会议期间加入布尔什维克。

此时，前线的局势继续恶化，9月3日（8月21日）里加被德军占领，再次引发临时政府危机。为了维持后方安定和首都安全，克伦斯基要求科尔尼洛夫将第三骑兵军调到彼得格勒，以防范受布尔什维克影响的彼得格勒卫戍部队和喀琅斯塔得警备部队起事。科尔尼洛夫认为，这样的举措还不足以维持秩序，必须进一步集中权力，彼得格勒应宣布戒严，并组建新政府。他在调动部队的同时要求克伦斯基来大本营商谈新政府组织问题。克伦斯基将科尔尼洛夫的举动视为"叛乱"。9月8日（8月26日）克伦斯基发布科尔尼洛夫"叛乱"的消息，次日克伦斯基下令解除科尔尼洛夫最高总司令职务。当晚，科尔尼洛夫发表告俄国居民书，驳斥克伦斯基的说法，同时命令部队继续向彼得格勒进发。这时，在七月事件后遭压制的彼得格勒的左翼势力看到了机会，苏维埃中的多数表态支持克伦斯基，孟什维克和社会革命党主导的苏维埃中央执行委员会号召彼得格勒工人和士兵起来保卫临时政府，并向开往彼得格勒的部队呼吁，要求他们转而反对科尔尼洛夫。同一天，布尔什维克党中央委员会和彼得格勒委员会也发表告全体劳动人民、工人和士兵书，号召人民起来粉碎科尔尼洛夫的"反革命"军队。列宁从芬兰的隐居地给党中央写信，要求布尔什维克党抓住这一机会，领导革命群众同科尔尼洛夫作战，但并不是为了支持克伦斯基，而是为了"揭露他的弱点"，壮大布尔什维克党的力量。根据列宁指示，布尔什维克党中央和各级组织立即行动起来，号召工人、士兵奋起保卫革命的首都。为了共同对付科尔尼洛夫的威胁，临时政府方面改变了七月事件后镇压布尔什维克的方针，释放了被关押的布尔什维克士兵，一度入狱的托洛茨基及布尔什维克军事组织的成员也先后获释。由于孟什维克、社会革命党和布尔什维克的合作，形成了反对科尔尼洛夫的左翼力量联盟，使彼得格勒的政局发生了重大转变。在这种形势下，科尔尼洛夫代表的右翼力量丧失了控制首都的可能性。向彼得格勒开进的部队军列被铁路工人阻挡在城外的铁路线上，无法前进。而苏维埃和布尔什维克派出的宣传员在这些部队中展开革命宣传，鼓动士兵参与革命，成立革命委员会，逮捕军官。9月14日（9月1日），科尔尼洛夫大势已去，其本人在大本营被逮捕，这场"叛乱"在没有发生军事冲突的情况下被平定。

科尔尼洛夫叛乱被平定后，布尔什维克威望大增，9月13日（8月31日）和9月18日（9月5日），布尔什维克在彼得格勒和莫斯科的苏维埃会议上先后掌握了领导权，托洛茨基当选为彼得格勒苏维埃主席，另一位布尔什维克党中央委员诺根出任莫斯科苏维埃主席，原先把持苏维埃的孟什维克和社会革命党人不得不退出主席团。随后，其他大城市的苏维埃也纷纷易帜，短短半个月中，80多个地方苏维埃宣布支持布尔什维克。

与此相对应，孟什维克和社会革命党则发生了分裂，部分社会革命党人打出"左派"旗号，孟什维克中也出现"国际派"，他们都倾向于同布尔什维克联合，这样，又从另一个方面加强了布尔什维克的力量。

政治力量对比的转化为革命的推进创造着有利条件，而国家经济形势的恶化则把革命时机的成熟日益清楚地显示出来。由于二月革命后，俄国一直未能摆脱战争，政局又不断动荡，到1917年的秋天，经济已经陷于崩溃状态，出现了全国性的饥荒。"食物一星期一星期地越来越少了。每天的面包分配量从一磅半减少为一磅，后来更减为四分之三磅、半磅、四分之一磅。而到最后,有一个星期根本就没有半点面包"①。饥饿、物价飞涨和投机倒把将人民群众逼到了灾难深渊,也挖掉了临时政府的最后一点根基,它在人民中的信誉已经彻底丧失了。

1917年9月25—27日(9月12—14日),匿居芬兰的列宁给布尔什维克党中央委员会写了两封信(《布尔什维克必须夺取政权》、《马克思主义和起义》),明确提出:发动武装起义夺取政权的时候到了,彼得格勒和莫斯科是举行武装起义的决定性地点。列宁充满信心地预言:"现在我们已经有了胜利的保证,因为人民快要完全绝望了,而我们给全体人民指出了正确的出路,……现在我们具备了起义胜利的一切客观前提。"②

10月20日(10月7日),乔装的列宁在交通员拉海亚护送下,坐一辆煤水机车,秘密回到了彼得格勒。

10月23日(10月10日),布尔什维克党中央举行特别会议,讨论列宁起草的武装起义决议,最后经表决,以多数票通过了决议。为了领导武装起义,成立了以列宁为首的政治局,成员有:托洛茨基、斯大林、季诺维也夫(1883—1936)、加米涅夫(1883—1936)、索柯里尼柯夫、布勃诺夫。

10月25日(10月12日)彼得格勒苏维埃以保卫首都、抗击德军的名义,成立军事革命委员会,实际上是统率工人赤卫队并负责与首都卫戍部队的联系,作为起义的前方司令部。此时,布尔什维克再次提出"全部政权归苏维埃"的口号,以此作为号召武装起义、夺取政权的口号。

随后,布尔什维克党和彼得格勒苏维埃展开了紧张的起义准备工作,最重要的措施是控制首都的武装力量。当时,彼得格勒的工人赤卫队有数万人,并有50万工人作后盾,这是起义的基本力量。彼得格勒卫戍部队和波罗的海舰队的革命士兵作为起义的另一支重要力量,也已经处于苏维埃军事革命委员会派出的政治委员的领导之下。革命武装总人数达20万左右,并掌握了彼得—保罗要塞的军火库,这里藏有十万枝步枪和其他武器。

面对日益逼近的革命,临时政府也采取了一些防范措施。克伦斯基一方面试图以解散原杜马、改组政府和成立"预备国会"来安抚人心,另一方面打算通过军事调动,把倾向革命的卫戍部队调出首都,并从前线调回听命的军队以镇压革命。但是,临时政府的上述企图都未能得逞,到革命爆发前夕,它在首都所能控制的武装主要是军官学校的士官生和零星的哥萨克部队,共约几万人。

四、十月武装起义

11月5日(10月23日)夜,临时政府孤注一掷,决定先发制人,下令逮捕布尔什维克党和苏维埃军事革命委员会的领导人。11月6日(10月24日)晨,士官生部队奉克伦斯基之命,

---

① 约翰·里德著,郭圣铭译:《震撼世界的十天》,人民出版社1980年版,第30页。
② 《列宁全集》第32卷,人民出版社1985年第2版,第238页。

袭击了布尔什维克党机关报《工人之路报》和中央军事组织的《士兵报》的印刷厂。上午,彼得格勒城内交通中断,苏维埃所在地斯莫尔尼宫的电话线也被切断。克伦斯基在获得预备国会的同意后,下令调动武装,准备进攻斯莫尔尼宫。

布尔什维克党中央立即召开紧急会议,作出回击反革命进攻、开始武装起义的部署。苏维埃军事革命委员会随即发布"第一号命令",起义计划正式启动。列宁当时隐匿在维堡区(工人区),通过联络员与党中央及斯莫尔尼宫保持联系,对起义的进程进行指导。在第一线直接指挥起义行动的是托洛茨基、斯维尔德洛夫、捷尔任斯基等党中央领导成员。

起义进展迅速。上午10时,《工人之路报》印刷厂已被夺回,与此同时,革命武装占领了涅瓦河上曾被士官生关闭的9座桥梁,控制了维堡区与斯莫尔尼宫之间的交通要道。参加起义的"阿芙乐尔"号巡洋舰驶入涅瓦河,停泊在面向冬宫(临时政府所在地)的尼古拉耶夫桥畔。

下午5时,起义者转入全面进攻,先后占领中央电报局和电报通讯社,控制了电讯枢纽。

当夜11时,列宁离开匿居地,在拉海亚护送下,步行前往起义指挥部——斯莫尔尼宫,直接加入领导起义的行列。

到11月7日(10月25日)上午,起义者已占领了塔夫利达宫、邮政总局、电话总局、火车站、发电站、国家银行等重要目标,彼得格勒大部分地区已被起义者控制。临时政府总理克伦斯基以争取援兵为由坐美国大使馆的汽车逃离首都,其余部长们龟缩在冬宫,在士官生保护下苟延残喘。

下午6时,起义者团团包围了冬宫,开始向临时政府的最后据点发起进攻。当临时政府的部长们两次拒绝苏维埃军事革命委员会勒令他们投降的最后通牒后,晚9时45分,"阿芙乐尔"巡洋舰鸣响了冲击冬宫的炮声,起义者冲向冬宫。经过一场短兵相接的战斗,到次日凌晨2时10分,冬宫被完全占领,临时政府的部长们束手就擒。至此,彼得格勒武装起义取得了最后胜利。由于这次起义是在革命力量远远超过反革命力量的态势下展开的,所以没有造成严重的流血。

当晚10时45分,即冲击冬宫的行动尚在进行之际,全俄工兵代表苏维埃第二次代表大会在斯莫尔尼宫开幕。出席会议的670名代表中,布尔什维克占390名,左派社会革命党人为160名,孟什维克和右派社会革命党人只占少数,因此,大会主席团基本上由布尔什维克和左派社会革命党人组成。在这种情况下,孟什维克和右派社会革命党人中的约70名代表宣布退出大会。

11月8日(10月26日)凌晨3时10分,大会接到攻占冬宫的报告,顿时,全场欢声雷动。晨5时,大会通过了列宁起草的《告工人、士兵和农民书》,正式宣布:临时政府已被推翻,全国政权转归苏维埃。

在当晚举行的代表大会第二次会议上,列宁以执政党领袖的身份,做了关于和平问题和土地问题的报告,并宣读了《和平法令》与《土地法令》。

《和平法令》向一切交战国政府和人民建议,立即缔结停战协定,并谈判缔结公正的和约,以"终止这场战争"。

《土地法令》规定:立刻废除地主土地私有制,无偿没收地主的田庄以及一切皇族、寺院和教会的土地,交由乡土地委员会和县农民代表苏维埃支配,土地改革的最后决定将由立宪会议作出,改革的原则应当是:土地私有权永远废除,"一切土地……成为全民财产并交给耕种土地的劳动者使用"。

大会通过上述两个法令后,选举产生了新的国家政权机构——全俄苏维埃中央执行委员会和人民委员会(苏维埃政府)。苏维埃中央执委会由101名成员组成,其中62名为布尔什维克、29名为左派社会革命党人,加米涅夫当选为执委会主席,列宁当选为人民委员会主席,托洛茨基任外交人民委员,斯大林任民族事务人民委员,安东诺夫-奥弗申柯(1884—1939)、克雷连柯(1885—1938)和德宾科(1889—1938)任陆海军人民委员。11月9日(10月27日)清晨,全俄苏维埃第二次代表大会闭幕。这次大会把十月武装起义的胜利成果转化为政权形式,由此,开始了世界上第一个社会主义国家的历史进程。

逃离彼得格勒的克伦斯基不甘心失去政权,他在前线驻军中纠集了一支哥萨克部队,向彼得格勒反扑。与此同时,孟什维克和社会革命党人控制的全俄铁路总工会执行委员会也向新政权发出挑战,他们以通电形式呼吁建立"社会主义者的联合政府",并要求将布尔什维克领导人列宁和托洛茨基排斥于政府之外。面对反革命力量的进攻和反布尔什维克势力的挑战,苏维埃政府采取了坚决的措施予以反击。工人赤卫队和革命士兵被组织起来,投入保卫首都的战斗。11月13日,革命武装在普尔科沃与反革命军队展开激战,经过一天的战斗,击溃了哥萨克部队,挫败了克伦斯基的军事叛乱。

稳定军事形势后,布尔什维克党和苏维埃政府同孟什维克和社会革命党人就政权组织问题展开斗争。当时,加米涅夫等部分布尔什维克领导人试图与全俄铁总执委会妥协,同意改组政府。但此举遭到列宁等多数党中央委员的反对,11月15日,布尔什维克党中央委员会通过《关于中央内部反对派问题的决议》,否决了加米涅夫等人的主张,接着,布尔什维克党中央又发表宣言,明确宣布:"俄国除了苏维埃政府以外,决不应当有别的政府。"随后,加米涅夫被解除全俄苏维埃中央执委会主席职务,由斯维尔德洛夫接任。12月2日,布尔什维克党组织召开全俄铁路员工代表大会,改组了铁总执委会。至此,围绕着政权问题的这场斗争以布尔什维克的胜利而告结束。同一天,设在莫吉廖夫的俄军前线大本营发生卫戍部队起义,革命士兵逮捕并打死了俄军最高总司令杜鹤宁,这一最高军职由苏维埃政府派遣的克雷连柯接任。这样,布尔什维克和苏维埃政府控制了军队的最高指挥权。

在彼得格勒巩固革命政权的同时,革命浪潮向全国推进。11月15日(11月2日),莫斯科武装起义取得胜利。随后,全国各地纷纷建立起苏维埃政权,各地政权的苏维埃化,标志着十月革命在全俄范围内取得了决定性胜利。

十月革命的胜利是俄国历史和世界历史上一个具有重大意义和深远影响的事件。导致这场革命的客观根据是俄国现代化进程的内在矛盾与帝国主义战争所酿成的危机和革命形势,就此而言,可以把它看作是1905年革命和1917年二月革命的继续,一个持续的革命过程的顶峰。但是,这场革命的具体内涵和实际结果又强烈地表现出列宁和布尔什维克党的历史主动性,在俄国社会选择发展方向的十字路口,他们把社会主义的选择融会到俄国人民的革命诉求中,并且取得了群众的信任和拥护。在这个意义上,列宁主义是十月革命不可缺少的主观动力,也因此而赋予十月革命以不同于1905年革命和1917年二月革命的性质。

列宁主义指导下的十月革命决定性地改变了俄国现代化的发展道路,并在人类社会的现代化进程中开创了非资本主义的发展模式。以俄国十月革命为起点的社会主义实践虽然没有如其发动者的愿望引爆西方发达国家的无产阶级革命,但却在东方落后国家中产生了巨大影响。俄国自身的社会主义现代化及其影响下的世界社会主义运动,给20世纪的历史留下了深刻的烙印。

第三节　苏俄社会主义道路的探索

一、苏俄建国初期的内外政策措施

列宁领导的俄国布尔什维克党在1917年取得十月革命的胜利、建立苏维埃政权后,开始了具有制度创新意义的社会主义实践进程,这种探索性实践首先表现在政权建设领域。

苏维埃政权建设的指导思想集中体现在列宁于十月革命前夕撰写的《国家与革命》中。《国家与革命》是列宁系统阐述他所理解的马克思主义国家学说的理论著作,在这部著作中,他把马克思主义创始人的有关论述同俄国革命的实践联系起来,勾画了俄国即将建立的无产阶级国家政权的蓝图。列宁认为,俄国的苏维埃政权将继承巴黎公社的原则,从公社的经验中,马克思总结的"基本的主要的教训"是:"工人阶级不能简单地掌握现成的国家机器,并运用它来达到自己的目的",所以必须打碎"资产阶级的国家机器",废除作为资产阶级专政机构的常备军、官吏和警察,代之以作为无产阶级专政机构的群众性武装和苏维埃政府。他还依据巴黎公社的具体经验对苏维埃政府的组织原则和运行机制作了说明,指出,无产阶级夺取政权后应当实行"立法与行政合一"的政治体制,摒弃资产阶级的议会制度,同时,要"对公职人员实行全面的选举制和撤换制","他们的薪金不得超过熟练工人的平均工资",以此来保证新政权的无产阶级性质。①

列宁在革命前夜提出的政权建设思想付诸革命胜利后的实践。然而,在实践中按理论模式建立一个新型国家机器则遇到了一系列理论无法解决的难题。

首先,在废除旧的镇压性机构后如何维持社会秩序?列宁曾经认为这个问题比较容易解决,他指出:"镇压资产阶级及其反抗,仍然是必要的。……但在这里实行镇压的机关已经是居民中的多数,而不是居民中的少数,……既然人民大多数亲自镇压压迫自己的人,实行

---

① 《列宁全集》第3卷,人民出版社1972年版,第201、206—207页。

镇压的'特殊力量'也就不需要了！"①但是，十月革命作为社会矛盾和阶级斗争尖锐化的产物，从革命中诞生的新政权一开始就面临敌对势力的激烈反抗，这种反抗既表现为此起彼伏的反政府暴动，也表现为国家机关中留用的旧官吏的抵制性怠工。为了稳定局势、巩固苏维埃政权，在当时不仅不能取消用于镇压的"特殊机器"，反而要进一步强化专职的镇压机构。所以，十月革命中曾经建立的群众性"工人民警"组织很快就被专业化的保安机关所取代。1917年12月20日（俄历12月7日），根据人民委员会的决定，由列宁亲自拟定了"关于同反革命分子和怠工分子作斗争"的法令草案，并正式成立由捷尔任斯基任主席的"全俄肃清反革命和怠工非常委员会"（简称"契卡"）。契卡作为布尔什维克党直接领导的特殊机关，统揽保安和镇压大权，它的行动具有很大独立性，可以事前不向司法机关报告就逮捕、审理、处决镇压对象。由于契卡发挥了有效的镇压功能，被称作无产阶级专政的"铁腕"和"利剑"，契卡为保卫苏维埃政权作出了重要贡献，但同时也开了在"新国家机器"中继续保留并进一步强化特殊镇压机构的先河（从形式上看，契卡作为非常形势下的临时机构于1922年2月结束其存在，但它的功能通过其他常设性国家保安机关的设立而得到延续，继承了契卡传统的保安机关在苏联政治体制中始终占有特殊的地位）。

　　理论与实践难以统一的第二个问题是：解散旧军队后用什么形式建立国家武装力量？列宁原来设想用非常备的全民武装代替常备军，但是，严峻的现实很快改变了这种想法。十月革命没有如列宁所预期的激发世界革命，十月革命后的俄国也没能迅速摆脱战争环境，在这种情况下，为了维护苏维埃政权的生存，必须建立一支强大的专业化的武装力量，以对付来自外部的军事进攻和内部的武装叛乱。因此，在颁布旧军队复员令后不久，苏维埃政府即于1918年1月28日（俄历1月15日）正式通过建立新的常备军——工农红军的法令，2月14日（俄历2月1日）又发布了建立工农红海军的法令。历史表明，苏维埃政府的建军决策是十分正确、非常及时的，如果没有这一举措，内外敌人的夹攻将使苏维埃政权陷于无力自卫的境地。但同时，常备军的重建又不可避免地使"新国家机器"带上了按理论原则应当消除的旧国家的特征。

　　苏维埃政权建设的实践所提出的另一个重大问题是如何对待立宪会议。在推翻沙皇专制制度的革命进程中，召开立宪会议曾经是人民群众的普遍愿望，也是革命政党的口号。十月革命胜利当时，全俄苏维埃第二次代表大会在《告工人、士兵和农民书》中宣布："将保证按时召开立宪会议"（原临时政府在群众压力下曾决定于俄历11月12日举行立宪会议选举，11月28日召开立宪会议）。苏维埃政府成立后，列宁提议延期召开立宪会议，其理由是，会议代表候选名单是在十月革命前定的，已不能反映现实的力量对比，而且其中还包括反革命的科尔尼洛夫分子和立宪民主党人。在列宁看来，布尔什维克夺取政权意味着建立议会制资产阶级民主共和国的目标已被超越，苏维埃共和国已不可能把最高权力交给按议会制原则组织的立宪会议，如果立宪会议还有存在的价值，那只能作为统一战线性质的咨询和协调机

---

① 《列宁全集》第3卷，人民出版社1972年版，第206页。

构,并且要改变其成分结构,以确保无产阶级政党的领导权。然而,列宁的观点没有被政府多数成员接受,人民委员会仍决定,立宪会议选举按原计划进行。

立宪会议代表的选举由于准备工作很不充分,相当多的选区拖延到12月份,所以原定会议召开日期也只好推延。在这个过程中,围绕着代表的选举和会议的召开,布尔什维克党与社会革命党、立宪民主党等展开了斗争。

立宪会议代表的选举结果显示,布尔什维克党虽然在莫斯科和彼得格勒获得半数和近半数选票,但在农村中的得票率远低于社会革命党,因此,在总共715名当选代表中,布尔什维克党仅为175名,社会革命党人共获412个席位(其中,左派社会革命党40名),此外,立宪民主党和孟什维克分别有17和15人当选。在这种情况下,布尔什维克党明显处于劣势,即使加上参政的左派社会革命党也只占总席位的30%,立宪会议将难以避免被右翼反对派控制。针对这种局面,布尔什维克党采取了防范措施。其一,在人民委员会正式决定于1918年1月18日(俄历1月5日)召开立宪会议的同时,全俄中央执委会决定于1月21日(8日)和27日(14日)召开全俄工兵代表苏维埃第三次代表大会和农民苏维埃代表大会,以同立宪会议抗衡。其二,在立宪会议召开的前夕,全俄中央执委会于1918年1月16日(3日)通过列宁起草的《被剥削劳动人民权利宣言》,作为提交立宪会议的宪法性文件。宣言明确宣布:"俄国为工兵农代表苏维埃共和国。中央和地方全部政权属于苏维埃。"①宣言还指出:立宪会议必须"拥护苏维埃政权和人民委员会的法令,并且认为它本身的任务仅限于规定对社会进行社会主义改造的根本原则","如果它同苏维埃政权对立起来,即使从形式的观点来看,也是根本不正确的"②。其三,全俄中央执委会颁布法令,宣布:"任何人和任何机关攫取国家政权某种职能的任何尝试,都应视为反革命活动。任何这类尝试,苏维埃政权都将使用所拥有的一切手段予以镇压,直至使用武力。"③根据这个法令,立宪会议期间彼得格勒实施戒严,会议所在地塔夫利达宫由"阿芙乐尔"号巡洋舰水兵和"共和国"号装甲车负责守卫。

1918年1月18日(5日),立宪会议开幕。全俄中央执委会主席斯维尔德洛夫首先宣读《被剥削劳动人民权利宣言》,要求大会讨论通过,但遭到多数代表反对,于是,布尔什维克党和左派社会革命党的代表相继退出会场。第二天,全俄中央执委会作出决议,解散立宪会议。同日,塔夫利达宫被关闭,不允许代表入内。这样,立宪会议仅仅开了一天,就寿终正寝。

4天后,1月23日(10日),塔夫利达宫大门重启,但进入开会的已不是立宪会议代表,而是出席第三次全俄苏维埃代表大会的代表,他们大部分来自布尔什维克党和左派社会革命党。大会通过了《被剥削劳动人民权利宣言》,并决定将原作为"工农临时政府"的人民委员会确立为"国家最高政权"。大会还选举了新一届中央执委会,在306人组成的委员会中,布尔什维克占160名,左派社会革命党占125名。列宁在大会《闭幕词》中指出:"这次代表大会巩固了十月革命建立起来的新的国家政权组织,为全世界、为各国劳动人民画出了未来的社

---

① 《列宁全集》第33卷,人民出版社1985年第2版,第224页。
② 同上书,第228页。
③ 《苏维埃政权法令汇编》第1卷,俄文版,第314页。

会主义建设的路标。"①

立宪会议被解散后,制定宪法的权利转归苏维埃代表大会。1918年3月30日,布尔什维克党中央决定,由全俄中央执委会成立专门机构负责起草宪法。4月1日,以斯维尔德洛夫为首的宪法起草委员会成立。由于委员会包括各党团代表,在宪法起草过程中出现严重分歧。鉴于宪法起草委员会无法统一意见,最后,布尔什维克党决定把宪法起草权收归己手。6月28日,成立以列宁为首的俄共(布)专门委员会,负责制定宪法草案的定稿文本。7月10日,列宁起草的宪法在全俄苏维埃第五次代表大会上获得通过,苏维埃俄国的第一部宪法由此诞生。

1918年宪法以《被剥削劳动人民权利宣言》为总纲性的"第一章",确定了国家的阶级属性(工兵农代表苏维埃共和国)和国体结构(苏维埃民族共和国联邦),规定国家的"基本任务是消灭一切人剥削人的现象,完全消除社会的阶级划分,无情地镇压剥削者的反抗,建立社会主义的社会组织,使社会主义在一切国家获得胜利"。宪法还确认了由人民委员会体现的立法与行政统一原则,规定:人民委员会有权发布法令、命令、指令并采取为保证国家生活正常、快速运转所必需的任何措施。在人民委员会与全俄中央执委会的关系上,宪法规定:人民委员会发布的具有全局政治意义的重大法令,应得到全俄中央执委会批准,但是,如果问题事关紧急,人民委员会可直接作出决定,全俄中央执委会对这些决定保留检查和废除的权力。这样,布尔什维克党的执政地位及其实际行使的权力被确定下来,列宁为布尔什维克党所规定的民主集中制原则被推行于国家政权的实践中。

苏维埃政权建立初期,不仅面临内部敌对势力的反抗,而且承受着外部的巨大压力。当时,第一次世界大战尚未结束,德国军队占领着俄国西部大片土地,因此,苏维埃俄国把退出战争、终止与同盟国集团的交战状态,作为对外政策的首要任务。

十月武装起义胜利的次日,即1917年11月8日(俄历10月26日),刚刚组成的苏维埃政府即以外交人民委员的名义向各交战国政府发出照会,呼吁和平谈判,缔结普遍、公正的和约。协约国集团为了把俄国继续绑在战车上,反对和平谈判,对苏俄的建议置之不理。而陷于两线作战困境的同盟国集团为了集中力量对付西线,愿意在东线媾和,向苏俄表示了和谈意向。由于协约国拒绝参加,苏俄决定单独与同盟国进行谈判。12月3日(11月20日),停战谈判在布列斯特—里托夫斯克举行,双方先后签订了两个临时停战协定,并从12月22日(12月9日)开始进行和平条约的谈判。

在和谈中,苏俄代表提出缔结不割地、不赔款和约的六项原则,德国为首的同盟国代表团虽然口头上不反对这些原则,但实际上在自己的方案中以"民族自决权"为由要求兼并原属俄罗斯帝国、现已分离并处于德国占领下的大片土地,其中包括乌克兰、白俄罗斯和波罗的海沿岸的部分地区,共约15万多平方公里。面对苛刻的条件,苏俄代表团回国商议,围绕着是否接受德方条件,布尔什维克党内和苏维埃政府内展开了激烈的争论。

---

① 《列宁全集》第33卷,人民出版社1985年第2版,第286页。

当时，布尔什维克党内有三派意见，其一，以列宁为代表，主张立即签订和约，宁可付出领土代价，也要退出战争，因为这是在旧军队瓦解、新军队尚未建立的特殊形势下保住苏维埃政权的唯一出路。其二，以布哈林为代表的"左派共产主义者"，主张停止和谈，用"革命战争"反击德国的进攻，他们认为，革命战争会引发德国革命，而签订和约就是出卖欧洲革命。其三，以托洛茨基为代表的中间立场，他们提出"不战不和"策略，主张停止战争，但不签订和约，把希望寄托于德国政府害怕本国革命而不敢进攻。

争论中，反对签订和约的主张一度占据上风，在党中央会议就此进行表决时，中间派的议案获得通过。1918年1月30日（1月17日）和谈复会，这时德国方面的立场更趋强硬，2月9日，德国提出最后通牒，要苏俄在10天内接受德方条件，否则从2月18日起恢复战争。2月10日，苏俄代表团团长托洛茨基发表声明，拒绝在和约上签字，同时单方面宣布结束战争。2月18日下午，德军对苏俄发动全线进攻。当晚，布尔什维克党中央召开紧急会议，列宁提出立即向德国政府发出接受条件、签订和约的电报。在德国的进攻已成事实的情况下，"左派共产主义者"仍反对签约，但中间派认同了列宁的主张，列宁的提案获得通过。次日，苏维埃政府向德国发出由列宁和托洛茨基共同签署的声明，一方面抗议德军的进攻行为，另一方面表示接受德国的条件，立即签订和约。

然而，德国方面凭借军事优势，继续扩大对苏俄的进攻。前线的旧俄军队已无抵抗能力，全面溃退。在国家存亡关头，苏维埃政府向全国劳动人民发出动员，组建红军，保卫祖国。2月21日，人民委员会通过列宁起草的《社会主义祖国在危急中》法令，要求把"全国所有一切人力物力全部用于革命国防事业"。2月23日，新组建的红军在纳尔瓦和普斯科夫战线首次阻止了德军的进攻，这一天后被定为红军建军节。这时，整个战场的形势仍在恶化，德军统帅部向苏俄提出了条件更加苛刻的最后通牒，不仅扩大了割地范围，而且要求在3天内签订和约，2周内批准和约。

2月23日，布尔什维克党中央讨论德国的最后通牒，列宁主张立即接受德国的条件，他警告说：如果不签字接受这些条件，那么三个星期后就得在苏维埃政权死刑判决书上签字。会议经过激烈争论，终于以7票赞成、4票反对、4票弃权通过了列宁的提案。当天深夜，全俄中央执委会也开会通过了签订和约的决议。2月24日凌晨，苏俄政府致电德国政府，通报签约决定。同日，苏俄代表团前往布列斯特，3月1日，最后一轮和谈开始举行。3月3日，双方正式签署了和平条约。和约规定：双方结束战争；波兰、立陶宛、白俄罗斯和拉脱维亚的部分地区脱离苏俄；红军从拉脱维亚、爱沙尼亚、乌克兰、芬兰撤出；阿尔达甘、卡尔斯、巴统地区割让给土耳其；苏俄承认乌克兰的独立，划定两国边界，并承认乌克兰中央拉达同德国签订的条约；苏俄军队全部复员，待俄军复员后德军才撤出其占领的其他苏俄领土。此外，苏俄还须与德国签订不平等的财政协定，向德国赔款60亿马克。

为了尽快批准和约，布尔什维克党于1918年3月6—8日召开第七次非常代表大会。大会决议指出：鉴于客观形势，"必须批准苏维埃政权同德国签订的十分苛刻和极端屈辱的和约"。这次代表大会还决定把党的名称由俄国社会民主工党（布）改为俄国共产党（布）。

签订《布列斯特和约》

3月11日，根据人民委员会的迁都决议，俄共(布)中央和苏维埃政府从彼得格勒迁移到莫斯科。3月14—16日，在莫斯科召开全俄苏维埃第四次非常代表大会，从法律上批准了《布列斯特和约》。

3月17日，德国方面也批准了《布列斯特和约》，和约正式生效。

《布列斯特和约》的签订使苏维埃俄国退出了世界大战，获得了巩固政权的喘息时间。①

二、国内战争与"战时共产主义"

《布列斯特和约》签订后，苏俄与外部世界的主要矛盾转向协约国集团。1918年3月15日，协约国集团在伦敦举行会议，宣布不承认《布列斯特和约》，并决定以维护协约国战线为由，派遣军队进入苏俄领土，对苏俄进行武装干涉。1918年春夏，英、法、美、日等国军队先后在苏俄北部港口摩尔曼斯克、阿尔汉格尔斯克和远东港口符拉迪沃斯托克登陆，并从南部进入高加索地区。协约国军队的干涉不仅侵犯了苏俄的主权，而且策动了苏俄国内的反布尔什维克和反苏维埃政府势力，在外国军队的支持和扶植下，反苏维埃政权的各种力量纷纷聚集起来，成立地方割据"政府"，并用武力向苏维埃政权发起进攻，由此开始了历时三年的国内战争。

1918年夏天捷克军团的叛乱是国内战争爆发的标志。所谓"捷克军团"是指一次大战中被俄军俘虏的在奥匈帝国军队中服役的捷克军人，共约6万人。这些战俘在二月革命后被组建成一个军团，准备按协约国集团的意图调往西线与德国作战。1918年3月26日，根据捷克斯洛伐克民族委员会的要求，苏俄政府与军团达成协议，同意军团从乌克兰的营地出发，经西伯利亚铁路到符拉迪沃斯托克，转道前往法国。5月25日，当运送军团的列车行驶在前

---

① 1918年11月11日，德国战败投降，11月13日，苏俄政府宣布废除《布列斯特和约》。

往西伯利亚途中时，捷克军团发动了武装叛乱，它同当地的反苏维埃政权势力相呼应，于6月—8月间，先后占领了萨马拉、辛比尔斯克、喀山、鄂木斯克、叶卡捷琳堡等地，推翻当地的苏维埃政府，成立了所谓"西伯利亚政府"、"乌拉尔州政府"等白卫政权，与苏俄中央政权对抗。这样，通过《布列斯特和约》争取到的喘息时间很快就结束了，苏维埃俄国陷入了内外敌人的包围之中。为了捍卫新生的苏维埃政权，布尔什维克党和苏维埃政府领导刚组建的红军，与外国干涉者和白卫军展开了殊死战斗。

当时，苏维埃政权面临的形势十分严峻，全国各地的白卫势力蜂起，3/4的国土落入敌人之手。由于重要的粮食、燃料、原料产区被敌人控制，莫斯科、彼得格勒等大城市的许多工厂停工待料，饥荒威胁着工人、士兵和市民的生存。针对苏维埃政权的恐怖活动也猖獗起来，8月30日，当列宁结束在莫斯科一家工厂的演讲，准备离开时，受到恐怖分子的袭击，身中两颗带毒的枪弹，伤势严重，经抢救才脱险。在这种险恶的形势下，苏维埃政权不得不采取一系列非常、紧急措施，使国家转入战时轨道。

1918年9月2日，苏维埃全俄中央执委会宣布：在战争形势下全国成为一个统一的军营，全体居民都要无条件履行保卫国家的义务，国内所有的资源都必须用于战争的需要，"一切为了前线，一切为了胜利"。11月30日，成立以列宁为首的工农国防委员会，统一领导战争时期的前后方事务，并按军事方式对整个国民经济进行改组。这样，苏维埃俄国逐步转入了战时体制，由于这种战时体制与苏俄领导人固有的向社会主义过渡的指导思想联系在一起，所以在政策措施上表现出强烈的"共产主义"取向，由"战时"和"共产主义"两种因素组合而成的特殊体制，被称作"战时共产主义"。

"战时共产主义"政策的推行大致分两个阶段：1918年夏至1920年春为第一阶段，1920年春至1921年春为第二阶段，前一阶段主要表现为迫于战争形势的需要而提出应急性措施，后一阶段则更多地表现出自觉地将战时体制延伸为向社会主义（共产主义）直接过渡的意图。在具体政策措施的形式上，两个阶段的区别并不明显，大部分政策的实施是连贯的，但程度和范围有所不同。概而言之，"战时共产主义"的主要内容表现在以下几个方面：

1. 实行余粮征集制。苏维埃政权成立后，鉴于连年战争造成的粮食供应困难，已经实行了国家粮食垄断政策，不允许私人买卖粮食，以此来控制粮食的购销。在这种政策下，农民必须按国家规定的价格向国家交售粮食，同时也可按固定价格得到工业品。从1918年夏天起，随着国内战争的展开，苏维埃政权面临严重粮食危机，国家粮食垄断政策也随之进一步趋向严厉，开始动用专政力量对富农手中的余粮进行强制性征集。到1918年底，强制性征粮的范围扩大到中农乃至整个农村。在1918年12月30日至1919年1月6日召开的全俄粮食工作会议上，肯定了强制性征粮的做法，并决定推行"新的余粮原则"。根据这个原则，人民委员会于1919年1月11日颁布《向生产省征集国家分配所需的粮食和饲料》的法令（即"余粮征集制法令"）。法令及其实施细则规定，国家所需要的粮食数额就是须征集的"余粮"额，农民应无条件地完成所摊派的征粮额，摊派比例按阶级原则确定，基本上由富农和中农承担，凡违令抗征者将受到严厉惩罚。为了贯彻这项政策，2月27日又颁布了关于组织"粮食征购队"的法令,决定派遣大批工人征粮队携带武器下乡征粮。余粮征集制的推行在短期内收到了明显效果,粮食征集额成倍上升,缓解了城市的饥荒,为前线作战的红军提供了后勤保障,成为扭转战争形势的一个重要因素。但同样明显的是,这种政策严重损害了农民的利益,它不仅把农民的余粮全部强制征收到国家手中,而且把农民自己生活所需的一部分口粮也作为"余粮"强行摊派征收。由于工业生产的萎缩,能够作为实物交换提供给农民的工业品越来越少,最后几乎停止了以工业品对征粮的补偿。加之当时卢布在经济生活实物化和高度通货膨胀的双重趋势下已成价值含量极低的"彩色纸片",粮食的征购价格只是虚拟的数字,所以农民实际是近乎无偿地把粮食和其他农产品交给了国家。

2. 加速工业国有化。十月革命胜利之初,苏维埃政权以"赤卫队进攻资本"的方式对一批工业企业实行了国有化。1918年春,列宁曾提出"暂停"对私人资本的进攻,以使工人获得学习管理的时间。但是国内战争的形势改变了这种想法,为了应付前线的需要,集中调动人力、物力为战争服务,也为了在战争条件下更有效地控制国家的经济命脉,苏俄政府加快了工业国有化的步伐。1918年6月28日,人民委员会颁布法令,宣布将各主要工业行业的所有大型企业和部分中型企业收归国有。到1918年底,大企业的国有化基本完成,国有化浪潮开始向中小企业推进。1919年3月俄共(布)八大通过的党纲确认了这一方针,要求继续工业国有化进程,"坚持不懈地把已经开始并已基本上完成的对资产阶级的剥夺进行到底"①。为了对收归国有的企业实施集中统一领导,建立了总局管理体制,即在最高国民经济委员会下面按工业部门设立总管理局,由中央管理局垂直领导、直接管理本部门所属企业。到1920年底,这类总管理局共设立了52个。在总局管理体制下,企业没有自主权,也不搞经济核算,企业的生产计划由总局下达,原材料由总局调拨,制成品统统上交,由总局根据国家指令进行分配。随着国有化的推进,总局管理制也不断扩大其领域,最后,几乎所有的工业企业都被纳入了总局管理体制。

3. 推行普遍劳动义务制。国内战争引起劳动力资源的缩减和工人的流失,为了解决日趋扩大的劳动力缺口问题,苏俄政府不得不采取强制性措施,用劳动义务制来保证重要经济部门和军事工业部门的劳动力需求。1918年10月5日,人民委员会决定,对非劳动者实行强制劳动,以劳动手册取代身份证,并将劳动记录与口粮分配挂钩。12月10日,全俄中央执委会颁布《劳动法典》,规定对16周岁至50周岁有劳动能力者实行劳动义务制,不从事社会公益劳动者,地方政权机关有权对他们实行强制。劳动义务制的配套形式是劳动军事化,即按照军事体制把劳动者组织起来,并把他们固定在需要的工作岗位上,如欲随意脱离岗位,要受到军纪和战时法律处理,有些军工部门直接被编入军队行列,铁路系统亦被列入战时动员状态。

4. 流通和分配领域非市场化。国家对粮食和工业品的垄断以及对劳动力的全面支配,必然引起流通和分配领域的机制变化。为了集中控制、统一分配粮食和其他消费品,从1918

---

① 《苏联共产党代表大会、代表会议和中央全会决议汇编》第1分册,人民出版社1956年版,第540页。

年夏天起,苏俄政府颁布一系列法令限制、排斥私人商业和市场交换,直至禁止自由贸易。到1918年底,大部分私人商业机构已被取缔,国家也不再通过商业渠道组织流通和分配,而是通过建立"消费公社"的方式,进行非市场的直接调拨和分配。流通和分配机制的非市场化导致经济关系的实物化,原本因通货膨胀已大幅度贬值的卢布进一步失去了它的价值,在很大程度上退出了流通领域,企业之间取消货币结算,职工工资的90%以上以实物形式支付,公共服务(水电、邮政、铁路等)和教育实行免费制,甚至非法的黑市交易也以物物交换为主要方式。

总之,"战时共产主义"政策作为一种非常态的经济体制的表现,它的提出和推行是与战争形势和物资严重短缺的客观条件密切相关的,从这个意义上说,尽管"战时共产主义"政策明显背离了经济规律,它仍然具有政治上的合理性,即作为"战时经济"的合理性,正如列宁所指出:在"当时所处的战争条件下,这种政策基本上是正确的"[1],"因为战争的形势已经斩钉截铁地规定了这种公式和条件,我们丝毫没有选择的余地"[2]。从客观效果上看,"战时共产主义"政策起到了最大限度地动员全国的人力物力保证战争所需,为前线的胜利提供后勤支持的作用,也为战争条件下强化专政机器、打击反对势力、稳定和巩固后方提供了有力的经济手段。"战时共产主义"政策虽然损害了相当一部分人及其所属社会阶层的利益,但是它所体现的阶级原则却使利益的调整向支撑苏维埃政权的基本力量——工人、红军士兵和贫农倾斜,从而在以阶级搏斗为鲜明特征的国内战争中增强了苏维埃政权的阶级基础,成为红军战胜白军、赢得战争胜利的重要因素。至于"战时共产主义"的负面影响和消极后果则主要表现在它的第二阶段,即战争的危急时期过去后,非常态的战时经济措施继续被当作向社会主义过渡的捷径。

苏俄国内战争历时三年,其间,苏俄红军与外国武装干涉者及其支持下的白卫军展开了多次激烈交锋。

1918年下半年是战争的第一幕。在这半年中,组建不久的红军经过浴血奋战,粉碎了发动叛乱的捷克军团,击退了入侵的协约国武装和白卫军在东、南、北三个方向发起的进攻,并利用1918年11月德国革命和德奥集团战败后的时机,废除《布列斯特和约》,收复了部分被割占的领土,在乌克兰、白俄罗斯和波罗的海沿岸地区建立起苏维埃政权,改善了苏维埃俄国的处境。

1919年是战争的高潮。红军与白军在这一年中进行了两次具有决战意义的大规模较量。1919年春,以高尔察克(1874—1920)、邓尼金(1872—1947)、尤登尼奇(1862—1933)等旧俄将领为首的白卫军,共出动130万兵力,向苏俄发起联合进攻。这次进攻的主要方向在东线,高尔察克指挥的40万白军是进攻的主力。经过激烈战斗,东线红军挫败了白军的攻势。并从4月底开始转入反攻,到7月下旬解放了乌拉尔,然后向西伯利亚推进,高尔察克的

---

[1] 《列宁全集》第32卷,人民出版社1958年版,第222页。
[2] 同上书,第396页。

主力被击溃。同时,尤登尼奇在爱沙尼亚方向对彼得格勒的进攻也被粉碎。1919年夏,邓尼金指挥的部队在南线发动进攻。由于当时红军主力尚在东线,邓尼金的进攻一度进展顺利,先后占领库班、顿巴斯、哈尔科夫、察里津(今伏尔加格勒)、基辅、库尔斯克等地,到10月中旬进抵奥廖尔、图拉一线,距莫斯科仅200多公里。为了扭转危局,红军集中力量加强南线,在红军主力集结后,于10月下旬发动反攻,迅速击溃邓尼金部队,上述失地被陆续收复。同时,尤登尼奇的第二次进攻也被粉碎,高尔察克的残部被全歼,其本人被抓获并被处决。到1920年3月,邓尼金的巢穴诺沃罗西斯克被红军攻占,邓尼金逃亡国外。

1920年是国内战争的最后一幕。尽管1919年的两次决战已经奠定了战争的胜负格局,但是协约国集团和白卫军不甘心失败,继续策划新的进攻。这次进攻的主力由波兰毕苏茨基(1867—1935)政府承担,盘踞在克里米亚半岛的弗兰格尔(1878—1928)白卫军作为侧翼。4月下旬,波兰军队向乌克兰发起进攻,5月6日占领基辅,6月,弗兰格尔军队也从南方向乌克兰出击。为了解除来自波兰的主要威胁,苏俄红军首先向西线调集重兵,并从5月底开始发动反攻,6月12日收复基辅,然后挥兵西进,7月下旬,红军越过波兰边界,锋芒直指华沙。由于红军战线拖长,后援不继,指挥失调,波军则利用本土作战的优势在华沙附近组织反击,致使红军受挫。于是,双方在里加举行和谈,10月12日就停战及和约的初步条件达成协议(《波苏和约》于1921年3月18日正式签订,双方划定了边界,根据这一条约,西乌克兰和西白俄罗斯划归波兰)。西线停战后,红军主力转向南线,11月初击溃了弗兰格尔的部队,并乘胜追击,11月17日,溃退到克里米亚半岛的白军残部被歼灭。与此同时,红军还分兵进入高加索地区,在阿塞拜疆、亚美尼亚、格鲁吉亚先后建立了苏维埃政权。

国内战争以苏维埃政权的胜利而结束,这一胜利是十月革命胜利的延续。国内战争锤炼了苏维埃政权,由于在战争条件下可以更有效地运用专政机器清除各种反对势力,所以正是在战争进程中最终确立了一党体制(战争期间,反布尔什维克的各政党因站在苏维埃政权的对立面,或被镇压,或被瓦解),苏维埃政权彻底布尔什维克化了。

三、新经济政策的推行

国内战争期间,苏维埃政权依靠"战时共产主义"政策支撑了战争,度过了最危急的局势,但也因此在列宁和布尔什维克领导层中助长了运用"战时共产主义"方式直接向社会主义过渡的想法,并付诸实践。1920年初,红军挫败敌人的两次联合进攻,取得决定性胜利后,列宁和布尔什维克党再次把社会主义建设提上议事日程。1920年3月召开的俄共(布)第九次代表大会通过决议,高度评价了"战时共产主义"的作用,认为这些被迫采取的措施证明,可以把军事上的经验运用到经济上去,更迅速地向理想中的社会主义体制直接过渡。根据这个决议,原本作为应急措施提出的各项"战时共产主义"政策被进一步肯定为自觉的过渡措施而得到补充和强化。此后颁布的一系列法令都贯穿着这个意图,余粮征集制、劳动义务制、总局管理制、免费配给制等非常形势下形成的制度都被看作是体现社会主义本质的理想制度,工业国有化和经济实物化被推广到所有领域。1920年9月7日,人民委员会颁布法令,决定在大中型企业全面国有化后对私人小企业也实行国有化,个体手工业则被纳入国家统一购销轨道。1920年10月11日,人民委员会通过《关于废除某些货币结算的决议》,规定:对国家机关和国有企业的职工实行广泛的免费配给制,商品货币关系基本退出经济生活和日常生活。这样,"战时共产主义"在其第二阶段已经不再仅仅是"战时"体制,它试图以一种最激进的方式、用苏维埃政权的法令改造俄国,把俄国导向列宁和布尔什维克党当时所理解的社会主义社会。

历史证明,列宁和布尔什维克党在"直接过渡"问题上犯了严重错误。他们误解了人民群众在战争条件下所表现的对"战时"体制的耐受力和十月革命所反映的社会变革的客观限度。一旦战争危机过去,那些违背经济规律的强制性措施和脱离社会实际的理想化方案很快就同人民群众的实际利益和选择取向产生了尖锐的矛盾,苏维埃政权的基础发生动摇,一场深刻的社会政治、经济危机在国内战争结束后接踵而至。

首先,对农民超经济的强制使大部分农民(包括从剥夺富农中获得利益的贫农)失去了经营土地的积极性,粮食播种面积逐年减少,加上战争的破坏,抛荒的土地日益增多,1920年农业总产量不到1913年的1/3。这样,在粮食总量减少的情况下,尽管继续推行余粮征集制,所能征集的粮食来源却接近枯竭,到1921年春天,农村发生大规模饥荒,随即蔓延到城市。

其次,由于粮食、原料和燃料的严重短缺,工业生产也陷于停工或半停工困境,全盘国有化的企业坐待国家的调拨和分配,工业产量大幅度下降,1920年的钢产量仅为1917年的4%,煤产量也只及1917年的28%。很多工厂因发不出工资,只好用产品来充抵,工人们在免费配给制无法满足生存需要的情况下,被迫用工厂的产品到黑市上换取食品和生活必需品。

农村和城市的饥荒表明国民经济已面临崩溃的边缘。经济危机引起的社会动荡积聚着对苏维埃政权的不满情绪,在这种形势下坚持推行"战时共产主义"政策的错误做法最终导致了反苏维埃政权的骚乱和暴动。最严重的事件是,1921年2月28日,作为彼得格勒门户的海军基地喀琅施塔得发生了反布尔什维克政府的兵变。

喀琅施塔得要塞位于彼得格勒的出海口,是波罗的海舰队的主要基地。十月革命中,波罗的海舰队水兵曾作为布尔什维克党的支持力量发挥了重要作用。但在1921年初的形势下,大部分来自农村的喀琅施塔得驻军士兵出于对"战时共产主义"政策的强烈不满,呼应彼得格勒工人和市民的抗议行动,在基地举事,要求舰队和要塞区领导层中的共产党员下台,提出"没有布尔什维克的苏维埃"的口号,并于3月2日宣布成立"临时革命委员会",夺取了当地政府的权力。苏俄政府对喀琅施塔得兵变采取了坚决的镇压措施。3月4日,劳动国防委员会(即原工农国防委员会,1920年4月改名)发布公告,将兵变定性为反革命"叛乱"。同时,彼得格勒实施戒严,并调西线红军司令员图哈切夫斯基(1893—1937)统领彼得格勒军区部队,负责镇压"叛乱"。3月8日,对喀琅施塔得的进攻正式展开,经过10天的战斗,3月18日,喀琅施塔得被图哈切夫斯基率领的红军部队攻占,"叛乱"被平定。

喀琅施塔得事件集中反映了当时苏俄国内危机的严重程度,它以最尖锐的形式向布尔什维克党和苏维埃政府提出改变政策的必要性和迫切性。就在镇压喀琅施塔得兵变的同时,俄共(布)召开第十次代表大会,列宁把政策转变的任务提到了全党面前。

1921年3月8日至16日召开的俄共(布)十大根据列宁的报告通过了《关于以实物税代替余粮征集制》的决议,这标志着由"战时共产主义"政策向新经济政策转变的开始。

由于粮食税总额比原定的余粮征集额减少了近一半,农民的负担大大减轻,紧张的国内形势随即缓和下来。5月下旬,俄共(布)召开第十次全国代表会议,列宁在会上作了关于粮食税的专题报告,明确提出新经济政策概念,并对新经济政策的目标和任务作了阐述,他强调:从粮食税开始的政策转变并非权宜之计,新的政策"无疑是党认为必须认真地和长期地实行的政策"[①]。会议通过了《关于新经济政策问题的决议》。由此,新经济政策被作为一项长期的经济政策确定下来,其实施范围也从农业扩展到整个国民经济领域,围绕着工农业之间新的结合方式,陆续推出了一系列新政策措施。

在工业方面,为了满足粮食税条件下农村对工业品的需求,苏俄政府采取租让、出租等方式,把外国资本和私人资本重新引入国有企业,以提高劳动生产率和经济效益。在当时的国际形势下,向外国资本租让企业的成功率比较低,但由合作社和私人承租中小企业的进程在国内顺利地展开了。根据人民委员会的法令,国家除直接管理约4500家最重要的大型企业,其余企业都可出租给合作社或私人经营。1921年12月,全俄中央执委会颁布的法令解除了对小企业实行的国有化,将这些曾收归国有的企业通过出租的方式交还原业主经营,实际上使大部分小企业和一部分中型企业非国有化了。

在流通领域,原打算由国家组织工农业商品(产品)交换,但因为国家提供工业品的能力不足和国家规定的工农业产品比价不合理,这种非市场的交换受到农民的抵制而陷于失败。私人买卖日趋活跃,很快超出了政府的限制范围。在这种情况下,苏俄政府不得不改变方针,顺应市场经济的发展,实行"再后退","从国家资本主义转到由国家调节买卖和货币流通"[②]。

私营工商业的恢复和发展既是农业政策变化的结果,反过来又进一步推动农业政策的变革。为了在粮食税基础上适应市场机制的发展,更有效地刺激农民的生产积极性,1921年底召开的俄共(布)第十一次全国代表会议制定了新形势下土地政策的指导原则。随即召开的全俄苏维埃第九次代表大会通过了相应的决议,提出:在保持土地国有化的前提下,巩固农民的土地使用权,并给农民以选择土地使用形式的自由。1922年5月,全俄中央执委会颁布《土地劳动使用法》,准许土地的劳动出租(土地使用权的临时转让)和辅助性地使用雇佣劳动。同年10月,全俄中央执委会正式通过《土地法典》,进一步放宽了土地的出租期限和使用雇佣劳动的范围。上述措施鼓励了农民从事商品化农业经营的积极性,也使土地朝着规

[①] 《列宁选集》第4卷,人民出版社1972年版,第541页。
[②] 《列宁全集》第42卷,人民出版社1987年第2版,第228页。

模效益的方向集中,中农和富裕农户的比重开始上升,农村出现了新一轮生产关系的调整。

经过半年多的实践,到1921年秋冬,新经济政策按照其自身的发展逻辑已经比较清楚地显示出它的实质和发展趋向。作为政策制定者的列宁和俄共(布)领导层对政策变动的理论认识也有了重大突破。在1921年10月底举行的莫斯科省第七次党代表会议上,列宁深刻地总结了新经济政策第一阶段的经验,指出:"新经济政策的全部意义就在于而且仅仅在于:找到了我们花很大力量所建立的新经济同农民经济的结合。我们的功绩就在这里。"[①]这一认识的取得表明,列宁已经抓住了新旧政策区别的要害,旧政策的错误不仅表现在"战时共产主义"的极端措施上,更主要的是以一种脱离实际的态度对待农民经济和俄国的现实社会,企图否定市场机制,消灭商品货币关系,在生产力相当落后的条件下搞"直接过渡",因此,只有在抛弃了"直接过渡"的指导思想后,新经济政策才真正显示了自己的本质。

以建立工农经济联盟为目标、重视并利用市场机制的新经济政策的推行是列宁和布尔什维克党在探索社会主义建设道路过程中的一个重要阶段,它稳定了苏俄的政治形势,促使被战争破坏的经济得到较快的恢复和发展,同时,在更深远的意义上,它为现实条件下的社会主义实践提供了一种新的思路。

四、苏维埃社会主义共和国联盟的成立

1917年俄国革命的一个重要后果是导致了俄罗斯帝国的解体。这一解体过程从二月革命开始,一直持续到国内战争。大部分被沙俄强行兼并的、原来有独立国家基础的非俄民族地区(如:波兰、芬兰;波罗的海沿岸的爱沙尼亚、拉脱维亚、立陶宛;南高加索的阿塞拜疆、亚美尼亚、格鲁吉亚;中亚的布哈拉、花剌子模;乌克兰、白俄罗斯)通过各种形式获得了独立。苏维埃俄国所继承的沙俄帝国遗产是一个版图已大大缩小了的俄罗斯。布尔什维克党和苏俄政府之所以接受这一现实并承认这些国家的独立,一方面是形势所迫,在国力空虚、外敌入侵、国内战争等一系列因素的制约下,苏俄政府不仅无力阻止帝国解体的客观趋势,甚至被迫签订割让国土的《布列斯特和约》以求生存;另一方面,布尔什维克党在革命中提出的"民族自决权"口号和革命胜利后发表的《俄国各族人民权利宣言》都明确赋予各少数民族自决乃至分离并建立独立国家的权利,这种政策取向吻合于当时以世界革命的逻辑发动俄国革命的指导思想,既然俄国革命是世界革命的引爆器,那么在俄国革命中打碎俄国的帝国结构就是革命的要求和必然,因为旧俄国的解体乃是走向各民族平等联合的世界社会主义共和国的过渡步骤。然而,形势的变化不久就改变了苏俄领导人在民族自决和国家版图问题上的想法。世界革命浪潮的低落和国内战争中红军向少数民族地区的推进,从必要和可能两个角度促使苏俄领导层重新考虑俄罗斯联邦与其他民族共和国的关系,并把在帝国废墟上重建统一的多民族欧亚大国的计划提上了议事日程。

恢复原俄国版图的努力从国内战争中期开始,首先是建立各苏维埃共和国的军事和战

[①]《列宁全集》第43卷,人民出版社1987年第2版,第74—75页。

时经济联盟。1919年5月,俄共(布)中央发布关于军事统一的指示,要求俄联邦同当时已建立苏维埃政权的乌克兰、白俄罗斯等国结成军事联盟,统一军队的指挥,集中管理人力和物质资源。根据这一指示精神,6月1日,有乌克兰、白俄罗斯等国代表参加的全俄中央执委会发布关于各苏维埃共和国联合对世界帝国主义进行斗争的指令,规定:统一军队组织和军事指挥;统一国民经济委员会;统一铁路管理和经营;统一财政;统一各国的人民委员部。此后,苏俄又通过双边同盟条约进一步固定与其他苏维埃共和国的关系,到国内战争结束时,以双边条约形式与俄罗斯联邦结盟的国家有:乌克兰、白俄罗斯、阿塞拜疆、亚美尼亚、格鲁吉亚、布哈拉、花剌子模和远东①。这些国家形式上保持独立的法律地位,但在党的关系上,各国共产党均隶属于俄共(布)中央,苏俄通过党组织系统和联合人民委员部对各国实施领导。所以,国内战争中,苏俄在军事联盟的基础上已经部分地恢复了对从旧俄国版图分离的少数民族地区的实际控制。

下一步,就是筹划将实际控制下的各苏维埃共和国纳入统一的联邦国家,从法律上实现重建多民族欧亚大国的目标。

1921年3月召开的俄共(布)十大正式提出了建立大联邦国家的任务,作为建立大联邦国家的一个过渡步骤,俄共(布)决定先在南高加索地区建立联邦国家,1921年11月,俄共(布)中央高加索局通过决议,要求阿塞拜疆、亚美尼亚和格鲁吉亚组成"南高加索联邦"。根据这一决定,1922年2月,上述三国共产党召开统一代表大会,通过建立联邦的决议。3月12日,三国政府代表签署了联邦条约,"南高加索联邦"就此成立。

随着时机成熟,1922年8月11日,俄共(布)中央组织局成立以斯大林为首的专门委员会,拟订组建联邦的方案。斯大林首先提出了一个题为《关于俄罗斯联邦和各独立共和国的相互关系》的方案,这一方案的基本精神是:各独立的民族共和国以自治共和国的身份加入俄罗斯联邦,用扩大俄罗斯联邦的方式建立统一的多民族联邦国家。这就是所谓"自治化"方案。该方案以秘密文件形式发给各共和国党中央讨论,讨论结果是:阿塞拜疆和亚美尼亚赞成,格鲁吉亚明确反对,白俄罗斯委婉反对,乌克兰因内部意见分歧而推迟表态。这时,病休中的列宁开始关注这件事②。9月26日,列宁在休养地哥尔克村约见斯大林,就联邦方案提出自己的不同看法。同日,列宁还致信全体政治局委员,明确宣布了自己的观点,列宁在信中指出:斯大林的"自治化"方案是不合适的,必须作原则性的修改,即把各国加入俄罗斯联邦改成俄罗斯联邦同其他共和国一起平等地组成"苏维埃共和国联盟"③。斯大林虽然内心并不同意列宁的观点,但有保留地接受了列宁对方案的修改意见,修改后的方案文本(即所谓"联盟"方案)由斯大林等人签署后分发给中央委员会全体成员,作为中央全会讨论的正式文本。10月6日,俄共(布)中央全会通过了按列宁意见修改后的"联盟"方案。全会还决定,在此基础上制定联盟条约草案,并组成以斯大林为首的专门委员会进行准备。

---

① 远东共和国成立于1920年4月,作为苏俄与日本之间的缓冲国,1922年11月撤销。
② 1921年底,列宁因积劳成疾和旧伤复发而病倒,从此离开第一线领导岗位,在治疗和休养中指导党和国家的工作。
③ 《列宁全集》第43卷,人民出版社1987年第2版,第213—215页。

此后,围绕着南高加索三国是分别加入联盟还是以"南高加索联邦"身份加入联盟,格鲁吉亚领导人与斯大林主持的俄共(布)中央产生了严重分歧,并由于中央领导成员奥尔忠尼启则(1886—1937)等人粗暴对待格鲁吉亚领导人而引起冲突,以致中央政治局为此而专门派遣调查委员会进行调查。列宁对这一事件也十分关注,他以严厉的态度批评斯大林、奥尔忠尼启则等中央领导人所表现的大俄罗斯沙文主义,并通过各种方式表达自己对这种倾向的担忧。但是,病情日趋严重的列宁已经难以扭转事态的发展,联盟的筹建进程实际上处于斯大林的控制之下。11月21日,俄共(布)中央正式启动联盟条约的起草工作。12月上旬,召开南高加索苏维埃第一次代表大会,根据俄共(布)中央的指示,通过了南高加索联邦加入苏维埃共和国联盟的决议。12月18日,俄共(布)中央全会正式通过斯大林主持起草的联盟条约草案和联盟成立宣言草案,并决定了联盟苏维埃第一次代表大会的日期。

1922年12月30日,联盟苏维埃第一次代表大会在莫斯科召开,这次大会宣布,由俄罗斯联邦、乌克兰、白俄罗斯和南高加索联邦组成的苏维埃社会主义共和国联盟正式成立。斯大林在会上作了关于联盟成立的主题报告,会议发表了苏联成立宣言,与会各国代表签署了经大会通过的联盟条约①,条约规定:联盟的最高权力机构为联盟苏维埃代表大会及其常设机关联盟中央执行委员会,联盟的人民委员会是联盟中央执委会的执行机构,外交、陆海军、对外贸易、交通、邮电人民委员部作为联盟级的人民委员部,各加盟共和国不再设立上述各部,联盟有统一的财政和国家预算,联盟公民拥有统一的苏联国籍,莫斯科作为联盟的首都。条约最后规定:每一个加盟共和国都可保留自由退出联盟的权利。这次大会还选举了第一届联盟中央执委会。

列宁因12月中旬严重中风,丧失活动能力而未能出席大会,但被选为大会名誉主席。始终关注着苏联筹建进程的列宁在苏联宣告成立的当天口授了《关于民族或"自治化"问题》一文,在这篇文章中,列宁再次表达了对大俄罗斯沙文主义倾向的担忧,他指出,如果中央领导机关不加以认真的改造,那么,"在这种条件下,很自然,我们用来替自己辩护的'退出联盟的自由'只是一纸空文,它不能够保护俄国境内的异族人,使他们不受典型的俄罗斯官僚这样的真正俄罗斯人、大俄罗斯沙文主义者、实质上是恶棍和暴徒的侵害"。第二天,列宁继续口授上述文章,把民族问题上升到事关国家政权性质的高度进行论述,认为斯大林等人的错误"实质上就破坏了无产阶级团结的利益,因为没有什么比民族问题上的不公正态度更能阻碍无产阶级团结的发展和巩固的了"②。此后,直至次年3月丧失语言能力,列宁在其政治生命的最后一段时间中,把很大一部分注意力放在民族问题上,试图从格鲁吉亚领导人遭受不公正对待的事件着手扭转中央领导机关的大俄罗斯沙文主义倾向,使苏联成为名副其实的各苏维埃共和国平等的联盟。但是,如同列宁晚年的其他思想,他在民族问题上的最后思想也未能付诸实践,苏联从其成立之时起就是按照斯大林的思想和路线进行运作的,这个法律上

---

① 联盟条约即联盟宪法的基本条款,该条约经修改补充后于1924年由联盟苏维埃第二次代表大会批准为苏联宪法。
② 《列宁全集》第43卷,人民出版社1987年第2版,第349—353页。

遵循民族平等原则的联盟国家实际上是一个高度中央集权的大一统国家。

五、列宁逝世前后的党内斗争

1923年3月列宁再次中风丧失语言能力后,苏联实际上进入了后列宁时代。当时摆在苏联党和国家领导层面前最突出的问题就是:谁成为列宁的接班人?

列宁生前没有指定过自己的接班人,但他认真地考虑过自己身后党中央领导层的状况及其存在的问题,关于这方面的思考集中体现在1922年12月23日至1923年1月4日陆续口授的一组札记上(这组札记后被冠名为《给代表大会的信》)。1922年12月中旬中风瘫痪后,列宁意识到自己的病情严重,因而决定抓紧最后的时间,把他认为最重要的想法口授记录下来,这最后的遗言是准备在他一旦去世的情况下由他夫人提交即将于1923年4月召开的俄共(布)第十二次代表大会的①。

在关于党的领导层的最后思考中,列宁最担心的问题是自己去世后会出现党内斗争,并有可能因此而导致党的分裂。列宁认为,党内斗争最可能发生在斯大林和托洛茨基之间,"分裂的危险,一大半是由他们之间的关系构成的","斯大林同志当了总书记,掌握了无限的权力,他能不能永远十分谨慎地使用这一权力,我没有把握。另一方面,托洛茨基同志……大概是现在的中央委员会中最有才能的人,但是他又过分自信,过分热衷于事情的纯粹行政方面。现时中央两位杰出领袖的这两种特点会出人意料地导致分裂,如果我们党不采取措施防止,那么分裂是会突然来临的"。列宁把防止分裂的希望寄托在扩大中央委员会上,企图用中央委员会整体的稳定来"防止中央委员会一小部分人的冲突对党的整个前途产生过分大的影响","把中央委员人数增加到50人,增加到100人,这应该是避免分裂的一种办法"。列宁还希望,新增加的中央委员应来自基层的工人,他们还没有沾染机关的官僚习气,因此"能真正致力于革新和改善机关"。列宁所设想的另一个措施是调动斯大林的工作,他在1923年1月4日就上述问题作最后的补充时指出:"斯大林太粗暴,这个缺点……在总书记的职位上就成为不可容忍的了。因此,我建议同志们仔细想个办法把斯大林从这个职位上调开,任命另一个人担任这个职位,……从防止分裂来看,……这不是小事,或者说,这是一种可能具有决定意义的小事。"②

然而,后来被称作列宁"政治遗嘱"的这方面考虑不仅没有在俄共(布)十二大上向全党传达,即使在十三大上也只是在有限的小范围内作了传达,而列宁建议采取的措施没有被采纳。

1923年秋,列宁所担心的党内斗争果然爆发,斗争的双方正是斯大林和托洛茨基。

1923年9月召开的中央全会围绕改组托洛茨基领导的革命军事委员会问题暴露了长期隐伏的斯大林与托洛茨基的矛盾。会后,托洛茨基于10月8日致信中央委员会,指责党内缺

---

① 由于俄共(布)十二大召开时列宁尚在世,但又无法表达自己的意见,所以这些被作为绝密文件封存的札记未能向十二大代表宣读,直至列宁逝世后,由克鲁普斯卡娅于1924年5月提交给俄共(布)十三大。
② 《列宁全集》第43卷,人民出版社1987年第2版,第337—343页。

少民主，党的机关官僚化，并对改组革命军事委员会表示强烈不满。10月15日，皮达可夫（1890—1937）等46名党的高级干部联名向中央政治局递交了一份声明，也对党的机关的官僚主义提出尖锐批评。中央政治局和中央监委主席团于10月17日开会，讨论托洛茨基的信，多数政治局委员指责托洛茨基的观点和做法。10月25日，召开了中央全会，并通过《关于党内状况》的决议，谴责托洛茨基犯了"严重的政治错误"，"在客观上具有派别发动的性质"，"46人声明"则是"走向派别集团的信号"，是"派别分裂政策的一个步骤"。

12月，托洛茨基在《真理报》上连续发表了多篇文章，阐述自己的观点，这些文章于1924年1月结集出版，题为《新方针》。《新方针》的发表激起斯大林一方的强烈反应，从1923年12月28日至1924年1月4日，《真理报》连续发表布哈林起草的社论《肃清派别活动》，党的各级组织也纷纷召开会议，按中央的口径批判托洛茨基的言论。1月16日，召开了俄共（布）第十三次代表会议，斯大林作了《关于党的建设的当前任务》的主题报告，根据这一报告精神，会议通过《关于争论的总结和党内小资产阶级倾向》的决议，把托洛茨基等人置于党内反对派的立场并予以批判。

党的领导层的争论和冲突给予重病中的列宁以强烈刺激，他虽然不能说话，但还能思考，通过克鲁普斯卡娅（1869—1939）的读报、读文件，列宁一直关心着党内的这场争论。斯大林和托洛茨基的冲突使他最担心的事成了现实，因此，当1月19日和20日列宁从夫人克鲁普斯卡娅口中听到党的第十三次代表会议的决议时表现得十分激动不安。1月21日下午5时30分，列宁的病势突然加重，进入昏迷状态，经抢救无效，于当天下午6时50分逝世。

列宁的逝世在国内外引起很大震动，为了表示对列宁的怀念，俄共（布）中央决定将彼得格勒改名为列宁格勒，并将列宁的遗体永久保存，安放在莫斯科红场的列宁墓中供人瞻仰。

列宁逝世后，苏联领导层的斗争进一步趋于激化。1924年5月召开的俄共（布）第十三次代表大会批准了党的第十三次代表会议决议，会议前夕举行的中央全会在宣读克鲁普斯卡娅移交的列宁《给代表大会的信》的同时，决定不按照列宁的建议撤换斯大林，而是再次选举斯大林担任党的总书记。可见，斯大林这时已经牢牢控制了党的中央机关，他在党内斗争中占据着主动的地位，斯大林的优势还在于，他代表着党组织，亦即代表着党的主流和多数，一切反斯大林的势力都被定义为党的反对派，因此处于十分不利的境地。但是，不愿服输的托洛茨基在十三大后继续同斯大林展开较量。

新一轮斗争的导火线是托洛茨基于1924年发表的《论列宁》和《十月的教训》，在这些文章中，托洛茨基歌颂了列宁，也宣扬了自己，同时又批评了季诺维也夫、加米涅夫等人在十月革命时期反对武装起义的错误。这些言论引起斯大林和被攻击的季诺维也夫、加米涅夫的强烈反感，他们认为，这是托洛茨基在抢夺列宁主义的旗帜，为登上最高领导位置做舆论准备。于是，他们联合起来，向托洛茨基发动攻势。1924年10月至11月，加米涅夫、斯大林、季诺维也夫三人先后就同一个题目《托洛茨基主义还是列宁主义》发表演讲或文章（季诺维也夫的文章题为《布尔什维克主义还是托洛茨基主义》），将托洛茨基置于列宁主义的敌对一方加以批判，他们强调历史上托洛茨基与列宁的分歧和冲突，把托洛茨基说成是布尔什维克党的异己分子,"是孟什维克主义的代理人",斯大林号召全党"要埋葬托洛茨基主义这一思潮"。随后,布哈林(1888—1938)、莫洛托夫(1890—1986)、捷尔任斯基等党的领导成员也纷纷撰文或演讲,同声声讨托洛茨基,在中央领导的号召和组织下,各地党组织也掀起了谴责托洛茨基的浪潮,在这种气氛中,运用组织手段处理托洛茨基的时机成熟了。1925年1月,俄共(布)中央委员会和中央监委举行联席全会,通过谴责托洛茨基的决议,决定"给予托洛茨基最严厉的警告",并认为"托洛茨基不能继续在苏联革命军事委员会中工作"。根据这个决议,1月26日,苏维埃中央执委会主席团解除托洛茨基陆海军人民委员和革命军事委员会主席的职务。

托洛茨基被解除行政职务严重削弱了他与斯大林的竞争力,同时,批判托洛茨基主义的结果使列宁主义的旗帜归于斯大林之手,所以,这一回合的较量胜利后,斯大林进一步巩固了其在党和国家的领导地位,接下去,他与季诺维也夫、加米涅夫的矛盾开始凸现。

1925年4月召开了俄共(布)第十四次代表会议,决定继续按照新经济政策的方针,进一步放宽农村政策。会后,加米涅夫和季诺维也夫表示了对党的方针、政策的不同看法,认为新经济政策可能助长忽视富农危险的倾向,并导致党的蜕化。他们也不同意斯大林在会议报告中提出的可以在一国范围内建设社会主义的论点。同年10月召开的中央全会上,季诺维也夫、加米涅夫、索柯里尼柯夫、克鲁普斯卡娅联名致信党中央,正式亮出自己的观点,要求重新讨论党的方针政策,这一行动被认为形成了"新反对派"。

"新反对派"与斯大林为首的中央主流派的斗争在1925年12月举行的党的十四大上全面展开。斯大林在会上作了中央委员会的政治报告,支持"新反对派"的列宁格勒代表团不赞成这个报告,他们推举季诺维也夫向大会作副报告,于是,会上出现了激烈的争论。争论的焦点集中在三个问题上:1.关于"一国社会主义"的理论问题。斯大林认为,社会主义建设要解决两种矛盾,一种是内部矛盾,即无产阶级和农民的矛盾;另一种是外部矛盾,即社会主义国家和资本主义国家的矛盾,"第一种矛盾是完全可以用一个国家的努力来克服的,第二种矛盾却需要几个国家无产者的努力才能解决"①。在第一种意义上,一国可以建成社会主义,而在第二种意义上,社会主义的最终胜利需要外部条件(至少几个国家革命胜利)的保障。显然,这是对世界革命理论的一种修正,也是对现实条件下苏联社会主义实践的一种论证②。"新反对派"企图抓住"一国社会主义"论与马克思、列宁理论的差异对斯大林进行攻击,他们坚持,如果没有世界革命的援助,一国建成社会主义是不可能的。可是,这样一来,"新反对派"使自己陷入了一种目的与手段无法统一的悖论,否定"一国社会主义"理论势必会导致否定苏联单独进行社会主义建设的可能性,而这种结论又是他们所不愿承认的,所以,在这个问题上,"新反对派"对斯大林的攻击反而使自己处于被动。2.关于新经济政策问题。"新反对派"认为,新经济政策的基础是国家资本主义,而不是社会主义,因此这只是权

---

① 《斯大林全集》第7卷,人民出版社1958年版,第101页。
② 斯大林的这一论点的完整表述见其1926年1月发表的《论列宁主义的几个问题》,载《斯大林全集》第8卷,人民出版社1956年版。

宜之计，退却到一定程度就必须转入进攻。他们主张，向私人资本主义和富农进攻的时间已经到了，党的政策应当改变。在这个问题上，"新反对派"攻击的对象主要是新经济政策的坚决捍卫者和理论宣传者布哈林，斯大林当时与布哈林站在同一条战线上，主张继续贯彻新经济政策路线，进一步放宽农村政策，以刺激农业经济的发展。斯大林的这种立场一方面是出于实际的需要，另一方面也是为了表明自己坚持列宁的新经济政策路线就是列宁事业的继承者，这样更有利于在党内斗争中取胜。3.关于党内民主问题。"新反对派"指责斯大林个人集权，要求限制和削弱书记处和总书记的权力，使书记处服从政治局，成为一个单纯的工作机构。但这时提出这个问题已经晚了，而且，正是他们自己在与托洛茨基的斗争中竭力维护斯大林的地位，为此而不惜阻挠列宁遗言的传达和贯彻。由于党内的力量对比明显有利于斯大林，"新反对派"改组书记处的建议遭到大部分代表的抵制。最后，大会以绝对多数通过斯大林的政治报告，并以决议形式谴责了"新反对派"。在中央机构的选举中，加米涅夫从政治局委员降为政治局候补委员，索柯里尼柯夫失去了政治局候补委员的位置，克鲁普斯卡娅也由中央监委主席团委员降为一般委员，只有季诺维也夫保住了政治局委员职务。这次大会还决定，把党的名称改为全联盟共产党（布尔什维克），简称联共（布）。

十四大后，托洛茨基和"新反对派"逐步接近，形成了反斯大林的政治联盟（通称"托季联盟"）。1926年7月召开的联共（布）中央联席全会上，托洛茨基、季诺维也夫等13名反对派分子联合发表声明，对党内外重大问题表达自己的政治主张，这份声明被认为是托季联盟的政治纲领。斯大林和联共（布）中央对托季联盟的活动进行了严厉打击，在这次会议上，季诺维也夫被解除政治局委员和共产国际的领导职务。接着，10月中央全会决定，解除托洛茨基的政治局委员和加米涅夫的政治局候补委员职务，并对其他反对派分子提出了警告。1927年5月，不甘心失败的反对派再次以发表声明的形式向斯大林挑战，这次在声明上签名的有84人，声明对党中央的内外政策进行了广泛的批评，要求恢复列宁时期允许党内争论的做法。针对这一举动，7—8月召开的中央全会讨论了解除托洛茨基和季诺维也夫中央委员资格的问题，斯大林向反对派提出免于处分的条件是放弃派别活动、不再攻击中央的政策，在反对派接受这些条件后，全会暂时保留托、季的中央委员资格，但给予他们最后严重警告。

托季联盟的妥协态度并未持续多久，就在8月全会后，他们又拟定了一份准备提交党的十五大的《反对派政纲》，并要求中央委员会给予印发。在中央政治局拒绝这一要求后，他们私自印刷并散发这份《政纲》，围绕这一事件，党内斗争再度激化。10月21—23日，联共（布）中央和中央监委联席全会决定，将托洛茨基和季诺维也夫开除出中央委员会，并决定把托季联盟的问题在全党公开讨论。这场大讨论的结果，绝大多数党组织和党员表示拥护斯大林领导的党中央，反对派被置于极为孤立的境地。11月7日，托季联盟的一些支持者借十月革命纪念日在莫斯科和列宁格勒举行反斯大林的游行示威，此举立即被指控为反党政治事件。11月14日，中央联席全会决定，把托洛茨基和季诺维也夫开除出党。随后，对其他反对派分子也采取了严厉的组织措施。1927年12月召开的联共（布）第十五次代表大会通过决议，凡参加反对派和宣传其观点的人都不能留在党内。按此精神，大会决定把加米涅夫、皮达可夫等75名托季联盟的骨干分子开除出党。

至此,列宁逝世后爆发的党内斗争暂告一段落,斯大林确立了自己在党和国家领导层中的最高地位。

为了防止被打倒的反对派东山再起,斯大林对最危险的对手托洛茨基采取了专政手段,1928年1月,托洛茨基被流放到中亚的阿拉木图,1929年1月,苏联政府宣布将托洛茨基驱逐出境,1940年8月,托洛茨基在流亡地墨西哥遇刺身亡。

季诺维也夫、加米涅夫、皮达可夫等其他反对派分子在向党中央承认错误后,于1928—1929年间陆续恢复了党籍。但不久之后,他们全都在30年代的"大清洗"中遭到镇压。

第四节 "斯大林模式"的确立

一、新经济政策的终结

1928年在苏联历史上是一个具有转折意义的年份,此前,新经济政策的推行使曾被战争破坏的国民经济得到了恢复和发展,但同时,作为"过渡时期"迫于形势而运用资本主义经济规律的新经济政策与苏联党和国家领导人中占主流的社会主义观念始终存在着矛盾。随着斯大林领导地位的确立,国家经济政策的变动就被提上了议事日程。

斯大林在与托洛茨基、季诺维也夫、加米涅夫等"反对派"斗争时,为了证明自己是列宁的继承人,曾以新经济政策的捍卫者形象出现,但在其思想深处,更倾向于用类似"战时共产主义"的政策进行他所理解的社会主义建设。事实上,这种政策取向在1925年12月联共(布)十四大提出"社会主义工业化"方针时已经显示出来,根据这一"优先发展重工业"的方针,苏联领导层已决定走一条摒弃资本主义经济规律的社会主义工业化道路。十四大决议指出:"要从下述观点来进行经济建设:使苏联从一个输入机器和设备的国家变成生产机器和设备的国家,从而使苏联在资本主义包围环境下绝不会变成资本主义世界经济的经济附庸,而成为一个按社会主义方式进行建设的独立经济单位。"[①]从这样的指导思想出发,为了确保重工业的优先发展,国民经济必须采用计划经济体制,农业、轻工业和重工业的比例不是按市场规律调节,而是服从于中央政府制定的计划;为了在尽可能短的时间内高速度实现工业化,农业就不能按常规发展,而是必须适应工业的要求,为工业化提供资金来源;为了保证苏联独特的社会主义性质,苏联经济将不同世界经济接轨,以避免受资本主义世界的影响和制约。显然,这是一条具有"非均衡"、"非市场"、"高速度"、"封闭性"等项特征的工业化道路,这条道路的选定标志着以斯大林为首的苏联领导层已经开始离开新经济政策的轨道,虽然联共(布)十四大并没有否定新经济政策,而且在1926—1927年间新经济政策在农业领域继续得到贯彻,但是,苏联的经济发展从此时起已经呈现出两股并行而又相悖的轨迹,两者

---

① 《苏联共产党代表大会、代表会议和中央全会决议汇编》第3分册,人民出版社1956年版,第77页。

的矛盾运动以及斯大林的选择取向最终决定了新经济政策的命运。

经济政策的变动首先表现在对新经济政策条件下发展起来的私营工商业进行排挤和消灭,即所谓展开与"耐普曼"①的斗争。这种斗争当时被称作"无产阶级在新经济政策基础上的经济进攻"。其主要措施是:

1. 缩减和停止对私营商业的供货和信贷。
2. 大幅度提高私营工商业的税额。
3. 禁止私商采购粮食和原材料。

在上述政策措施下,新经济政策高峰期一度活跃的私营工商业急剧萎缩,到 1927 年 12 月召开联共(布)十五大时,已明确宣布,国民经济的社会主义改造在工商业领域取得了决定性的胜利。基于这种判断,十五大认为,在苏联建立计划经济体制以推进社会主义工业化的条件已经具备,因此正式通过了关于制定 1928—1933 年发展国民经济第一个五年计划的指示,并把对农业实行社会主义改造的任务也提上了议事日程,通过了关于农村工作的决议。决议指出:"在目前时期,把个体小农经济联合并改造为大规模集体经济这一任务应当作为党在农村中的基本任务。"②

联共(布)十五大使 1926 年既已开始的经济政策变动的方向再一次得到了确认。从 1928 年起,新经济政策在不作任何宣布的情况下,实际已走向终点。

然而,客观的经济规律不以人们的主观意志为转移,新经济政策的合理性也不会因为人们的否定而丧失。就在苏联领导层改变经济政策的过程中,经济规律以危机的形式向人们发出了警示。

1927 年底到 1928 年春,苏联发生了粮食收购危机。此前,苏联的农业生产在新经济政策刺激下已得到恢复和发展,1927 年的农业生产指数部分已超过一次大战前最好年景的 1913 年。在此背景下,1926/1927 年度的粮食收购情况也很好,实际收购的粮食和饲料谷物比上一年度增长 30%。但是,进入 1927/1928 年度后,粮食收购情况发生急剧变化,到 1928 年 1 月,国家只收购到 3 亿普特谷物,而上年同期的收购量是 4.28 亿普特,减少四分之一多。

在农业丰产的年景出现粮食收购量大幅度下降被苏联领导人看作严重的危机信号。正当党的十五大要求加快工业化步伐,从而使国家对商品粮的需求大大增加时,粮食收购危机的发生无疑是推行党的路线、方针的重大障碍,如果不能克服这个障碍,十五大提出的目标势必落空。因此,联共(布)中央政治局对粮食收购危机迅速作出反应,决定采取"非常措施"来完成粮食收购计划。根据这一决定,联共(布)中央接连向地方党组织发出紧急指示,限令在春天解冻之前完成粮食收购任务。

所谓"非常措施",是指在粮食收购中施用俄罗斯联邦刑法第 107 条。这是 1926 年通过的一项对刑法修正的条文,该条文规定:"对于那些通过购买、囤积或非市场交换而恶意提高

---

① 俄文译音,意指新经济政策时期产生的私营工商业者。
② 《苏联共产党代表大会、代表会议和中央全会决议汇编》第 3 分册,人民出版社 1956 年版,第 402 页。

商品价格的犯罪分子处以三年以下监禁并没收其全部或部分财产"。在粮食收购中实施这一刑法条文的目的是为了堵住粮食的私下流通渠道,强迫农民按照官方价格把粮食交售给国家,并且不允许农民储存剩余粮食。与此同时,政府还提高了农业税额,以加大粮食征购的力度。

采取"非常措施"收到了短期的效果,1928年1—3月,谷物收购量有所增长,一度超过上年度同期数。但是,"非常措施"并没有从根本上解决问题,从4月份起,谷物收购量又呈下降趋势,统计数据表明,尽管采取了"非常措施",1927/1928年度的谷物总收购量仍低于1926/1927年度,原定计划指标未能完成。由于粮食收购量的减少,国家粮食储备随之下降,作为主要创汇手段的谷物出口量也大幅度缩减,从1928年秋天起,城市不得不实行凭证供粮制度。

"非常措施"不仅无法克服粮食收购危机,而且引起了农民的广泛不满。动用刑法强制征粮,实际上意味着把农民置于政府的对立面,用对待敌人的方式来对待农民,而这种方式也就是"战时共产主义"时期曾使用过的余粮收集制的翻版。

农民的不满导致农村的动乱,1928年春开始,各地农村发生了数百起反抗征粮的暴动事件。与此同时,农民还以减少播种面积来消极对抗粮食征集。

鉴于"非常措施"日趋严重的负面效应,围绕着粮食收购危机的发生原因和"非常措施"的取舍,苏联领导层展开了激烈的争论,原来潜伏的关于经济政策取向的不同观点因此而显化,并由此而引发了一场"反右倾斗争",这场斗争的双方是斯大林和布哈林。

两种观点的争论首先发生在1928年4月召开的联共(布)中央委员会和中央监察委员会联席全会上。双方就粮食收购危机的原因及应采取的措施发表了各自的基本看法,布哈林认为,危机主要是国家计划领导的失误造成的,因此需要从经济政策上寻找问题的根源;斯大林则把危机的发生归咎于小农经济的落后和富农的破坏,他说:"收购危机标志着农村资本主义分子在新经济政策的条件下对苏维埃政权发动的第一次严重的进攻。"[①]

7月4—12日,联共(布)再次召开中央全会,讨论经济形势和粮食收购政策。在这次会议上,双方分歧的实质更明朗化了,各自的发言也更具理论性。斯大林在报告中,首次明确提出"贡税"论,他认为,苏联已经确定的工业化道路是不能改变的,而这种内向型工业化的资金来源只能是对农民征收"贡税",即以工农业产品价格剪刀差的形式,由农民为工业化交纳类似于封建时代贡税的"额外税"。"这件事是令人不愉快的",但必须这样做,否则"我们就不成其为布尔什维克了"[②]。在斯大林看来,个体小农经济的存在,是不利于国家向农民征收"贡税"的,因此,计划经济体制下的工业化必然会与小农经济发生矛盾,而粮食收购危机就是这种矛盾的产物。同时,斯大林还从政治上论证了小农经济中的富农成分对抗社会主义工业化的必然性,由此提出"阶级斗争尖锐化"的论点。他说:"向社会主义的前进不能不

---

① 《斯大林全集》第11卷,人民出版社1955年版,第54页。
② 同上书,第140页。

引起剥削分子对这种前进的反抗,而剥削分子的反抗不能不引起阶级斗争的必然的尖锐化。"①作为上述论点的自然引申,斯大林解决问题的思路也就清楚了,即:一方面通过对农业的社会主义改造,将小农经济完全纳入计划经济体系,建构起对农民的全面控制,以保证国家从农村获取工业化所需的粮食和资金;另一方面通过抓"阶级斗争",在"消灭富农"的口号下镇压不服从改造的农民,以达到强制农民适应高速工业化需要的目的。显然,这是一条与新经济政策相悖的发展路线,其核心在于对农民政策的转变,这种转变的方向早在确定计划经济体制和工业化方针时就已在斯大林心目中预定了,所以,当粮食收购危机把经济政策变动中的矛盾显示出来后,斯大林就很自然地亮出了自己固有的不同于新经济政策思想的理论观点。

作为新经济政策的理论阐释者,布哈林无法接受斯大林的观点,也不能同意抛弃新经济政策的取向。他在7月全会的报告中认为,粮食收购危机的发生恰恰证明了国家对经济工作的计划领导离开了新经济政策的轨道,出现了严重失误,具体表现为工农业产品比价的不合理、对农村供应的短缺和市场组织的混乱。而这一切的根源就在于违背了新经济政策所要求的按市场原则协调工农业关系。他指出,工农联盟正处于危险状态,因此,"我们决不允许再度大搞非常措施了","我们政策的中心是:我们决不应允许对于(工农)结合的威胁"②。可见,在布哈林看来,克服危机的唯一出路是回到新经济政策的轨道上去,他坚决反对用剥夺农民的方式搞工业化,更反对用镇压措施对付农民。

7月全会后,双方的斗争进一步升级,1928年10月,联共(布)莫斯科委员会和莫斯科监察委员会举行联席全会,斯大林在会上发表《论联共(布)党内的右倾危险》的讲话,第一次给争论对方扣上"右倾"立场的政治帽子。

接下去,斯大林开始采取组织措施对付布哈林及其支持者李可夫和托姆斯基。1929年1月30日,联共(布)中央政治局和中央监委主席团召开联席会议,给布哈林等人作政治定性。斯大林在会上作了《布哈林集团和我们党内的右倾》的报告,宣称"我们党内形成了由布哈林、托姆斯基和李可夫组成的特殊的布哈林集团",这是一个"右倾投降主义集团",它提出了"和党的政策相对抗的特殊政纲"。会议按照斯大林的意图,提出以布哈林等人全面承认错误为条件的"和解方案",遭到布哈林等的拒绝。于是,2月9日,会议通过《关于党内事件的决议》,认定布哈林等人进行反党派别活动,对他们予以谴责。由此,"反右倾斗争"在党内外正式展开。

1929年4月联共(布)中央全会把批判"布哈林右倾集团"的斗争任务提交全党,斯大林在会上宣布:党内存在着两条对立的路线,"有一条路线是党的路线,是革命的、列宁的路线。但同时还有另一条路线,即布哈林集团的路线,……这第二条路线是机会主义的路线"③。面对无端指责,布哈林在会上为自己作了辩护,他否认自己反对党的路线,并指出:"正是斯大林自己,由于推行那些同新经济政策原则水火不相容的政策而违背了已为全党所批准的路

---

① 《斯大林全集》第11卷,人民出版社1955年版,第150页。
② 《布哈林文选》中册,人民出版社1981年版,第268—269页。
③ 《斯大林全集》第12卷,人民出版社1955年版,第11页。

线。"他还说:"斯大林的计划建立在农业衰退和新经济政策遭到破坏的基础之上","已经使国家陷入恶性循环之中。"①鉴于布哈林的不妥协态度,全会决定:撤销布哈林和托姆斯基在《真理报》、共产国际和全苏工会中央理事会的领导职务。这一决定得到随后召开的党的第十六次代表会议的批准。

为了使"反右倾斗争"成为不可逆转之势,斯大林乘胜追击,继续加重对布哈林的处罚。1929 年 11 月联共(布)中央全会再次对"布哈林集团"展开批判,并通过相应决议,将布哈林开除出中央政治局,托姆斯基和李可夫也受到严重警告。在此种压力下,布哈林、李可夫、托姆斯基三人于 11 月 25 日发表了一个声明,被迫承认错误。至此,"反右倾斗争"以斯大林的胜利、布哈林的失败而告结束。

布哈林的失败也意味着新经济政策的终结。在将布哈林等人清除出最高领导层后,已没有其他政治力量能够阻止斯大林推行其确定的"社会主义工业化"路线了。这样,到 1929 年 12 月,斯大林得以公开宣布:"我们所以采取新经济政策,就是因为它为社会主义事业服务。当它不再为社会主义事业服务的时候,我们就把它抛开。"②

二、五年计划、工业化与农业集体化运动

作为计划经济体制的具体体现就是制定发展国民经济的指令性五年计划。苏联的第一个五年计划根据党的十五大指示精神,从 1927 年底由国家计划委员会着手编制,于 1928 年底拿出草案,1929 年 4 月苏联人民委员会和联共(布)第十六次代表会议正式确定最佳方案文本,5 月底由全苏第五次苏维埃代表大会审议批准,而实际的计划涵盖年度是从 1928 年 10 月(计划年度按每年 10 月至次年 9 月统计)开始的,所以,1928 年被看作第一个五年计划的起始年。

按照第一个五年计划的规定,五年内整个国民经济的基本投资为 646 亿卢布,其中对工业的基本投资为 195 亿卢布,工业固定资金增加 3.2 倍;对运输业的基本投资为 99 亿卢布,固定资金增加 69%;对农业的基本投资为 232 亿卢布,固定资金增加 35%。根据优先发展重工业的方针,对工业的投资主要用于制造生产资料的工业部门,1928/1929 年度对这些部门的投资占工业基本投资总额的 78%,1932/1933 年度上升到 87.6%。冶金工业和机器制造业是投资数额最高的部门,达 40 亿卢布,其次为电力部门,为 31 亿卢布。运输业投资主要用于铁路建设,为此投入 50 亿卢布。农业投资主要用于发展国营农场和集体农庄及农田基本建设、扩大播种面积和增加农业机械、化肥的投入。五年计划还对教育、卫生、文化事业的发展作出了规定。

第一个五年计划原定于 1933 年结束,1932 年底,苏联政府宣布该计划已提前完成,历时四年三个月。

---

① 转引自斯蒂芬·F·科恩著,徐葵等译:《布哈林与布尔什维克革命》,人民出版社 1982 年版,第 466—467 页。
② 《斯大林全集》第 12 卷,人民出版社 1955 年版,第 151 页。

据苏联官方公布的统计数字,第一个五年计划期间,工业总产值增长了1.3倍,国民收入增长86%,工业部门的劳动生产率提高38%。建成了1500个新企业,其中有著名的马格尼托哥尔斯克和库兹涅茨克钢铁联合企业、第聂伯河水电站、乌拉尔重型机器制造厂、高尔基汽车制造厂、斯大林格勒拖拉机厂等。由于执行优先发展重工业的方针,第一个五年计划期间,生产资料生产的发展比消费资料生产的发展快得多,前者年均增长28.5%,后者为11.7%,到1932年末,重工业在工业总产值中的比重由1928年的39.5%上升到53.4%,轻工业的比重则由60.5%下降至46.6%,工业产值在工农业总产值中的比重也从1928年的48%上升到1932年的70%。据此,苏联政府宣布,苏联已经由一个农业国变成了工业—农业国。

然而,就具体计划指标而言,大部分工业部门,如煤炭、石油、电力、汽车、化肥、钢铁等都没有完成规定数额,如:煤炭的计划指标为7500万吨,实际完成数为6400万吨;生铁的计划指标为1000万吨(后追加指标为1700万吨),实际完成数为616万吨;汽车的计划指标为10万辆(后追加指标为20万辆),实际完成数为2.39万辆。五年计划许多指标的落空反映了计划中含有大量水分,这是苏联式计划经济的一大弊端。

第一个五年计划暴露出的另一个问题是,由于片面强调重工业的发展,农业和轻工业的发展遭到忽视,造成了国民经济比例的失调。与重工业产值大幅度增长相对照,轻工业不仅未完成计划指标,而且不少产品还低于1928年的水平,农业在此期间由于受到粮食收购危机和集体化运动的双重影响,基本上呈减产态势。因此,五年计划虽然提高了国民收入水平,但人民的实际消费水平并未同步提高,农民的收入反而降低了。

以上问题的产生,固然有缺乏经验的因素,但更是由于斯大林的"社会主义工业化"路线的指导思想所致。在斯大林的发展思路中,五年计划不仅是经济发展指标,更主要的是通过这种指令性计划贯彻其建立高度集中的国民经济管理体制的意图,所以,计划指标是否达到并非问题的实质,关键是,经过第一个五年计划,苏联基本上形成了非市场取向的、以指令性计划为操作工具、以中央部门垂直管理为主要形式,建立在国家所有制基础上、高度集权的统制型经济。这种被简称为"计划经济"的特殊经济体制不是经济规律自然发展的产物,而是在当时苏联所处的特定历史条件下,人们对高速度工业化的追求与某种先验的"社会主义观"相结合而衍生的结果,其中又渗透着斯大林的权力意志,所以并非偶然,正是伴随着斯大林在权力斗争中的胜利,这种斯大林所主张的"社会主义经济体制"诞生了。如果说,这种集中运用国家资源实现国家目标的经济模式在一定时段和一定条件下也能取得某些突出的成就(主要表现在某些预定的国家目标上),那么,这种体制模式的缺陷也是明显的,由于夸大主观意志,轻视客观经济规律,以权力运作代替市场调节,势必造成比例失调、效益低下、资源浪费严重、管理机制僵化、企业和个人缺乏积极性等项弊端。因此,第一个五年计划实施过程中出现上述问题决不仅仅是缺乏经验的缘故,而是经济体制和发展战略本质性缺陷的反映。然而,在当时,斯大林对问题的本质并没有认识,相反,他把五年计划取得的成就看作是自己主张的"社会主义工业化"路线的胜利,并把已在形成的计划经济体制规定为唯一正确的社会主义经济体制,凡是批评这种体制弊端的意见(包括主张继续实行新经济政策的意见)一概被斥之为"反党反社会主义",遭到政治批判和镇压,由此堵塞了言路,也排除了纠正弊端、进行其他选择的可能性。

作为第一个五年计划的一项重要内容,是消灭城乡非公有制经济成分,形成计划经济所要求的单一的"社会主义公有制"("全民所有制"和"集体所有制")。工业领域的所有制改造在五年计划实施前已经基本完成,商业领域的"耐普曼"在1928年前后的政策变动中也已受到很大抑制,所以,五年计划期间所有制改造的重点放在农业领域,掀起了一场声势浩大的农业集体化运动。

1929年11月7日,斯大林在《真理报》发表题为《大转变的一年》的文章,号召全国农村掀起"全盘集体化"高潮。他说:"目前集体农庄运动中具有决定意义的新现象,就是农民已经不像从前那样一批一批地加入集体农庄,而是整村、整乡、整区,甚至整个专区地加入了。"①11月10—17日,联共(布)中央举行全会,讨论农业集体化问题,根据斯大林的指示,会议决议要求加快集体化的速度,并明确提出"现在,集体农庄运动已向某些省提出全盘集体化的任务"②。

1929年12月5日,联共(布)中央政治局专门成立"全盘集体化地区委员会"(通称"特设委员会"),制定推动集体化的措施和方法。在特设委员会研究的基础上,1930年1月5日,政治局通过《关于集体化的速度和国家帮助集体农庄建设的办法》决议,具体规定:伏尔加河中下游、北高加索等主要产粮区的集体化在1930年秋季或至迟在1931年春季基本完成;其他产粮区的集体化在1931年秋季或至迟在1932年春季基本完成。这意味着,在第一个五年计划期间,绝大部分地区和绝大多数农户将实现集体化。

乌克兰集体农庄秋收

---

① 《斯大林全集》第12卷,人民出版社1955年版,第118页。
② 《苏联共产党代表大会、代表会议和中央全会决议汇编》第4分册,人民出版社1957年版,第88页。

在中央的推动和压力下，苏联各地农村出现了大跃进式的集体化浪潮，地方干部为了执行中央指示并表现政绩，竞相提前完成指标，不择手段地把农民驱赶进集体农庄。从1929年10月到1930年3月1日，集体化的农户数占总农户数的比例从7.6%猛增到56%。尤其是1930年1月20日至2月1日这十天中，加入集体农庄的农户数竟翻了一番，有些地方从10%一下子增加到90%。

这种自上而下追求高速度的农业集体化运动不可避免地表现出它的主观随意性和强制性，完全违反了自愿原则和经济规律。在农民普遍抵制的情况下，大量采用了强迫手段乃至暴力手段，而"阶级斗争尖锐化"的理论和"消灭富农"的口号又给这种强制性提供了政治依据。虽然从理论上说，斗争的主要对象是富农，但实际上作为农村主体的中农的利益也受到严重侵犯，在全盘集体化高潮中，因持反对态度而被剥夺财产的农户达15%，被剥夺选举权的约有15%—20%，其中大部分是中农。

强制的集体化严重挫伤了农民的劳动积极性和积累财产的热情，在集体化高潮中，消极怠工、损坏劳动工具、挥霍积蓄、屠宰牲畜成为普遍现象，在不少农庄中，收获粮食时的损失率高达20%—40%；仅1930年2月、3月两个月内，各地被屠宰的大牲畜约1400万头，猪被屠宰掉1/3，羊被屠宰掉1/4。

鉴于全盘集体化运动的消极后果十分明显，农业生产力受到很大损害，斯大林不得不出来干预运动的进程。1930年3月2日，《真理报》发表斯大林的《胜利冲昏头脑》一文，批评了运动中的过火行为和冒进错误，但他把问题归咎于地方领导，指责"某些同志被胜利冲昏了头脑，暂时丧失了清醒的理智和冷静的眼光"①。为了缓和矛盾，3月14日，联共（布）中央通过决议，要求制止违反农民意愿的强迫行为。中央的政策一松动，全国立即出现大批农民退出集体农庄的潮流，从3月到6月，主要产粮区的集体化水平从72.8%降到48.7%，全国平均水平从55%降到23.6%。此种情况又引起斯大林的不满，在1930年6月召开的联共（布）十六大上，斯大林改变口气，大力赞扬全盘集体化的成就，并抨击那些主张放弃全盘集体化方法的人是"自觉或不自觉地和共产主义的敌人勾结在一起的人"②。同时，在具体措施上，也为农民退出农庄设置了种种障碍，凡退出农庄的农户不能获得原来的土地，只能另行分配偏远贫瘠的土地，他们已被集体化的生产资料只能取回一半左右。另一方面，吸取前一阶段的教训，在行政手段之外还采取了一些经济上的优惠措施以吸引农民加入集体农庄，如耕畜免税、借款延期和提供贷款、将没收的富农财产无偿转交集体农庄等。十六大后，再次掀起全盘集体化的高潮，由于这一次行政手段与经济手段并用，对那些未加入集体农庄的农民来说，不仅要承受政治压力，还要失去经济利益（从1931年起，个体农户须交纳高于集体农庄庄员10倍的税款），所以，形式上多了一点"自愿"色彩（加入农庄要本人申请），实际上强制的力度更大，在国家政策的全面控制下，农民已没有什么选择余地，一度退出集体农庄的农户不

---

① 《斯大林全集》第12卷，人民出版社1955年版，第173页。
② 同上书，第291页。

得不再提出入庄申请,而那些原来没有加入集体农庄的农户这次也只好随大流了。

这样,到 1932 年底,全国共建立了 211700 多个集体农庄,集体化农户占总农户数的 62.4%,集体农庄和国营农场的播种面积占全国播种面积的 80%,预定的集体化目标基本实现。1933 年 1 月 10 日,联共(布)中央全会的决议宣布:第一个五年计划期间,"把分散的个体小农经济纳入社会主义大农业的轨道的历史任务已经完成,苏联已由小农国家变成了拥有规模最大的农业的国家"①。

在完成农业集体化、消灭个体农民经济的过程中,原来个体农民经济发展程度最高的部分——所谓"富农"经济也首当其冲被消灭了,而作为"富农"阶级——农村中的富裕农户,则遭到暴力镇压和财产剥夺的厄运。据统计,1930 年、1931 年两年中,共有 60 万户农民被作为富农剥夺财产,24 万户被赶出原居住地,强迫迁徙到西伯利亚、乌拉尔等人迹罕至的地方,并被武装看管起来,成为变相的囚徒。

农业集体化运动是运用强制手段和"阶级斗争"方式进行的生产关系的变革,这场运动的结果使苏联建构起完整的"计划经济"体制,确立了斯大林所设计的国家统制型经济。从此,国家对农民有了强制征粮的稳定机制,以农民的"贡税"满足高速工业化的资金需要也得到了保证,但是,这场强迫改造农民的运动严重损害了农民的利益,违背了农业现代化的客观规律,破坏了农业生产力的正常发展,留下了难以治愈的后遗症。

第一个五年计划结束后,苏联紧接着实施了第二个五年计划(1933—1937)。1934 年初召开的联共(布)十七大正式通过第二个五年计划方案,由于考虑到第一个五年计划的大部分指标没有达到,所以第二个五年计划的增长指标有所降低,并提高了轻工业的增长幅度。二五计划的总体目标是,使苏联变成技术上、经济上独立的国家,并成为欧洲最先进的国家。因此,二五计划在继续重视发展速度的同时,更重视对国民经济的技术改造,加大了对机器制造业的投资力度,这方面的投资额占工业投资总额的 30% 左右,新建、扩建了一批大型机器制造企业,使机器制造业在工业总产值中的比重由原来的 19.6% 上升到 25.5%,大部分机器设备不再进口。二五计划期间对生产力布局也作了调整,工业发展重心向东部转移,在乌拉尔、西西伯利亚、中亚和远东地区建立了新的工业基地。

苏联工业化宣传画

---

① 《苏联共产党代表大会、代表会议和中央全会决议汇编》第 4 分册,人民出版社 1957 年版,第 325 页。

据苏联政府宣布,第二个五年计划于1937年4月1日完成,也是历时四年三个月。官方统计数字显示,工业总产值实际增长1.2倍,农业总产值增长0.5倍,国民收入增加1倍以上。其中,生产资料的生产增长1.4倍,超过计划指标;消费资料生产未完成计划,农业产值的增加也只是计划指标的一半。所以,二五计划调整国民经济发展比例的意图没有实现,在优先发展重工业的方针指导下,国家经济领导部门在实际工作中不可能把重点放到轻工业和农业上,经济比例失衡的局面是难以改变的,这也是苏联计划经济体制的一个基本特征。

总体上,第二个五年计划的完成情况比第一个五年计划要好一些。经过第二个五年计划,苏联基本上实现了其预定的"社会主义工业化"目标,一些主要工业部门的产值、产量指标赶上了资本主义发达国家,一个内向型的经济结构体系也已建立起来。凭借辽阔国土所拥有的丰富资源和高度集中的资源配置方式,苏联以其粗放型经济发展阶段所取得的工业发展的高速度使自己在30年代跻身于工业化国家的行列。

第三个五年计划(1938—1942)继续按既定方式高速度发展国民经济,坚持优先发展重工业。考虑到当时国际形势的变化和战争危险的临近,三五计划还增加了国防建设的比重,要求加快发展东部地区,使乌拉尔以东地区成为能替代西部老工业基地、老粮食基地的新经济基地。

第三个五年计划在实施过程中因战争爆发而中断,1941年起转入战时经济计划。

三、"大清洗"与集权体制的定型

30年代初,苏联已基本形成高度集权的统制型经济体制,与此相适应,政治权力也趋向于高度集中,对斯大林的个人崇拜及斯大林对权力的专断正在成为苏联政治领域的主导倾向。这种情况引起了党内部分领导干部的忧虑,同时,在工业化和农业集体化的政策方针等具体问题上,党的领导层也一直存在分歧。虽然通过几轮政治斗争,斯大林已经清除了曾经对他的权力和路线构成威胁的老布尔什维克中的"反对派",提拔了一批忠于自己的较年轻的干部进入领导层,但他的地位还没有最后稳固,他的政策主张仍有可能遭到来自中央委员会乃至政治局成员的反对或抵制。为了把新反对派扼杀在萌芽状态,斯大林需要展开一场全面的政治清洗运动。

1934年12月1日傍晚,在列宁格勒州委机关所在地斯莫尔尼宫内的走廊里,联共(布)中央政治局委员、列宁格勒州委书记基洛夫(1886—1934)被一位潜入宫内的凶手尼古拉也夫枪杀。这一事件遂成为30年代苏联"大清洗"的开端。

基洛夫被刺事件至今是一个案情扑朔迷离的历史疑案。凶手尼古拉也夫虽然当场被捕,并由当天赶到列宁格勒的斯大林亲自审问,但审讯记录始终没有公布,尼古拉也夫当月即被枪决;另一个主要证人鲍利索夫(基洛夫的警卫队长)在前往受审路上因"交通事故"而死亡。无论基洛夫案的真相如何,有一点十分清楚,即这个事件给斯大林提供了彻底清洗一切反对派(包括潜在的对手)、巩固自己权力地位的机会和采取种种手段以达到上述目的的借口。斯大林当时就是按照这一逻辑行动的。

1934年12月1日晚，根据斯大林的建议，苏联中央执行委员会和人民委员会通过《关于修改各加盟共和国现行刑事诉讼法典的决议》，规定：凡属恐怖组织和对苏维埃政权工作人员进行恐怖活动的案件，侦察工作不能超过10天；控告结论在正式开庭审判前一昼夜交给被告；原告、被告双方都不参加审判；不接受判决上诉书和赦免请求书；极刑判决被宣布后立即执行。这个后来被称作"特别程序"的规定为政治清洗中采用非法手段罗织罪名、迫害异己打开了方便之门，成为斯大林随心所欲清洗政治对手的工具。此后，"大清洗"被逐步推向高潮，其中第一步就是对所谓"列宁格勒总部"的审判。

1934年12月22日，苏联政府发表侦查基洛夫案的通报，首次提到有一个名为"列宁格勒总部"的恐怖组织，说尼古拉也夫即是这个组织的成员，该组织主要由原季诺维也夫—加米涅夫反对派成员组成。12月27日，苏联政府公布关于"列宁格勒总部"的控告结论，确认基洛夫被杀是该组织指使所为，并说谋害基洛夫是该组织谋害斯大林和党的其他领导人的长远计划的一部分。在立即处死尼古拉也夫后，1935年1月15日对"总部"主要成员进行了审判，季诺维也夫等人坚决否认自己与基洛夫案有任何牵连，尽管拿不出证据，法庭仍判处季诺维也夫10年监禁，加米涅夫5年监禁。1月18日，联共（布）中央向全国党组织发出秘密信，要求各地动员所有力量深挖敌人，由此开始了遍及全国的大逮捕，制造了无数冤案。

为了使"大清洗"显得合法，1936年8月，苏联最高法院军事法庭举行了第一次公开审判，被告是所谓"托洛茨基—季诺维也夫联合总部"成员季诺维也夫、加米涅夫、斯米尔诺夫（1881—1936）等16人。审讯中，法庭没有出示任何证据，所有的指控都建立在被告的"交代"和"承认"上，在没有律师辩护的情况下，被告的"供词"被作为定罪的依据。法庭最后宣布，季诺维也夫等与已被驱逐出境的托洛茨基相勾结，主使谋杀基洛夫的罪名成立，判处16名被告死刑。判决后不到24小时，报纸即报道：死刑已经执行。

对"联合总部"的审判带动了新一轮逮捕浪潮，根据审讯中被告的"供词"，又挖出了一个"托洛茨基平行总部"，其成员有皮达可夫、拉狄克（1885—1939）、索柯里尼科夫等人。1937年1月，对"平行总部"进行了"大清洗"中第二次公开审判。被告被指控"接受托洛茨基指示"，"背叛祖国，从事侦察和军事破坏工作，实行恐怖和暗害勾当"。与第一次公开审判的程序一样（只是形式上为被告指定了"辩护人"），17名被告中皮达可夫等13人被判处死刑，拉狄克等4人被判处10年或8年监禁。

由于拉狄克在受审时交代他与布哈林、李可夫等有"罪恶的联系"，1937年2月底，布哈林、李可夫在出席中央全会时被捕，次年3月，对所谓"右派—托洛茨基联盟"进行了"大清洗"中第三次公开审判。布哈林等21名被告被以"谋害罪"和"叛国罪"起诉，其中包括布哈林、李可夫在内的19人被判处死刑。

三次公开审判都是"大清洗"运动中为应付国内外舆论而刻意制造的假案，这几次审判所涉及的对象也只是"大清洗"中无数被冤屈者的极少数代表，实际上，"大清洗"所制造的冤假错案远比公开审判所暴露的多得多，清洗的对象从中央到基层几乎包括所有的社会领域和各个阶层。据有关资料显示，在联共（布）十七大当选的139名中央委员和候补委员中，有

98人,即70%被清洗;出席十七大的1996名代表中,有1108名,即半数以上被清洗;17名政治局委员和候补委员中,除基洛夫外,有5人被杀;苏维埃和政府机构也遭到沉重打击,仅1937—1938年间被捕并处决的部人民委员就有17人,加上他们的副手和下属,数量还要翻几倍;军队也难逃厄运,1937年5月,副国防人民委员图哈切夫斯基等一批高级将领被指控犯有组织"反苏军事中心"的叛国罪而被逮捕并遭处决,随即在军队中进行了全面清洗,共有3.5万名军官被镇压,其中包括高级军官的80%,元帅的3/5,涉及所有的军区司令和绝大部分集团军司令;即使作为"大清洗"工具的保安机构——内务人民委员部自身也无法幸免,其成员被不断更新,以维持对领袖的忠诚或被当做替罪羊。"大清洗"前期领导内务部的亚哥达因不能满足斯大林的要求,于1936年9月被更加严酷的叶若夫(1895—1940)取代,不久被捕并于1938年被处决。叶若夫在按斯大林旨意把"大清洗"推向最高潮后,也遭到同样下场,1938年7月被贝利亚(1899—1953)取代,1940年4月1日被以"毫无根据地镇压苏联人民"的罪名处决。

"大清洗"究竟制造了多少冤案、迫害了多少无辜者?至今没有一个确切的统计数字,但作为一场政治性镇压运动,其规模之大、涉及面之广、危害之深,在人类历史上是少见的。1938年以后,因考虑到苏联人民的承受力已接近极限,同时"大清洗"的目的也已基本达到,所以镇压浪潮趋于缓和,也在不同程度上纠正了一些错误做法。然而,由于斯大林并没有从根本上认识"大清洗"的错误,而是继续把它当做巩固集权体制的必要手段,因此"大清洗"的余波一直延续到战争前夕和战争初期,并在战后再掀高潮。

"大清洗"的后果表现为两个方面:其一,这场政治运动给苏联社会造成了严重创伤,各个领域的社会精英均受到摧残,人们在生命安全和行动自由得不到法律保护的环境中精神受到极大压抑,而且,在保安机构滥用非法刑讯手段和特务手段的情况下,人人自危,诬告、假供盛行,人格被扭曲,社会道德水平严重滑坡,其消极影响祸及几代人。其二,这场运动最终确立了高度中央集权体制的极端形式——斯大林个人专制。由于用持续数年的大规模镇压清除了从老布尔什维克到年轻一代干部中可能构成对自己权力挑战的对象,特别是整肃了在十七大上流露不满的代表和中央委员会,斯大林终于稳固了自己至高无上的地位,登上了权力金字塔的顶端。而且,凭借保安机构这一专政工具,斯大林得以不受法律制约,也不受党和政府机关的制约,完全将个人凌驾于党和国家之上,在党和国家的名义下实行个人专制统治。从这个意义上说,"大清洗"是苏联确立"斯大林模式"体制的最后一个环节。

第三章
资本主义体系的动荡与调整

第一节 20年代资本主义世界的繁荣与和平

一、20年代西方国家的经济繁荣

20年代尤其是1924—1929年,是20世纪西方国家经济发展的第一个"黄金时期",各国经济都取得了不同程度的快速发展。经济繁荣具体表现在以下四方面。

第一,西方国家的工业技术得到长足发展。例如电力工业的发展既促进了工业生产的机械化和自动化,也使洗衣机、电冰箱、吸尘器等家用电器进入部分家庭;电子工业的兴起使欧美各大国相继设立定时播音的广播电台,无线电收音机进入普通家庭;内燃机技术的进一步提高和普及,使各大国的汽车产量成倍增长,公路网络日益密集,内燃机船逐渐取代蒸汽机船;航空技术发展,使国际间的新航线每年都有所增加;"生产合理化"运动向广度和深度发展,其主要内容是大量采用流水生产线、"泰罗制"和零部件标准化。

第二,主要西方国家的劳动生产率得到提高。据统计,1924—1929年各国工人平均每小时的产量提高了大约15%—20%。

第三,各国经济发展的速度比较快。1921—1929年间,法、德、美、日、英等国工业生产年平均增长速度分别为9.4%、7.1%、4.3%、3%和1.7%,其中美国和日本的工业生产早在第一次世界大战期间就已超过战前水平，法、德、英三国分别在1924、1927和1929年超过战前水平。从1924年到1928年，约有20个国家恢复了金本位制。

第四，垄断资本获得较快的发展。许多原有的垄断组织，其规模、实力和相互间的联系都日益扩大，同时在新兴工业部门中，出现了大批新的垄断组织。从垄断组织的形式来看，既有延续19世纪末同一部门内同类企业之间的"横向"合并，但更多的是按生产程序联合的"纵向"合并，在不同部门彼此毫无联系的企业之间的"混合"合并也开始出现。在垄断程度方面，除了美国以外，德国是在战败的废墟上重新建立起来的，垄断程度更高。据统计，20年代德国93％的煤矿企业，96.3％的染料工业，86.9％的电气制造业，90％以上的玻璃业，80％以上的机器制造业都控制在康采恩手里。"法本工业公司"是当时西方世界最大的化学垄断组织，控制了德国全部染料和人造汽油生产，80％的氮生产，40％的药剂和25％的人造丝生产。其他如联合钢铁公司、通用电气公司、西门子公司、克虏伯康采恩、汉堡—美洲轮船公司等，都是拥有数亿马克资本和数万名工人的巨大垄断企业。

国际垄断组织也迅速发展，许多在第一次世界大战期间解体的国际卡特尔相继恢复，另外还出现了一系列新的国际垄断组织。

推动这一时期西方国家经济快速发展的原因是多方面的。首先，垄断资本主义的发展，使资本主义私有制从资本家的个体所有制进入资本家的集体（大股东）所有制，生产关系方面的社会化程度有所提高，在一定程度上缓和了生产社会化和生产资料私人占有之间的矛盾，促进了生产力的发展。其次，当时西方国家国内政治生活相对稳定，国际关系处于相对和平状态，为经济发展提供了良好的环境。第三，第一次世界大战结束后，高度发展的军工技术纷纷转向民用，为20年代经济繁荣提供了技术基础。

但是，20年代西方国家的经济发展也存在不少缺陷。其中最主要的是各国政府仍然用19世纪的方针政策去应付20世纪的经济需要，无视生产社会化程度不断提高后对国家干预的需求，仍然坚持"自由放任主义政策"，无视世界经济一体化发展的趋势，大力推行"经济民族主义"政策。

其次，在新兴工业部门突飞猛进的同时，诸如煤炭、制鞋等传统工业部门的发展却相对缓慢，有些甚至停滞不前。一些老牌的资本主义国家如英国等，传统工业部门构成国民经济的基础，既导致整个经济的发展速度相对缓慢，又引起国内阶级矛盾比较尖锐，工人罢工斗争不断发生。1926年英国工人总罢工就是以煤炭业为基础和核心的。20年代的农业慢性危机在各个国家有不同的成因，在欧美大部分国家，主要是供过于求的生产过剩危机，在日本和意大利，则是产量难以提高的生产危机。在新兴工业部门中，工人的工资有了一定的提高，但是同劳动生产率的增长幅度相比，却低得多，这就为经济危机的爆发埋下了祸根。

再次，在20年代中期前后，不少国家的通货膨胀现象比较严重。德国在1923年鲁尔危机期间爆发恶性通货膨胀，后经过政府发行"地产抵押马克"初步解决了危机，至"道威斯计划"实施后，新马克真正稳定下来。法国的经济发展速度尽管居西方国家之首，但是由于未能从德国获得预期的赔款,政府以大量增发纸币来弥补因大规模恢复工程造成的预算赤字,致使经济较快发展和通货急剧膨胀长期并存,直到1926年以后,法郎才在低水平上稳定下来。

二、美国柯立芝繁荣

20年代美国经济获得了长足发展,因这一时期基本上处于共和党人卡尔文·柯立芝(1872—1933)总统任内(1923—1929),史称"柯立芝繁荣"。

第一次世界大战期间,美国国内固定资本更新较少,经过1920—1921年经济危机的打击,资本家为了增强商品竞争力,急需大量更新机器设备,据统计,仅铁路方面需要更新的固定资本就达数十亿美元。此外,战争期间住宅建筑的规模缩小,维修不良,战后需要弥补这种状况。同时,美国资本家在战时攫得巨额利润,为更新固定资本和扩大生产储存了充足的资金。

柯立芝总统仍然坚守"自由放任主义"的信条,但他强调美国"是一个商业国家","美国的事务就是做生意","需要一个商业政府"。为了推动经济发展,美国政府对内减少公共开支,降低税收,特别是降低所得税和公司税,鼓励向企业投资。商务部频繁举行商业与工业会议,向资本家充分提供有关生产、存货、商品消费量和失业等方面的信息,以便企业在自主决策时减少失误。对外则实行高额保护关税政策,发展商船队,向出口企业提供优惠条件,用以鼓励出口贸易和资本输出。

美国经济繁荣是从建筑业和机器制造业起步的。根据耗材价值估计,建筑业的产值1919年为120多亿美元,1928年增至近175亿美元。生产资料生产部门的产量从1919年到1929年也增加了64%。这两个行业的繁荣扩大了对原材料的需求,推动了道路建筑业的发展,这样,整个重工业被带动起来。工人就业增加后,社会购买力上升,于是消费品生产部门,尤其是新兴工业部门,也迅速发展起来。

新兴工业中最引人注目的是汽车业的兴起。1919年美国拥有轻型汽车600万辆,载重汽车80万辆,到1928年,这两种汽车分别上升到2200万辆和300万辆。随着汽车逐渐普及,加油站如雨后春笋般地遍布全国,城市的道路建设和其他基础设施也不断更新。

电力工业的崛起也是柯立芝繁荣的标志之一,它给美国工业快速发展提供了强大动力。1914年,全国电力达88万多匹马力,工厂动力设备的电气化程度占30%,而到1929年,电力增加近40倍,工厂动力设备的电气化程度高达70%。1919—1929年是电力工业迅猛发展时期,产值由9.97亿美元增至23亿美元。

此外,无线电工业、航空工业和电影业也获得长足发展。收音机销售额从1922年的6000万美元增至1929年的8.42亿美元;到20年代末,美国已开始从无声电影向有声电影过渡;电冰箱、吸尘器、洗衣机、电话和人造纤维也开始进入部分美国家庭。

但是,在新兴工业部门飞速发展的同时,一些传统工业部门一直处于停滞或衰退状态,其中皮革、食品、烟草、纺织品和制鞋行业的生产增长缓慢,煤炭、船舶和铁路设备的产量则急剧下降。

在20年代经济繁荣时期,各工业部门大量吸取科学技术的研究成果,广泛开展工业技术和工业管理的研究。许多公司设立了独立的研究实验室,据1927年208个公司的报告,一年内各公司所用的研究经费共约1200万美元。资本家大力推行"生产合理化"运动,主要内容包括:(1)生产专业化,产品规格化和标准化;(2)进一步改善"泰罗制",使用工时测定法;(3)采用流水作业法和传送带作业法。资本家为了提高产品的竞争力,利用科学技术研究成果,不断加强工人的劳动强度。如在福特汽车工厂内,一组传送装置的运行速度,原设计每小时生产40辆汽车,到1925年就改为每小时60辆。从1923年到1929年,汽车工业每个工人的生产量增加了39%,同期整个加工制造业的劳动生产率提高了30%。劳动强度的大幅提高迅速耗尽了工人的精力,致使出现大批"年轻的老人",他们仅35至40岁就丧失了劳动能力。

在经济繁荣的同时,美国资本的垄断化程度进一步提高,拥有500名工人以上的大企业的比重,从1914年的31%上升到1929年的37.6%,在1928—1929年的公司合并高潮中,被吞并的公司达2300个。当时美国垄断资本扩大势力的主要手段是建立控股公司,一个或几个家族用比较少的资本就能控制一个行业。到20年代末,炼铝、电话、汽车、冶铜、钢铁、煤矿业的大部分生产能力都控制在少数几家公司手里。

在经济繁荣时期,工人的工资收入和实际生活水平都有所提高,但其幅度远远低于劳动生产率的增长幅度,这为生产过剩危机埋下了祸根。为了扩大消费市场,商业界普遍采用赊购法和广告来推销商品。柯立芝政府则积极鼓励对外贸易和资本输出,1929年美国第一次夺得资本主义世界贸易额的第一位,资本输出额稍逊于英国,居世界第二位。

20年代美国农业始终处于慢性危机中,农业产量增长缓慢,农产品价格一再下降。其主要原因是一次大战期间欧洲小麦播种面积曾缩减1/5以上,世界小麦价格上涨,美国等国的农民扩大了播种面积,然而战后欧洲各国的农业生产相继恢复到战前水平,全世界农业机械化的水平日益提高,农产品供过于求的现象越来越严重。在这种压力下,农场主为了摆脱困境,通过进一步机械化来寻求出路。美国农业使用的拖拉机从1920年的24万台增至1930年的92万台,农用载重汽车从14万辆增至90万辆,联合收割机从1.4万台增至11.1万台,有挤乳设备的农场从5.5万个增至10万个。美国农业从一次大战前的半机械化时期进入机械化时期。中小农场用不起机器,在技术优良的大农场排挤下纷纷破产,20年代有约500万个农场宣告破产。

三、德国赔偿问题

20年代国际局势的基本特点是处于相对稳定的和平局面,各国之间贸易上的竞争与依存,谈判桌上的争斗与对话,取代了明火执仗的武装对抗,资本主义和社会主义两种社会制度的国家也处于和平共处状态。各国在外交舞台上,通过国际会议、双边、多边谈判和签订条约等手段,在凡尔赛—华盛顿体系的框架范围内进行局部调整。之所以形成这一局面,根本的原因是各国的实力对比没有发生实质性的变化，凡尔赛—华盛顿体系的基础依然存在。其次，第一次世界大战给各国造成巨大创伤，人民蒙受了深重的苦难，浩劫过后，惊魂未定，民心向往和平，厌恶战争，不少政府推行以谈判和协调为主要手段的和平主义外交，大大缓和了国际局势。再次，20年代国际贸易得到恢复和发展，各国间经济贸易的互相依存关系暂时抑制了战争因素。

由于德国赔偿问题在巴黎和会上悬而未决，成了20年代欧洲国际关系中引发第一次大动荡的不稳定因素。

巴黎和会没有确定德国的赔偿总额，但商定了赔偿原则。《凡尔赛条约》规定，德国的赔偿范围是广义的，即不限于战胜国遭到战火损害地区的重建费用和对这些国家战争开支的部分补偿，还包括所有伤亡人员的退休金、养老金和家属赡养费，在德国被迫从事强迫劳动的交战国平民的损失费，以及1918年11月11日以前比利时向其他战胜国举借的债务及其利息。条约规定德国在1921年5月1日以前以黄金、外汇、商品、船舶及有价证券等偿付200亿金马克，并成立以法国人任主席的赔偿委员会来具体确定赔偿总额和分配比例。

赔偿委员会由法、英、意、比四国代表组成，美国仅派了半官方代表。1921年4月，战胜国伦敦会议采纳了赔偿委员会的方案，最后确定德国的赔偿总额为1320亿金马克（相当于330亿美元），分30年付清，1921年5月必须支付10亿金马克，5月份以后，每年支付20亿金马克，如德国拒绝偿付，战胜国可出兵占领鲁尔区。

战后德国的财政金融处于混乱状态。沉重的赔偿负担使得财政赤字和通货膨胀越来越严重，1922年1月的商品价格指数比1913年上升35倍多。德国政府企图利用英、美两国同法国的矛盾，用拖延的办法来逃避赔偿。它在1921年8月底交付一笔款子后，就要求延期支付1922年的赔款。1922年11月古诺政府上台后，进一步要求无限期延期偿付全部赔款。

赔偿委员会内部对德国的态度存在分歧。法国要求获得最大限度的赔偿，以削弱德国，增强本国的经济力量。英、美两国反对进一步削弱德国，相反希望通过复兴德国经济来促进欧洲经济发展，以推动海外贸易增长，并以德国牵制法国，削弱其欧陆霸权地位。在1923年1月赔偿委员会巴黎会议上，英国代表提出新的赔偿方案，同意德国延期四年偿付，总额削减3/5。美国也采取相同的态度。法国则拒绝作任何让步，积极主张制裁德国，出兵占领鲁尔，并得到意、比两国的赞同。会议以3∶1的票数通过决议，谴责德国蓄意不履行赔偿义务，声称协约国有权实施制裁。

1923年1月11日，法、比军队约10万人，借口德国不履行赔偿义务，以保护监督赔偿事务的"国际厂矿管制委员会"为名，占领鲁尔区，挑起了鲁尔危机。

德国采取"消极抵抗"政策。它停止偿付一切赔款和实物，号召鲁尔区职工抵制占领当局，对因军事占领而蒙受损失的资本家给予经济资助。同时故意滥发纸币，使通货膨胀达到不可收拾的地步，美元同马克的汇率竟从1922年8月的1∶1000升至1∶42000亿。在鲁尔危机期间，德国工业生产迅速下降，整个经济陷于混乱，失业人数激增，人民生活极端困苦。在这种情况下，德国工农群众急剧左倾，爆发了1923年的革命运动；法西斯势力趁机抬头，纳粹党在慕尼黑发动了"啤酒馆暴动";分离主义倾向也进一步增长,莱因地区出现了"莱因共和国",巴伐利亚当局开始同法国政府接触。德国政府在内外交困之下急于早日平息危机,于1923年9月23日发布命令,要求占领区居民停止"消极抵抗"。

英、美害怕德国经济衰退会引起整个世界经济混乱,并导致各国革命运动再次高涨,同时担心意大利会进一步趁乱染指周边地区,威胁到它们自己的利益,因此向德、法双方施加压力,建议成立专家委员会重新处理赔偿问题。

法国出兵鲁尔并未达到预期目的,非但在道义上受到国内外舆论的谴责,还引起法郎贬值和财政混乱,最后在美、英的外交压力和经济诱惑下被迫就范,同意组建新的专家委员会重新审查德国赔偿问题。

1923年11月,赔偿委员会决定成立两个由美、英、法、意、比代表组成的专家委员会。第一委员会由美国芝加哥摩根银行经理道威斯任主席,也称"道威斯委员会",负责研究稳定德国货币和平衡德国预算问题。第二委员会由英国金融家麦克纳任主席,负责研究德国外流资本数目及追回的途径。从此,赔偿问题的领导权落入美、英两国尤其是美国的手中。

1924年4月,道威斯委员会提出一个报告,即"道威斯计划"。其主要内容是:为了稳定德国的通货,实现预算平衡,由美、英贷款给德国,第一批为8亿马克,其中美国提供55%,英国提供45%;暂不确定德国的赔款总额和支付年限,而要求德国在计划生效的第一年赔偿10亿马克,以后逐年增加,从第五年起,每年支付25亿马克;规定德国赔款的来源,50%来自关税收入和烟、酒、糖等间接消费税,26%来自铁路运输收入,其余来自工业利润;规定德国的国家预算、货币、对外支付以及交纳赔款等,均须受以赔偿事务总管为核心的外国代表的监督。后来,道威斯委员会中的另一名美国代表杨格(1874—1962)担任了赔偿事务总管。

1924年7月,英、法、意、比、日等德国债权国召开伦敦会议,批准了道威斯计划,并通过一个决议案,作出以下规定:(1)对德国实施制裁必须得到赔偿委员会一致同意,如委员会内部有意见分歧,应将问题提交由美国人任主席及争论双方派代表参加的三人仲裁委员会复审。这在实际上剥夺了法国的制裁权。(2)法、比占领军在一年之内完成撤退工作。(3)缩减对德国的军事干涉,改以财政干预为主,成立德国"兑换银行",将国有铁路转由私人经营,都由外国代表担任监督。

此前,德国已实施了币制改革,斯特雷泽曼政府以全国的农业可耕地和工业资产作基础,成立了"地产抵押银行",发行"地产抵押马克",把币值升至战前的4.2马克兑1美元。但是,"地产抵押马克"发行初期,币值仍不稳定,直到道威斯计划实施,美、英资本注入后,金融形势才真正稳定下来。

1928年,道威斯计划即将到期,德国赔偿问题又成为有关各国关注的中心。战胜国要求将赔偿问题"商业化",即向国际股票市场出售专项公债券,将所得现金一次性偿付给各国。德国政府拒绝这一建议,并要求重新制定赔偿计划,确定赔款总额和偿付年限,取消对德国的财政监督,撤走莱因区的驻军。1929年2月11日,以杨格为主席的专家委员会开始工作,四个月后拟成杨格计划,并获得各方批准。

杨格计划的主要内容是:(1)确定德国赔偿总额为1139亿马克,分59年付清。(2)规定每年交付的赔偿分无条件赔偿和有条件赔偿两类,前者约占1/3,无论德国有何困难都不得拖延,后者约占2/3,如德国经济困难,在取得债权国同意后,可延期2年偿付。(3)规定以实物偿付的年限为10年,其数量逐年递减。(4)取消对德国财政经济上的国际监督,成立"国际清理银行"处理赔偿方面的一切事务。在德国坚持下,协约国驻守莱因区的军队于1930年全部撤走。

杨格计划在很大程度上减轻了德国的赔偿负担,但实施不久,各国就卷入了世界经济大危机。在德国政府请求下,美国总统胡佛(1874—1964)于1931年6月发表"缓债宣言",建议延期一年支付各国间的赔款和债务。随着经济危机日益加深,1932年7月有关各国签订了《洛桑协定》,规定德国支付30亿马克就能了结赔偿事宜。1933年希特勒执政后干脆彻底取消了赔偿义务。

德国实际支付的现金和实物总额,据德国政府统计为531.55亿马克,据赔偿委员会统计为199.93亿马克。

四、欧洲安全问题和《洛加诺公约》

德国周边国家特别是法国十分关注欧洲安全保障问题。为了防备德国再次崛起后出现新的军事威胁,法国在签订《凡尔赛条约》时,曾提议保障法德边境的安全。当时英、美两国曾经答应共同保证法国的安全,但由于美国国会拒绝批准《凡尔赛条约》,该保证也随之化为乌有。

20年代初,法国分别同比利时和波兰,以及结成"小协约国"集团的捷克斯洛伐克、南斯拉夫和罗马尼亚签订双边友好或友好同盟条约,这一做法既是为了同英国争夺欧洲霸权,同时也包含着安全保障的因素,然而"小协约国"作为遏制德国侵略的屏障,力量毕竟有限。

道威斯计划通过后,德国复兴指日可待,法国更加急于解决安全保障问题,提议法、英、比三国结盟,以保证不受德国侵犯。这时,德国也愿意适当满足法国的要求,以便在军事上获得重新武装的权利,政治上与其他列强平起平坐。1924年9月,德国先后提出加入国联和战胜国撤兵莱因区的要求。

英、美既害怕德国同苏联接近,又要缓和鲁尔危机以来同法国日趋恶化的关系,因而积极支持缔结西欧保安公约。

1925年10月5—16日,英、法、德、意、比、波、捷七国在瑞士小城洛加诺举行会议,美国未派代表参加,但表示支持英国。会议签订了最后议定书和7个条约,其中主要文件是《德、比、法、英、意相互保证条约》即《莱因保安公约》,其余为德国分别同法、比、波、捷签订的仲裁条约,以及法国同波、捷签订的相互保证条约。这些条约总称《洛加诺公约》。

根据《莱因保安公约》的规定,德、法、比三国相互保证不破坏《凡尔赛条约》所规定的德法、德比之间的领土现状,不违反关于莱因非军事区的规定,三国保证通过和平方式解决一切争端。英国和意大利作为保证国,承担援助被侵略国的义务。在德、英两国的坚持下,《洛

洛加诺会议

加诺公约》没有对德国的东部边界作出保证,没有规定德国承担维护德、波和德、捷边界现状的义务,这反映了德国迫切要求收回东部被割让领土和英国力图削弱法国霸权地位的意向。

《洛加诺公约》导致了欧洲大国之间相对地位的微妙变化。德国是最大的赢家,它恢复了国家尊严,重新加入了列强的行列,在国际关系中获得相当大的自由和平等地位。英国取得了平衡欧洲格局的有利地位,成了法、德之间的仲裁者和法国的保证人。法国则丧失了对德国的制裁权,东欧同盟体系遭到削弱,并将自身的边界安全置于英、意两国的空头保证之下。

1926年,国联理事会实行改组,德国增补为常任理事国,非常任理事国由六国改为九国,增加法国提名的波兰和英国暗中支持的巴西和西班牙。同年9月10日,国联大会正式宣布接纳德国加入国联,14日,《洛加诺公约》生效。

五、裁军问题和《非战公约》

在20年代和平时期,各国的军备竞赛并没有停止。1929年与1913年相比,列强的军费显著增加,增加的幅度分别为法国30%,英国42%,意大利44%,日本142%,美国197%。

各国人民饱尝世界大战的苦难,对无止境的军备竞赛深感不安,强烈要求裁减军备以防止出现新的战乱。洛加诺会议召开后,裁军呼声进一步高涨。各国政府为了平息人民的不满情绪,防止其他国家无限制地快速扩军,力图通过会议和协定,裁他国军备之长,补本国军备之短,因此从20年代中期起围绕裁军问题展开了一系列活动。

早在巴黎和会上,列强曾提出了裁军问题,但是由于把所谓"国家安全"作为裁军的必要条件,因此毫无结果。1922年,国际联盟第三届大会通过关于军备问题的第14项决议,其中也规定"只有各该国安全得到保证,许多国家政府才能认真削减现有的军备"。洛加诺会议召开后,裁军呼声日益高涨。1925年12月,国联理事会决定成立裁军筹备委员会,由当时的理事会全体成员国和6个国联成员国,另加德国和美国代表组成,负责草拟裁军公约草案。

1926年5月起,裁军筹备委员会在日内瓦先后举行6次会议。列强在会上同床异梦,明争暗斗。英、美两国念念不忘要裁减法国的陆军,因为强大的陆军力量使法国有可能称霸欧洲大陆。法国力图保持自己庞大的陆军优势,声称裁减陆军的主要手段是限制军官人数,并主张限制各国建造大型舰只,以削弱英、美的海上霸权。德国始则要求战胜国裁军,继而以"军备平等"为口号要求重整军备。会议陷入无休止的争吵之中。

苏联在裁军筹备委员会成立时即受到邀请,但由于当时苏联外交人员沃罗夫斯基(1871—1923)在洛桑遇刺,苏联与瑞士暂时断交,没有参加前三次会议。在1927年底开幕的第四次会议上,苏联代表提出了一个全面彻底的裁军方案,即各国解散全部陆海空军,销毁各种类型的武器及屠杀工具,禁止军事训练,拆除兵工厂,取消国防部、总参谋部和其他类似的部门,禁止战争宣传。该方案尽管具有较好的宣传效应,但很难付诸实施,因而遭到其他国家的一致否定。1928年3月,苏方又提出一个局部裁军方案,建议区分进攻性和防御性武器,要求大量裁减轰炸机、重型坦克等进攻性武器,同时认为军备力量悬殊的大国和小国不能按照同一比例裁减,大国应实行累进裁军。该方案具有很大的可行性,得到土耳其、中国等弱小国家的赞同,但还是遭到列强反对。

1930年底,裁军筹备委员会向国联理事会提交一份关于限制军备的公约草案,并附有筹委会成员国的49项保留条件,供国际裁军会议讨论。

1932年2月2日,世界裁军会议在日内瓦正式开幕,60多个国家派代表参加。但是,会议未能在限制军备公约草案的基础上再前进一步。会上除了提出一大堆毫无价值的提案,给予德国以重新武装的权利外,没有实现什么"裁军"。1934年,由于日本和德国已经相继退出,世界裁军会议陷入瘫痪和瓦解的境地。

20年代和平主义活动的最大成果是数十个国家缔结了《非战公约》。

《非战公约》签字仪式

鲁尔危机平息后,法国在欧洲的地位日趋下降。1927年4月,法国外长白里安(1862—1932)借美国老兵参加欧战10周年纪念之际,发表对美国充满友好感情的特别声明,提议同美国缔结"废弃战争作为国家政策工具的永恒友好"条约。此举的目的是拉拢美国以抗衡德、英两国。美国认为此类条约有利于稳定欧洲局势,确保美国投资的安全,并可缔造一个由美国领导的国际体系,遂于1927年底由国务卿凯洛格(1856—1937)通知白里安,表示原则上接受法国的建议,但必须"使主要大国都加入这项公约,这些国家将通过公约放弃以战争作为执行国家政策的工具"。美国的答复有违法国的初衷,法国提出反对建议。1928年4月,美国单方面就此事征求英、德、日各国政府的意见。

经过各国之间的谈判,1928年8月27日,美、法、英、德、日、意等15国在巴黎签署了《关于废弃战争作为国家政策工具的一般条约》,通称《非战公约》或《白里安—凯洛格条约》。苏联在公约签字那天才受到邀请,后表示同意加入。至1933年,共有63个国家加入该公约。

公约的全部内容共3条。第一条声明各缔约国谴责用战争来解决国际争端,废弃以战争作为执行国家政策的工具;第二条规定各缔约国只能用和平方法处理或解决彼此间的争端或冲突;第三条约定各方以各自的宪法程序批准该公约。

部分大国在签署条约时提出了保留条件。法国提出"每个国家都应保留有合法的防御权",并声称公约不影响法国在以往所签署的条约中承担的义务。英国声明在对自己"有特殊而重大利益关系"的地区执行"自卫行动"时,不受条约的约束。就连发起者美国也声明:"各国自己有权决定,情况是否需要诉诸战争以实行自卫。"日本则宣扬满洲对其自卫的重要性,声称可以对之诉诸战争。这些保留条件等于把公约化为乌有。事实上,对于蓄意谋划战争的侵略者来说,《非战公约》只是一纸空文,没有任何的实际约束力。但是,该公约毕竟是20年代和平主义要求和运动的最高成就,它为各国政府放弃战争而用和平手段解决国际争端的原则奠定了法律基础,不失为一个重要的国际文件。第二次世界大战结束后对德、日主要战犯的审判,就是根据该公约的有关条款进行的。

第二节　社会改良运动与社会民主党参与执政

一、社会民主主义与社会党国际

"社会民主主义"这个词,在马克思和恩格斯时期是和"科学社会主义"同义的。直到1914年第一次世界大战爆发为止,几乎所有的社会主义者,包括列宁在内,都曾使用社会民主主义这个名词,并自称是社会民主党人。但是随着以列宁为首的革命派同改良派之间的界线越来越分明,社会民主主义逐渐成为改良主义的同义语。

改良主义的社会民主主义,主要起源于伯恩施坦(1850—1932)。1899年1月,他发表了《社会主义的前提和社会民主党的任务》一书,从哲学、政治经济学、科学社会主义三方面全面修正马克思主义,提出了完整的改良主义思想体系。以后经过考茨基(1854—1938)、希法亭(1877—1941)等人的补充加工,发展成同列宁主义和无产阶级革命派并行的思想体系和运动流派。

社会民主主义强调思想多元化,不以单一的意识形态作为自己的思想理论基础,因此各国社会民主党的主张不尽相同。然而,作为工人运动的一个流派,信奉社会民主主义的政党在一些问题上也有共同的观点。

在哲学上,他们普遍否认社会发展的飞跃现象,伯恩施坦曾认为"各民族在发展中的重大时代是没有飞跃的",用庸俗进化论来论证"和平长入论"。与此相关,他们普遍主张社会变革不应影响政治经济生活的正常运行,认为无产阶级在没有管理能力时,应该首先在参与管理的过程中学会这种能力。法国社会党右翼领袖勃鲁姆(1872—1950)曾经提出无产阶级"行使政权"和"夺取政权"两个不同的概念。他认为无产阶级在当时"只能行使政权,在这个范围内它可以利用政权来加快节奏,一方面可以通过政治活动导致夺取政权,另一方面,可以通过经济改革为革命性的变革作准备"。

他们普遍认为资本主义制度还有生命力,资本主义"崩溃论"缺乏依据。希法亭在1910年以后的著作和文章中曾提出"有组织的资本主义"理论,强调自由资本主义的生产无政府状态将被资本主义经济的组织化所取代,这种组织化会消除资本主义产生危机的根源,从而使资本主义制度得到巩固。20年代他进一步认为,随着"有组织的资本主义"的发展,资本主义的经济原则越来越同社会主义的经济原则相一致,"这种有计划的、自觉管理的经济"在更大程度上受到国家的影响,因而社会民主党就"要依靠国家的帮助,依靠社会自觉调整的帮助,把这个由资本家组织和领导的经济转变成一个由民主国家领导的经济"。

他们鼓吹超阶级的民主观。伯恩施坦认为:"民主在原则上是阶级统治的消灭","民主制的选举权使它的持有者潜在地成为共同体的合伙者,而这一潜在的合伙长久下去一定会导致事实上的合伙。"希法亭在1927年进一步提出:"民主意味着另外一种形成国家意志的技术",作为一种"技术",民主是没有阶级性的,资产阶级和无产阶级都可以运用它来达到自己的目的;如果说有阶级性,"从历史角度来看,民主一直是无产阶级的事业",是无产阶级用以反对资产阶级的工具。社会民主党认为,"一般民主"比"一般专政"好,社会民主主义者的使命是不断扩大和完善民主制度,而不是用无产阶级专政取代资产阶级民主。他们认为,"社会主义"是一种社会正义的象征,与"民主"不可分割地联结在一起,和平、民主和议会制是通向社会主义的最佳道路。

他们主张实行阶级调和与阶级合作,认为20世纪前半期西方社会的主要矛盾不再是"日益激烈的无产阶级和资产阶级之间的斗争",而是"生活富裕的极少数同贫穷困苦的广大阶层相对立",认为马克思主义的阶级斗争理论已不适应新形势的需要。1925年德国社会民主党海德堡代表大会提出了"中间阶层"的概念,认为"脑力劳动工人"或"职员阶层"越来越丧失上升到特权地位的机会,其利益日益与其他工人的利益相一致,因此成为社会民主党追求政治民主和经济民主过程中不可缺少的力量。在这样的基础上,大多数社会民主党都否认自己属于无产阶级政党,宣称自己已由"代表工人阶级的政党"变为"具有不同信仰和不同思想的人们共同体",其最终目标是实现"人的个性解放的民主社会主义",即"人道主义的、民主的社会主义"。

社会改良主义的国际组织,可以追溯到第二国际后期。第二国际成立初期在恩格斯领导下,为无产阶级革命做了大量准备工作,并取得议会斗争的重大胜利。但是后期随着恩格斯逝世,内部机会主义思潮迅速滋长,围绕对资本主义社会的看法、对帝国主义战争的态度、对无产阶级革命和专政的抉择,出现左、中、右三派。第一次世界大战期间,第二国际的右翼领袖站在社会沙文主义的立场上,支持本国资产阶级政府参加帝国主义战争,使第二国际破产。俄国十月革命胜利后,列宁联合各国的左派,于1919年3月创立了共产国际。大多数社会民主党公开反对十月革命,其右翼领袖们于1919年2月在瑞士的伯尔尼召开国际代表会议,恢复了第二国际,称为"伯尔尼国际"。中派社会民主党人则于1921年2月在维也纳组织了"社会党国际工人联合会"(又称"第二半国际")。1923年,这两个组织在德国汉堡召开合并大会,组成"社会主义工人国际",继续在欧美工人运动中宣传改良主义。该国际组织的总部设在布鲁塞尔,由35个社会党组成,包括欧美各国的社会党和各种流派与组织,组织关系较为松散。30年代法西斯大规模泛滥,大肆镇压社会民主党人,社会主义工人国际逐渐失去作用。1940年德国占领布鲁塞尔后,该组织被迫将总部迁往伦敦,实际上已陷于瘫痪状态,只同部分国家的社会党保持一定的联系。

二、德国社会民主党参与组建魏玛共和国

在第一次世界大战和俄国十月革命的影响下,德国爆发了十一月革命。1918年11月3日,基尔港水兵起义揭开了革命的序幕,革命浪潮由北向南发展,9日首都柏林爆发革命,推翻了霍亨索伦王朝。

十一月革命是资产阶级民主革命,革命的主力军是社会民主党和独立社会民主党领导下的工人、农民和士兵。德国共产党的前身"斯巴达克派"在革命过程中改组成"斯巴达克同盟",但一度仍留在独立社会民主党内,1918年底,由于它同其他派别的政见分歧越来越大,再次改组成德国共产党。德国共产党要求德国成为苏维埃共和国,"全部政权归苏维埃","清除政府中的一切资产阶级阁员",实现无产阶级专政。但是它的影响较小,在全德工兵苏维埃第一次代表大会485名代表中只占10名,而社会民主党的代表多达288名,独立社会民主党的代表87名。它还缺乏列宁那样的领袖人物,因此尽管在1919年1月发动了一月起义,还是未能把自己的理想变成现实。

社会民主党领袖艾伯特(1871—1925)接掌政权后,即同独立社会民主党人一起组建了名为"人民代表委员会"的临时政府。人民代表委员会一方面实施资产阶级民主改革性质的"施政纲领",其中包括改革选举制度,实行男女公民平等、秘密、直接的选举制,将选民的年龄下限从25岁降低到20岁,另一方面组织国民会议选举,由国民会议决定国家的发展方向。

1919年1月19日,国民会议选举如期举行,共产党抵制选举,社会民主党在选举中得票37.9%,独立社会民主党得票7.6%。社会民主党没有获得绝对多数席位,而独立社会民主

魏玛制宪国民会议会场

党又不愿意放弃暴力革命的主张,前者就进一步加强同资产阶级政党合作,与获票 19.7% 的天主教中央党和获票 18.55% 的民主党一起组成"魏玛联盟",共同制定宪法并组织政府。

国民会议制定的魏玛宪法是当时世界上民主程度很高的一部宪法。它正式宣告废除帝制,明确规定"德国为共和国"。它除了保证公民的人身自由、迁徙自由、言论自由和宗教信仰自由外,还规定选民拥有立案权,一项提案获得 1/10 选民的赞同后即可提交国会,如果该提案遭到国会否决,必须就此进行全民公决。

魏玛宪法确立了三权分立的政治原则,规定立法机构由参议院(上院)和国会(下院)组成。国会选举实行"比例代表制"原则,每 6 万张选票设 1 个议席。由于它由选民直接选举产生,权力比帝国时期大为扩展。它是最高立法机构,有权宣战和媾和,有权否决总统颁布的紧急法令,也可以采用由 2/3 成员中 2/3 赞成票通过决议的办法修改宪法,政府总理和各部部长必须对它负责。参议院由各邦政府选派代表组成,为了保证各邦的利益,对普鲁士邦的席位作了限制。参议院有权批准或否决法律,但是由于它主要代表各邦政府的利益,当它同国会的意见不一致时,国会有权以 2/3 多数票重新通过该项法律,使之生效。行政机构内阁实行集体原则和多数原则。

宪法制定者认为国会的比例选举制度突出了党派的地位和作用,因此在总统的职权和选举方法上加以平衡,使总统成为超然于党派利益之上的国家权力的代表,在国家处于危急状态或党派斗争激烈时拥有较大的权力,以便使整个国家具有一定的应变能力。宪法规定总统由公民直接选举产生,在任期内可由国会 2/3 多数提请公民投票予以免职。公民直选的总统拥有较大的权力。他有权任免总理和部长;有权解散国会,"但出于同一原因,仅得解散一次,新选举最迟应于国会解散之第 60 日举行之";有权在国家的"公共安宁和秩序受到严重扰乱或危害时",为恢复秩序和安宁而采取必要的措施,直至使用武力或中止某些人权条款。

宪法对总统权力的设计具有一定的合理性,但是德国民众的君主意识和集权意识比较浓厚,魏玛民主政权的社会基础比较薄弱,并缺乏稳定而有力的政党支柱,当各种反民主的因素组成最佳结合状态时,总统的紧急权力就会成为野心家、阴谋家摧毁民主制度的工具。

由于魏玛共和国产生于十一月革命之中,就出现了苏维埃的定位问题。魏玛宪法允许工厂苏维埃继续存在,但规定其职权仅限于经济领域(此后"苏维埃"应译成"委员会")。1920年2月9日生效的《工厂委员会法》进一步明确规定,凡拥有20名以上工人的工厂均可成立工厂委员会,由3—30名成员组成,主要职责是维护企业内的劳资和平关系,有权过问企业的经营和决算情况。此后全国有34万家企业成立了工厂委员会,并于1920年10月召开了全德第一届工厂委员会代表大会。但是资本家大多抵制《工厂委员会法》,他们阻挠工厂委员会的代表参加董事会,不许他们全面监督企业的经济状况。作为十一月革命产物的苏维埃,在魏玛共和国内被判处了死刑。

社会民主党所热衷的经济"社会化"原则未能得到实现。尽管它强调该原则不是指变革生产资料所有制,而是"旨在建立公共经济以代替过去那种毫无约束的私人经济",也就是对私人企业的生产和产品销售加以一定程度的国家干预,但还是遭到资产阶级的极力反对。最后魏玛宪法只是确立了"劳资共决"的原则,即把全国划分成若干个经济大区,区内各类经济企业联合成自治机构(即公共公司),由企业主和工人的代表共同决定生产、价格和分配等问题;在联邦一级组建"全国经济委员会",有权提议起草经济法律,但没有决定权。在实践过程中,"劳资共决"的原则也没有得到实现。

社会民主党认为,魏玛共和国是一个凌驾于社会各阶级之上的"自由的人民国家",而不是资产阶级的民主共和国,它认为在这个国家里,垄断资产阶级在政治上已经丧失垄断权,普选权和议会民主制使工人阶级和劳动群众获得了真正的"政治民主",垄断资产阶级对社会的统治只表现在经济领域。考茨基提出:"在纯粹资产阶级统治的国家和纯粹无产阶级统治的国家之间,有一个从前者变为后者的转变时期,这个时期政府的一般形式是联合政府。"1921年社会民主党格尔利茨纲领要求该党通过议会民主程序来操纵和掌握魏玛共和国,以实现社会主义。

魏玛宪法确认了人民群众在革命中争得的自由民主权力,在帝国崩溃的废墟上组建起崇扬民主的共和国,具有相当的进步意义。但是,魏玛共和国的基础很不稳固。德国是一个具有容克军国主义传统的国家,社会民主党在十一月革命前并没有掀起大规模深入人心的民主宣传运动,引发革命的直接原因是德国在战争中失利,大部分民众是为了摆脱生活困境、维护切身利益,而不是追求某种理想参加革命运动的。在革命过程中,社会民主党领袖把阻止无产阶级暴力革命放在主要位置上,致使革命没有触动旧的国家机构和军队,留任了大批帝国的官员和将军,没有触动容克贵族的地位,以致新生的国家成了"一个没有共和主义者的共和国"。就是在这样的基础上,魏玛宪法对政党的宗旨和活动不作限制,听任诸多小党进入国会,把一个充满理想主义色彩的超前体制安放在现实的德国社会之上,埋下了早夭的祸根。果然,进入20年代后德国就出现了"从左向右摆"的政治倾向,30年代初大批民众又把选票投给纳粹党,魏玛共和国在世界经济大危机中覆亡。

三、英国工党上台执政

英国工党成立于1906年,它是工会主义和社会主义相结合的产物。但是早期工党的章程只字未提自己的努力方向和奋斗目标,只是说明其目的是"在议会和全国范围内组织并保持一个政治性质的工人党"。1918年该党通过新党章和第一个党纲,新党章宣布党的奋斗目标是实现"在生产资料公有制基础上"的新的社会制度,而党纲则规定党的近期目标是实现土地、铁路、矿山、港口和军事工业等部门的社会化,保证工人的劳动、健康和教育权利,大幅度提高所得税、遗产税和财产税。

英国一向由保守党和自由党轮流执政,但是在1923年底的国会选举中,保守党受挫,从原先364席降至258席,不足半数,自由党获得158席。而工党从144席增至191席,超过自由党成为第二大党。本来,工党的实力还不足以单独组织政府,但是保守党和自由党互相倾轧,彼此不愿意支持对方组织政府。于是工党在自由党支持下,1924年1月第一次在英国执政,组织第一届麦克唐纳(1866—1937)工党政府。从此,工党开始取代自由党的地位,同保守党轮流在英国执政。

麦克唐纳工党政府在资本主义体制的范围内,顺应劳动人民的意愿,采取了一些左倾激进措施。它执政期间曾提出"惠特利住宅计划",规定由国家增拨补助金扩大住宅建筑,向贫苦居民提供廉价公有住宅。它还增加养老金和残废退休金,改善失业保险制度,规定从1924年8月起,男子失业补助金从每周15先令增加到18先令,妇女失业补助金从12先令增加到15先令,父母失业的子女补助金,也从每周1先令增加到2先令。在外交上,它不顾保守党的反对,毅然承认苏联并与之建立外交和贸易关系,还促使法国撤出鲁尔区,通过《日内瓦议定书》,赋予国际联盟以调解国际争端的权威,致力于通过道威斯计划,减轻德国的赔偿负担。但是,工党在议会里处于少数,受到保守和自由两党的严重制约,不可能再采取进一步的措施。

1924年秋,麦克唐纳政府在资产阶级的压力下查封了共产党的周刊《工人周报》,工党党内不少人强烈抗议政府破坏了言论出版自由,于是政府收回成命。但是自由党和保守党抓住这件事不放,一致提出抗议,并要求议会派出委员会对事件进行调查。同年11月,麦克唐纳政府在激烈的党派斗争中宣布辞职,同时解散议会举行新的大选。保守党报纸《每日邮报》在投票前三天抛出所谓的"季诺维也夫信件",以"共产党受命在军队中争取士兵"的"布尔什维克幽灵"吓唬选民。选举结果,工党一下子失去40个席位,保守党在议会中占据绝对多数。保守党人鲍德温(1867—1947)上台组织新政府。

1928年,工党在伯明翰年会上通过新纲领,具体阐述了自己在从资本主义向社会主义过渡的时期将要采取的行动。纲领表示,一旦工党重掌政权,将"不停顿地、但并非过于匆忙地"首先将城市和农村地产转为国家所有制,实现矿山、发电厂、铁路和运输事业的国有化,由国家和国家银行实行监督,这样"一步步"使工业摆脱"肮脏的为私人赢利的努力",把它转变成为公众服务的合作企业。

1929年5月,英国举行全国大选,工党赢得289个议席,尽管没有取得绝对多数,但成了第一大党,于是第二届麦克唐纳工党政府上台执政。但是麦克唐纳由于长期周旋于上层集团之间,思想和生活方式已全面贵族化,同工人群众的距离越来越远。担任财政大臣的斯诺登(1864—1937)则信奉自由贸易的信条,并认为社会主义只是一种伦理和哲学思想,资本主义的运行周期最终会克服经济危机,之后工人阶级会在较为有利的经济条件下实现社会主义的理想。这样,他实际上已"由一个热心的空想社会主义使徒变成了银行、贵族和王室利益的代表"。工党政府执政之初,曾经提出一系列社会政策改革法案和一项耗资2.5亿英镑的公共工程计划,但是很快就遭到经济大危机的冲击。经济危机期间,工人失业人数不断上升,政府用于救济和其他社会补助的开支急剧增加,但是斯诺登拒绝实行赤字财政和放弃金本位制,政府很快陷入两难境地。银行要求政府削减失业救济,麦克唐纳和斯诺登准备接受,但是外交大臣韩德逊(1863—1935)以工党的名义表示拒绝,于是第二届工党政府于1931年8月垮台,麦克唐纳联合其他政党组成"国民联合政府"执政。不久,麦克唐纳被工党开除。

四、法国左翼联盟政府和人民阵线政府

20年代,法国的经济发展速度比其他西方国家稍快,1929年工业生产比1920年增长77%,在世界工业中的比重也由5%上升到8%。但是,20年代前半期曾经出现过通货急剧膨胀的现象。

1924年5月,法国举行战后第二次议会选举。由于出兵鲁尔区的行动失败,"国民联盟"威信扫地,人民担心依托该联盟的政府会把法国拖入新的欧洲战争。激进社会党、社会党、共和社会党和反教权政党在竞选中组成"左翼联盟",提出民主的和平主义竞选纲领,获得315个议席,在总数584个议席中占据54%。同年6月,左翼联盟政府上台执政,由激进社会党人赫里欧(1872—1957)组阁,社会党人没有入阁,但表示支持政府的内外政策。

左翼联盟自1924年6月至1926年7月执政,继赫里欧之后,先后由班乐卫(1863—1933)和白里安任总理。该联盟执政期间,在外交上一反国民联盟的强硬路线,采取同德国和解的政策,先后接受了《道威斯计划》和《洛加诺公约》,1924年10月还同苏联建立了外交关系。在内政方面也履行竞选期间许下的部分诺言,实行政治大赦,恢复因参加罢工斗争而被解雇的铁路工人的工作,赋予公务员组织工会和妇女参加市政和县政选举的权利,限制阿尔萨斯-洛林地区天主教会的特权。左翼联盟执政期间,国债不断增加,财政异常困难,政府试图通过增加税收、发行国库券、增加法兰西银行对政府的预支等办法来解决财政困难,但遭到大资产阶级和右派的反对。1926年7月,该联盟被迫下台,由普恩加莱(1860—1934)组织"国民联合"政府执政。

法国在1930年底才卷入世界经济大危机,比其他西方国家晚了1年多。由于建筑业还保持较高的水平,生产资料部门的下降幅度比较小,信贷金融体系的震荡也不大。在这种背景下,政府没有采取特殊的应付措施,连金本位制也一直没有放弃,这一状况反过来又对经济产生不利影响,使经济衰退一直持续到1935年。

经济危机导致国内矛盾再次尖锐。在 1932 年 5 月的议会选举中,激进社会党、社会党和一些小资产阶级民主派再次结成左翼联盟,并取得选举胜利,在总数 618 个议席中获得 350 席。左翼联盟再次上台执政,先后由赫里欧、肖当(1885—1963)、达拉第(1884—1970)和杜梅格(1863—1937)组阁。左翼联盟执政时期,正值法国经济危机陷入谷底,政府同样拿不出行之有效的方法,仍然承袭先前的紧缩开支、削减工资、继续保持金本位等紧缩通货政策,致使经济停滞越陷越深。1934 年 11 月,左翼联盟政府垮台。

与此同时,法国的法西斯势力日益猖獗,"火十字团"、"法兰西行动"、"爱国青年"等法西斯组织应运而生。1934 年 2 月 6 日,2 万多名法西斯分子和受蒙蔽的群众向国会大厦进军,要求现政府辞职,企图用暴力攫取政权。为了打击法西斯势力,1934 年 7 月法国共产党率先同社会党签署关于统一行动的公约,翌年 5 月,两党又同激进党、激进社会党、共和社会党及其他左翼组织建立了反法西斯的"人民阵线"。共产国际"七大"召开后,法国人民阵线运动进入新高潮。1936 年 1 月,它公布"人民阵线纲领",以"面包、和平、自由"为口号,提出了应付危机、反对法西斯、反对帝国主义战争的一系列具体改革措施,并在同年 4—5 月的议会选举中获得大胜,取得总数 618 席中的 375 席。6 月 4 日,以社会党领袖勃鲁姆为总理的人民阵线政府开始执政。

1936 年 6 月 6 日,法国议会通过勃鲁姆政府提出的三批改革方案,开始了被称为"法国新政"的社会改革运动。

人民阵线政府的改革措施包含两方面的内容,一方面是调整劳资关系,改善劳动群众的社会福利和工作条件,另一方面是加强国家对经济生活的干预。

6 月 7 日,法国企业主联合会和工会同盟的代表,在政府代表的主持下签署了《马提翁协议》①。在协议中,企业主承认工会和企业委员会是企业工人的合法代表,允诺不任意开除工会成员,或对罢工工人实施处罚,从而使法国工人也获得了欧洲其他国家先前已经取得的权利。此外,协议还规定提高工人工资 7%—15%,并推广劳资协议。同年 12 月,议会又通过一项法律,规定工商企业的劳资争端在事态恶化或关闭工厂之前,必须服从政府部门的调解。这些措施提高了工会的地位和政府的干预作用,改变了资本家在企业中的绝对统治地位。

政府还试图减轻工人的劳动强度,提高其福利水平。1936 年 6 月 11 日,政府颁布《每周 40 小时工作制法》,规定工人每天工作 8 小时,每周工作 5 天。6 月 20 日,议会又通过《照发工资假期法》,规定工商企业的工人工作满 1 年后,每年有 15 天工资照发的假期。以后该规定又扩大到农业生产部门。随后,政府成立了"运动和娱乐"部门来管理工人的娱乐事务,让工人在假期中能享受减价 40% 的火车票,并组织工人到各地去游览。

为了解决严重的失业问题,政府实施了"大工程计划",由国家拨款 200 亿法郎建造一些大型的公共工程设施,以吸收失业工人就业。这些大型工程中比较著名的有巴黎博览会大

---

① 因该协议在巴黎法国总理官邸马提翁大厦签署,故名。

厦等。此外，政府还出资援助中小企业，通过它们吸收失业工人。

在加强国家干预方面，最主要的措施是改组法兰西银行。该银行是法国的中央银行，但是权力一直控制在"二百家族"手中。政府取消了原董事会，以政府、储蓄银行、工会和其他方面共20名代表组成的理事会取而代之，削弱了大垄断资本的势力和影响。此外，政府还将军火工业、航空工业和铁路部门的企业收归国有；成立"粮食销售调剂局"，其中央理事会由政府官员、生产者、消费者、工业和贸易部门代表共52人组成，负责管理农产品的销售和价格；成立"国家市场管理局"以加强对国内市场的控制。

人民阵线政府的改革措施在一定程度上提高了企业开工率，缓和了失业现象，改善了一般群众的生活状况，制止了法西斯势力在法国的发展。但是，在财政政策方面，人民阵线政府没有及时顺应时代的潮流，在适当的时候放弃金本位制，通过适度的通货膨胀来筹措资金、刺激需求，因而捆住了自己的手脚。再加上大资产阶级和反动势力非但不支持改革，反而趁机破坏，他们策动经济怠工，故意哄抬物价，外逃资金，致使勃鲁姆政府于1937年2月宣布暂停颁布新的改革法案。1937年6月，勃鲁姆政府辞职，继任的两届肖当政府和第二届勃鲁姆政府除了按已经通过的改革法实施一些措施外，都没有采取新的重大改革。1938年4月激进党人达拉第执政后，废除了一些已经实行的社会改革措施。11月，激进党正式与人民阵线决裂。人民阵线在内外反动势力的联合进攻下瓦解。

第三节　世界法西斯运动的兴起

一、法西斯的产生背景和内涵

法西斯是世界现代化和一体化发展进程的产物，它是资本主义社会陷入政治、经济、社会全面危机，或处于局部失调状态时，以克服危机、改造社会、实行扩张为目标的反动社会思潮、政治运动和政权形式。

20世纪前半期，进入垄断阶段不久的资本主义社会处于全面调整时期，危机和战乱不断。同时，资本主义以更强的力度排挤前资本主义生产关系，使得小生产者加剧分化。中间阶层在自由资本主义时期就是一个人数众多但地位极不稳固的阶层，随着资本主义的发展，一些封建属性较强的小生产者面临被淘汰的威胁，其他的小生产者面临分化的威胁，这种分化使极少数人有可能上升为资产阶级，大量的只能被抛进无产者的行列。在全面危机的形势下，各阶级阶层的人士都在政治上活跃起来。共产党领导的无产阶级革命，是冲击资本主义统治的主流，同时还有各种支流，其中最突出的是极端民族主义和小资产阶级社会主义两股思潮所合成的集团。参加这些集团的成员要求建立"民族社会"以取代现存的资本主义社会，在他们的幻想中，这种"民族社会"排除了外来民族成员的竞争，确立起对其他国家的优势乃至统治地位，内部则消除阶级冲突和分化，结成"民族共同体"，求得本民族内部的和谐发展。

在法西斯产生过程中,一次大战起了很大的作用。这次大战本身是资本主义制度的产物,反过来又对资本主义社会产生巨大的冲击。战争期间,政府为了保证物资供应,加强对经济生活的干预,重点扶持大企业,中小企业相应地受到排挤,大量的中小企业主破产。战争所造成的通货膨胀和物价上涨,首先对下层民众造成沉重的打击。在战后初期的经济危机中,大量的工人失业。同时,伴随着战争结束,大量的军人离开军队,从受人敬慕和向往的地位一下子滑入无业者的行列,成为社会的破坏力量。所有这些受打击者,都强烈要求变革现状,寻求心目中的"理想社会",推动法西斯运动在不少国家先后产生。

另外,一次大战末期和战后初期,爆发了俄国十月社会主义革命和欧洲其他国家的无产阶级革命运动,西方国家的统治阶级害怕资本主义制度被推翻,因而积极纵容和支持反苏反共势力,而一部分中下层民众则害怕社会主义革命会消灭私有制,因而投向既反对资本主义制度、鼓吹民族复兴和扩张,又主张保存私有制的法西斯组织。

法西斯还是民族主义情绪恶性发展的产物。后起的帝国主义国家走上争霸的舞台时,世界已经瓜分完毕,这些国家的统治者为了从老牌帝国主义国家手中夺取殖民地和势力范围,往往狂热宣传民族沙文主义,把全国上下的民族优越感和对外扩张意识推到顶点。然而一次大战的结果,德国战败,非但争霸世界的迷梦被打得粉碎,而且被套上《凡尔赛条约》的枷锁。意大利和日本尽管跻身战胜国的行列,但是在战后世界安排中没有分得预期的份额。三国在国际范围内成了所谓的 Have-nots 国家,国内民族复仇主义和民族扩张主义情绪恶性发展。

在欧洲其他国家内,则有另外的原因。20世纪初,随着资本主义经济进一步发展,世界整体化和各国城市化的进程进一步加快,各国之间的人员流动增加。很多犹太人进入经济发达地区,在新兴的金融业和传统的商业领域迅速发展,很快取得优势地位,这样就强化了欧洲各地早已根深蒂固的反犹情绪。在欧洲经济发展过程中,东欧民族成员纷纷涌向经济发达的中、西欧国家,他们原来的生活水平不高,能够接受较低的工资报酬,在就业方面具有较强的竞争力,因而引起当地工人的不满和反对。此外,一次大战后东南欧一带的疆界变动,造成很多少数民族问题,也促使一些地方出现法西斯组织。

对于法西斯的内涵或定义,中外学者曾经作出过种种回答,这些答案基本上分布在两个极端之间。一个极端是把内涵尽量缩小,其中内涵最窄的,是仅仅承认意大利的"国家法西斯党"是法西斯,而否认日本有法西斯,甚至认为纳粹也不是法西斯。更普遍的倾向是把法西斯的内涵高度抽象,概括为"对内实行独裁统治,对外推行侵略扩张"。这样,几乎可以把古今中外一切实施对外扩张的独裁政权,以及鼓吹实施此类内外政策的组织和个人,都归入法西斯的范畴。在不少情况下,"法西斯"甚至成了攻击政敌的咒语。然而,概念运用的随意性对人类发展是有害的。内涵太窄了,容易使一些新法西斯组织漏网;太宽了,容易扩大打击面,不利于组建反法西斯统一战线。

法西斯的共性表现在以下六个方面。

第一,法西斯是人类历史进入20世纪后才出现的现象,它是资本主义进入垄断阶段以后的产物。

第二，法西斯鼓吹极端民族主义或民族沙文主义，都以各自民族历史中某一段"辉煌"时期为资本和楷模，要求重振本民族的国际地位，侵略和奴役其他民族。在纳粹运动内，极端民族主义与种族主义紧密交织在一起，种族主义理论成为极端民族主义的重要思想根源和精神支柱。

第三，法西斯鼓吹弱肉强食的社会达尔文主义，歌颂暴力和战争。希特勒在《我的奋斗》一书中声称：大自然在地球上产生了生物，听任各种力量的自由活动，然后把主宰的权利授予最勇敢和最勤劳的强者，强者必须统治弱者，"人类在永恒的斗争中壮大，而在永恒的和平中只会灭亡"。墨索里尼声称"法西斯主义不相信持久和平的可能性与有益性，拒绝掩饰着在牺牲面前放弃斗争和懦怯心理的和平主义"。日本法西斯主义者也鼓吹日本有"对外开战之积极权力"。需要指出的是，法西斯歌颂暴力和战争，不仅仅是作为实现对外扩张计划和民族沙文主义要求的手段，也是维持所谓"优等种族"内在素质的必要途径。

第四，法西斯运动的社会基础是以小资产阶级分子为主的中下层民众。这些民众在政治、经济和社会危机的打击下，对现实不满，要求改造社会，用心目中的理想社会来取代现实社会。但是，法西斯运动像其他某些运动一样，它对现实世界的反抗很快就走火入魔，走向反面，它所实施的那一套，远不如它所反抗的世界。

第五，法西斯既反对马克思主义的科学社会主义，又反对传统的资本主义，鼓吹寻求"第三条道路"，强调并实行本民族内部的阶级调和与阶级合作。德国纳粹运动鼓吹要建立既排除犹太人、又消除德意志人内部阶级斗争的"德意志社会"或"民族社会"，掌权后以"德意志劳动阵线"为载体，实施一些体现阶级合作的措施。意大利法西斯叫嚷一方面要"战胜马克思主义"，另一方面要废除"陈腐的资产阶级政治制度"，积极宣扬作为"第三条道路"的职团主义，鼓吹建立超阶级的"职团国家"（旧译"社团国家"），并在巩固独裁统治后付诸实施。日本法西斯分子也宣扬要对国家实行"右翼的国家主义改造"，声称明治维新面临"勤王"和"兴民"两大任务，但实际上只是确立了"君"的神圣尊严地位，"民"却呻吟在黄金（指财阀）的压迫之下，他们要求实施第二次维新，"兴民讨阀"，排除"黄金大名"的压迫。日本天皇制法西斯体制形成后，在工业领域组建以"劳资一家"为指导思想的"大日本产业报国会"，在农村则建立"日本农业报国联盟"。

第六，法西斯宣扬和推行独裁统治，认为独裁制符合人类社会的天性，是提高本民族内在实力和国际地位的最佳手段。法西斯国家在政治上推行独裁制，废除多党制，降低议会的作用，经济上实行强有力的国家干预，文化上实施"文化专制主义"，严禁非法西斯文化传播，社会管理上以职团制、民族共同体、家族国家等不同形式，将各阶层居民按职业、年龄、性别等多层次多系统地组织起来，构成严密的统治网络，实行准军事化的管理。

综合上述法西斯的共同特性，可以看出，法西斯是垄断资本主义阶段，在现实社会出现危机或局部失调状态时，以克服危机、改造社会、实行扩张为目标的政治运动。作为法西斯群众基础的小资产阶级，不是新的生产方式的代表者，它不可能建立起一种超乎于社会主义和资本主义制度之外的社会制度。其最终的政治归宿,不是转向无产阶级,成为新民主主义革命的同盟军,便是投靠资产阶级,成为资产阶级利益的实际代表者。但是,法西斯主义鼓吹民族沙文主义、弱肉强食的社会达尔文主义、极权统治和反共,几乎从一开始就注定了投向大资产阶级的方向。

二、法西斯的类别

法西斯运动从一开始就是一场国际性运动,它除了在意、德、日三个国家大规模泛滥外,还在欧美其他一系列国家内涌现。

从横截面上看,20世纪的法西斯可分为东方法西斯和西方法西斯两大类别。

东方法西斯以日本为代表。日本尽管在20世纪二三十年代出现了500多个民间法西斯团体,但是没有一个作为法西斯运动核心的法西斯政党,日本法西斯体制的确立,首先由军部在对外扩张的过程中法西斯化,随后法西斯化的军部同宫廷、官僚、财阀等权势集团相结合,依靠发动战争等外部事件的刺激,取得对国家政权的支配,逐步把近代天皇制向天皇制法西斯体制推进。日本法西斯具有较强的封建性,保留了较多的传统形式和特征。

西方法西斯以德、意两国为典型。其主要特点是有一个由强有力的党魁领导的群众性的法西斯政党,由这个政党发动具有广泛群众基础的法西斯运动,采取以自下而上为主的方式,同统治阶级权势集团结成政治联盟,取得全国政权。在这个基础上,进而废除议会民主制,全面确立法西斯体制。西方法西斯具有较浓的小资产阶级性和现代色彩。

西方法西斯有两大流派和中心。一大流派是意大利的法西斯,其源头和核心都是意大利国家法西斯党。属于这一流派的法西斯政党有:英国的"不列颠法西斯蒂"(1924年成立)和"英国法西斯主义者联盟"(1932年成立),法国的"束棒"(1925年成立)和"火十字团"(1927年成立),西班牙的"民族工团主义进攻团体"和"长枪党"(都于1931年成立),奥地利的"卫国军"(1927年成立),比利时的"民族运动"(1924年成立)和"雷克斯运动"(1932年成立)。

另一大流派是中欧的民族社会主义(简称"纳粹")运动,其源头是奥匈帝国境内的德意志民族社会主义工人党,而核心则是德国的民族社会主义德意志工人党。属于这一流派的法西斯政党有:匈牙利"镰刀十字党"(1931年成立)和"匈牙利民族社会主义农业劳动者与工人党"(1932年成立),芬兰的拉普阿和"人民爱国运动"(1932年成立),荷兰的"民族社会主义运动"(1931年成立),罗马尼亚的"铁卫军"(1927年成立),丹麦的"丹麦民族社会主义工人党"(1930年成立),瑞典的"民族统一运动"(1925年成立)和"瑞典民族社会主义自由同盟"(1930年成立),瑞士的"新阵线"和"民族阵线"(都于30年代初成立),捷克斯洛伐克的"苏台德德意志人党"(1935年成立)。此外,巴西的"整体主义行动党"(1932年成立)也属于这一流派。

当时德、意两国的法西斯运动都取得较大的进展,对各国的法西斯运动具有同样的吸引力,因此两大流派的法西斯组织都吸取了对方的不少特点。此外,个别法西斯组织还出现中途改换模仿对象的现象,如"瑞典法西斯主义战斗组织"1926年成立时以意大利法西斯为楷模,但从 1930 年起改而效法德国纳粹党,党名也改为"瑞典民族社会主义党",1938 年起又淡化对德国党的模仿。克罗地亚"乌斯塔莎"组织早期投靠意大利法西斯,30 年代后期转向德国。葡萄牙萨拉查(1889—1930)独裁政权模仿意、德法西斯国家的某些统治形式,组建起法西斯式样的"总体国家"。在奥地利,则出现两大流派的法西斯组织共存的局面。

三、意大利法西斯运动和法西斯专政

意大利法西斯运动的创始人是墨索里尼(1883—1945),他出生于铁匠家庭,早年当过建筑工人、屠宰工人、送货人和小学教师,17 岁加入意大利社会党。他热衷于出人头地,但一度也是个狂热的革命者,主张通过阶级斗争推翻资本主义制度,彻底废除私有制,1912 年成为社会党执行委员和机关报《前进报》主编。一次大战刚爆发时,他还持反战的态度,但是两个月后即改变立场,主张站在协约国一边参战,因而被社会党开除。不久,他在接管"国际行动革命法西斯"组织的基础上,联合其他类似的团体,成立了"革命行动法西斯"组织,旨在推动政府参战。当时使用的"法西斯"一词是拉丁语 Fasci,意为"联盟"或"队",为 19 世纪末 20 世纪初不少工农群众的革命组织所采用。

1917 年 2 月,墨索里尼因负重伤离开军队,到意大利人民报社供职。这时他的思想发生较大的变化,公开谴责马克思主义是"一堆废墟"。一次大战结束后,他于 1919 年 3 月成立"战斗的意大利法西斯"组织,提出实行普选、没收战争利润、对资本课以累进性特别重税、实行 8 小时工作制、建立国家民兵等一系列要求。当时他还是打算从左的角度去反对现存制度,但是在 1919 年 11 月的全国大选中,法西斯组织连一个席位也未得到,而社会党却获得约 1/3 的议席。由此他决定改从右的角度去发起攻击,同社会党争夺地盘。此后法西斯组织接连修改纲领,抛弃了原来的口号和要求,提出了极端民族主义、生存空间论、国家至上论、领袖主宰制、职团主义等奋斗目标,至 1921 年 11 月,连组织名称也改成"国家法西斯党"。此时"法西斯"一词采用意大利文 Fascis,意指"束棒",是古罗马时期高级长官出巡时扈从们肩负的标志物,为一束中间插着战斧的棍棒,象征权力和暴力。

法西斯党改名后,即着手夺取全国政权。墨索里尼按军事建制改组全党,指令法西斯分子对社会党人和其他民主势力大打出手,逐个夺取地方政权。社会党等组建了反法西斯的"全意劳动联盟",并于 1922 年 8 月举行政治总罢工,但未能抑制住法西斯的发展势头。1922 年 10 月,法西斯领导集团开会,决定在夺得一大批地方政权的基础上"向罗马进军"。会后,3 万名法西斯分子分数路向罗马进发。意大利统治集团内部发生意见分歧,最后国王任命墨索里尼上台组阁。

墨索里尼政府执政之初,被迫采取多党联合政府的形式,在第一届政府 14 名成员中,法西斯分子只占 4 名。但是经过 6 年的改造,到 1928 年全面确立了法西斯体制。

墨索里尼上台不久,即解散包括法西斯武装战斗队和皇家卫队在内的各党派的武装力量,组建"国家安全志愿民兵"作为法西斯正式的武装力量。1926 年底又借口接连发生几起谋刺墨索里尼事件,解散了其他所有政党,实施一党独裁。

为了确立个人独裁统治,1923年初建立了"法西斯最高委员会",墨索里尼自任主席。该机构最初只是党的领导机构,1928年起同时成为"国家最高权力机关",有权提名政府成员名单,颁布涉及国家政治、经济、社会生活各方面的法律与法令,圈定议会候选人名单以及参与决定王位继承人和国王的权力和特权。

为了控制议会,墨索里尼两次修改选举法,逐步取消民主,加强法西斯集权。1923年11月,他强迫议会通过新选举法,取消原来实行的"比例代表制"选举原则,规定获得选票最多的政党有权占据议会2/3的席位。1928年5月,他又颁布新的选举法,规定各职团和其他社会团体可以在大选前推举1000名候选人,然后由法西斯最高委员会在其中圈定400名,交给选民作整体性投票;选票上无候选人名单,仅印有"你赞成法西斯党圈定的候选人名单吗?"字样,选民只能用"赞成"与"反对"来表达态度,如果赞成票超过半数,则400人全部当选。通过这一办法,法西斯党绝对控制了议会。但到1938年底,当局又取消了下议院,代之以"法西斯党和职团议会"。

在经济领域,法西斯采用"国家参与制"实施干预。1933年1月,政府为了应付经济大危机,组建了"工业复兴协会"(简称"伊利"),负责对企业实施"急救手术"和长期投资,结果"伊利"在各产业部门资本总额中逐渐占到21%至83.15%的比重。1935年以后,"伊利"为了进一步加强对经济生活的干预,逐个建立了机械、钢铁、海运、电力、电报电话、军工生产、造船等7个控股投资公司,作为实施"国家参与制"的工具。到30年代后期,国家控制了全国3/4的工业生产能力。

意大利法西斯体制的特色之一是组建了"职团制"。1926年,政府颁布《集体劳动关系的法定组织法》,规定法西斯工会拥有解决劳资之间全部问题的垄断权。随后,基层法西斯工会转变成"雇员辛迪加",资本家组成"雇主辛迪加",在基层组织之上,逐级设置"辛迪加行省小组"和"辛迪加联合会",中央一级设置9个"全国辛迪加联盟"。1927年,政府又颁布《劳动宪章》,规定建立"保卫民族利益"的"职团",由雇主辛迪加、雇员辛迪加、法西斯党等各方代表组成,作为雇主组织和雇员组织之间的联络机构。至1934年,全国以生产系统为基础建立了22个职团,其上为全国职团委员会和职团中央委员会,受内阁职团部领导。1938年取代下议院的"法西斯党和职团议会"由全国职团委员会、法西斯最高委员会和其下属组织法西斯全国委员会三者组成。职团体制的功能是多方面的,它主要是实施社会协调的工具,同时也用于干预经济生活和强化极权统治。据当局宣称,职团制度旨在建立经济上完整的国家,以补充19世纪意大利统一运动的政治成果;职团国家既非资本主义性质,也非社会主义性质,是特殊的超阶级的国家,能保证阶级合作和民族统一。

四、德国纳粹运动和纳粹专政

纳粹运动最早兴起于奥匈帝国境内。1904年,波希米亚地区的德意志工人为了应付捷克移民的竞争压力,组织起"德意志工人党"。1918年春天,又把党名改成"德意志民族社会主义工人党"。奥匈帝国瓦解后,该党分成奥地利、捷克斯洛伐克、波兰三个分支,但不久又联合组成"德意志民族社会主义运动国际局",并敦促德国的类似组织参加活动。

在德国,慕尼黑机车厂熟练工人德莱克斯勒和报社记者哈勒曾于1918年组建了"独立工人委员会"和"政治工人集团"两个小团体,不久又把两者合并,组成名为"德意志工人党"的小资产阶级政党,鼓吹维护中产阶级的利益。1919年秋,希特勒(1889—1945)奉陆军政治部之命调查该党。希特勒出生于奥地利没落的小资产阶级家庭,从小受到民族主义和种族主义思想的熏陶,逐渐形成了民族沙文主义、种族主义、反犹主义、专制主义和反马克思主义的世界观。他决定利用这个默默无闻的小党作为实现自己政治抱负的工具。

希特勒入党不久,就将党名改成"民族社会主义德意志工人党",简称"纳粹党"。不久,纳粹党领导集团在综合各种意见的基础上,形成了党纲,即《二十五点纲领》,并在1924年2月24日的群众集会上对外公布。

《二十五点纲领》是一个大杂烩,但主要渗透着两方面的内容,一是德意志的民族沙文主义,二是小资产阶级的社会改革要求。就德意志民族沙文主义来说,纲领又具有两层含义。其一为建立"民族国家"的要求,具体体现在"第四款:只有本民族同志才能成为公民。不分职业如何,凡是具有德意志血统的人才能成为本民族同志。""第六款:只有公民才享有决定国家领导和法律的权利。因此我们要求任何公职,不管何等种类,不管是国家、邦或区一级,都应由公民来担任。""第七款:我们要求国家首先提供就业和生活的可能性。如果不能养活全国居民时,就应把外国人(非公民)驱逐出境。"和"第八款:阻止非德意志人迁入境内。我们要求迫使1914年8月2日以后迁入德国的非德意志人立即离开德国。"等条款上。其二为打破凡尔赛条约的束缚,实行对外扩张的要求,具体体现在"第一款:我们要求一切德意志人在民族自决权的基础上联合成为一个大德意志国。""第三款:我们要求得到领土和土地(殖民地)来养活我国人民和迁移我国过剩的人口。"等条款上。小资产阶级的社会改革要求,具体体现在"第十一款:取缔不劳而获的收入,打碎利息奴役制。""第十二款:鉴于每次战争给人民带来生命财产的巨大牺牲,必须把个人发战争财当作对人民的罪行,因此我们要求没收一切战争利润。""第十三款:我们要求对所有(到目前为止)已经组合起来的企业(托拉斯)实行国有化。""第十四款:我们要求参加大企业的分红。""第十六款:我们要求建立和维护一个健康的中产阶级,要求立即将大百货公司充公,廉价租赁给小工商者,要求在国家和各邦区收购货物时特别照顾一切小工商者。""第十七款:我们要求实现一种适合我国需要的土地改革,要求制定一项为了公益而无代价地没收土地的法令,要求废除地租,要求制止一切土地投机倒把。""第十八款:我们要求对损害公益的行为作坚决斗争。对卑鄙的卖国贼、高利贷者、投机商等应处以死刑,不必考虑其职业和种族。"等条款上。这些条款有着强烈的反对垄断资本和反对大地主的倾向,但又要求保存私有制,属于一种带有封建色彩的小资产阶级社会主义或自耕农式的社会主义的空想。

纳粹党原来实行集体领导制,1921年夏,希特勒趁党内发生争执之机,以要挟手段取消委员会领导制,确立了"领袖原则",自任党的"元首"。

1923年,鲁尔危机导致德国局势动荡不安,希特勒乘机于11月发动"啤酒馆暴动",企图仿效墨索里尼的"罗马进军",以慕尼黑为基地,向柏林进军,在全国建立纳粹统治。由于当时该党的规模和影响都比较小,政变缺乏群众基础,而统治阶级也不愿意放弃魏玛政治体制,因此暴动很快失败,希特勒锒铛入狱。

啤酒馆暴动

希特勒在服刑期间,总结"啤酒馆暴动"失败的教训,决定此后一要争取得到统治集团的支持,走合法斗争的道路;二要争取群众的支持,扩大纳粹运动的群众基础。他提前出狱后,一方面重整陷于分裂的纳粹党,排挤热衷于小资产阶级社会改革要求的"北方派"成员,另一方面加紧讨好垄断资产阶级,同鲁尔地区重工业垄断资本集团建立了稳定的关系。

经济大危机爆发后,希特勒抓住千载难逢的机会,开展全方位出击。他利用民众强烈要求改变现状和打破凡尔赛体系束缚的心态,发动大规模的宣传攻势,举起"复兴德意志民族"的旗帜,极力鼓动推翻魏玛政府,许诺上台后将向民众提供强有力的国家保护,组建"民族共同体",并向各阶层人士开出满足他们需求的"礼品单子"。为了增强宣传效果,纳粹党充分利用先进的宣传媒介与工具,大搞情感宣传、直观宣传、口头宣传和饱和宣传。同时,希特勒积极同垄断资产阶级和国防军拉关系,推动鲁尔重工业集团演变成"纳粹工业集团",并吸引了一批中级军官支持纳粹党。在各种因素的推动下,纳粹党的力量和影响越来越大,党员人数从1929年的15万上升到1932年的100万,并从20年代的国会小党跃升为1930年的第二大党,1932年7月选举后,进一步跃升为第一大党,拥有了同统治阶级讨价还价的资本。1932年起,德国的统治危机不断加深,政坛阴谋层出不穷,最后希特勒被权势集团所接纳,于1933年1月30日担任联合政府总理。

五、日本的法西斯化

日本法西斯呈现"多元"的特点。它可以分为民间法西斯和军内法西斯。民间法西斯组

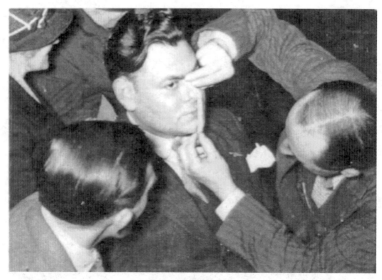

纳粹分子大肆反犹,他们用丈量鼻子等方法来确定谁是犹太人

织最早产生于1919年,第一个是大川周明(1886—1957)组建的"犹存社"。但是这些团体多脱胎于右翼组织,封建性强,奉行家族主义和自我中心主义,几乎处于"一人一党"的松散状态,团体数目最多时达501个,互相间没有共同的纲领。民间法西斯组织的主要活动时间是20年代,在日本法西斯化的过程中不可能起主导作用,成为军部法西斯运动的辅助力量。日本军部在国内拥有特殊地位,成为法西斯分子重点争取的对象,20年代前半期分别形成了"幕僚革新派"(30年代演变成"统制派")和"基层将校革新派"(30年代演变成"皇道派"),两者统称"军内革新派",即军内法西斯帮派。按另一种标准,日本法西斯又可以划分成下层法西斯和上层法西斯,前者包括民间法西斯和军内基层将校革新派,后者是幕僚革新派。日本的法西斯化进程,是在上层法西斯的主持下进行的。

日本法西斯化的动因,主要是对外扩张的需要。在世界经济大危机期间,1931年12月—1936年2月任大藏大臣的高桥是清(1854—1936)推行"高桥财政",放弃金本位制,大幅度贬值日元,扩大政府开支,增加军费支出,通过"膨胀型"的财政金融政策,进行广泛的国家干预,已经在一定程度上渡过了经济危机。

日本的法西斯化,是在近代天皇制的框架范围内,逐步扩大和强化其专制统治的一面,削弱并消除民主自由的立宪政治的一面,由各个权势集团自身实现法西斯化或重新组合,通过对原有体制作局部性改组,逐步演变而成的。在这一进程中,首先是军部完成政治化和法西斯化,突破"统帅权独立"的原则,直接干预政治,然后以有力的态势推动整个国家实现法西斯化。

军部政治化和法西斯化的进程开始于1931年3月,当时军内基层将校组织"樱会"与大川周明一起,策划发动武装政变,准备调动军队包围议会,迫使内阁辞职,建立以陆军大臣宇垣一成(1868—1956)为首相的军部独裁政府,后因内部意见不一致而未加实施。半年后,军部法西斯分子直接策划和制造了"9·18事变",他们企图借此事件加强军部的政治地位,迫使内阁接受战争和法西斯化政策。同年10月,樱会再次策划发动政变,打算建立以荒木贞夫(1877—1966)为首相的军部法西斯政府,后因内部有人告密而失败。1932年5月,皇道派制造了"5·15事件",以实行"昭和维新"为口号,刺杀了首相犬养毅(1855—1932),之后军部拒绝组建政党内阁,结束了持续8年的政党政治时代。1934年10月,统制派控制了军部,它发表通称为"陆军小册子"的《国防之本义及其强化》一书,提出系统的政治纲领,主张建立高度国防国家体制。该事件标志着军部已经实现政治化和法西斯化。

1936年2月26日,皇道派发动军事政变,袭击政府机关,刺杀一大批政府官员,要求建立以皇道派为首的军部独裁政府,但是遭到统制派和其他势力的联合镇压。事件结束后,军部确立了对内阁的支配地位,初步实现了政权的法西斯化。1937年日本发动全面侵华战争后,国家体制的各个方面明显地向法西斯体制演变。1940年7月第二届近卫文麿(1891—1945)内阁成立后,法西斯体制得到全面确立和强化。

法西斯运动和体制本身是世界现代化和整体化进程的产物,但是它的目标不少是违抗这一进程的,如反现代主义和极端民族主义等,其体制运行中也有不少违背客观经济规律的空想成分。法西斯体制在1945年失败,主要源于其侵略暴行激怒了世界人民,世界反法西斯国家广泛联合起来,从外部打败了法西斯国家,但是法西斯体制的反动性和空想性也决定了它是不可能长久存在的。

第四节 1929—1933年资本主义世界经济大危机与资本主义体制的自我调整

一、1929—1933年资本主义世界经济大危机的特点与根源

1929—1933年,资本主义世界爆发了一场历史上最深刻、破坏性最大的经济危机。危机于1929年10月肇源于美国,迅速波及到严重依赖美国资本的德国,又很快殃及严重依赖世界市场的英国,接着蔓延到全世界大部分国家。

这场危机有三个特点。首先,持续的时间特别长。从1929年开始到1933年结束,前后长达五个年头。危机过后,世界经济并没有出现通常的萧条、复苏和繁荣的发展阶段,而是陷入特种萧条,直至1936年才稍有好转,恢复到1928年的水平。可是从1937年下半年起,美、英、法等国家又爆发了新的危机。

其次,发生的范围特别广。工业危机和农业危机相互交织,生产危机和货币信用危机相互影响,资本主义国家的危机逐渐蔓延到殖民地附属国,互相加深,使整个危机不断深化激化,难以靠牺牲其他行业或其他国家来摆脱危机。

第三,破坏性特别大。各国的工业生产水平大幅度下降,1933年同1929年相比,整个资本主义世界工业生产下降37.2%,其中美国下降46.2%,德国下降40.6%,法国下降28.4%,英国下降16.5%,日本下降8.4%,各国的工业产量倒退到20世纪初甚至19世纪末

的水平。同时期内，资本主义世界贸易总额缩减2/3，贸易实物量缩减1/4以上。美、德、法、英四国共有约29万家企业破产，出现大片机器"墓地"，长达几十公里的工厂区死气沉沉，厂内铁道上野草丛生。西方各国工人失业人数急剧增长，最高时全失业人数达3000万以上，半失业人数达1000万—1500万。各国的失业率达30%—50%。

经济危机是资本主义制度的伴生现象，但是具有上述特点的危机在资本主义发展史上并不多见。因此，探索这场危机的根源，既要重视资本主义体制中具有共性的一般原因，更要关注影响这场危机的特殊原因。

在一般原因方面，首先是生产社会化和生产资料私人占有之间的矛盾，20年代的繁荣并未带来共同富裕，相反加剧了贫富差距，限制了社会购买力。其次，在上述根本原因的制约下，即使在繁荣时期，工业部门的开工也严重不足，大批工人失业，降低了社会购买力，为危机准备了条件。第三，国际市场上滞销的农产品和初级工业产品如小麦、糖、咖啡、橡胶、铜等越积越多，富裕国家增加的收入并未用来购买大批量的基本食粮，需要粮食的国家又无钱购买，导致许多国家的农业处于慢性危机之中。

在特殊原因方面，最根本的是人的认识水平滞后于客观历史发展进程，用19世纪的政策去应付20世纪的经济需要。

第一，资本主义进入垄断阶段以后，生产的社会化程度进一步提高，为了适应和保护高度社会化的生产力，需要局部改善资本主义生产关系，发展各种层次的国家垄断资本主义，就当时来说，需要加强政府对经济生活的干预。但是，当时统治阶级既没有意识到这一点，也缺乏调节经济的理论和经验。20年代西方世界的经济繁荣是在"自由放任主义"指导下出现的。经济危机爆发后，几乎所有的资本主义国家都没有放弃这一政策，如美国的胡佛放任主义政策，德国魏玛政府的传统经济政策，英国则自始至终没有放弃传统的经济政策，致使各国的经济危机日益严重。而美国实施罗斯福新政和德国纳粹政权实施法西斯型国家垄断资本主义后，就较快地摆脱了危机。第二次世界大战以后，统治阶级总结了30年代的经验教训，更多的国家走上政府干预经济的道路，在一定程度上暂时缓和了生产社会化和生产资料私人占有的矛盾，延缓了恶性危机的发生。

第二，20世纪的经济日益走向世界化，它需要统一的世界市场和相对稳定的世界信贷货币体系。但是在经济大危机爆发前后，西方各国采取的措施违背了这一趋势。20年代后半期，各国在经济发展的同时，"经济民族主义"倾向也在加剧，纷纷提高关税来保护本国生产。从1925年到1929年，德、法、比等国的关税分别提高了29%、38%和50%。经济危机爆发后，美国于1930年5月19日通过霍莱-斯姆特法令，对890种商品提高进口税率，各种商品的进口税率平均提高约40%。这一法令的实施，遭到33个国家的抗议，引发了30年代的关税战。到1931年底，先后有25个国家采取报复措施，进口税率比1929年提高60%—100%。此外，法国采取"输入限额制"，德国创立"以货易货"的外贸制度，为其他国家所效法。1934年的世界贸易额降到1929年的34%，1939年也仅恢复到50%。在维护世界信贷货币体系方面，金本位制客观上起着维系和支柱作用。但是1931年9月英国被迫放弃金本位制,从而刺激了出口,抑制了进口。这一新经验很快为其他国家所接受,4个月里有15个国家先后放弃金本位制,于是世界货币体系瓦解。1933年6月,66个国家在伦敦召开世界经济会议,这本来是拆除经济樊篱、促进各国经济合作的极好机会,但是由于与会者缺乏远见卓识,会议不仅没有达到预期的目标,反而促使各个经济集团之间的对立越来越尖锐。

第三,20年代经济繁荣时出现的股票和地产投机狂热增加了金融市场的不稳定性。1928年8月底美国股票市场的平均价格相当于5年前的4倍。这种空前猖獗的金融投机活动为货币信贷系统突然崩溃提供了条件。

第四,在世界经济日趋一体化的时代,20年代实际缠绕在西方国家之间的经济联系仍然只是战争债务、战败国的赔偿和道威斯计划实施后美、英两国给德国的贷款。这一债务圈的源头在美国,不仅强化了作为中间环节的国家向德国索要赔款的决心,而且使各国的经济严重依赖美国,迅速感应美国的震荡,并引发谐震。

二、凯恩斯主义的兴起

在经济大危机的刺激下,西方经济学界再次活跃起来,出现各种不同的主张和理论。大部分学者仍然坚持经济自由主义的传统,认为资本主义经济仍然需要通过市场调节来自动实现充分就业的均衡,政府原则上不必干预私人经济活动,其干预措施最多只限于国家储备系统调节货币流通量和贴现率,以及实施保护关税和适当的社会救济措施,认为私人经济有能力在市场竞争中恢复原来的生气。他们认为运用国家财政手段大规模调节经济是弊多利少,公共投资不仅会排挤私人投资,挫伤私人经营的积极性,而且会造成巨大的浪费。以凯恩斯为代表的一部分学者则主张政府加强对经济的干预,逐渐形成凯恩斯主义,并推动经济学由微观经济学向宏观经济学转变。

约翰·梅纳德·凯恩斯(1883—1946),英国经济学家,早年在英国攻读数学和经济学,以后长期在剑桥大学任教,担任英国皇家经济学会《经济学杂志》主编,并兼任财政部顾问和英格兰银行董事等职务。1926年,他发表《自由放任主义的终结》一文,提出对资本主义经济实行明智"管理"的必要性,开始从自由放任主义观点转向国家干预经济的主张。1929年又支持自由党领袖劳合·乔治提出政府举办公共工程以"消除失业"的方案。1933年发表题为《通向繁荣之路》的小册子,进一步强调财政政策对国民经济的调节作用。这时,凯恩斯的新思想尽管还缺乏系统性,但基本要点已经形成,即依靠国家干预经济以摆脱失业和萧条。1936年,凯恩斯出版《就业、利息和货币通论》一书,抛开微观经济学的个量分析,研究整个资本主义社会的总需求或总收入与消费和投资总和之间的平衡关系,从而开创了现代宏观经济学。这一套经济平衡关系的新理论和以调节总需求为特色的一系列政策主张相结合,构成了凯恩斯主义的核心。

凯恩斯认为,社会总需求,即"有效需求",是由总消费需求和总投资需求组成的,经济危机就是由于"有效需求"不足造成的。"有效需求"不足导源于以下三条基本心理规律:

(1)"消费倾向"规律,即社会上消费的增长速度赶不上收入的增长速度,聚集消费量与

实际消费量之间出现裂缝,导致生产过剩,消费不足;

(2)"预期受益"规律,即资本家心理上的资本边际效率递减,资本家害怕投资越多,利润率就越低,因此对投资的兴趣降低,导致国民收入水平下降和对原料及消费品的需求下降;

(3)"灵活偏好"规律,即货币具有多种用途的灵活性,如果货币持有者出于投机的目的,在银行利润率降低到一定水平时,就会自行保存这些货币,造成消费不足。

凯恩斯从这一理论出发,提出一套"反危机"措施,主张国家干预经济,扩大政府开支,进行公共投资,以各种办法刺激资本家增加投资,借此扩大消费需求,增加总就业量。为了扩大政府开支,他主张政府实行"举债支出"的赤字财政政策,增发纸币,膨胀通货,变更利率,以解救经济危机。

凯恩斯主义的兴起结束了西方经济思想史上自由放任主义的统治地位,在一定程度上满足了20世纪西方经济的需要。他实际上是在不自觉地主张发展国家垄断资本主义,以适应高度社会化生产力的需要。美国罗斯福政府在芝加哥学派的影响下,大规模地推行"新政",该学派的观点与凯恩斯主义基本相同。

三、美国实施"罗斯福新政"

美国作为这场经济危机的肇源地,受到的打击也特别严重。工业生产倒退到1905年的水平,农产品价格暴跌,对外贸易缩减了70%。在工农业生产全面崩溃的基础上,1933年初爆发恶性货币信用危机,1万多家银行宣告破产,占全国银行总数的49%。在危机陷入谷底时,全国有1200万—1300万人全失业,约占劳动人口的1/4,另有400万—500万人半失业,工人的实际工资比20年代后期下降约1/4。

胡佛总统(1929—1933)信奉自由放任主义哲学,重在提高资本家的投资信心以推动经济回升,但是在危机的沉重打击下,也被迫采取一些局部的反危机措施。胡佛政府曾先后颁布法令,由政府收购部分过剩农产品,调整耕地面积,成立"金融复兴公司"负责在金融机构和其他机构之间调节和扩大信贷。胡佛反危机措施的核心,是以维护自由放任原则为前提,倡导地方和民间团体实施"自愿联合政策",为此,他批准了"邻居互助计划",通过法令倡导轮流工作法,前者要求就业者或半就业者帮助四邻中的生活困难者,后者强迫公务员每年实行为时1个月的无薪休假,以扩大就业面。但是在特大经济危机的冲击下,这些措施犹如杯水车薪。全国民众受尽苦难,把愤怒集中指向曾自诩为"伟大的社会工程师"的胡佛总统,将危机期间出现的破败景象和物品如破棚屋、破汽车、捡破烂的口袋、用于裹身取暖的报纸等取名为"胡佛棚"、"胡佛村"、"胡佛车"、"胡佛袋"和"胡佛毯子"。

1932年底,美国举行总统选举。由于胡佛政府内外政策的失败,共和党威信扫地。民主党候选人富兰克林·罗斯福反对胡佛的自由放任政策,向选民宣布:"我向你们保证,也对自己立下誓言,要为美国人民实行新政。"选举结果,罗斯福以472比59选举人票击败胡佛,当选美国第32任总统。

罗斯福就任后,即大力推行新政。根据新政在不同时期的重点,大致出现两个阶段:第一阶段从1933年3月罗斯福就职起到1935年初止,主要目标是医治由于严重经济危机造成的创伤,提出一些复兴经济的法令和计划,其中从1933年3月初到6月中旬,政府向国会提交的议案特别集中,被称为"百日新政";第二阶段从1935年到1939年,主要致力于一些具有长远意义的政治、经济和社会改革。新政的主要内容可用"3R"来概括,即Recovery(复兴)、Relief(救济)、Reform(改革)。

罗斯福接任总统时,正值美国信贷危机达到顶点,32个州的银行全部倒闭或停业,整个金融系统瓦解。因此新政首先从整顿金融业开始。

1933年3月6日,政府命令全国银行"休假"4天,以防止储户进一步挤兑。以后又颁布一系列法令,授权财政部审查银行的资产负债状况和支付能力,集中力量支持有支付能力的大银行开业,淘汰已实际破产的小银行,以稳定人心,刹住提款风。接着政府公布《存款保险法》,设立"联邦储蓄保险公司",对5000美元以下的存款,由政府保证其安全,以恢复银行信用。1935年,政府又公布新的银行法,规定拥有100万美元以上资金的州银行必须加入联邦储备银行,实行存款保险,稳定了美国的银行制度。

1933年3—4月,政府先后命令居民和私人银行把黄金全部交售给联邦储备银行,停止以银行券兑换黄金,禁止黄金出口,实际上放弃了金本位制度。1933年3月和1934年1月,联邦储备银行两次增发新钞,总数达60亿美元,实行通货膨胀,并宣布美元贬值40.9%,以刺激生产和出口。

在整顿金融业的同时,政府利用实行通货膨胀所掌握的钱款,积极进行失业救济和举办公共工程,实施"以工代赈",以扩大消费需求。政府组建了民间自然资源保护队,先后吸收150万名男青年从事造林、筑路、森林防火、防止水患、水土保持等市政建设工作。1933年11月还成立"民间工程署",拨款33亿美元,用于完成18万项工程计划和支付工资,以扩大生产资料的消费,使失业人员有较稳定的工作,为日后工业快速发展奠定基础。这些工程中最著名的是田纳西河流域工程,由联邦政府拨款,修建巨大水利工程,驯服了奔腾澎湃的河流,使周围田地得到灌溉,居民获得廉价电力。

在消费需求有所增加的情况下,1933年6月16日罗斯福政府颁布《全国工业复兴法》,同时成立"国家工业复兴局"负责实施该法令。该法令是整个新政的核心和基础,规定将全国的工业划分成17个部门,分别成立协商委员会,负责确定各企业的生产规模、价格水平、市场分配、工资水平和工作日时数,以避免盲目竞争而导致生产过剩。法令还规定工人有权组织起来,选派代表同资本家进行"集体谈判",规定资本家必须接受最高工作时数(当时为每周40小时)和最低工资额(当时为每小时14—25美分)的限制。为了使该法令能够顺利贯彻,政府把印第安人崇拜的神鸟蓝鹰作为拥护工业复兴法的标记,发起"人尽其责"的"蓝鹰运动"。

《全国工业复兴法》对恢复工业生产和缓和阶级矛盾起了较大的作用,但是当美国经济有所恢复后,却遭到资本家的集中攻击。1935年6月,保守势力的堡垒最高法院宣布该法令"违宪",予以废除。罗斯福政府因势利导,干脆借此机会顺应民众舆论的压力,大力推行福利政策，争取得到民众的支持。1935年7月政府颁布《国家劳工关系法》（因由议员华格纳提出，故又称"华格纳法"），重申了工业复兴法中关于工人权利的内容，规定当局和雇主不能以任何方式禁止罢工或干涉工人组织的内部事务，法院有责任审理工会的控诉案。根据该法令成立了"全国劳工关系局"，由企业主和工人代表各6名组成。同年8月国会通过《社会保险法》，改变以往由民间团体自助自救或由慈善团体提供救助的传统，开始实施"福利主义"试验。该法包括建立养老金制度、失业保险制度和对残废及无谋生能力者提供救济三个部分，规定年满65岁的退休工人，每月可获得10—85美元的养老金，所需资金一半由在职工人和雇主以保险费的形式交纳，另一半则由联邦政府拨付。此后两年里，各州都建立了失业保险制度，受益人员约2800万。

在农业方面，1933年5月罗斯福批准公布《农业经济调整法》，并相应设立"农业经济调整署"，规定缩减农业生产，以消除农产品过剩现象，提高农产品价格。为此，政府与生产者签订合同，由政府付给租金或"货币奖金"，以补偿缩减的种植面积或产量。该法令在农村被称为"犁棉苗法令"或"杀小猪法令"。通过该法令，政府缩减了数千万英亩耕地，屠宰了数千万头牲畜作肥料。1936年6月，国会通过《农业信贷法》，以解决当时农业信贷机构繁多和小农因无力还贷而大量破产的问题。法令要求合并农业信贷机构，成立"农业信贷总署"，负责向负债额相对较低的农场提供救济贷款。

1936年，农产品价格已经回升，1月，最高法院宣布《农业经济调整法》违宪。罗斯福政府趁机实行调整重点的转移，于2月颁布《土壤保护及国内土地分配条例》，针对当时出现的严重水土流失现象，提倡保护土壤和实行科学的耕作方法。1938年2月，国会又通过第二个《农业经济调整法》，以防止在农业生产恢复的基础上再次发生新的过剩危机。法令除保留第一个《农业经济调整法》的内容外，还规定由政府确定农产品的年产量和价格，用财政手段维持这些限制，加强国家的干预。

为了限制过于悬殊的贫富差别，进一步缓和阶级矛盾，罗斯福政府在救济贫民的同时，也试图抑制富豪。1934年，政府颁布新的法规，在全国实行累进所得税制度，规定年收入在5万美元以上的个人，即按累进制征收所得税，年收入在100万美元以上者，税率高达59%，1935年进一步提高到75%。1935年起，开始加征遗产税和财产移赠税，以防止巨富们通过分散和移赠财产而逃避纳税。但是，豪门富户还是使用种种手段进行对抗，事实上并未受到多大限制。

罗斯福新政作为资产阶级政府大规模干预经济生活的实验，具有一定的短期作用和深刻的长期影响。

新政缓和了经济大危机对美国经济的严重破坏，促进了美国社会生产力的恢复。到1936年底，美国工业总产量超过危机前的年平均数，农业生产也有较大恢复。新政在维护资产阶级利益的同时，也注意改善中下层民众的经济和社会地位，缓和了社会矛盾。新政还打击了美国的极端主义组织，稳定了资本主义民主政体。

从实质上说，1929—1933年经济大危机是资本主义生产社会化同私人占有矛盾的大爆发。罗斯福新政是一场资本主义的体制改良运动,罗斯福政府在解救危机的过程中,摒弃了自由放任主义的传统原则,运用国家政权的力量干预经济和社会生活,大力发展国家垄断资本主义,在财产占有形式、生产调节方式、生产管理体制等方面向更高的层次调整,为生产力的进一步发展开发了较大的空间。新政的实践也推动了凯恩斯国家干预理论的系统化和完整化。国家干预型资本主义经济体制的形成和凯恩斯主义的出现,为第二次世界大战后国家垄断资本主义的快速发展和资本主义世界的经济起飞奠定了基础。资本主义体制经过自我扬弃,进入了新的发展阶段。

第四章
第二次世界大战

第一节 法西斯国家的毁约扩军

一、30年代初的世界战略格局

20世纪30年代,国际局势风云变幻,危机迭起。随着德、日两国确立法西斯专政,欧亚两个战争策源地形成,世界战略格局发生根本性的变化。法西斯政权无视人类社会的发展趋势和时代特征,对内实施高压独裁统治,对外积极谋划新的世界战争,疯狂侵略扩张,成了世界人民的主要敌人,它们同以世界人民为主体的反法西斯、反侵略势力之间的矛盾成了当时世界的主要矛盾。世界人民的总任务是团结一切可以团结的力量,建立国际反法西斯统一战线,阻止法西斯势力的蔓延,抗击法西斯国家的侵略扩张,制止世界大战爆发。英、法、美等西方国家,对内继续维持民主政体,对外力图维持国际和平局面,它们也受到法西斯势力的威胁,是世界反法西斯统一战线的潜在同盟者和世界人民可以争取的对象。如果全世界各种反战力量结成真正有效的统一战线,就有可能制止法西斯侵略,推迟和避免世界大战的发生,即使战争爆发,也能够较快地打败法西斯国家。但是,西方国家统治集团内部,有些人希望单方面牺牲别人特别是苏联的利益,来维护自己的利益,不惜对法西斯国家妥协退让,甚至实施"祸水东引",从这个意义上说,西方民主国家也有可能成为法西斯国家的帮凶。

30年代国际局势的发展,有三种趋向。一种是以苏联为首的世界人民同西方民主国家结成世界反法西斯同盟,制止法西斯侵略,推迟和避免世界大战的发生。这种结局最符合历史的潮流,对世界人民也最为有利。第二种是法西斯势力同西方民主国家暂时达成妥协,法西斯国家不断蚕食中小国家,并在向英、法开战之前首先进攻苏联。苏联政府认为在慕尼黑会议前后,这种可能性已经部分地成为现实。第三种是苏联孤立自保,希特勒实现声东击西,在进攻苏联之前首先进攻西欧国家。30年代后期的现实历史,就是实现了这种可能性。这种结局并不是一种理想的选择,因为最为得利的是法西斯国家,只有在第一种可能性无法实现,而第二种可能性迫在眉睫时,才可采纳。

二、希特勒撕毁军备条约

纳粹党虽然在德国建立了独裁统治,但是还不敢冒险发动战争,因为它的力量尚不足以向战胜国的霸权地位挑战。尽管从20年代起,德国就局部违反《凡尔赛条约》,短期训练"黑兵",设立各种军事外围组织,在全国培养所谓的"航空精神",但是从总体上说,德国的扩军活动仍然受到凡尔赛体制的束缚,其军事实力无法与英、法、美等国相匹敌。德国要对外扩张,必须首先打破《凡尔赛条约》的束缚,使重整军备工作公开化和合法化。但是,当时德国在外交和军事战略上处于法国及其东欧同盟体系的包围之中,意大利也因为觊觎奥地利而对德国抱有敌意。因此,纳粹政权的首要任务就如希特勒在《我的奋斗》一书中所说的:对内"铸造神剑",对外"寻觅朋友"。

30年代初,为了改变军事力量孱弱的局面,早期纳粹政权接过魏玛政府在世界裁军会议上提出的口号,即要求实现"军备平等":要么德国的周边国家裁军至德国的水平,要么允许德国重新武装。希特勒挥动橄榄枝,以凡尔赛条约受害者要求有限扩军的姿态,迈出毁约扩军的第一步。

英国自20年代以来一直推行"扶德抑法"的均势外交,此时仍延续这一政策。1933年3月16日,首相麦克唐纳在裁军会议上提出一项被称为"麦克唐纳方案"的裁军公约草案,要求法、波、意三国各自把陆军从现有水平裁减到20万,允许德国陆军在5年内从10万扩充到20万。法国勉强接受该方案的原则,但要求把过渡期从5年延长到8年。

希特勒的最终目标根本就不是"军备平等",他趁机作出毁约扩军的第一个冒险举动。1933年10月14日,德国政府致电裁军会议主席,声称"拥有庞大武装的国家"既不裁军,又不满足德国军备平等的要求,德国决定退出裁军会议。10月19日,德国又宣布退出国际联盟。这样,它就摆脱了国际组织和国际会议对它的束缚。

1934年1月26日,德国同波兰缔结了为期10年的德波《和平解决争端协定》,通过这一外交行动,消弭了波兰政府企图趁军力暂占优势之时对德国发动预防性进攻的念头,并在法波关系中打进了一个楔子。1934年7月,奥地利的纳粹分子举行暴动,刺死总理陶尔斐斯,希特勒命令在德国境内受训的"奥地利军团"进入奥地利,图谋夺取政权。由于墨索里尼强烈反对德国这一行动,派出4个师的兵力进驻意、奥边境的勃伦纳隘口,希特勒只得暂时住手。

1935年1月,萨尔区根据《凡尔赛条约》的规定举行公民投票,结果以47.7万票对2万票的绝对优势重归德国。希特勒大受鼓舞,决定趁机迈出毁约扩军的第二步。

同年3月10日,德国航空部长戈林(1893—1946)向报界宣布德国已经重建空军,以此作为试探英国态度的"探测气球"。西方国家没有作出强烈反应。3月16日,德国政府以5天前法国改变兵役法(将适役年龄从21岁降为20岁,把1年服役期增为2年,以弥补一次大战期间出生率下降造成的兵源"空年")为借口,颁布《国防法》,宣布国防军实行普遍义务兵役制,和平时期拥有12个军36个师,共约50万人。此举公开撕毁了《凡尔赛条约》的军事条款,使德国扩军备战公开化和合法化。

三、斯特莱沙会议和《英德海军协定》

法国对德国的扩军行动深感不安,一方面要求国际联盟理事会举行特别会议,讨论德国的违约行动,另一方面建议英、法、意三国举行外交会议,商议抵制对策。英国在德国退出裁军会议和国联后即已停止"扶德"政策,把"均势外交"的抑制对象转向德国,因此同意了法国的要求。意大利因害怕德国强大后会吞并奥地利,也接受了法国的建议。

1935年4月11日,法国总理弗朗丹(1889—1958)、英国首相麦克唐纳、意大利首相墨索里尼在意大利北部的斯特莱沙城举行会议,讨论三国互相保障欧洲和平问题。14日,会议发表了联合公报,对德国的违约行为表示遗憾,并表示三国政策的目的是在国际联盟机构中"集体维护和平",采取可行的办法,反对"危及欧洲和平的单方面违反和约的行为"。三国声明将在国际联盟理事会上执行共同的路线,结成了抗衡德国的"斯特莱沙阵线"。但是,英、意两国都在会上表示不考虑对破坏和约者实施制裁,这就使"共同路线"只局限于口头或纸面的抗议,大大缩小了阵线的威慑力。而墨索里尼则利用这次会议,力图使英、法两国对其侵略埃塞俄比亚的举动加以容忍。

希特勒总结一个世纪以来德国对外扩张的经验教训,根据当时德国所处的战略地位,确定了"先大陆后海洋"的侵略步骤。在毁约扩军时期,对世界霸主英国推行和解外交,力求在英国的谅解下作好侵略战争的准备。为了离间英、法、意之间的关系,他趁1935年3月下旬英国外交大臣西蒙(1873—1954)和掌玺大臣艾登(1897—1977)访德之际,主动表示承认英国的海军优势,放弃一次大战前德国军舰吨位数占英国62.5%的要求,提议缔结规定德国海军力量不超过英国35%的协定。英国政府欣然接受。

1935年6月2日,希特勒派里宾特洛甫(1893—1946)以德国无任所大使身份赴伦敦,同英国外交大臣和海军大臣进行谈判。18日,双方以换文形式缔结了《英德海军协定》。协定公然违反《凡尔赛条约》,规定德国可以拥有等于英联邦成员国海军总吨位35%的军舰和45%的潜水艇,如果德国要建造超过这一比例的潜水艇,应事先通知英国。

英国是《凡尔赛条约》的缔约国,又是维护凡尔赛体系的主要力量,它同德国一起破坏《凡尔赛条约》,增强了纳粹政权毁约扩军的"合法性"。而且,英国瞒着斯特莱沙阵线的伙伴,同阵线的针对国作了这番交易,使两个月前才形成的抗德阵线事实上化为乌有。

四、意大利侵略埃塞俄比亚

意大利的侵略目标是囊括地中海地区,恢复古罗马帝国的版图。它对奥地利、巴尔干地区和北非都怀有野心。然而,在巴尔干地区,早已存在亲法国的"小协约国"集团,1934年2月在英、法两国的敦促下,南斯拉夫、罗马尼亚、希腊、土耳其四国缔结了《巴尔干公约》,约定共同协商对外政策和维护巴尔干国家边界;中欧的奥地利是德国觊觎的重点,难以下手;在北非,埃及属于英国的势力范围,阿尔及利亚和突尼斯为法国的殖民地,只有埃塞俄比亚(当时名"阿比西尼亚")还保持独立。当时的意大利又是一个贫弱的帝国主义国家,无力同英、法、德等大国正面对抗,只得把目光转向埃塞俄比亚。

埃塞俄比亚的面积是意大利4倍多,拥有丰富的自然资源。它位于北非东部,扼红海南大门,战略地位十分重要。随着30年代国际局势日趋动荡,墨索里尼决心用武力侵吞它,以便将意属索马里和厄立特里亚连接起来,加强在东地中海地区的实力,并掌握青尼罗河水源,控制苏丹和埃及的水利灌溉系统,钳制欧亚航道的咽喉,构成对英、法生命线的直接威胁。1934年底,意大利侵占了双方有争议的瓦尔-瓦尔地区,并在埃塞俄比亚边境集结了30万军队。

埃塞俄比亚向国际联盟理事会提出控诉,要求采取措施,制止意大利的侵略。可是,法国作为国际联盟的主要成员国,既想拉拢意大利以抗衡德国,又希望把意大利的侵略野心引离欧洲,所以采取了纵容的态度。1935年1月,法、意双方签订《罗马协定》,规定两国保证奥地利独立,不单方面修改在军备问题上承担的义务,意大利保证不再对突尼斯、赤道非洲等法属殖民地提出要求,法国则愿意在突尼斯和法属索马里对利比亚和厄立特里亚作出领土让步,将吉布提-亚的斯亚贝巴铁路20%的股份让给意大利,并表示除了该铁路外,它在埃塞俄比亚没有其他经济利益,实际上默许意大利在埃塞俄比亚可自由行动。英国面临德国和日本的威胁,不愿恶化同意大利的关系,遂对意大利作局部让步。1935年6月底,英国国联事务大臣艾登赴罗马与墨索里尼会晤,建议将埃塞俄比亚奥加登省的一部分地区割给意大利,并同意意大利修建一条跨越埃塞俄比亚领土、连接意属索马里和厄立特里亚的铁路。但这些建议遭到墨索里尼的拒绝。在英、法两国的控制下,国际联盟没有谴责意大利的侵略行为,直到1935年9月7日,才成立一个由英、法、波、西、土五国代表组成的"五国委员会",去研究意、埃关系并寻找和平解决问题的手段。同月18日,"五国委员会"竟然建议对埃塞俄比亚实行国际共管。美国援引刚刚通过的《中立法》,禁止向冲突双方出售武器。

英、法等国的态度使墨索里尼有恃无恐,他决心趁此机会独占埃塞俄比亚。1935年10月3日,意大利不宣而战,从南北两个方向大举入侵埃塞俄比亚。埃塞俄比亚人民奋起抗击,在海尔·塞拉西一世皇帝的领导下,以"与其生为敌奴,不如死为埃鬼"的豪言壮语互相激励,坚壁清野,埋粮塞井,并组织伏击战,袭击敌军交通线,扰乱敌军后方。但是,由于埃塞俄比亚国力弱小,军队大多由地方贵族统领,不能有效地协同作战,加上没有得到西方大国的有力支援，在总体上处于劣势。意军为了赶在雨季前结束战争，从1936年3月起发动疯狂进攻，甚至践踏国际公约，使用毒气弹和芥子气。而海尔·塞拉西一世反而在军事战略上放弃运动战，改用阵地战同敌军硬拼，最后遭到惨重失败。5月，意军占领埃塞俄比亚全境，意大利国王兼任"埃塞俄比亚皇帝"。

意埃战争爆发后，英国统治集团内部发生意见分歧。以艾登为首的一派主张采取强硬态度，坚决制止意大利的侵略行动。他们认为听任成员国遭受侵略会损害国际联盟的威信，而且意大利侵占埃塞俄比亚后会威胁英国的势力范围和海外运输线。而以霍尔(1880—1959)为首的另一派却主张维护英、意之间的友好关系，共同抗衡德国。法国则仍然对意大利持纵容态度。由于内部意见不一，行动上犹豫不决、前后矛盾。

1935年10月7日，国联在国际舆论压力下宣布意大利为侵略者。10月19日，国联大会宣布对意大利实行经济和财政制裁。负责制裁事务的"协调委员会"决定，各会员国不得向意大利输出武器和诸如橡胶、铅、锡、铬等原料，停止进口意大利货物，不向意大利提供贷款。尽管苏联政府主张经济制裁应该无所不包，但英国一些大臣担心石油制裁会驱使意大利向英国开战，法国总理兼外长赖伐尔(1883—1945)也深怕因此会引起全欧战争，因此国联一直没有对意大利实行石油禁运。当时，意大利在非洲只有两个月的存油，如果西方国家停止供应石油，意大利在东北非的飞机、坦克和汽车就会陷于瘫痪。墨索里尼在事后对希特勒说："如果国际联盟把对意大利的经济制裁扩大到石油，那我一周后就只好退出埃塞俄比亚。这样就会酿成一场奇灾大祸。"此外，由于英国一直没有关闭苏伊士运河，侵埃意军和战略物资得以通过运河源源进入东北非。

1935年12月9日，霍尔和赖伐尔合谋炮制了一个"霍尔-赖伐尔计划"草案，要求埃塞俄比亚将整个奥加登省和部分提格雷省共6万平方英里的土地割让给意大利，并把整个南部国土划为"保留给意大利经济发展和居留的国土"，意大利则只需从厄立特里亚让出3000平方英里的土地。该计划遭到埃塞俄比亚和国际舆论的强烈反对，英、法两国内阁和议会也因此发生激烈争论。霍尔、赖伐尔两人在一片谴责声中，双双被迫下台。

国联的制裁既没有制止意大利的侵略，又把它推向了德国一边，使早已濒于瓦解的斯特莱沙阵线荡然无存。埃塞俄比亚首都沦陷后，英国认为继续制裁意大利是"疯狂透顶"的事。1936年7月4日，国联通过决议终止对意大利的制裁。

五、德国进军莱因非军事区

希特勒公然宣布毁约扩军后，就处心积虑寻找时机，准备重新武装莱因区，以消除对外扩张的后顾之忧。1935年5月2日，德国国防部长布洛姆贝格在希特勒的授意下，向三军总司令发出绝密指令，要求拟订进军莱因区的具体行动计划，并"以闪电速度的一击"来完成。1936年2月27日，法国众议院批准《法苏互助条约》。希特勒趁机行动，于3月7日采取行动，命令德军19个营和12个炮兵连共3万余人进驻莱因非军事区。当天中午，希特勒在国会发表演说，攻击法、苏缔结互助条约违反了《洛加诺公约》，宣布德国不再受有关条约的约束,决定在莱因区恢复自己"完整和不受限制的主权"。

当时,德国大规模的扩军工作开始不久,军事力量同法国相比处于劣势。希特勒自述在下令进军后的 48 小时内处于"一生中神经最紧张的时刻",曾决定遇到法国抵抗时立即撤兵。同时,他还通过国会演说迷惑法国,宣称愿意同法、比两国签订为期 25 年的互不侵犯条约,建议德、法边界两侧"非军事化",答应在收归殖民地后重返国际联盟。

德国的行动直接威胁到法国的利益,然而,当时法国经济正处于特种萧条之中,国内阶级矛盾和党派斗争十分尖锐,政局动荡,军费预算一再削减。3 月 7—9 日法国政府连续开会商讨,最后决定不予反击,仅仅向国际联盟和《洛加诺公约》缔约国发出呼吁,要求"立即召集国联会议,在巴黎同《洛加诺公约》各缔约国进行磋商"。法国陆军最高委员会尽管提出了反击的方案,但认为实施这些方案的先决条件,一是要得到国际联盟的允许,各国采取一致行动,二是要宣布三军总动员和工业经济转入战时状态。但后一个条件很快遭到内阁否决。3 月 12 日,国际联盟在伦敦召开大会,一星期后通过决议,确认德国违反了《洛加诺公约》,但英国等国只同意通过说服而非强制性的手段要德国军队撤出。希特勒对英、法的无力"抗议"根本不予理睬,反而逐渐增派军队,巩固已占领的阵地。

德国进军莱因区后,法国的战略地位遭到削弱,逐渐丧失对德政策的独立性,成为英国推行绥靖政策的小伙伴。

六、日本发动侵华战争

日本早就对中国东北地区抱有侵略野心。该地区资源丰富,同日本的贸易联系比较密切,日本进口货物中 67％的豆类、64％的煤、46％的铁,都出自那里,而日本出口商品中 37％的机械、14％的糖也输往该地区,日本在该地区的投资占在华总投资数的 60％—70％。20 年代后期起,日本在那里的势力受到美国的挑战,中国奉系军阀的转向加速了这一进程。张作霖被炸死后,继任的张学良宣布"东北易帜",受南京政府节制,并打算利用美国的资金和技术,修筑西满铁路,实行东北四路的联运和运费减价,同日本控制的南满铁路竞争。另外,中国东北地区具有重要的战略地位,对于日本来说,它是北上进攻苏联以及南下夺取整个中国和东南亚的"跳板"。所有这些,使得日本独占中国东北的野心迅速膨胀起来。早在 1927 年,田中义一(1864—1929)内阁就召开东方会议,确定了分离满蒙、侵略中国、称霸远东的方针。世界经济大危机爆发后,日本军内法西斯分子更是蠢蠢欲动,打算一方面实行"国家改造",建立法西斯体制,另一方面发动侵略中国东北的战争。

1931 年 9 月 18 日,日本关东军按照预定计划,在沈阳北郊柳条湖炸毁铁路道轨,诬称中国军队破坏,以此为借口,向东北全境发动进攻。由于蒋介石政府实行"不抵抗"政策,日军在 3 个月内占领了几乎整个东北三省。1932 年 3 月,日本制造了傀儡政权伪"满洲国"(1934 年改称"满洲帝国"),宣布东北脱离中国而"独立",立清朝废帝溥仪为"执政",设伪都于长春。

从"九·一八"事变发生到日军轰炸锦州前后,美国的反应比较消极,除了表示惊讶和遗憾外,没有采取什么行动。1932 年 1 月日军占领锦州后,美国的态度发生了变化,国务卿史汀生(1867—1950)向中日两国政府发出内容相同的照会,不承认"九·一八"事变后中国东北发生的变化,重申维护中国的主权、独立和领土及行政的完整,维护美国的在华利益。美国的这一政策性声明,史称"不承认主义"或"史汀生主义"。

在中国政府多次要求下,1931年12月国联理事会通过决议,决定派调查团到远东调查中日关系问题。在取得日本同意后,1932年1月,正式成立由英、美、法、意、德五国代表组成的调查团,由英国驻国联代表李顿(1876—1947)任团长。根据国联确立的"冷处理"国际争端的原则,李顿调查团于2月初从欧洲出发,先到达美国和日本,与两国政府交换意见后,4月底才抵达中国东北地区进行调查,直至10月底才发表调查报告。报告硬说中国的抵制日货运动"是中日冲突的重要原因",但指出"九·一八"事变是日本制造的,"满洲国"是不合法的。关于如何解决中日冲突问题,报告主张中日双方一切武装力量都撤出中国东北,在东三省组织外国人控制的"高度自治政府",建立由外国军官指挥的特别宪警部队维持秩序。该调查报告实际上是企图由各帝国主义国家共同宰割中国东北。

1933年2月24日,国联大会通过决议,基本上接受李顿调查报告。日本拒不接受,3月27日,宣布退出国联,以便为继续扩大侵略取得行动"自由"。

在日本国内,一直存在着侵略方向的"南进"、"北进"之争。1936年8月7日,广田首相召开"五相会议",通过了侵略扩张的纲领性文件《基本国策纲要》,确定了"南北并进"的方针。文件规定,日本的战略目标是"一方面确保帝国在东亚大陆的地位,另一方面向南方海洋发展",为了对付苏联和美国两个假想之敌,必须扩充"陆军军备,以对抗苏联于远东所能使用的兵力为目标",同时扩充"海军军备,应配备和充实兵力,足以对抗美国海军,确保西太平洋制海权"。文件还要求"革新"内政和外交机关,以适应侵略战争的需要。

日本无论是首先"南进"还是首先"北进",都必须控制中国,实现所谓"日、满、华三国的紧密合作"。在德、意两国侵略扩张活动的激励下,面对中国人民抗日高潮的兴起,日本统治集团处心积虑地伺机扩大对中国的侵略。从1937年6月起,日本侵略军在北平西南宛平附近连续进行军事挑衅。7月7日晚,在卢沟桥附近演习的日军借口一名士兵失踪,要求进入宛平城搜查,遭到中国守军拒绝后,即向宛平城发动进攻。消息传到东京,军部内部就扩大还是不扩大战争的问题发生争论,最后扩大派占了上风。7月11日,日本内阁开会,一面高唱"和平"和"不扩大"的高调,一面却决定从中国东北、朝鲜和日本本土抽调军队,扩大侵华战争。7月28日,日军增援部队到达中国华北,在平津地区发动总攻击。8月13日,日军大举进攻上海。日本侵华战争全面展开。

七、法西斯国家实现政治联合

德、意、日三个法西斯国家分别走上了侵略扩张的道路,但是在一段时间里非但未能实现联合,互相之间反而矛盾重重。

德、意之间的矛盾是围绕着争夺巴尔干和多瑙河流域,特别是争夺奥地利而发生的。希特勒要求吞并奥地利,建立"大德意志国",而意大利则力图控制地中海地区,变地中海为"意大利内湖",实现复兴"大罗马帝国"的迷梦,奥地利在墨索里尼眼中是自己的"绿色后花园"。希特勒上台后,德国复兴在望,意大利于1934年2—3月先后同英、法政府发表联合宣言,重申要维护奥地利的独立。同年3月,意、奥、匈三国签订《罗马议定书》,为发展三国经济关系作了一系列的规定,并向德国示威。1934年7月,奥地利纳粹分子刺杀奥国总理陶尔菲斯,德国想趁机插手,墨索里尼立即派遣4个师屯驻勃伦纳山口,向德国示威。但是,意大利入侵埃塞俄比亚以后,英、意关系急剧恶化,德国乘机表示支持意大利,大幅度改善了两国关系。法国人民阵线在国内大选中获胜,又使墨索里尼打消了同法国接近的念头。1936年7月西班牙内战爆发后,德、意两国共同进行干涉,关系急剧升温。

西班牙在1931年革命前,国内政治和经济都非常落后,带有浓厚的封建残余。土地关系以大庄园制为主,农民收成的1/2—2/3要上缴给地主;最高权力掌握在国王手中,议会两院对其略加限制,但国王有解散两院的权力;天主教会是封建君主制度的重要支柱,渗透到社会、政治、经济生活的各个方面;民族矛盾尖锐,分离主义倾向严重。1931年4月,资产阶级共和派在市政选举中获得多数,由共和党和社会党人共同组织的"革命委员会"宣布废除君主制,建立共和国。然而,反共和势力不甘心失败,1933年,以天主教党为中心,纠集其他右翼政党,成立了"西班牙自治权利联盟",简称"塞达党"①。前总理之子里维拉(1903—1936)也在德、意法西斯的鼓励和支持下,组建了法西斯组织"长枪党"。同年11月,塞达党在选举中获胜,亲法西斯的勒鲁政府上台,开始了两个"黑暗年代"(1934—1935)的统治。

工农群众强烈反对勒鲁政府的倒行逆施,各地都爆发了总罢工,有些城市还发生了武装起义。在斗争风暴中,共和党和社会党于1934年6月商定,双方在"工人同盟"中进行合作。在共产国际"七大"的号召下,西班牙共产党多次建议同其他政党举行谈判。1936年1月,共产党、社会党和资产阶级共和党签订了《人民阵线公约》,结成了由共产党、社会党、共产主义青年联盟、社会主义青年联盟、共和党左翼、共和同盟、工人联合总会及其他民主组织参加的人民阵线,从而形成了工人、农民、城市中小资产阶级和进步知识分子的反法西斯统一战线。同年2月举行国会选举,人民阵线获得重大胜利,组成了共和党左翼-共和同盟联合政府,并开始实施人民阵线纲领的部分内容:实行局部土地改革;大赦政治犯;恢复在"黑暗年代"被解雇工人的工作;恢复加泰罗尼亚的自治权;实行若干社会立法,如不幸事故的社会保险、养老金和工人休假制度等;解散许多反动组织。

反动势力无力通过合法手段获取政权,便决心用武力推翻共和政府。以圣胡尔霍、佛朗哥和莫拉为首的反动军官成了军事叛乱阴谋的中心人物。1936年7月18—20日,西属摩洛哥、加纳利群岛和西班牙本土的驻军先后发动叛乱,海外叛军在佛朗哥(1892—1975)和莫拉(1887—1937)的指挥下,在本土南部和北部登陆,企图一举消灭共和国。于是西班牙内战爆发。

德、意两国武装干涉西班牙内战,共同的原因是害怕西班牙人民阵线的胜利会推动西欧

---

① "西班牙自治权利联盟"的西班牙文缩写CEDA的音译。

各国的反法西斯斗争,危及自身的统治地位。同时也打算控制西班牙这一战略要地,保证军工原料的来源。此外,对意大利来说,控制了西班牙本土和西属摩洛哥,就可以控制地中海入口,变地中海为"意大利的湖泊"。对德国来说,西班牙战场不仅是新式武器的试验场和军事理论的实验地,也是离间意大利与英、法的关系,拉拢法西斯盟友的好机会,如果佛朗哥控制了西班牙,还能对法国实施反包围。

德、意两国在共同干涉西班牙内战的基础上首先实现联合。1936年10月,两国签订后来被称为"柏林-罗马轴心协定"的《德意议定书》,彼此承认对方的扩张结果,承诺在重要的国际问题上采取共同的方针,并在多瑙河和巴尔干地区划分经济势力范围。

德、日两国都抱有对外扩张的野心,然而在较长的时间里,双方都不愿意公开而全面地联合起来。30年代前期德国的主要任务是毁约扩军,摆脱外交孤立状态。它希望同日本联合,但又害怕引起世界霸主英国的敌意,因而竭力给德、日联合贴上"反共"的标签。日本在"九·一八"事变后国际处境孤立,统治集团内部"南进派"和"北进派"相持不下,为了便于扩大侵华战争,它也希望同德国缔结矛头指向共产国际和苏联的协定,达到既摆脱国际孤立状态,又不引起美、英敌意的目的。1936年11月25日,双方在柏林签署《德日反共产国际协定》,约定在反对共产国际的斗争中"紧密合作"。

1937年11月,意大利正式加入反共协定,从而形成"柏林-罗马-东京轴心"。

八、霍斯巴赫备忘录

1937年,战争的阴云笼罩世界上空。纳粹德国已经彻底摆脱《凡尔赛条约》的束缚,疯狂重整军备,并策划发动对外侵略。日本正在加紧法西斯化,继侵占中国东北之后发动了全面侵华战争。意大利侵占了埃塞俄比亚,并同德国一起武装干涉西班牙内战,窥测时机准备新的侵略行动。法西斯国家在扩大侵略的过程中,在"反共"的口号下初步联合起来。在反法西斯反战力量方面,还没有结成国际统一战线,这种情况便于侵略者实施"各个击破"的策略,逐步扩大侵略战争。

希特勒初步作好侵略扩张的准备工作后,就向部下公布其扩张计划。1937年11月5日下午,希特勒在柏林总理府召开秘密军事会议。军事部长兼武装部队总司令,陆、海、空三军总司令和外交部长出席了会议。希特勒在会上作了秘密报告,由他的军事副官霍斯巴赫作记录,5天后,原始记录整理成备忘录,史称"霍斯巴赫备忘录"。

希特勒在会上强调,"德国的未来,将取决于能不能解决空间不足的问题",而"各个时代——罗马帝国和英帝国——的历史已经证明,只能用粉碎抵抗和大胆冒险来实现扩张",德国的问题也只能用武力来解决。

扩张的步骤是什么?根据希特勒口授的《我的奋斗》和《第二本书》,以及他的发言和指令,可以概括成"先大陆、后海洋"的三部曲:首先建立一个囊括中欧的"大德意志",主要包括捷克斯洛伐克、奥地利和波兰的但泽走廊;其次打败法国,消灭苏联,夺取欧洲大陆的霸权;第三,向海外发展,战胜英、美,称雄全球。

希特勒在演说中指出,德国在实施扩张计划时,"必须考虑到两个可恨的敌人:英国和法国,它们是不会容忍屹立于中欧的德国巨人的"。因此,夺取捷、奥两国,也是为了排除对抗英、法时的侧翼威胁。

希特勒认为实施扩张计划的时间,"最迟在1943—1945年",如果法国发生内讧或者深深地卷入同另一个国家的战争,则必须提前行动。

参加会议的军事部长布洛姆贝格(1878—1946)、陆军总司令弗立契(1880—1939)和外交部长牛赖特(1873—1956)认为计划过于冒险,将会导致德国彻底灭亡,因而提出反对意见。希特勒坚持己见,不久借故解除了他们的职务,并取消军事部,设立"武装部队最高统帅部",自任最高统帅。这样,希特勒进一步掌握了军权,并加强了独裁体制,外交部长一职改由里宾特洛甫担任。

第二节 集体安全与绥靖政策

一、苏联关于欧洲集体安全体系的构想

面对法西斯的挑衅,苏联和法国从不同的角度出发,提出了建立欧洲集体安全体系的构想。

世界经济大危机爆发不久,斯大林就预测到资本主义国家的统治阶级"在对内政策方面将从进一步法西斯化中寻找摆脱现状的出路","在对外政策方面将从新的帝国主义战争中寻找出路"。随着日本侵略中国东北和纳粹党在德国攫取政权,他在1934年1月又明确指出,国际关系尖锐化的根源在于日本和德国,它们两国退出国际联盟,"更加推动了军备的扩充和帝国主义战争的准备","现在又像1914年那样,好战的帝国主义的政党,战争和复仇的政党是最出风头的。新的战争显然逼近了"。以后,苏联领导人在各种场合不断指出,法西斯侵略势力是世界人民的主要危险,要求世界人民团结起来,制止这股势力的蔓延和扩张。

1933年12月,联共(布)中央通过了关于开展为争取集体安全而斗争的决议,主张用集体安全的力量反对法西斯国家的侵略行动,防止战争爆发。苏联外交人民委员部在准备答复法国政府的提问时,根据党中央的上述决议,拟订了一项关于建立欧洲集体安全体系的建议。该建议实际上是苏联建立欧洲集体安全体系的蓝图,包含以下四个要点:

(1) 苏联同意在一定条件下参加国际联盟;

(2) 苏联不反对在国际联盟范围内缔结抵御德国侵略的区域性共同防御协定;

(3) 苏联同意比利时、法国、捷克斯洛伐克、波兰、立陶宛、拉脱维亚、爱沙尼亚、芬兰或其中某些国家参加上述协定,但法国和波兰必须参加;

(4) 一旦遭到侵略国的军事进攻,各参加国应相互提供外交、道义和可能的物质援助。

二、共产国际方针的转变

共产国际是列宁和俄共(布)倡导下建立的各国共产党的国际组织,它标志着各国共产党同第二国际社会民主党的决裂,也标志着以列宁主义为指导理论、以俄共(布)为核心的国际共产主义运动的形成。1919年3月2日,共产国际第一次代表大会在莫斯科召开,列宁主持会议并作了主报告,他号召各国共产主义者为推进世界革命而英勇斗争。大会通过了《共产国际宣言》、《共产国际章程》、《共产国际行动纲领》等文件。章程规定:共产国际是按民主集中制建立起来的统一的世界共产党,各国共产党是它的支部。

共产国际初期奉行列宁的世界革命战略,以帮助各国建立布尔什维克模式的共产党和发动各国的无产阶级革命为主要活动内容。

列宁逝世后,共产国际逐渐成为苏联对外政策的工具,其战略方针和行动路线基本上随着苏联对外政策的变化而变化。由于20年代苏联对外政策的主要目标是摆脱孤立,同时也受到党内斗争的波及,所以这一时期共产国际的活动重点放在发展"工人阶级统一战线"、使各国共产党"布尔什维克化"上,以扩大苏联对国际工人运动和民族解放运动的影响,组成听命于苏联党内主流派的国际共产主义运动网络体系。在这一方针指导下,共产国际把与社会民主党的斗争置于十分突出的地位,认为两者的斗争实际是争取工人运动领导权的斗争,而共产国际的"统一战线"策略就是要把工人群众的大多数争取到共产党一边,削弱社会民主党的地盘。至于"布尔什维克化"的口号则是为在各国共产党内进行类似联共(布)党内清除"反对派"分子的斗争服务的,其目的在于配合苏联的党内斗争,在共产国际内也确立起斯大林的至上权力。1928年共产国际第六次代表大会通过的《共产国际纲领》规定,共产国际是一个统一的集中的国际无产阶级政党,而社会民主党则被看作与共产党敌对的资产阶级的甚至是法西斯主义的党。

当法西斯势力日益成为世界人民的主要威胁时,一些国家的共产党从本国的实际出发,开始同社会民主党等政党实行联合,建立工人阶级统一战线以迎击法西斯的威胁。1934年7月,法国共产党和社会党签署关于统一行动的条约。翌年5月,两党又同激进党、激进社会党、共和社会党及其他左翼组织建立了人民阵线。1934年8月,意大利共产党和社会党签订关于在反对法西斯专政的斗争中统一行动的条约。10月,希腊共产党、红色工会总联合会同改良主义工会、社会党、社会民主党、农民党共同签署建立反法西斯统一战线的协议。奥地利、西班牙、英国、美国和其他国家的共产党在建立工人统一战线方面也取得了一些成就。

1934年春夏,季米特洛夫(1882—1949)已成为共产国际的主要领导人,他在斯大林的支持下,说服了库恩·贝拉(1886—1939)和瓦尔加等人放弃不同意见,力促共产国际改变"六大"方针,确立新的战略和策略路线。而30年代国际形势的变化也推动苏联改变对外政策重点,把团结各种力量,包括资本主义国家内的改良主义工人政党,共同反对法西斯,作为新的策略任务。

1935年7月25日—8月25日,共产国际第七次代表大会在莫斯科召开,代表65个党的

510名代表出席了会议。季米特洛夫在会上作了《法西斯的进攻与共产国际为工人阶级的反法西斯主义的统一而斗争的任务》的主报告,并当选为共产国际执行委员会总书记。大会分析了国际形势,指出法西斯势力迅速崛起,战争威胁日益严重,呼吁全世界人民一致行动起来,反对法西斯,制止战争爆发。要求各国共产党同社会民主党采取联合行动,实现工人阶级的反法西斯统一战线,并在此基础上团结农民、城市小资产阶级和其他反法西斯力量,建立反法西斯人民阵线。此外,会议还决定,鉴于国际形势日益复杂,各国的具体情况又极为不同,必须加强各国共产党的自主性,共产国际执委会"一般不直接干涉各国共产党内部组织上的事宜",以适应反法西斯斗争的需要。

共产国际方针的转变实际上主要是为苏联的外交活动拓展空间,在新方针下,苏联可以不受国际共运阶级斗争路线的制约,从苏联现实的国家利益出发,采取一切可能的灵活措施,同各种类型的国家和党派打交道,以保证自身利益的实现。所以,共产国际七大的新方针虽然赋予各国党较大的自由度,但其实质仍是以苏联利益为中心,各国共产党的活动仍然要服从苏联的需要,按照苏联外交方针和对外政策的步调不断调整自己的行动路线。从总体上看,30年代苏联的对外政策是非常实用主义的,共产国际及其领导下的各国党为维护苏联的利益付出了很大代价。

三、法国的巴尔都外交方针

法国是德国的近邻和宿敌,希特勒的反法宣传和毁约扩军行动同样引起法国公众的警惕和恐惧。1934年2月法国现实主义政治家巴尔都(1862—1934)出任外交部长,在其他内阁成员的推动下,形成"大联盟"的外交方针。巴尔都外交方针包含以下四点内容:

(1) 对德国的毁约扩军行动采取强硬立场,不承认其合法性;
(2) 坚决维护国际联盟,维护欧洲现存的国际秩序和领土边界;
(3) 加强法国的欧陆同盟体系;
(4) 创建一个由若干区域性防御公约和互助条约构成的欧洲集体安全体系。

在巴尔都的外交构想中,区域性互助公约体系是连接法国及其盟国和英、苏、意等大国的桥梁,它主要由《东方公约》、《苏法互助条约》、《地中海公约》和《洛加诺公约》构成,并必须有主要欧洲大国参加。但是这时候,英国的外交政策还处于从"扶德抑法"向"扶法抑德"的转变之中,意大利在地中海、多瑙河流域和非洲等地都同法国有利益冲突,尤其是在维护还是修改凡尔赛体系这个根本问题上,法、意两国的态度截然相左。而苏联对建立欧洲集体安全体系的热情很高。因此,巴尔都把对苏谈判作为推行"大联盟"外交的起点,并把联合苏联放到比较重要的位置上。

经过两个月的磋商1934年6月巴尔都正式向苏联和英国提出《东方公约》草案。草案建议签订两个互相联成一个体系的协定,前者为严格意义上的《东方公约》,即苏联、德国、波兰、捷克斯洛伐克、爱沙尼亚、芬兰、拉脱维亚和立陶宛之间的互助公约,后者是以苏联参加《洛加诺公约》和法国参加《东方公约》为基础的《苏法互助条约》。

四、苏联重返国际社会

俄国爆发社会主义革命后,一直遭到主要西方国家的排斥,没有真正进入国际社会,这不仅有损于苏联的国家利益,而且会严重阻碍世界局势的正常发展。30年代国际形势的变化,给苏联提供了重返国际社会的机遇。苏联政府及时抓住机遇,把可能变成了现实。

十月革命后,美国一直拒不承认苏联。随着国际局势日益恶化,苏、美两国关系发生微妙的变化。1932年12月,苏联外交人民委员李维诺夫(1876—1951)表示,远东地区发生麻烦,在不小程度上是因为太平洋两岸的国家并不是都有外交关系。这实际上是向美国传送建交的意愿。作为现实主义政治家的富兰克林·罗斯福(1882—1945)入主白宫后,充分估量了苏联在国际舞台上的力量和作用。他认识到,拒不承认苏联,不仅有损于美国的对外贸易,也不利于牵制法西斯势力,维护美国的利益。1933年5月16日,罗斯福向参加裁军会议和世界经济会议的53国首脑发出呼吁书,建议裁减进攻性武器,共同缔结互不侵犯和增进政治经济关系的公约。这份呼吁书也递送给了苏联最高苏维埃主席团主席加里宁(1875—1946),这是美国政府向苏联政府发出的准备建交的信号。同年10月10日,罗斯福致函加里宁,建议正式举行建交谈判,"来结束1.25亿美国人民和1.6亿俄国人民之间目前的不正常关系"。1个月后,两国正式建立了外交关系,同时双方承诺:避免并制止对另一方的武装干涉行为;不建立、资助或支持旨在反对对方政治制度或社会制度的军事组织或军事团体;对美国在1918—1921年期间武装干涉西伯利亚所造成的损失,苏联放弃一切要求。

苏联还趁此机会,同一系列国家建立外交关系,它们是西班牙、匈牙利、罗马尼亚、捷克斯洛伐克、保加利亚、阿尔巴尼亚、哥伦比亚、比利时和卢森堡。

20年代,苏联认为国际联盟是凡尔赛分赃条约的直接产物,是世界反革命势力的总司令部,是帝国主义的侵略工具。1927年,斯大林明确宣布苏联不参加国联,因为苏联反对帝国主义,反对压迫殖民地和附属国,不愿意成为帝国主义阴谋的帷幕的组成部分。30年代随着国际形势的变化,苏联对国际联盟的态度也发生转变,从支持德国打破凡尔赛体系转为支持国际联盟维护世界和平。而巴尔都外交方针的内容之一,是争取苏联进入国际联盟,以国联的力量来抑制德国。尤其在日本和德国相继退出国际联盟,凡尔赛体系濒于崩溃之际,法国更加希望苏联进入国联,为这一国际组织注入新的活力。1933年11月,法国外长向苏联大使提出苏联参加国际联盟的建议。一个月后,1933年12月25日,斯大林通过对《纽约时报》记者杜兰特的谈话作出回应,他表示:"尽管德国和日本退出了国际联盟,或者也许正因为如此,国际联盟才能够成为制止或阻碍军事行动发生的一种因素。……如果国际联盟能够起微小的作用,哪怕只是使战争受到一点阻难而在某种程度上促进和平事业,那么我们也就不反对国际联盟。……尽管国际联盟有很大的缺点,我们也不会不支持它。"[①]

法国得到苏联的反馈信息后,又做了大量的工作。1934年9月15日,国际联盟30个会

---

① 斯大林:《和〈纽约时报〉记者杜兰特先生的谈话》,《斯大林全集》第13卷,人民出版社1956年版,第249—250页。

员国联名向苏联发出邀请书。18日,国际联盟以38票对3票的绝对多数赞成苏联加入国联并担任理事会常任理事国。1934年9月,苏联正式加入国际联盟。它在加入时发表声明,反对国联维护殖民主义的委任统治制度,表示对国联此前所作的此种决议和没有苏联参加所签订的条约概不承担责任。

五、《东方公约》和《苏法互助条约》

《东方公约》草案提出后,法、苏两国为正式缔结公约积极开展活动。苏联分别邀请爱沙尼亚、拉脱维亚和立陶宛三国派代表访问苏联,三国都表示愿意参加拟议中的公约。同时,巴尔都访问了英国、波兰和捷克斯洛伐克,说服它们支持或参加《东方公约》。英国起先态度冷淡,后来在持保留条件的前提下同意给予支持,捷克斯洛伐克则积极支持。

德国蓄意进行破坏,始则叫嚣《东方公约》意在"包围"德国,当苏、法两国表示不反对德国参加后,它又声称在军备平等的权利恢复之前,拒绝参加任何国际安全体系。此外,它抢先于1934年1月同波兰签订为期10年的《德波互不侵犯条约》,同时声称愿意同所有的邻国缔结这种双边互不侵犯条约,以此来破坏区域性多边条约的签订。波兰自从分别同苏联和德国签订互不侵犯条约后,自以为掌握了保持中东欧"均势"的砝码,只要自己在苏、德之间维持"等距离外交",就足以维护本国的安全。因此它反对在德国之前加入《东方公约》。

德、波两国拒绝参加,使《东方公约》难以缔结。1934年10月,巴尔都在马赛欢迎南斯拉夫国王亚历山大时,同后者一起被法西斯雇佣者刺死。巴尔都之死,使缔结《东方公约》的前景变得黯淡。1934年12月5日,法国继任外长赖伐尔在日内瓦同李维诺夫签订《法苏关于〈东方公约〉的议定书》,声称两国政府将进行外交合作,不参加旨在缔结妨碍《东方公约》所含精神的双边或多边政治协定的谈判。然而,由于赖伐尔主持下的法国,一方面逐渐由强硬转向软弱,另一方面,在推行"大联盟"政策方面,开始把意大利放在主要位置上,这都给《东方公约》蒙上了阴影。

1935年3月德国宣布公开扩军后,法国感到恐惧。它为了利用苏联制衡德国,又打起了"苏联牌"。1935年5月2日,苏、法两国在巴黎签订了双边的《苏法互助条约》,条约规定苏联或法国在遭到欧洲国家无端侵略时,应立即相互提供援助。关于"欧洲国家"一词,是应法国的要求而写上的,意在表明法国不承担援助苏联抗击日本侵略的义务,苏联政府为了不放过每一个制止侵略的机会,作了让步。

两周后,苏、捷两国代表在布拉格签订了《苏捷互助条约》,内容与苏法条约相同。该条约除了强调欧洲性以外,还有一个附带条件,即只有在法国对被侵略者提供援助时,苏、捷双方才有义务互相援助。这一条反映了捷、苏双方的意愿。捷克斯洛伐克"不愿把自己的政策方向从西方转向东方","不愿单方面与俄国联系";苏联也不希望单独卷入对德战争,让法、英两国"祸水东引"的阴谋得逞。

这两个条约本来可以在反对德国侵略方面发挥作用,但是法国没有履行条约义务的诚意,反而把它们视为"滑稽剧"和"备用手段",迟迟不参加预定在1935年夏天举行的三国军事谈判,同时企图利用条约加强自己的地位,来改善同德国的关系。德国重新武装莱因区后,法国又追随英国推行绥靖政策,致使条约根本没有发挥应有的作用。

六、英国的绥靖政策

面临法西斯的步步挑衅,英国则推行绥靖政策。英文"绥靖"一词的含义是抚慰、平息、姑息,绥靖政策的核心内容是通过妥协退让以达到避战求和的目的。30年代,绥靖政策可分为两个阶段,以1937年年中为界,前期主要表现为听任法西斯国家毁约扩军,之后则表现为纵容法西斯国家对外侵略扩张。

英国之所以会推行绥靖政策,首先受制于它的国际地位。它作为一个老牌的殖民主义国家,拥有世界上绝大部分殖民地,然而经过第一次世界大战和战后民族解放运动的打击,实力日趋衰弱,面对法西斯国家的挑战,一心希望稳定国际局势,维护既得利益。此外,国内和平主义思潮和运动的兴盛,保守的财政政策造成的军事实力不足,统治阶级对中欧革命运动和社会主义苏联的恐惧,传统的"大陆均势政策"的影响,都对英国政府产生较大的影响。

由于英国一再推行绥靖政策,到30年代中期,其自身的战略地位已严重恶化。面临法西斯的直接威胁,英国统治集团内部对德强硬派和绥靖派之间的争论越来越激烈,两派之间的分野也日益明朗。

以丘吉尔(1874—1965)为首的对德强硬派,主张对内迅速大规模壮大武装力量,对外"建立武装的国际联盟,争取尽可能多的国家参加,以英、法两国为核心,反对潜在的侵略者",并调整同社会主义苏联的关系,与苏联结成反对纳粹的"大联盟"。但是,由于绥靖思潮泛滥,强硬派在英国居于劣势,人数寥寥无几,常被指责为"战争贩子"、"不识时务"。整个30年代,丘吉尔从未有机会进入内阁,只能在下院充当反对派。强大的绥靖思潮,把张伯伦(1869—1940)推上了首相宝座。

张伯伦出身于英国伯明翰市巨富家庭,曾经数次担任卫生大臣和财政大臣。1935年鲍德温再度出任首相后,继任财政大臣的张伯伦开始经常插手外交事务,成为左右内阁的实力人物之一。张伯伦自信对欧洲局势,甚至对整个世界都了如指掌,并认为自己完全有能力对付国内外所有的挑战。德国宣布公开扩军后,他虽然意识到德国对英国的威胁,但是不希望造成一个英、法、意联合抗德的局面,以免过分刺激希特勒,同时企图通过帮助德国稳定经济,来消除德国对外冒险的经济根源。他主张对日本和意大利也实行绥靖政策,使目标不一的独裁者不致抱成一团。张伯伦还认为,加强经济实力是增强本国防御能力的重要基础,因此不应过多地增加军费和过分地扩充军备。

到1937年,英国的总防卫能力没有得到应有的加强,国际地位相对削弱;法西斯国家不但没有因为英国的妥协退让而停止冒险,反而互相勾结,逐步扩大侵略。5月28日,张伯伦出任首相,开始全面推行绥靖政策。

1937年下半年,在张伯伦主持下,英国政府调整和修改了军备政策和军事战略。首先改变30年代前期每年军费只有1亿多英镑的落后局面,将1937—1941年的五年防务开支增加到16.5亿英镑,又恪守传统的财政政策,抑制军方根据军事需要提出的军费数额,以保证财政和经济的稳定。由于不能同时满足三军的各项需求,于是确定了一个决定轻重缓急的"防务次序"原则:第一是保卫本土,其次是保卫贸易线,然后是保卫海外殖民地和自治领,最后才是履行欧陆义务。也就是说,在英国的霸权地位受到法西斯国家挑战的时刻,其军事政策的主要目标仍然是保卫摇摇欲坠的大帝国,而对于欧洲的危局,张伯伦希望通过外交手段去求得解决。

在张伯伦的外交战略构想中,"德国是解决问题的真正关键"。他认为,希特勒对外政策的目标是"有限的",它只是"民族主义的,而不是统治欧洲",因此只要英国作出某些让步,就能满足他的愿望。他决心将苏、法两国倡导的"堵",即维护凡尔赛体系的方针,改为"疏",即调整现存格局的方针,认为只要英国作出某些让步,英、德两国达成"全盘解决",就能稳定欧洲局势。张伯伦心目中的"全盘解决",主要包含以下三个内容:

(1) 英国准备出卖中东欧小国的利益,牺牲法国的中东欧同盟体系,允许德国以和平方式占有奥地利、苏台德区和但泽等德意志人占多数的地区,以此满足希特勒建立大德意志国的要求;德国则应承诺"这种变更是按和平演进来实现","避免采用可以引起今后时局震荡的手段",放弃进一步的侵略行动;

(2) 在达成"欧洲的政治解决"协议后,英国可以"考虑对德国提供经济上的援助",允许德国在东南欧享有商业和政治上的优先权利,从而消除其对外扩张的经济根源;

(3) "作为全盘解决的一部分及平行步骤",英、法两国愿意在殖民地问题上作出某些让步,归还部分原德属殖民地[①]。

根据这一设想,张伯伦上台不久即向德国表示"友好态度",邀请德国外交部长牛赖特访英,但未成功。1937年下半年,纳粹党头目戈林邀请英国掌玺大臣哈利法克斯(1881—1959)参加柏林国际狩猎博览会,张伯伦借机派遣哈利法克斯于11月17日访问德国。

哈利法克斯在同希特勒会谈时,大力赞扬希特勒的反共"功勋",颂扬"总理不仅在德国国内有很大的建树",而且"通过阻止共产主义进入德国,已经遏制它进一步侵入西欧"。当希特勒要求改变《凡尔赛条约》所确定的现状,承认德国在欧洲的大国权利时,哈利法克斯表示,条约所酿成的错误必须加以纠正,但泽、奥地利和捷克斯洛伐克就属于迟早一定会发生的欧洲秩序变更的问题,"英国所关注的是任何变更都应该通过和平演进的方法,避免采取可能引起长期动乱的手段"。

为了便于放手推行绥靖政策,张伯伦在组织上进一步排挤强硬派。他上台不久,就调换驻德大使,将主张对希特勒的扩张保持高度警惕、积极鼓吹加强本国防务的菲普斯撤职,换上鼓吹英德合作、被人骂为"纳粹大使"的汉德逊。1938年2月,强硬派人物、外交大臣艾登因反对张伯伦的绥靖政策而辞职,被称为"绥靖船上大副"的哈利法克斯接任。

对意大利,张伯伦认为它是欧洲棋盘上一只特殊的棋子:它与德国有领土要求的冲突,

---

① 参见《德国外交政策文件集,1918—1945年》,D辑第1卷,华盛顿1949年版,第55—67页。

可以借此牵制德国的侵略；它和德国同属法西斯国家，有意识形态上的"血亲"关系，可以充当英、德之间的桥梁。因此他不顾意大利兼并了埃塞俄比亚，又正在插手西班牙内战，决定同它恢复友好关系，于1938年4月亲自出访意大利，签订了《英意协定》。在协定中，英国承认意大利占领埃塞俄比亚，并答应促使其他国家也这样做。在英国的压力下，法国政府关闭了法、西边界，冻结了西班牙共和政府在法国的黄金储备，从背后打击了西班牙共和国。

张伯伦根据既定设想，默认了德、奥合并，又通过《慕尼黑协定》让出了捷克斯洛伐克的苏台德区，以为这样就保证了50年的和平。然而1939年3月希特勒继续伸手，侵占了整个捷克斯洛伐克，打破了"不要一个捷克人"的承诺。绥靖战略的基础开始动摇。英国政府认识到要保持英国的世界霸权地位，必须调整外交战略，施以必要的遏制和对抗。这样就出现了所谓的英国"外交革命"。张伯伦政府对内加强军事力量，对外向德国周边国家提供担保，同法国结盟，与苏联谈判，筑起遏制德国进一步扩张的篱笆，试图用两线作战的幻影迫使希特勒就范。但是，由于张伯伦还执掌着政权，这种政策变化很不稳定，在英、法、苏谈判中仍然拘泥于细节，缺乏大刀阔斧地抓主要环节的气度，最终丧失了挽救危局的机会，被迫向德国宣战。

七、美国的孤立主义和罗斯福外交

自从20世纪初美国政府把目光从美洲转向世界，美国国内就产生了孤立主义思潮。当时孤立主义势力的代表人物，主要是中西部各州的参议员。他们代表中西部农场主和与农业关系密切的工商业资本家的利益，主要关心国内市场，认为美国地大物博，与欧亚远隔重洋，是个世外桃源，提出"坚守美洲堡垒"，反对插手世界事务。第一次世界大战爆发初期，他们认为美国参战得不到好处，推动政府执行中立政策。大战结束以后，他们又认为国际联盟受英、法操纵，美国如果参加，将会招致英国干涉美洲事务，因此仍然要求美国不要过问欧洲及世界事务。美国拒绝批准《凡尔赛条约》和不参加国际联盟，同他们的阻挠有关。

在世界经济大危机的袭击下，美国公众主要关注国内的经济复兴和就业问题，普遍对国际事务不感兴趣，孤立主义势力趁机再次崛起。这时，他们除了继续代表中西部财团的利益外，还代表了一些同德国资本联系密切的垄断财团的利益，和各种和平主义派别及宗教、妇女团体的要求。他们反对过问英、法与德、意、日之间的争夺，主张置身于欧洲和世界事务之外。他们声称："国外在宣传什么我们的边界在欧洲，我们切不可为其所动，误入歧途。除了大西洋在东边、太平洋在西边之外，我们还有什么更多的要求呢？大洋就是不可逾越的天险，即使对现代化的飞机来说，亦复如此。"他们甚至连外交活动都感到厌恶，称之为"强权政治"。在当时反映他们观点的《时代》周刊里，把所有国际新闻都刊登在"强权政治"的大标题下。所以，孤立主义势力确实要求放弃争霸活动，利用美国优越的地理位置，退守美洲堡垒。

罗斯福是个具有世界性战略头脑和民主主义信仰的政治家，他的支持集团在英帝国境内拥有较大的投资，因此主张助英抑德，遏制法西斯势力的扩张。但是，罗斯福在第一届总统任期内，忙于应付国内危机，无暇过多地顾及外交事务，而希特勒的行动还局限在毁约扩军的范围内,尚未对美国构成直接的威胁。面对孤立主义分子的阻挠,罗斯福因势利导,对欧洲政治事务采取中立和"不干涉"政策,让英、法顶在第一线应付德、意的威胁。

30年代美国中立政策的主要表现,是1935年8月国会通过了《中立法》,并在意大利侵埃战争和西班牙内战中得到应用。

1937年前后,美国国内的"新政"已初见成效,罗斯福顺利地连任总统,而法西斯国家已实现政治联合,国际局势急剧动荡。这时,美国的外交战略开始发生变化,逐渐形成解决欧洲问题的设想,即以"各国首脑会议"取代国际联盟,争取在美国的参与赞助下,达成欧洲问题"政治和经济上的总解决"。所谓"总解决",即在中东欧为德国提供"经济上的出路",以防止"德国为争夺市场和原料而向外出击",并考虑归还德国的殖民地。该计划虽然也对德国实行绥靖政策,但美国明显试图取代英国的世界霸主地位,因而遭到张伯伦政府的拒绝。

当德国正式迈出扩张步伐时,罗斯福政府同样认为希特勒的侵略目标只限于德意志人居住区,因此没有作出积极的反应,直到德波战争爆发后,才逐渐同法西斯相对抗。

在亚太地区,美国的反应也有一个从暧昧到明朗的过程。"七·七事变"发生后,1937年7月16日,美国国务卿发表声明,没有正面谴责日本的侵略行为,仅仅呼吁各国"不使用武力,不干涉他国内政","通过和平谈判与协商的途径调整国际关系中的有关问题"。9月14日,罗斯福总统下令禁止属于美国政府的商船运送武器、军火和军事器材去中国和日本,但没有禁止私人商船从事这种活动。事实上,从1937年到1939年,美、英两国没有削减石油、钢铁、废铁、汽车、飞机等军需物资的对日输出量。但是,随着日本不断扩大在华占领区,罗斯福的态度逐渐发生变化。1937年10月5日,罗斯福发表著名的"隔离演说",呼吁建立反对侵略者的"防疫地带",把侵略者"隔离"起来,以向日本施加压力。但是当孤立主义分子群起攻击后,罗斯福迅速降低调子,表示制裁是一个"可怕的字眼",应该"扔到窗外去"。

第三节 从局部战争到全面战争

一、局部战争与世界大战

第二次世界大战的起源经历了一个由局部战争到全面战争的发展过程。1931年"九·一八"事变,日本在中国燃起第一场战火;1935年,意大利入侵埃塞俄比亚;1936年,德、意武装干涉西班牙内战;1937年,日本发动全面侵华战争;1938年,德国吞并奥地利并侵占捷克斯洛伐克的苏台德区;1939年,意大利侵吞阿尔巴尼亚,德国进攻波兰,英、法等国对德宣战;直到1941年苏德战争和太平洋战争爆发,各主要大国才完全卷了进去,打成了一场真正的全球大战。所有这些局部战争,都是第二次世界大战的有机组成部分,其中中国抗日战争全面爆发和英、法对德宣战,具有较突出的意义。中国抗战开辟了世界上第一个反法西斯战场,该战场在第二次世界大战的诸个战场中,开辟最早,持续最久,贯穿始终,它在太平洋战争爆发前是打击日本帝国主义的主要战场,破坏了日本既定的侵略计划,延缓了法西斯国家的结盟进程,在太平洋战争爆发后牵制了日本百万大军,保证反法西斯盟国得以实施"先欧后亚"的战略。英国和德国作为当时世界上对国际事务有重要影响和作用的大国,当争夺霸权的矛盾发展到不可调和的地步时,在欧洲这一具有较大战略意义的地区总爆发,对战争进程和世界形势都有很大的影响。

30年代恰逢世界格局发生转换之际,一些对凡尔赛—华盛顿体系不满的国家走上法西斯专政的道路,处心积虑地要打破旧的格局,世界形势出现动荡、分化、改组的局面。这时发生的局部战争,不仅包含着演变成全球大战的趋向,其本身也成了世界大战的有机组成部分。

二、德奥合并与慕尼黑会议

张伯伦的绥靖战略增强了希特勒的胆量,促使他提前迈出建立"大德意志国"的步伐,并根据奥地利国内形势的发展和意大利态度的变化,决定改变原定计划,把侵占奥地利放在解决捷克斯洛伐克问题之前。

1934年7月奥地利总理陶尔斐斯(1892—1934)被刺杀后,由舒施尼格(1897—1977)接任。鉴于英、法两国面临希特勒的步步进逼妥协退让,意大利因入侵埃塞俄比亚而疏远英、法,靠向德国,舒施尼格错误地认为"不得不采取一条姑息道路",要"尽一切努力设法使希特勒容忍现状"。经过德国驻奥大使巴本的努力,两国于1936年7月11日签订了《德奥协定》。在协定的正文里,德国重申承认奥地利的主权,保证不干涉其内政;奥地利则保证在外交政策特别是对德政策中,"将始终按照承认自己是一个说德语的国家的原则行事"。但是,在协定的秘密条款中,舒施尼格作了很大的让步,他同意大赦奥地利的纳粹政治犯,并任命纳粹分子或其同情者担任"政治上负责任"的职务。该协定为德、奥合并开通了道路。此后,有五家德国报纸在奥地利倾销,大肆进行种族主义宣传;两名纳粹同情者参加了政府,担任外交部长等职务;奥地利纳粹分子的活动公开化,他们在德国的资助和唆使下,加紧从事促使奥地利并入德国的恐怖分裂活动。

这时,意大利对奥地利的态度也发生了很大的变化。1937年11月6日,墨索里尼在加入《反共产国际协定》时,对里宾特洛甫说,"不论是从种族、语言上,还是从文化上说,奥地利都是一个德意志国家","我为奥地利的独立'站岗'已经感到厌倦了,特别是在目前连奥地利人也不再希望这种独立的时候"。他认为,"奥地利是第二个德国,没有德国,它不能有任何作为",明确表示听任德国吞并奥地利。

意大利的态度使希特勒更加肆无忌惮。从1937年底到1938年初,德国唆使奥地利纳粹分子不断制造事端,为公开出兵寻找借口。

奥地利政府面对纳粹分子的一再挑衅,忍无可忍,命令警察于1938年1月25日查抄纳粹地下组织的中央机构。希特勒趁机加速行动,同年2月12日把舒施尼格召到伯希特斯加登,进行了为时两小时的威胁和恐吓。当天下午,德方要求舒施尼格在一份最后通牒式的文件上签字。文件所列要求十分苛刻:取消对奥地利纳粹党的禁令,大赦纳粹罪犯;任命纳粹分子赛斯-英夸特(1892—1946)担任内政部长并拥有主管警察和保安事务的权力;任命亲纳粹分子担任国防部长和财政部长；德、奥军队交换100名军官，使两军之间建立"更密切的关系"。文件还提出了一些把奥地利纳入德国经济体系的要求。舒施尼格在暴力威胁面前，被迫接受全部要求。2月16日，奥地利政府进行改组，赛斯-英夸特等纳粹分子在内阁中身居要职。2月19日，政府宣布对纳粹分子实行大赦，连1934年刺杀陶尔斐斯总理的凶手也被释放。希特勒又增派大量纳粹骨干分子到奥地利，指挥奥地利纳粹暴徒到处举行示威，制造骚乱，甚至在市政广场上扯下奥地利国旗，升上德国的纳粹旗。

奥地利面临亡国的危险，广大群众举行游行集会，要求武装人民，反对德国的侵略。在人民群众的压力下，3月9日舒施尼格宣布将于3月13日举行公民投票，由人民表决是否赞成保持奥地利的独立。

希特勒得知这一消息后，暴跳如雷。3月11日，他向奥地利政府发出最后通牒，命令立即取消公民投票，并由赛斯-英夸特出任总理。舒施尼格无力抵御，被迫辞职，赛斯-英夸特出任"临时政府总理"。同日，希特勒发布关于"奥托"军事行动方案的第一号指令，下令军队入侵奥地利，并授意赛斯-英夸特以奥地利政府名义请求德国出兵帮助维持社会秩序。12日晨，德军越过边界，兵不血刃地占领了整个奥地利，希特勒于14日随军到达维也纳。两国政府已于13日签署了德、奥合并的文件，奥地利成为德国的"东方省"，赛斯-英夸特任省长。

英国的既定方针是允许德国建立大德意志国，不过要用和平手段，面对德国的动武行为，英、法驻德大使馆奉命提出抗议照会，谴责德国对奥地利施加"压力"。希特勒明白这是表面文章，干脆宣称德、奥关系是"德意志人民的内部问题，与第三者无关"。一个月后，西方大国都承认了这一事实。

德国顺利地占领奥地利后，即把侵略矛头指向捷克斯洛伐克。为了欺骗世界舆论和寻找战争借口，希特勒制造并利用了捷克斯洛伐克国内的民族纠纷问题。

捷克斯洛伐克是一个多民族国家，在1500万人口中，捷克人和斯洛伐克人计占950万，德意志人约320万，其他少数民族如匈牙利人、波兰人、卢西尼亚人共200多万。德意志人约占总人口的23%，主要聚居在接近德、捷边界的苏台德地区。该地区工业化程度很高，并筑有坚固的防御工事。

在捷克斯洛伐克复国后较长一段时期内，德意志人同捷克人基本上相安无事，德意志人在议会中有自己的代表，并在政府机构中担任某些职务。1933年10月，在德国纳粹运动的影响下，苏台德的德意志人成立了以汉莱因（1898—1945）为首的"苏台德德意志人党"。1935年起，该党开始接受德国外交部的秘密资助，并根据德国驻捷使馆的指示开展活动。德国的支持使该党增强了活动能力，在德意志人组成的诸党派中逐渐占据了优势地位。

当希特勒把侵略矛头指向捷克斯洛伐克时，他希望在排除英国干预的情况下打一场侵捷局部战争，让军队积累从事闪击战的经验，并一举实现侵略目标，即拿下整个捷克斯洛伐克。德国宣传机器开始攻击捷克人"迫害"苏台德德意志人。3月28日，希特勒在柏林召见汉莱因，要他"提出捷克政府所不能接受的要求"，以便扩大事态，提供德国干涉的机会。4月24日，汉莱因在卡尔斯巴德举行苏台德德意志人党代表大会，提出"八点纲领"。纲领要求苏台德区实现完全"自治",全部官职由德意志人担任,要求释放被关押的纳粹政治犯,政府改变同法、苏结盟的政策。捷克斯洛伐克政府同汉莱因举行谈判,同意特赦1200名纳粹政治犯,但拒绝了苏台德区完全自治的要求。汉莱因中断同政府的谈判,前往德国进行活动。在希特勒一手策动下,苏台德地区问题很快成了世界各国瞩目的中心。

但是,当时德国还无力同英国正面对抗,因此希特勒在制造危机时有一个底线,即引诱和迫使英国放弃捷克斯洛伐克,置身事外,绝不能由此引发英、德战争。1938年9月15日和22日,张伯伦两次出访德国,希特勒在第一次会谈中要求英国根据民族自决的原则使苏台德区脱离捷克,当张伯伦回国征得各方面同意后,希特勒又提高要价,要求捷国全部人员立即撤出苏台德区,德意志人占多数的地区由德军占领,其余地区举行公民投票决定归属。希特勒出尔反尔的做法引起英、法两国强硬派的愤恨。英国内阁6名大臣宣称,如果政府再向希特勒屈服,他们就要辞职;15名保守党员联名要求政府支持捷克斯洛伐克抵抗,并同苏联联合;海军大臣库珀还下令舰队动员。自1936年后一直充当绥靖"小伙计"的法国政府,也趁机采取强硬态度,宣布如果捷克斯洛伐克遭到攻击,法国将履行法捷条约的义务,对捷提供援助。张伯伦害怕德国出兵会危及欧洲局势的稳定,在强硬派的压力下,也发表声明,表示如果法国援助捷克斯洛伐克,英、俄两国将"一定与法国站在一起"。

面对英、法、捷三国的强硬态度,希特勒不得不放弃一举侵占整个捷克斯洛伐克的战争计划,决定暂时先占据苏台德区。9月26日晚,希特勒在柏林体育馆发表演说,他时而狂吼,时而尖叫,对捷克斯洛伐克及其总统进行了极其卑劣的攻击,但对英、法两国却玩弄骗术,用语温和亲切,并别有用心地感谢张伯伦争取和平的努力,重申这是他在欧洲的最后一次领土要求。

希特勒的态度使张伯伦的地位得到加强,他软硬兼施,对希特勒施加压力,并请求墨索里尼出面斡旋,召开英、法、德、意四国会议,讨论领土割让事宜。

1938年9月29—30日,英、法、德、意四国首脑张伯伦、达拉第、希特勒、墨索里尼在德国南部的慕尼黑开会,史称"慕尼黑会议"。墨索里尼在会上拿出一份由德国起草的协定草案,英、法立即表示同意。9月30日凌晨1时,四国签署了《慕尼黑协定》。协定规定:将捷克斯洛伐克的苏台德区和与奥地利接壤的南部地区割让给德国;捷方应于10月1—10日之间从上述领土撤退完毕,领土上的军事设施、厂矿企业、运输工具等必须无偿交给德国;德意志人占多数的地区由德军分阶段占领,其余地区由"国际委员会"确定其归属;捷方应在3个月内满足匈牙利和波兰的领土要求。协定附件规定,英、法将保障捷克斯洛伐克新国界不受无端侵犯。捷克斯洛伐克的代表被召到慕尼黑,但不准参加会议。协定签订后,张伯伦、达拉第向他们宣读了协定内容,并交给他们一张地图,责令立即执行。9月30日上午,捷克斯洛伐克政府开会,决定接受《慕尼黑协定》。

慕尼黑会议是英、德双方一种特殊的妥协,英国作出的是根本性和全局性的让步,而希特勒作出了表面的暂时性的让步,即放弃使用武力,仅仅获得苏台德区而不是整个捷克斯洛伐克。

《慕尼黑协定》签字

1939年3月德国侵占捷克残存地区后,东欧问题变得突出起来。德国只有控制了波兰、罗马尼亚等东欧小国,才能解除西进的后顾之忧,在小范围内避免两线作战。控制东欧小国,可以通过诱逼其成为附庸国或武力侵占两种途径,以后不少小国实际上走了第一条途径,但是波兰坚持要在德、苏之间保持"等距离外交",寻找英国作为自己的靠山。1939年4月3日,希特勒下令制定进攻波兰的"白色行动计划",决心用武力打败波兰。

三、德国进攻波兰与英法参战

1939年9月1日,德军按计划进攻波兰。德军最高统帅部将入侵部队编为2个集团军群:北路集团军群由包克(1880—1945)上将指挥,辖第三和第四集团军,共21个师又2个旅,配置在东普鲁士和波兰走廊的西面;南路集团军群由伦德施泰特(1875—1953)上将指挥,辖第八、第十和第十四集团军,共36个师,配置在德、波边界的中部和南部。入侵部队总数约150万人,拥有6个坦克师、8个摩托化步兵师和2个航空队,共约2500辆坦克、2000架飞机。

波兰守军投入第一线对德作战的共30个步兵师、9个预备步兵师、11个骑兵旅和2个摩托化旅,能用于作战的共有100万左右的兵力、220辆轻型坦克、650辆超轻型坦克、407架飞机。全部兵力编成7个集团军和若干个战役集群。力量对比明显处于劣势。

德国在发动全面进攻前,为了欺骗世界舆论,制造了一起代号为"罐头鹅肉"的丑剧。8月31日夜晚,一批身穿波兰军服的党卫队员"袭击"了紧靠波兰边境的德国城市格莱维茨,"占领"了该城的电台,用波兰语辱骂德国,随后丢下几具身穿波兰军服的德国囚犯尸体。

9月1日凌晨,德军航空兵首先对波兰的21个机场发动突然袭击,摧毁了波方的大部分飞机,并以大量轰炸机密集突击波兰的战略中心、交通枢纽和指挥机构。各个集团军以坦克和摩托化部队为前导,在航空兵的支援下,向波兰境内突进,实施"闪击战"。2个集团军群分5路实施钳形突击,前锋部队以每天30—50公里的速度分割包围波军,9月16日就使波军丧失反击能力,27日攻陷华沙。

英国已将波兰视作对德东战线的主体力量,9月1日,英、法两国先后发出照会,要求德国停止对波兰的进攻,撤出一切军队,否则两国将"毫不犹豫地履行对波兰所承担的义务"。意大利尽管在1939年5月22日同德国签订了《钢铁盟约》,但是不愿意在双方胜负未定之时仓促投下赌注,9月2日,墨索里尼以调停人的身份建议交战双方"原地停火",在两三天内举行谈判。希特勒根本不愿意吐出正在吞食的猎物,拒绝了意大利的调停建议,德国军队则按照原计划向波兰腹地快速推进。9月3日,英、法对德宣战。以后英国的殖民地印度及自治领澳大利亚、新西兰、南非、加拿大也先后宣战。德国入侵波兰的行动引起了第二次世界大战的全面爆发。

但是英、德两国的战争主要发生在海上。1939年9—10月,德国潜艇击沉了英国的一艘航空母舰和"皇家橡树号"战列舰。1939年9月—1940年3月,德国海军击沉了英国及其盟国和中立国的商船403艘,总排水量为130.4万吨。英国竭力保卫自己的海上交通线,在8个月内击沉27艘德国潜艇,并迫使德军在拉普拉塔河口自行凿沉"施佩伯爵号"袖珍战列舰。但是在陆上,英、法在西线拥有近110个师,而德国在那里只有23个师,英、法在军事力量上居于绝对优势,然而直到9月9日,法军第四集团军的部队才开始对萨尔布吕肯地区发动有限的进攻,突入齐格菲防线8—10公里,到9月12日即停止进攻。按照英、法事先拟订的战略计划,英军主力主要用于海洋战区,因此英国在宣战后只派了4个师前往西欧大陆。从1939年9月中旬到1940年5月,法、德边境上没有发生过一次真正的战争,英、法军队静静地坐在钢筋水泥工事后面,眼睁睁地看着德国兵士在前线铁路上起卸军火弹药,毫不干涉。由于担心对德空袭会引起德国的报复,英、法空军只向德国空投了一些宣传品,没有实施过一次空袭。西方人士把这种战争现象称为"奇怪的战争",也有人称之为"静坐战"、"假战争"、"晦暗不明的战争"。

欧战爆发后,美国继续保持中立政策,但是罗斯福加紧同孤立主义势力作斗争,竭力阻止德国侵略势力进一步增强。1939年9月23日,第一次美洲国家外长会议在巴拿马召开,通过了《中立共同宣言》和《巴拿马宣言》,规定美洲各国有权把交战国的潜艇赶出本国的领海,在美洲大陆周围建立起300海里的安全地带,筑起一道阻止纳粹势力入侵的篱笆。10月底—11月初,美国参众两院通过了新《中立法》,取消原来的武器禁运条款,改为"现金购货,运输自理",即用现金购买武器,由悬挂本国国旗的购货国船只运输。由于英国的海上运输发达,又有强大的海军护航,新《中立法》有利于英、法而不利于德国。

苏联政府按《苏德互不侵犯条约》的规定,在大战初期奉行中立政策,同时开始了一系列调整西部疆界的行动,其中包括:出兵进驻波兰东部;把波罗的海三国纳入防御范围,以后又并入苏联;与芬兰进行调整边界的谈判,后为此爆发苏芬战争,经过三个多月的激战,芬兰战败求和,靠近列宁格勒地区的苏芬边界向北移动150公里,芬兰将苏芬边界中部的一块领土割让给苏联,苏联共获得4万平方公里的土地,并租借芬兰的汉科半岛及其附近岛屿30年作为海军基地;收回同罗马尼亚有争议的领土比萨拉比亚,并割占北布科维纳作为"补偿"。苏联称这些行动是建立"东方战线",借此把西部边疆向西推移了150—400公里。苏芬战争爆发后,苏联被国际联盟指责为"侵略者"而遭开除。

苏芬战争爆发后,英、法两国向芬兰提供贷款和赠款,运送飞机和军火,并在国内设立募兵站,计划向芬兰派遣志愿军。它们既希望把战火引向苏联边境,也打算借运兵之机占领挪威的运输港口,切断德国的铁矿石运输线,并进而占领瑞典铁矿区和全部挪威,彻底断绝德国的铁矿石供应,从北翼威胁德国。

希特勒原计划在1939年11月就进攻西欧,后因天气等原因一再推迟。当他看出英、法的意图后,从1939年12月起开始考虑入侵挪威和丹麦,保住铁矿石运输线,占据威胁英国的海空军基地。

1940年4月9日凌晨4时20分,德国政府向丹麦递交最后通牒,要求丹麦立即接受"德国的保护",限定在1小时内答复。5时15分,德军开始侵入丹麦领土,没有遇到什么抵抗就占领了丹麦兵营和位于战略要地的机场。6时,丹麦内阁举行会议,经过激烈争论后接受了德国的最后通牒。国王命令全国军民停止抵抗,宣布投降。这样,德国只用了4个小时便占领了丹麦。

当天凌晨5时20分,德国又向挪威递交了一份内容几乎完全相同的最后通牒。5时52分,挪威政府答复说:"我们决不自动屈服,战斗已在进行。"德军在以挪威前国防部长吉斯林(1887—1945)为首的"第五纵队"的配合下,很快占领了首都奥斯陆和其他主要港口。但挪威国王拒绝投降,带领政府官员向北方转移,并命令全国继续抵抗。6月10日,德军占领了挪威全境。在德军刺刀的保护下,吉斯林组成了卖国政府,从此,"吉斯林"就成了内奸卖国贼的同义词。

德国入侵西欧的军事计划名为"黄色方案",原方案是"史里芬计划"的翻版,规定通过比利时中部向巴黎实施主要突击。由于德国一再推迟进攻日期,"黄色方案"迟迟没有付诸实施。1940年1月10日,德国空降部队总司令的一名联络官携带着该方案乘坐飞机前往波恩,准备同空军讨论作战计划的若干细节,不料飞机迷航,在比利时迫降,该方案落入英、法手中。德军A集团军群参谋长曼斯坦因(1887—1973)建议修改作战方案,把主攻方向定在出人意料的阿登山区,用庞大的装甲部队突破色当法军防线,直趋英吉利海峡,迫使英法联军和比利时军队落入德军包围圈。希特勒十分赞赏该建议。经过修改的新"黄色方案"俗称"曼斯坦因计划"。

1940年5月10日凌晨,德国向荷、比、卢三国同时发出最后通牒,要求三国不抵抗前来保证它们"中立"的德军,否则将被"一切可能手段"所粉碎。与此同时,德军开始按预定计划,首先进攻荷兰和比利时北部。英、法方面按事先制定的"D"计划,派遣主力部队进入比利时境内迎战,恰好中了德方的调虎离山计。德方主力部队A集团军群向阿登地区实施突击,该地区峰峦峻峭,森林密布,被认为是现代机械化部队无法通过的地区。德军先头部队出奇兵,很快取得成功,5月12日强渡马斯河,21日抵达英吉利海峡沿岸,从正面分割了英法联军,并将英法联军包围在敦刻尔克附近一块三角地带里。英法联军通过"敦刻尔克大撤退",

好不容易撤出近34万人,保存了有生力量,其中绝大部分成为日后反攻欧陆的骨干力量。敦刻尔克撤退有条不紊,行动迅速,被西方称为"敦刻尔克奇迹"。

6月22日,法国政府向德国签署投降书。文件规定:法国的阿尔萨斯和洛林划归德国;法国北部和西部约3/5的领土由德国占领,德国占领军的给养费由法国政府负担;南部残留地区由法国政府管辖。7月1日,法国贝当政府迁都维希,史称"维希法国"。

在德国进攻西线的当天,1940年5月10日,英国对德强硬派丘吉尔出任首相,组成由保守党、工党和自由党人参加的联合政府。5月13日,丘吉尔满怀信心地在下院发表演说,向全体英国人保证:"我没有别的,我只有热血、辛劳、眼泪和汗水贡献给大家","你们问:我们的政策是什么?我说:我们的政策就是用上帝所能给予我们的全部能力和全部力量在海上、陆地上和空中进行战争;同一个在邪恶悲惨的人类罪恶史上从来还没有见过的穷凶极恶的暴政进行战争,这就是我们的政策。你们问:我们的目的是什么?我可以用一个词来答复:胜利——不惜一切代价去争取胜利……"丘吉尔联合政府的成立,标志着英国彻底抛弃了绥靖政策,走上了不妥协的反法西斯道路。

德国侵占西欧诸国后,希特勒开始把注意力转向苏联,同时希望拉拢英国,暂时保持西线的平静。然而,希特勒的几次试探都遭到丘吉尔政府的断然拒绝,提出以德国"保证恢复捷克斯洛伐克、波兰、挪威、丹麦、荷兰、比利时,特别是法国的自由和独立生活"作为谈判的先决条件。希特勒恼羞成怒,于1940年7月16日签署关于制定"海狮"作战计划的第16号指令,即准备"清除英国本土作为发动反德战争的基地,并且在必要时予以全部占领"。其真实目的,是以战逼和,保证德国东进侵苏时西线的稳定。然而,战争进程充满着变数,由于丘吉尔政府的不妥协态度,还是存在德国出兵打败英国的可能。

"海狮"作战计划规定德军在8月中旬完成战役准备,但是德方在船只和后勤供应方面存在着很大的困难。8月1日,当局将完成日期推延至9月15日。德国陆、海、空三军头目提出,既然渡海登陆的条件尚未成熟,不如实施对英空中打击。于是,希特勒于8月1日签发了"对英进行海空作战"的第17号指令,要求空军空袭英国,夺取制空权,为实施"海狮"作战计划创造更有利的条件,并通过破坏英国的军事经济潜力和行政管理体系,迫使英国退出战争。于是从1940年8月到1941年5月,爆发了"不列颠空战"。

不列颠空战是第二次世界大战期间历时最长、规模最大的一次空战,德军共出动飞机4.6万架次,向英国投掷6万吨炸弹,炸死、炸伤英国居民8.6万余人,炸毁100多万栋建筑物。英军以915架飞机和414名飞行员的代价,摧毁了1733架德机,击毙和俘获6000名德国飞行员,取得了空战的胜利。德国对英登陆作战则不了了之。

四、法国败降的战略影响

法国作为西欧陆军强国,一个半月就被德国击败,使战争形势和战争双方的力量对比发生急剧的变化。世界各大国对此感到震惊,在新形势下不同程度地调整自己的总战略。德国打败法国后,战略地位和军事实力大大增强,希特勒急切希望侵占苏联,迅速实现征服整个欧洲大陆的夙愿,以便尽快地向称霸世界的第三步目标迈进。因此,德国在争取"逼和"英国的同时,从1940年8月起就向波兰、瑞典和芬兰调兵,仲裁罗匈、罗保之间的领土争议,派兵进驻罗马尼亚国土,并先后把匈、罗、保和斯洛伐克拉入法西斯侵略集团,为侵略苏联铺垫道路。为了达到牵制美国的目的,德国迫切希望同日本结成军事同盟。

德国在西欧的胜利,极大地鼓舞了日本的侵略势力,它们希望进一步在亚洲扩大侵略,同德国共同瓜分世界。由于日本北进的试探受到苏联的坚决打击,而英、法在东南亚一带的防御又十分薄弱,致使日本国内"南进派"占了上风,他们叫嚷"不要误了公共汽车",主张抓住千载难逢的南进良机,攫取东南亚的自然资源,切断英、法对中国的供应线,迫使蒋介石政府投降。1940年7月27日,日本政府和大本营联席会议通过《处理时局要纲》,确定了南进方针和加强同德、意勾结的路线。8月1日,日本外相松冈洋右(1880—1946)首次公开提出在亚太地区建立"大东亚共荣圈"。为了以德国的力量牵制美国,日本主动提议缔结德、日、意三国军事同盟。同时适当调整对苏关系。

法国败降不仅使英国在欧洲大陆的利益丧失殆尽,也使其本土的安全受到德国的直接威胁,英国已经没有任何退缩妥协的余地,随着丘吉尔上台执政,英国政府采取了坚决抗德的方针。为了有效地抗击德国,丘吉尔政府不仅积极联合美国,而且摒弃了苏芬战争爆发后张伯伦政府奉行的反苏政策,任命拥护英、苏结盟的工党活动家克里普斯为驻苏大使,为日后英、苏合作打好基础。

法国的迅速沦陷极大地震动了美国,罗斯福清楚地看到,如果英国失败,美国和美洲就将直接受到德国的威胁,美国只有站在反法西斯国家一边,在适当的时候参战,才能遏制法西斯势力,有利于确立自己在世界的领导地位。1940年6月起,美国采取了一系列加强本国战备的措施,成立两党内阁以加强国内团结,大幅度增加军费,实行全国义务兵役法,着手研制原子弹。同年9月德、日、意缔结军事同盟后,美国面临来自大西洋和太平洋的双重威胁,罗斯福经与国务卿和三军首脑会商,确定了"先欧后亚"的战略方针,即"在大西洋采取攻势","在太平洋采取守势",规定美军在太平洋不越过东经180度线向西作战,集中力量首先挫败主要敌人德国。同时,美国采取各种措施,加强英国的抵抗能力,着手改善美、苏关系,解除了苏芬战争后实行的"道义禁运"。

苏联政府在法国败降后,增强了战争紧迫感,外交上作了一系列调整。对内,进一步加紧备战。对外,为了避免东西两线受敌,努力争取中立日本。同时,调整同英、美的关系,扩大外交上的回旋余地。对德国,则火烛小心,避免过早引火烧身。

各大国战略的转变,使大国结盟体系初见端倪。法西斯国家结成了军事同盟。在1939年的外交谈判中,由于德国同苏联签订了互不侵犯条约,日本对德国大为不满,中断了日、德之间关于缔结军事同盟的谈判。法国败降后,日、德双方进一步勾结的愿望增强了。1940年8月1日,日本外相松冈洋右和日本驻德大使分别在东京和柏林向德方试探恢复结盟谈判。9月9日,两国在东京恢复谈判,18日,德国外长里宾特洛甫前往罗马说服意大利政府加入军事同盟。27日,《德意日三国同盟条约》在柏林签字。法西斯侵略集团最终形成。

美、英两国进一步加强合作。1940年12月29日,罗斯福发表"炉边谈话",表示美国"必须成为民主制度的伟大兵工厂"。以后,他又推动国会批准"租借法",获权以租借或贷款形式向反法西斯国家提供武器和物资。两国的合作为世界反法西斯联盟的形成奠定了基础。

五、德国进攻苏联

进攻苏联是纳粹德国的既定国策和"先大陆后海洋"扩张计划的重要一步,希特勒在争取"逼和"英国的同时,开始为入侵苏联铺垫道路。苏联在法国败降后也增强了战争紧迫感,对内加紧备战,对外努力争取中立日本,于1941年4月签订了《苏日中立条约》,同时调整与英、美的关系,以扩大外交上的回旋余地,谨慎处理对德关系,避免引火烧身。但是对德国在东欧的行动却非常不满和警惕。

于是希特勒邀请苏联外交人民委员莫洛托夫(1890—1986)于1940年11月访德,一方面了解苏联的真实意图,另一方面向苏方施放和平烟幕。希特勒在谈判中要求苏联参加德、日、意三国军事同盟,组建"四国联盟",共同瓜分世界,特别是分割大英帝国崩溃后留下的"遗产",并且鼓吹苏联应该向印度洋波斯湾方向扩展势力,打开通向不冻港的通道。莫洛托夫以沉默拒绝了希特勒的建议,要求德方明确说明其东欧政策和出兵芬兰、罗马尼亚的意图,再三要求德国从芬兰撤军。谈判没有达成任何协议。但是谈判结束后,苏方认为英德矛盾已激化到不可调和的程度,因此德国在打败英国之前不大可能进攻苏联。而希特勒却认为苏联的态度过于强硬,可能会干扰德国对英作战,于是决定在1941年实施进攻苏联的"巴巴罗萨计划",打算在这年入冬前打到欧亚分界线一带。

1941年6月22日,德国动用550万兵力、3000架飞机和4300辆坦克,分北、中、南3路向苏联发动全面进攻,进攻的重点在中路。德"中央"集团军群分南北两路对苏军实施钳形突击,6月28日在明斯克完成合围。随后,进攻部队在此向东突击,企图在斯摩棱斯克合围。由于苏军将士的顽强抵抗,德军的计划未能得逞,留下了一道近10英里宽的缺口。苏军最高统帅部从预备队中抽调20个师增援,向斯摩棱斯克实施反击,于是展开了斯摩棱斯克会战。经过激烈的战斗,苏军终于顶住了中路德军的攻势。德军中路主力部队分别北上南下。北上的部队协助"北方"集团军群,封锁了列宁格勒。列宁格勒军民勇敢地展开了为时900天的保卫战,使这座光荣的城市成了攻不破的"坚强堡垒"。南下的部队与"南方"集团军群合作。由于苏军的防御重点在西南方,德军"南方"集团军群的进攻受到有力的阻止。该集团军群从利沃夫突出部出发,向基辅方向进攻,但在苏军基辅筑垒地域遇到顽强抵抗,于是转而向南,从基辅南侧迂回东向。9月14日,德军在基辅以东200多公里处完成合围,包围并消灭苏联部署在乌克兰地区的重兵60万—70万人。

德军虽然在苏德战场取得初步的胜利,但远没有实现"巴巴罗萨计划"预定的目标。1941年9月6日,希特勒发布第35号指令,命令以"中央"集团军群为主,"北方"和"南方"集团军群的一部分部队协同作战,实施"台风"作战计划,向莫斯科发动主攻,其他部队同时向列宁格勒和罗斯托夫发动辅攻。于是苏、德军队展开了莫斯科会战。10月6日,"中央"集团军群在维亚兹马完成合围,包围苏军60多万人。之后继续向东进攻,10月中旬逼近距莫斯科不到100公里处。

苏德战争一爆发,苏联全国上下就紧急行动起来,投入反法西斯的卫国战争。为了适应战争需要,苏联建立了"总统帅部",以后改名为"最高统帅部",斯大林自任苏联武装力量最高统帅。由于战前不适当地高估了自己的力量,低估德军"闪击战"的作用,苏方制定了坚决实施反攻的战略,并且在战争爆发后坚持实行。苏联领导人命令各地苏军必须粉碎主要方向上的敌人,向德国领土挺进,使前方战况进一步恶化。直至7月初,苏军才彻底转变战略指导思想,改而实施战略防御。然而受到各种因素的影响,苏联难以在短时间内遏制住德军的攻势。当德军兵临莫斯科城下时,苏联政府为安全考虑,将部分机关和外交使团迁往古比雪夫,但是斯大林和其他主要军政领导人均留守莫斯科。11月6—7日,是苏联纪念十月革命胜利的节庆日,斯大林等人照常举行十月革命庆祝大会和阅兵式,极大地鼓舞了全国人民的斗志。

11月15日,德军再次发动进攻,分西北、正西、西南三路扑向莫斯科,先头部队甚至进抵离莫斯科20公里处,能够看见克里姆林宫顶端的红星,但是在苏军的抗击下,再也不能前进一步。苏军抓住战机,趁德军预备队用尽转入防御而立足未稳之时,于12月6日发起猛烈反击,首先粉碎包围莫斯科的突击集团,进而将德军战线向西击退100—250公里,重创德军38个师,消除了德军对莫斯科的直接威胁。在这一阶段里,希特勒先后将德军总司令勃劳希契(1881—1948)和中央集团军群司令包克撤职,自兼德军总司令,但仍然无法挽回颓势。苏军在

苏联人民英勇反击德国入侵者

莫斯科战役中的胜利,打破了德军"不可战胜"的神话,鼓舞了苏联和世界人民反法西斯的斗志。

六、太平洋战争爆发

日本国内的"南进"、"北进"之争,到1940年夏有了初步结果。1938年7月和1939年5月,日军曾先后在中、苏、朝交界的张鼓峰地区和中蒙交界的诺门坎地区挑起事端,作"北进"的试探,遭到苏军猛烈反击,此后"北进派"的影响开始下降。法国败降后,"南进派"进一步占了上风,他们提出"不要误了公共汽车"的口号,主张趁西方国家穷极潦倒之时,南下抢夺它们在东南亚和西南太平洋一带的殖民地。为此,日本一方面强化国内集权体制,另一方面向东南亚伸手,先后控制了泰国并出兵占领法属印度支那北部。为了以德国的力量牵制美、英,日本一改以前的态度,主动要求缔结法西斯军事同盟,于1940年9月27日签订了《德日意三国同盟条约》。

美国政府根据"先欧后亚"的战略方针,针对日本的"南进"侵略行动,采取了反措施向日本施压,如正式宣告废除《日美通商航海条约》,对若干日本急需的军用物资实行出口限制,将太平洋舰队司令部从西海岸转移到夏威夷。但是它更希望通过日、美谈判缓和双方的紧张关系,从1940年冬天开始同日本举行为时达1年之久的谈判。美方的谈判要求是:(1)日本废弃与德意缔结的针对美国的三国军事同盟条约,美国也承诺不缔结针对日本的军事同盟条约;(2)日本从中国撤兵,南京汪精卫伪政府并入重庆政府,在中国恢复"门户开放"政策,美国答应说服蒋介石承认"满洲国"并与日本讲和;(3)日本保证不用武力向西南太平洋发展,美国保证向日本提供石油、橡胶、锡、镍等原料。日本坚持的条件是:(1)日美谅解案不能与日、德、意三国同盟条约相抵触;(2)美国承认日本并吞中国"近卫三原则"①,放弃要求日本从中国撤兵的提议。由于双方坚持的条件相距甚远,谈判较难达成妥协。

德国入侵苏联后,日本"北进派"曾一度抬头,要求乘机进攻西伯利亚,与德国共同瓜分苏联,但遭到实权人物的拒绝。从1941年7月起,日本调集大量兵力到中国东北地区,举行"关东军特别大演习",作为掩护南进的烟幕。7月29日,日军在印度支那南部登陆,占领了整个印度支那。

美国对此作出强烈反应,宣布冻结日本在美国的资产,在菲律宾成立由麦克阿瑟领导的美国远东陆军总司令部,宣布对日本全面禁运石油,试图切断日本的能源供应。

日本发动太平洋战争的作战计划,主要来自被称为"知美派"的联合舰队新任司令官山本五十六(1884—1943),他力主以偷袭珍珠港作为开战行动,一举消灭美国太平洋舰队的大型舰只和航空兵,改变美、日双方在战争初期的海上兵力对比,为日本南进夺取战略要地解除海空威胁。根据日本大本营制定的作战计划,在战争的第一阶段,日本首先突袭珍珠港,打垮美国太平洋舰队,夺取西南太平洋的制海权和制空权,同时进攻菲律宾和马来亚,占领关岛、香港等地。第二阶段的任务是夺取爪哇和苏门答腊。第三阶段占领缅甸和孟加拉湾的一些岛屿。这样,在开战后五个月内就能构成一个以日本本土为中心,包括中国、东南亚

---

① 近卫文麿于1938年12月提出的"善邻友好"、"共同防共"、"经济提携"等所谓调整日中关系的三原则。

资源地区、西太平洋战略地区的"大东亚国防圈",从而达到经济上自给自足、军事上便于持久作战的有利态势。

1941年12月7日(夏威夷时间),日本动用60多艘舰船和423架舰载飞机,对美国太平洋舰队所在地珍珠港发动突然袭击。美国驻军麻痹大意,直到攻击发生5分钟后才发出警报:"珍珠港空袭,这不是演习。"由此遭到巨大损失,大量军舰被击沉击伤。此举从根本上改变了太平洋日美海军的实力对比,但美方三艘航空母舰因不在港内未遭攻击,为日后重建舰队保存了基干力量。

珍珠港遭日军偷袭

日本在袭击珍珠港后一小时,正式向美、英宣战。同日,美、英对日宣战,以后荷兰、中国、加拿大、澳大利亚、新西兰、哥斯达黎加等近20个国家相继对日宣战。12月11日,德、意对美宣战。以后,美国、古巴、巴拿马、危地马拉、萨尔瓦多和哥斯达黎加等国相继对德、意宣战。至此,第二次世界大战达到最大规模,局部战争发展成了全球战争。

日本在偷袭珍珠港的同时,出动五路陆军,向东南亚各国和西南太平洋岛屿发动进攻。英国的两艘战列舰"威尔斯亲王号"和"却敌号"在防御日本进攻新加坡时被日本海军舰载机击沉,英国海军失去了在远东的主要力量。美国在菲律宾失守后将远东陆军司令部撤至澳大利亚。至1942年6月,日军占领了包括菲律宾、印度尼西亚、马来亚、缅甸、泰国等东南亚和西南太平洋的广大区域,控制了这一区域的1.5亿人口和386万平方公里的土地。

第四节 战争的战略转折与反法西斯联盟的胜利

一、世界反法西斯联盟形成

世界反法西斯联盟由社会主义国家、西方民主国家和殖民地半殖民地国家三种力量组成。法国败降后,英、美两国结成了事实上的反法西斯联盟,开始了世界反法西斯联盟形成的第一阶段。

苏德战争爆发后，包括中国共产党在内的各国共产党和进步人士先后发表宣言和声明，一致支持苏联人民的反法西斯斗争，号召全世界人民行动起来，组织国际反法西斯统一战线。世界人民的反法西斯斗争和对苏联的声援，为世界反法西斯联盟的最终形成提供了广泛的基础。

德国入侵苏联暂时缓解了英国的重负。丘吉尔在1941年6月22日发表广播演说，指出希特勒"侵犯俄国只不过是侵犯不列颠诸岛的前奏"，表示"要对俄国和俄国人民给予力所能及的一切援助"。6月23—24日，美国代理国务卿威尔斯和总统罗斯福分别发表讲话，指出当前"对美洲各地的主要危险是希特勒的军队"，表示凡是抵抗法西斯轴心国的国家，包括苏联，都能得到美国的援助。1941年7月12日，苏、英两国签订《关于对德作战联合行动协定》。30日，美国总统罗斯福遣使访苏，苏、美、英之间开始正式合作。此外，苏联还同捷克斯洛伐克和波兰流亡政府发展外交关系，同意在苏联境内组建捷克斯洛伐克军队和波兰军队，参加对德战争。8—9月，苏联先后同挪威和比利时流亡政府以及以戴高乐为首的"自由法国"建交。

美、英两国政府为了协调双方的全球战略部署，于1941年8月9—12日，在纽芬兰阿根夏湾的军舰上举行了大战爆发以来的第一次首脑会议。8月14日，发表了《美国总统和英国首相的联合宣言》，即著名的《大西洋宪章》。文件共八条，其中提出：两国不谋求领土扩张；不赞成未经有关民族自由意志所同意的领土变更；尊重各民族自由选择其政府形式的权利；在尊重现有义务的同时，努力促使世界贸易和取得原料的机会均等；促进一切国家间的经济合作；公海自由；放弃使用武力和解除侵略国武装。尽管文件的有关条款包藏着美国同英国争夺世界霸权的目的，但它所提出的对德战争的目的和一系列进步、民主的原则，基本上体现了时代的精神，反映了二次大战正义的反法西斯性质，具有相当的积极意义。9月24日，苏联政府发表声明，表示基本同意宪章规定的原则。以后，另有14个国家先后表示赞同《大西洋宪章》。

1941年9月底至10月初，苏、美、英三国代表团在莫斯科举行谈判，讨论美、英向苏联扩大供应武器、工业设备和粮食，以及苏联向美、英提供原料和货物等问题。经过三天的磋商，签订了大战期间第一个三国协定，即《秘密议定书》，俗称《对俄供应第一号议定书》，其中规定了美、英两国扩大对苏供应的具体内容。

太平洋战争爆发后，美国等20多个国家正式加入反法西斯战争，国际关系进一步发生变化。1941年12月11日，德、意、日三国签订《联合作战协定》，声称"在共同对美英作战胜利以前决不放下武器"，这一事件从反面加速了世界反法西斯联盟的最终形成。

1941年12月22日至1942年1月14日，美、英首脑在华盛顿举行"阿卡迪亚"①会议，双方再次确定"先欧后亚"的全球战略，并一致同意继续重视苏德战场。为了共同谋划和指挥

---

① "阿卡迪亚"意为"世外桃源"。

两国军队的军事行动,统一供应军事物资,会议决定成立联合参谋长委员会及军火分配部。罗斯福提议由所有对轴心国作战的同盟国家签署一项共同宣言,经与苏、中等国磋商,美、英两国起草了《联合国家宣言》草案。

1942年1月1日,美、英、苏、中、加、澳、印等26个反法西斯国家在华盛顿举行会议,共同签署了《联合国家宣言》,宣告:(1)每一政府保证运用军事和经济的全部资源,以对抗三国同盟成员国及其仆从国家;(2)每一政府保证与本宣言签订国合作,不与敌国缔结单独的停战协定及和约。宣言还声明欢迎"在战胜希特勒主义的斗争中给予物质援助和贡献的其他国家"加入该宣言。嗣后又有21个国家陆续加入。

宣言的签署标志着世界反法西斯联盟最终形成,以后"联合国家"在政治上互相协商,军事上互相配合,物质上互相支援,对加速取得反法西斯战争的胜利起了重要的作用,并为成立"联合国"奠定了基础。由于反法西斯国家在世界上占据多数,这一联盟在某种程度上也体现了世界一体化的进程和要求。然而,这一联盟拥有特定的目标,具有"应急"的性质,各国在反法西斯的共同目标之外还坚持追求不同的利益,因而联盟内部一直充满着矛盾和冲突,战争中期主要围绕着开辟欧洲第二战场问题展开,战争后期则集中表现在战后世界的安排问题上。

二、中途岛海战

世界反法西斯联盟成立之初,联盟成员国处于战争最艰苦的阶段,不论在亚洲太平洋战场、欧洲战场或是北非战场,都处于退却和防御的态势。然而经过1942年的三大战役——中途岛海战、斯大林格勒会战和阿拉曼战役,战争格局发生了根本性的转折。

日本在东南亚和西南太平洋一带得手后,海军希望继续采取攻势,陆军则主张采取守势,最后海军司令部决定向所罗门群岛和珊瑚海一带挺进,试图切断美国同澳大利亚的联系,于是在1942年5月上旬爆发了珊瑚海海战,尽管双方军力损失相当,但日本南进的势头开始受阻。

同年4月18日,美国杜立特(1896—1993)中校率领16架B-25型轰炸机,从航空母舰上起飞,轰炸东京、名古屋和神户等城市,严重冲击了日本国民的心理。为了稳定军心,日本海军立即将争论不决的中途岛作战计划付诸实施。

中途岛是珍珠港的西北门户和屏障,日军动用了包括8艘航空母舰在内的200余艘舰船和700架舰载飞机,企图占领该岛,作为日本海军航空兵的前进基地,同时诱出美国太平洋舰队进行主力决战,把美国势力赶回太平洋东岸。

美军在珍珠港事件后提高了警惕,通过破译日军电报密码掌握了日军的进攻计划,得以沉着应战。当时太平洋战区司令尼米兹(1885—1966)的手中只有3艘航空母舰,23艘其他作战舰只和233架舰载飞机,兵力明显处于劣势。他决定采取集中兵力、以侧翼伏击日军主要舰队的战术,将全部舰只隐蔽集结在中途岛东北200海里处,并用中途岛巡逻机和潜艇在600海里范围内严密侦察警戒,争取抓住有利时机出奇制胜。

1942年6月3日，中途岛海战开始。日军首先攻击阿留申群岛，但没能诱出美军舰队北上。4日凌晨，负责进攻中途岛的第一机动编队正式发起进攻，但美军早有准备，已经升空的飞机迎击日机，使日军未能取得预期的战果。日军编队指挥官急令第二波攻击机改装炸弹，准备再次攻击中途岛。美军舰队见机突然出击，日方舰队失去空防，无力还手，4艘重型航空母舰全都被炸沉。除此之外，日本还损失1艘重巡洋舰、332架飞机和数百名经验丰富的飞行员。而美军只损失1艘航空母舰、1艘驱逐舰和147架飞机，扭转了珍珠港事件后军事实力上的劣势。

中途岛海战是太平洋战场的转折点，之后日军逐渐由战略进攻转为战略防御，而美军逐渐由战略防御转为战略进攻。1942年8月7日，美军乘胜反击，进攻日本威胁美、澳交通线的最前沿——瓜达尔卡纳尔岛。但是，美、英的全球战略是"先欧后亚"，没有向太平洋地区抽调更多的兵力，因此瓜岛争夺战持续了半年之久。美军占领瓜岛后，完全掌握了太平洋战场的战略主动权。

三、斯大林格勒会战

1942年4月，希特勒决定趁西线还没有"第二战场"的机会，再次对苏联发动进攻，实现"巴巴罗萨计划"规定的目标。由于莫斯科会战后德军兵力兵器不足，他不得不放弃全线进攻的计划，采取先南后北、逐次进攻的方式，集中兵力进攻斯大林格勒和高加索，于是爆发了斯大林格勒会战。

同年6月底，德军在库尔斯克至罗斯托夫地区发动进攻，很快攻入顿河河曲和高加索地区。7月中旬，德军越过顿河下游向斯大林格勒进攻，会战正式开始。7月中旬至11月中旬

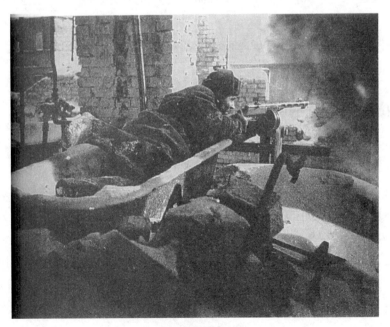

斯大林格勒巷战

为苏军防御时期。德军分南北二路实施突击,苏军经过1个月的艰苦防御,退守城市外层围廊。德军又组成南北2个突击集团,共18个师,实施向心突击,在城北切断了苏军防线,进至伏尔加河边。9月中旬,德军开始强攻市中心。他们首先向市中心的马马耶夫岗和一号车站发起强攻,苏军利用建筑物组成支撑点和抵抗枢纽部,进行顽强的阻击,双方对每个街区、每栋楼房、每层楼面都反复争夺,使市区争夺战达到白热化程度。从9月27日起,双方展开了争夺北部工厂区的血战,德军逐次增加兵力,10月上旬甚至使用进攻部队全部兵力,向苏军发动猛攻。苏军在劣势情况下顽强抵抗,展开了拖拉机厂、"街垒"厂、"红十月"厂的激烈争夺战,终于守住了英雄的城市。

苏军最高统帅部从全局着眼,不被敌人的局部攻势所迷惑,抓住斯大林格勒保卫者与敌鏖战的有利时机,调集了14个集团军共100多万人部署在战线两翼,准备实施钳形向心突击,围歼斯大林格勒附近的德军主力。11月23日,苏军突击部队完成合围,在斯大林格勒以东包围德军22个师共33万人。德军急忙组成"顿河"集团军群,向斯大林格勒方向突击,试图解救被围部队,但未能成功。1943年1月,苏军实施"指环"进攻计划,全歼德军被围部队,俘虏指挥官保卢斯(1890—1957)元帅。苏军趁着会战的胜利,打响了列宁格勒解围战,在维亚兹马一线发动反攻,使整个苏德战线进一步西移。

希特勒不甘心失败,于1942年夏天实施"堡垒"进攻战役,发动库尔斯克会战,对苏军库尔斯克突出部实施钳形向心突击,妄图制造一个"德国的斯大林格勒",扭转颓势,不料遭到更大的失败。苏军乘胜追击,在3个多月里向西推进400—450公里,解放了包括哈尔科夫、基辅在内的162个城市。库尔斯克会战以后,德军彻底丧失了反击能力。

斯大林格勒会战不仅是苏德战场的转折点,也是整个第二次世界大战的转折点。它严重削弱了德军的力量,迫使它在主要进攻方向上转入战略防御,法西斯国家一旦转入防御,其命运也即将完结,因为它的政治和军事生命是完全建立在进攻上面的。苏军的胜利还鼓舞了世界各国人民,巩固和扩大了国际反法西斯统一战线,并使法西斯集团惊慌失措,离心离德。

四、阿拉曼战役

北非战事始于1940年夏。当法国即将败降时,意大利匆忙于6月10日向法国宣战,正式成为参战国。7—8月,东非意军以埃塞俄比亚和厄立特里亚为基地,向英属苏丹、肯尼亚和索马里发起进攻,9月,北非意军又从利比亚入侵埃及,都取得一定的战果。

1941年初,英军实施反击,埃塞俄比亚的游击战趁势兴起,苏丹、肯尼亚和索马里的人民也奋起反抗,意军的力量受到牵制。英军趁机在当地居民中招募士兵,将东非军队扩充到十几万人。英军进展顺利,迫使意军后撤。埃塞俄比亚获得解放,终于完成了复国重任。希特勒本来不愿意卷入非洲战事,以免分散准备进攻苏联的力量。在意军一再败北的情况下,为了提高轴心国的士气和国际影响,他决定派兵增援,扭转北非和地中海的不利军事形势。1941年2月,德军"非洲兵团"在隆美尔(1891—1944)指挥下进入北非。隆美尔利用英军从北非抽调兵力争夺巴尔干半岛之机,在利比亚境内的阿盖拉地区发起攻击,把英军打回埃及境内。

苏德战争爆发后,英国趁德国空军调离北非之机,发起"十字军"行动,再次把"非洲兵团"打回到阿盖拉一线。

太平洋战争爆发后,原来准备增援北非的英军部队和装备被调往亚太地区,北非英军的实力受到削弱,而北非德军的力量却得到增强。1942年1月隆美尔向英军发起反击,进展顺利,到6月底就打到阿拉曼附近。

英国政府紧张万分,一旦德军打到苏伊士运河和巴勒斯坦一带,非但可以切断英国的生命线,而且德、意军队还可以进入红海,侵入印度洋,同日本会师。8月4日,丘吉尔亲临开罗,任命蒙哥马利(1887—1976)为主力第八集团军司令。蒙哥马利主持制定了反击计划,准备发起阿拉曼战役,突破敌军阵线,迅速向西挺进。

1942年10月23日,阿拉曼战役正式开始。英军计划分三路出击,主攻方向在北段,但蒙哥马利留有心计,在南段设置了假的辎重卡车、军火站和输油管,并频繁地使用电台,诱使敌军在南段集中兵力。战斗开始后,蒙哥马利灵活指挥,当德军主力北调,南段只剩下意大利师时,他一方面命令北段英军继续强攻,突破德军的防线,另一方面在南段也保留一部分兵力,并于11月2日突破意军的防线,转而北上,截击敌军退路。隆美尔违抗希特勒的命令,于11月4日率部向富卡撤退,蒙哥马利尾随追击。由于英军过分谨慎,行动缓慢,尽管先后占领北非沿岸一系列城市,于1943年2月中旬到达突尼斯边境,但未能全歼隆美尔兵团。

阿拉曼战役不仅使法西斯国家在北非的进攻势头完全丧失,其后续行动还使北非德、意军队的生存受到严重威胁,它是北非战场的转折点。1942年11月上旬,当战役刚刚出现转机时,美英盟军及时在西北非的卡萨布兰卡、奥兰和阿尔及尔登陆,而后东西合击,于1943年5月全部肃清北非敌军。

五、意大利的倒戈

1943年7月10日,美、英盟军根据两国首脑作出的决定,开始进攻西西里岛,1个月后取胜。

意大利历经几个战场的失败,主力部队丧失殆尽,国内面临政治经济全面危机。此时,统治集团发生分裂,不少人主张废黜墨索里尼,同美、英停战,以保持资本主义制度。7月24日,法西斯最高委员会开会,以19票赞成、8票反对、1票弃权的优势通过决议,要求恢复宪制,由国王执掌军队指挥权。翌日,国王召见墨索里尼,命令其辞职,由意军参谋长巴多里奥(1871—1956)组阁。事后,宪兵监禁了墨索里尼。

9月上旬,巴多里奥政府同美、英签订无条件投降的停战协定,英、美军队在意大利南部登陆。希特勒随即命令驻意德军进占罗马和意大利北部,意大利政府退入南部盟军占领区。10月中旬,意大利正式退出法西斯集团,并宣布对德作战。

意大利倒戈的政治意义大于军事意义,它标志着法西斯集团开始瓦解。

六、欧洲战争结束

1944年，苏军集中兵力，连续实施了10个高速度大规模的战略进攻，即"十大打击"，歼灭德军138个师共160万人，不仅解放了几乎全部的国土，还协同各国反法西斯力量解放了罗马尼亚、保加利亚、匈牙利和南斯拉夫。在实施第三次打击后，苏军已经解放了3/4以上的被占领土，有些地方已经到达甚至越过边境。5月1日，斯大林发布《最高统帅命令》，指出："我们的任务不能只限于把敌军驱逐出我们祖国的国境，……必须跟踪追击这只受了伤的德国野兽，并把它打死在自己的洞穴里。……同时要把我们的波兰兄弟和捷克斯洛伐克兄弟以及其他和我们联盟的处于希特勒德国铁蹄下的西欧各国人民，从德国人的奴役中解放出来。"①

同年6月6日，美、英两国根据德黑兰会议的决定，实施"霸王"行动计划，在法国北部诺曼底登陆，终于开辟了苏联一再要求的欧洲第二战场。担任盟军最高司令官的是美国艾森豪威尔(1890—1969)将军，他负责指挥进攻欧洲大陆的陆海空三军。6月5日夜，美、英空军对塞纳湾地区德军防御阵地投下近万吨炸弹，为登陆部队清扫障碍。6日凌晨1时30分，美、英三个空降师从英国起飞，在登陆地域两翼着陆，占领部分军事要地。凌晨6时30分，美、英军队开始在诺曼底登陆。由于德军兵力不足，防御重点又选在加来附近，盟军登陆部队未遇到强大的抵抗。6月12日，盟军把5个小登陆场连成一片，形成一个正面宽约80公里，纵深12—18公里的统一登陆场。德军为了阻止盟军进攻，从6月12日起向英国发射了近3000枚V-1飞航式飞弹，从8月起又发射了4300枚V-2弹道式飞弹，这些飞弹尽管给伦敦造成了一些损失，但未能影响战争进程。到7月24日，盟军登陆场已经扩展到正面宽100公里，纵深为30—50公里，同时歼灭德军近12万人，胜利完成了登陆任务。7月25日，盟军转入进攻，在法来兹地区包围了企图实施反突击的德第七集团军。尽管德军利用缺口撤出了约1/3的部队，仍有8个步兵师和2个装甲师被俘。至8月25日，盟军几乎占领了整个法国西北部。

8月15日，盟军实施"铁砧—龙骑兵"计划，在法国南部登陆，在法国抵抗战士的配合下很快占领马赛和土伦，并继续向北推进。9月12日，执行"霸王"计划和执行"铁砧—龙骑兵"计划的盟军在蒙巴尔会师，继续向东挺进，不仅占领了整个法国，还解放了比利时，进逼荷兰边境。

法国败降后，法国人民组织了各种抗德团体和组织，坚持反抗斗争。1941年夏，法国共产党和其他党派团体联合，成立了"法国独立斗争民族阵线委员会"，简称"民族阵线"。戴高乐(1890—1970)赶紧派遣代表让·穆兰(1899—1943)空降到法国南部，筹划建立一个从属于"自由法国"的统一组织。1943年5月，包括"民族阵线"在内的本土抵抗组织组成以让·穆兰为主席的全国抵抗运动委员会，承认戴高乐为"法国抵抗运动的唯一领袖"。翌年3月，

---

① 斯大林：《最高统帅命令》，《斯大林文选》，人民出版社1962年版，第383—384页。

本土游击队和地下军改组成"内地军",由戴高乐任命的盖尼将军为总司令。当盟军进攻法国时,内地军同广大爱国者一起,积极参加解放祖国的战斗。8月19日,以法共为首的巴黎解放委员会号召民众举行武装起义,经过4—5天的战斗,重创了德国守军。"战斗法国"(1942年7月由"自由法国"改名而来)的军队随同美、英军队进入法国,其第二装甲师于8月24日进入巴黎,接受了德国守军的投降。翌日,戴高乐返回巴黎。8月28日,经与全国抵抗运动委员会协商,戴高乐签署了解散内地军的法令。30日,以法兰西民族解放委员会为基础成立了法国临时政府,由人民共和党、共产党和社会党人参加。10月下旬,美、英、苏等八国相继承认该政府。

希特勒为了扭转败局,孤注一掷,于1944年12月中旬和翌年初先后在阿登地区和阿尔萨斯地区实施偷袭性突击。一支约800人的特遣队身穿美国军服,事先潜入美军阵地进行破坏,使美军陷入混乱。德军趁机突破美军正面防线,形成一个宽100公里,纵深30—50公里的突出部,对盟军防线造成巨大冲击。盟军一方面向苏联求援,同时调整防御,实施反击,于1945年1月底将德军赶回原阵地。

1945年1月12日,苏军应丘吉尔请求,提前8天在苏德战场发动全线进攻。到4月份,苏军占领了东普鲁士,攻克了维也纳,并在奥德河西岸建立桥头堡,打开了冲击柏林的道路。

西线盟军也迅速增调兵力,并于2—3月间肃清莱茵河西岸的德军。3月下旬,盟军强渡莱茵河,在鲁尔地区歼灭德军18个师共30余万人。4月中旬,苏军在东线发动最后冲击,完成对柏林的包围,并于同月25日与美军在易北河一带会师。

4月26日,苏军开始强攻柏林。希特勒眼看大势已去,幻想以坚守柏林城来鼓舞士气。德军在市内构筑了400多个钢筋混凝土工事,企图利用每一座房屋、每一条街道进行顽抗。苏军不断缩小包围圈,27日突入市中心,一天之内摧毁近300条街道的德军据点。29日,德军被分割成三个孤立的部分,苏军开始强攻国会大厦,经过逐层逐级地争夺,30日下午把红旗插上了国会大厦的屋顶。

4月28日,希特勒见败局已定,即口授了政治遗嘱,号召全体德国人"决不放弃斗争","无情地打击一切民族的毒害者国际犹太人",指定海军上将邓尼茨(1891—1980)为"继承人",担任德国总统和武装部队最高统帅,指定戈培尔(1897—1945)为总理。两天后,希特勒在地下室开枪自尽。

5月2日,德国海军上将弗雷德堡(1895—1945)奉邓尼茨之命,前往蒙哥马利驻地,就北部德军的投降问题达成协议。5月5日,弗雷德堡前往艾森豪威尔驻地兰斯,企图签订关于南部德军投降的协定。艾森豪威尔认为这样做会影响东西方关系和苏联对日宣战,也违反《联合国家宣言》的精神,要求德国全权代表签署各条战线的总投降书。5月7日,德军元帅约德尔(1890—1946)在艾森豪威尔司令部签署德国武装部队无条件投降书。为了表明德军向所有盟国投降,在苏联政府的坚决要求下,5月8日德军最高统帅部长官凯特尔(1882—1946)在柏林近郊卡尔斯霍斯特正式签署向苏、美、英、法四国无条件投降的文件。至此,欧洲战争以法西斯国家失败而告结束。

七、日本无条件投降

太平洋战场的局势根本扭转后,1943年5月,美英联合参谋长委员会会议决定在太平洋北部、中部和西南部同时发起反击,后两路的进攻部队预期在菲律宾会合。经过1年多的艰苦作战,翌年9月美军中太平洋部队和西南太平洋部队终于在菲律宾战役前会师,共同进攻菲律宾。根据侦察情报,美军决定首先进攻防御薄弱的莱特岛,建立大规模的海空基地,然后再收复整个菲律宾,于是爆发了第二次世界大战中规模最大的"莱特湾海战"。经过艰苦作战,美军摧毁了日本的远洋作战能力,取得了海战的胜利。1945年3月,美军占领整个菲律宾,之后又经过3个月的作战,占领了冲绳岛,打开了通向日本的门户。

日本为了挽救颓势,从1944年秋起组织了所谓的"神风特攻队",即飞行员驾驶装满炸弹或鱼雷的飞机扑向攻击目标。这种战术给美军造成较大的损失,尤其在冲绳岛之战中,击沉了美军数百艘舰只,但不可能扭转战局。

日本国内面临着全面危机,统治集团内部的矛盾也尖锐起来,发生了以推翻东条英机(1884—1948)为目标的"倒机"运动。政府无力满足陆、海军对飞机的需求,海军的不满达到顶点,米内光政(1880—1948)海相联络以前首相近卫文麿为代表的"宫廷重臣集团"和陆军,要求撤换东条,寻求退出战争的途径。1944年7月18日,东条英机在内外交困中被迫下台。继任的小矶国昭(1880—1950)内阁也无力摆脱困境,被舆论讥讽为"木炭内阁"。

欧洲战争结束后,反法西斯各国都加强了对日本的打击。美国自1944年6月起即对日本本土实施战略轰炸,美机以中国、印度和马里亚纳群岛为出动基地,对日本的城市、工业中心和炼油厂等实施大规模轰炸,打击了日本军民的士气,摧损了日本的工业生产能力。1945年春夏,美国又在日本本土岛屿周围布雷,试图对日本实施封锁,日本的海上交通一时陷于停顿,下关海峡、名古屋、横滨、东京和盐釜等港口先后被封锁。1945年7月16日,美国第一颗原子弹在新墨西哥州的沙漠地区试爆成功,其威力相当于2万吨梯恩梯当量。为了迫使日本早日无条件投降,为了贬低苏联参战的政治影响以及战后进行原子讹诈,8月6日和9日,美国把刚刚试制成功的原子弹投向广岛和长崎,给当地居民造成极大损失。

8月8日,苏联根据雅尔塔会议的有关规定,对日本宣战。苏、蒙军队在4000多公里长的战线上,分四路对日本关东军发起全线总进攻:后贝加尔方面军从蒙古东部向沈阳、长春方向实施主要突击;远东第二方面军自北向南,由伯力、海兰泡向哈尔滨和齐齐哈尔一带推进;远东第一方面军自东向西,从兴凯湖地区向哈尔滨、吉林和朝鲜北部推进;苏蒙联军向承德、锦州和张家口进攻。8月9—14日,苏军和蒙军在不同的方向上推进50—500公里,完成了对沈阳、长春、吉林、哈尔滨和齐齐哈尔等地日军的分割包围。关东军原来号称"百万精锐",但随着作战部队和军需物资一再被调往其他战线,战斗力大为削弱,在苏军打击下迅速败降。

中国共产党控制的解放区自1944年起就开始发动局部反攻,在华北、华中、华南和华东都主动出击,毙伤日、伪军26万多人,收复失地8万多平方公里。1945年,各解放区根据党中央"削弱敌寇,发展我军,缩小敌占区,扩大解放区"的指示,持续进行反击。据不完全统计,到8月10日止,共毙伤日、伪军12余万人,攻克城市53座,将解放区扩大到19个。8月9日,毛泽东发表"对日寇的最后一战"的声明,号召发动全国规模的大反攻,配合苏军和其他同盟国军,向日、伪军实施广泛的进攻。以后八路军总部连续发布命令,要求八路军、新四军和其他人民武装在各个战场展开全面攻势。人民武装坚决执行命令,歼灭一切拒不投降之敌,扩大了解放区。

亚洲其他各国人民抗日武装也纷纷发起大反攻,配合同盟国军队彻底赶走日本侵略者,朝鲜、越南、马来亚、印度尼西亚等地的武装力量都取得了很大的成果。

日本完全陷入绝境。在8月9日一天之内,统治集团举行了2次最高军事会议和1次内阁会议,讨论无条件投降问题,未能取得一致意见,最后上奏天皇请求"圣断"。天皇选择了在保存天皇制度的前提下实行无条件投降的方案。8月15日,日本天皇向全国发表广播诏书,宣布向同盟国实行无条件投降。9月2日上午,日本代表在美国战列舰"密苏里号"上,向美、中、英、苏等同盟国正式签署投降书。反法西斯的第二次世界大战终告结束。

第五节　从德黑兰到波茨坦:战胜国对战后世界的安排

一、战争后期的大国会议

战争格局发生战略性转变之后,战后世界的安排问题就突出起来,从1943年下半年到战争结束,同盟国之间举行了一系列会议,除了协调彼此间的作战行动外,主要围绕战后世界安排问题展开了协商和争论。

1943年11月下旬,中、美、英三国首脑举行第一次开罗会议,讨论对日作战和战后亚太地区的安排问题。《开罗宣言》明确规定日本所侵占的中国东北、台湾、澎湖群岛等,必须归还中国。

同年11月28日—12月1日,苏、美、英三国首脑举行德黑兰会议,讨论了开辟欧洲第二战场、组建联合国、处置德国、划定波兰疆界和苏联参加对日作战问题。

1944年8月21日—10月7日,美、英、苏和美、英、中等国分两段召开敦巴顿橡树园会议,讨论和拟订联合国的组织章程。

1945年2月4—11日,苏、美、英三国首脑在苏联克里米亚半岛举行雅尔塔会议,重点讨论了处置德国、波兰政府和疆界、联合国、苏联对日作战和远东事务安排等问题。这次会议是数次大国会议中最重要的一次,会上发生的争执和达成的协议,对战后世界事务有较大的影响。

同年7—8月,苏、美、英三国首脑在柏林西南举行波茨坦会议。这时,西方国家同苏联之间的矛盾已经很尖锐,会议的气氛并不那么融洽,争论比较激烈。主要讨论了处置德国、波兰西部疆界和组建国际法庭审判战犯等问题。

战争后期大国围绕战后世界安排问题所达成的协议被称为雅尔塔体系,它提倡和平与民主的原则,主张不同社会制度的国家之间实行共处与合作,具有一定的进步性。但是它继承了国际事务中的强权政治原则,承认并划分大国的势力范围,又具有消极的一面,并在一定意义上推动战后两极格局的形成。

二、组建联合国

由于国际联盟未能完成维护世界和平的重任,第二次世界大战全面爆发后,它实际上已寿终正寝。太平洋战争开始不久,罗斯福就多次表示要组建新的国际组织,这一提议获得英、苏两国的赞同。在战争后期的大国会议上,这一课题成为主要议题之一。

在德黑兰会议上,罗斯福正式提出美方的设想。他提议未来的联合国组织应该由全体大会、10—11国执行委员会和美、苏、英、中"四警察"三个层次的机构组成,"四警察"应拥有足够的实力和权力,以排除对和平的任何威胁。斯大林要求加强第三个机构的权力,以防止德、日两国再次复兴。丘吉尔则强调联合国应该由欧洲、太平洋、美洲三个区域理事会来支撑,以便达到突出英国、联合美国、孤立苏联的目的,但遭到美、苏双方的否决。

敦巴顿橡树园会议确认战后普遍性国际组织取名"联合国",并规定联合国大会的重要决议需得到2/3多数票才能通过,安全理事会由美、苏、英、中、法五大国担任常任理事国并拥有否决权。但是会议未能就大国否决权的应用范围和创始会员国问题达成一致。

在雅尔塔会议上,各方作了妥协,在大国否决权问题上形成"雅尔塔公式",即:在重大问题上,如接纳和开除会员国,停止和恢复会员国的权利,推荐秘书长候选人,采取行动排除对和平的威胁,军备控制等,大国即使作为当事国也拥有否决权;但在"准司法性问题"(即"程序问题")上,如决定一项国际争端长期存在下去会否威胁和平,安理会应否邀请有关国家来解决它们之间的争端,可否对它们提议采用和平的解决方法等,大国如果作为当事国则不能行使否决权。在创始会员国问题上,美、英两国同意苏联的乌克兰和白俄罗斯两个加盟共和国也成为创始会员国,拥有投票权。

1945年4月25日,50个国家的282名正式代表在旧金山召开联合国制宪会议。会议围绕大国否决权问题,又出现中小国家与大国之间、美国与苏联之间的争论。中小国家认为常任理事制和否决权将使"强权政治合法化",要求取消或削弱大国的特权,扩大联合国大会的权力,使安理会从属于大会,但遭到大国的一致反对。美、英自恃能够控制多数,有"软化否决权"的趋势,苏联为了防止孤立,则希望在决定某个问题是否属于"程序问题"时,大国也拥有否决权,但由于其他三个大国激烈反对,最后作了让步。会议还讨论了国际托管制度和区域性组织等问题。

6月25日,会议一致通过《联合国宪章》,其中规定:联合国的宗旨是"维护国际和平与安全","发展国际间以尊重人民平等权利及自决原则为根据的友好关系";其基本原则是"各会员国主权平等",不得"侵害任何会员国或国家的领土完整或政治独立"等。宪章还规定设立6个主要机构,即大会、安全理事会、经济及社会理事会、托管理事会、国际法院和秘书处。重大的政治问题由大会和安理会讨论。

6月26日举行宪章签字仪式,10月24日宪章正式生效,以后这两天分别被定为"宪章日"和"联合国日"。1946年1月10日,联合国正式开始工作。

联合国的成立进一步适应了世界整体化的进程,然而冷战时期一度成为美国控制的工具。

三、布雷顿森林体系

大国在安排战后世界的过程中,对规划世界经济新秩序也给予了一定的重视。由于苏联的经济体制不同于其他国家,且经济实力弱于美国,因而态度不太积极。

1943年4月7日,美、英两国同时公布各自关于战后世界货币秩序的设计方案。美国的"怀特计划"建议设立总额为50亿美元的"国际货币稳定基金",由各国根据自己的黄金外汇储备、国民收入和国际收支情况认缴一定的份额、各国投票权的数额取决于认缴份额的多寡。该计划强调黄金的作用和存款原则,目的是由美国控制基金组织,从而获得国际金融领域的统治权。英国的"凯恩斯计划"建议成立一个名叫"国际清算联盟"的世界性中央银行,由各国根据1936—1939年间进出口贸易的平均额承担份额。该计划强调透支原则,贬低黄金的作用,目的是建立一个以英、美两国为首的透支性国际金融体系,使英国能够同美国分享世界经济的领导权。

同年9—10月,怀特和凯恩斯代表美、英两国在华盛顿举行谈判,最后决定以"怀特计划"作为组建战后国际经济体系的依据。

1944年7月,44个国家在美国新罕布什尔州布雷顿森林的华盛顿山大旅社举行国际货币金融会议。会上,中小国家为维护自己的利益,同美国发生争执,要求保留管制汇价的权利,并提高所占的份额。但交涉的结果,苏联和中国的份额有所提高,并在决议中增加一些有利于中小国家的文字,除此之外,美、英两国不肯再作让步。最后会议通过了被称为"布雷顿森林协定"的文件,其中包括正件《联合国家货币金融会议的最后议定书》和两个附件《国际货币基金组织协定》和《国际复兴开发银行协定》。

1945年12月27日,"布雷顿森林协定"在美国国务院内举行签字仪式,国际货币基金组织和世界银行由此宣告成立。

国际货币基金组织确立了"黄金—美元本位制"的国际货币制度,35美元折合1盎司黄金的比价非经美国政府同意不得改变,各国可以随时用美元向美国政府兑换黄金;其他各国的货币直接与美元挂钩,汇率只能在上下各1%的幅度内波动,否则需获得基金组织的同意。美国由于拥有份额较多,占有27%的投票权。这一制度使美国合法地成为世界经济霸主,但同时也有利于维护国际金融和外汇交易的秩序。

国际复兴开发银行又称"世界银行",其任务是鼓励私人银行或自己直接向不发达国家提供长期贷款。美国在最初法定资本中认缴份额最多,拥有23.81%的投票权。

苏联曾经派代表团出席布雷顿森林会议,也在基金组织和世界银行中认缴了资本份额,但最后没有批准协定,也没有参加上述两个机构。

原来美、英两国还打算组建"国际贸易组织",但未取得成功。1947年在联合国经社理事会主持下,23个国家缔结《关税与贸易总协定》,作为未来世界贸易组织的一个组成部分。

四、处置德国

在德黑兰会议上,美、苏两国主张严惩德国,罗斯福要求把它分割成3—5个国家,并摧毁其工业生产能力。而英国为了控制欧洲,则希望保存德国的实力。最后三国未达成一致意见。会后,美国抛出了"摩根索计划",建议不仅将德国的领土缩小和分割,而且要使其成为一个农牧业国家。在雅尔塔会议上,经过苏、美两国的努力,达成了原则上同意分割德国的协议。

但是到了大战末期,德国遭到摧毁性的重创,两种社会制度之间的矛盾日益尖锐,各大国都希望把整个德国纳入自己的营垒,分割之议不了了之。

分区占领问题在雅尔塔会议上得到确定,根据英方的建议,由苏、美、英、法四国实行分区占领。以后西占区合并成立德意志联邦共和国,苏占区内成立德意志民主共和国。

苏联热衷于从德国获取赔偿,在雅尔塔会议上提议德国应向战胜国偿付200亿美元,这些财产应按照贡献大小和损失大小的原则在战胜国之间分配,苏联要得到50%。英、美认为数额偏高,后决定成立赔偿委员会进一步协商。会后,美、英得知苏军在占领区内大规模拆迁机器设备,遂在波茨坦会议上提出新的赔偿方案,即三国主要从自己的占领区内取得赔偿。由于苏占区的工业不如西占区发达,在苏方坚持下,西占区另拆除10%的机器作为对苏赔偿,再拆除15%向苏联交换初级产品。

五、波兰的疆界和政权问题

苏德战争爆发后,苏联曾与波兰流亡政府建立过外交关系,但是1943年4月爆发的"卡廷事件"①又使双方断交。英国希望亲英的波兰流亡政府能够回国执政,遂在德黑兰会议上主动提议波兰国土西移,苏波边界以"寇松线"为界。斯大林表示原则上同意该建议,但对波兰流亡政府表示强烈的不满。

会后,苏联推动波兰工人党加快构建政权组织。1943年底,该党联合其他反法西斯地下组织,成立"全国人民代表会议"作为最高立法机构。翌年7月,该机构在居留苏联的"波兰爱国者同盟"的协助下,成立"波兰民族解放委员会"作为临时行政机构,1945年初改称"波兰临时政府"。

雅尔塔会议就波兰政府问题展开激烈争论。罗斯福提议另起炉灶,组织新的政府;丘吉尔极力为流亡政府辩护,争取让它在新政府中占据更多的份额;苏联则力主以临时政府为核

---

① 德波战争爆发后,一部分波兰军队向苏联投降,苏联内务人民委员部杀害了其中1.5万名反苏的军官,埋葬在卡廷森林。1943年春德国当局公布了这一消息,波兰流亡政府要求国际红十字会派人调查,被苏联拒绝。

心,吸收部分流亡政府的成员。最后苏联的主张占了上风。西方国家在不能控制波兰政府的情况下,力图限制其疆界西移的幅度,只同意以奥德河为其西界,但苏联坚持要进一步西移到奥得—西尼斯河一线,取得成功。

六、雅尔塔秘密协定

太平洋战争爆发不久,美国就打算促请苏联参加对日作战,以期缩短战争进程,减少美军的伤亡,并避免苏联在远东地区"坐山观虎斗"。苏联直到德黑兰会议前夕才明确答应。

罗斯福为了确保苏联出兵,在开罗会议上压蒋介石向苏联作让步,把大连改成国际自由港,允许苏联使用。美国则答应让蒋介石成为"四强首脑"之一,并为国民党军队装备90个师的兵力。美、英两国在德黑兰会议上把这一商讨结果明确告诉斯大林。

雅尔塔会议上的三巨头

在雅尔塔会议上,三大国围绕苏联提出的参战要求展开讨论,最后签署了《雅尔塔协定》。协定规定在德国投降及欧洲战争结束后2—3个月内,苏联将参加同盟国方面对日本作战,其条件为:(1)外蒙古的现状须予维持。(2)日俄战争前俄国的权益须予恢复,包括:库页岛南部及邻近岛屿交还苏联;大连商港国际化并保证苏联的优越权益,苏联租用旅顺港为海军基地;苏、中共同经营中东铁路和南满铁路,保证苏联的优越权益;千岛群岛交给苏联。

1945年8月14日,蒋介石政府根据美国的要求,同苏联签订《中苏友好同盟条约》,基本上接受了《雅尔塔协定》的内容。中华人民共和国成立后,中苏之间于1950年2月签订《中苏友好同盟互助条约》,苏联向新中国归还了它在东北地区享有的权益。

第五章
东西方冷战的开始

第一节 资本主义体系的重组

第二次世界大战改变了资本主义世界体系的原有结构,德、意、日的战败,英、法的衰落,美国的崛起,使战后的资本主义世界形成了以美国为中心的新体系。

一、美国登上霸主地位

在第二次世界大战中,许多国家遭到了空前严重的战争破坏,而美国的物质损失仅占参战国物质总损失的 0.4%,特别是,二战期间美国得以在本土未遭战火洗劫的条件下发展经济、扩大外贸、放贷资本,并向反法西斯国家提供大量军火和物资,获取巨额利润,从而为它在战后登上霸主地位奠定了物质基础。

布雷顿森林体系确立了美元的特殊地位。国际货币基金组织、国际复兴开发银行和"关税与贸易总协定"组织在战后初期几乎完全被美国控制和操纵。1947—1948 年,美国的人口仅占世界总人口的 6.5%,却拥有世界钢产量的 55%,石油产量的 70%,谷物产量的 33%,棉花产量的 50%,国民生产总值的 40%,以及资本主义世界工业总产值的 55%,出口贸易额的 33%,黄金储备的 75%。1947—1953 年,美国国民生产总值年均递增 3.9%,工业生产总值年均递增6.6%。美国是战后初期最大的外贸出口国、黄金储备国和债权国,是战后世界金融中心和第一经济大国。

美国在二战中向反法西斯国家提供军火和物资,不仅刺激了美国经济的进一步发展,而且使美国成了"民主国家的兵工厂",支援了盟国的反法西斯战争,扩大了美国的国际政治影响。美国作为反法西斯战争的主力之一,随着其经济、军事力量的不断增强和世界反法西斯战争的胜利进展,对于国际事务的政治影响也愈益强化。在战时盟国中和战后世界上,美国是一个头等的政治大国。

第二次世界大战期间,美国军事力量急剧增加,1939—1945年,美国武装部队从33万人增加到1200多万人。1945年,美国有陆军约600万人,海军380多万人,空军220多万人,舰艇1万多艘,飞机10万多架。战后初期,美国还在世界各地建立了几百个军事基地,在几十个国家驻扎了它的军队。特别是,1945—1948年,美国是世界上唯一拥有核武器的国家。显然,美国是战后世界的头号军事大国。

战后初期,美国凭借其经济、军事实力和国际政治影响的绝对优势,登上了资本主义世界的霸主地位。

二、西欧实力严重衰退

第二次世界大战使欧洲大伤元气。无论战胜国英、法,还是战败国德、意,这些昔日列强的实力都严重损耗,经济破败凋敝,政治局势动荡不稳,国际地位显著下降。战后初期的西欧就像一个瘫倒在战争废墟上的病人,亟需解决的问题是恢复经济、维持稳定、保障安全。西欧各国政府从稳定政局出发,在维护和巩固资本主义制度的前提下,根据不同情况进行了政治和经济改革。同时,为了能够与苏联、东欧抗衡,实力衰退的西欧在政治上和军事上不得不求助于美国的支持和保护,并在经济上依赖美国的援助。

英国为反法西斯战争的胜利作出了重要贡献,也承受了巨大牺牲。二战期间,英国死亡40多万人,黄金储备由20亿美元减少到1.5亿多美元,国民财富损失了1/4,还背上了237.4亿英镑的国债。

在国力衰落的条件下,战后初期先后执政的工党政府和保守党政府都推行丘吉尔提出的"三环外交"方针,以维持和改善英国的国际地位。所谓"三环外交",即英联邦和英帝国一环、大西洋两岸英语民族一环、联合起来的欧洲一环的三环一体的外交。其核心是英、美联盟。作为最积极的冷战伙伴,英国追随美国与苏联对抗。面对殖民地民族解放运动的高涨,昔日"日不落"帝国想维持原来的殖民体系已力不从心,不得不承认约旦、印度、巴基斯坦、缅甸、锡兰、爱尔兰的独立,不得不结束对巴勒斯坦的委任统治。

法国在二战中被德国法西斯侵占,成为反法西斯盟国打击德国法西斯的一个重要战场,诺曼底战役开辟欧洲第二战场后,法国境内的战斗更为激烈。到战争结束时,法国损失了45%的国民财富,20%的房屋、66%的铁路车辆和100万公顷的土地被毁,经济遭到严重破坏。

1945年10月,法国选举战后首届制宪议会,法国共产党成为议会第一大党。11月,成立由共产党、社会党、人民共和党组成的联合政府,戴高乐凭借其在二战中的贡献和声望,以及掌握军队的实力,当选为临时政府主席。但是后来戴高乐反对多党制政治,要求建立超党派的总统制共和国的主张,却遭到了三党的联合抵制;议会通过的削减军事预算的决议也令他无法接受。1946年1月,戴高乐辞职。6月,法国选举产生了第二届制宪议会。10月,法国全民投票通过了新宪法草案。该草案规定,法国为多党议会制共和国;议会由国民议会与共和国参议院组成,有权颁布法律、选举总统、授权总理组阁,内阁对议会负责。12月,新宪法生效实施,这标志着法兰西第四共和国的诞生。第四共和国时期,法国内阁频繁更迭,其中,最短的一届内阁只存在2天。战后初期的法国政局动荡不定。

在国际舞台上,法国虽然是联合国安理会常任理事国,但已丧失了对国际事务的支配地位。企图保持自主色彩但实力衰退的法国,在法、美关系中不得不更多地依从美国,成为美国为首的西方军事政治集团的重要成员。在德国问题上,法国曾主张肢解、削弱德国的方案,但遭到美、英的反对后,不得不实行德国法占区与美、英双占区的合并,进而同意联邦德国的成立。在殖民地问题上,法国顽固地不愿放弃殖民统治,但又无力维系殖民体系。在1947—1954年的印度支那战争中,法国惨败,这是战后初期法国殖民主义受到的一个重大打击。

意大利是二战的发动者和战败国之一。战争给意大利带来的损失是惨重的:50万人死亡,300万人无家可归,200万人失业;国家财富损失1/3,工农业生产下降50%左右。

战后初期意大利政治的焦点之一是政治体制问题。1946年6月,经过全民公决,意大利废除君主制,确立共和制。12月,意大利制宪议会通过新宪法,宣告意大利共和国成立。在意大利各种政治力量中,实力较强的是得到梵蒂冈和教会支持的天主教民主党、在二战中积极进行反法西斯抵抗运动并取得民众支持的共产党和社会党。战争结束后,抵抗运动力量缴枪入阁,这三大党组成了联合政府,但天主教民主党掌握了主要领导权。1947年5月,以德·加斯佩里(1881—1954)为首的天主教民主党把陶里亚蒂(1893—1964)等共产党人和南尼(1891—1980)等社会党人排挤出内阁,组成了天主教民主党的一党内阁。

在外交方面,战后初期的意大利完全依附和跟从美国。在接受马歇尔计划后,于1949年加入北约,1950年与美国签订"防御互助协定",美国在意大利派驻军事顾问团,并拥有多个军事基地。

法西斯德国覆灭后,根据雅尔塔会议和波茨坦会议的有关协议,苏、美、英、法四国分区占领了德国。苏联占领德国的东区,美国占领西南区,英国占领西北区,法国占领西区。柏林作为特殊地区也由苏、美、英、法四国分区占领。四国组成以各占领区最高军事长官为成员的盟国管制委员会,任务是处理有关全德国的问题,铲除德国的纳粹主义体制,对德国进行民主化改造。1945年11月至1946年10月,苏、美、英、法四国派员组成的国际军事法庭在德国纽伦堡对纳粹德国主要战犯进行审判,以"破坏和平罪、战争罪、反人道罪"判处戈林、里宾特洛甫、凯特尔等12名罪大恶极的战犯绞刑,其他战犯分别被判处无期徒刑和有期徒刑,并宣布纳粹党、党卫队、秘密警察为犯罪组织。

美、苏冷战开始后,1948年6月至1949年5月发生了第一次柏林危机。危机期间苏占区和西方三国占领区分裂为两个德国。

1948年9月,德国西占区"议会委员会"在美、英、法占领当局授权和监督下成立,着手制定《基本法》。1949年5月23日,基本法生效。基本法宣告了德意志联邦共和国的成立,规定了共和制、议会制、联邦制、法治国家和社会福利国家的原则,确定了波恩为国家临时首都。8月,举行了联邦德国议会选举。9月20日,德意志联邦共和国政府正式成立。自由民主党的豪斯(1884—1963)就任联邦德国第一任总统,基督教民主联盟的阿登纳(1876—1967)出任第一任总理。战后初期,联邦德国的基督教民主联盟、基督教社会联盟和自由民主党曾长期联合执政,而社会民主党是主要的在野党。

德意志联邦共和国成立之初,并未拥有完整的国家主权。1949年美、英、法三国订立的《占领法》规定:三国代表组成的"盟国高级专员公署"行使盟国在联邦德国的最高权力,包括有权发布对联邦政府的命令、否决联邦议院的立法、管制联邦德国的外交、国防和外汇,三国占领军仍留驻联邦德国。直至1954年签订并于1955年5月生效的伦敦—巴黎协定,才使德意志联邦共和国享有了完整的主权。该协定规定:美、英、法结束对联邦德国的占领状态,三国军队留驻联邦德国至1998年;同意联邦德国以平等成员国的资格加入西欧联盟和北大西洋公约组织;联邦德国可以重新武装,建立50万人的军队,但不得制造原子武器和生化武器。

三、处于被占领和半占领状态的日本

1945年8月底9月初,美军以盟军的名义在事实上单独占领了日本。9月8日在东京成立了盟国驻日占领军最高统帅部(亦译盟军总司令部,简称"盟总")。太平洋地区美军总司令麦克阿瑟(1880—1964)任驻日盟军最高统帅(亦译盟军总司令)。9月22日,美国公布了《占领初期美国对日政策的基本原则》,强调对日占领的最终目的是保证日本不再成为美国的威胁,要在日本建立一个"以支持美国为目的而且负责的政府",最高统帅将通过日本天皇和日本政府机构行使权力,"如果主要盟国之间发生意见分歧,美国的政策应居主导地位"。

苏联和英国对美国独占日本表示不满,1945年12月,苏、美、英三国外长会议决定:在华盛顿设立"远东委员会",由美、英、中、苏、法、荷、加、澳、新西兰、印度、菲律宾11国代表组成;在东京设立"盟国管制日本委员会",由美、英、中、苏、澳、新、印7国代表组成。前者名义上是盟国对日决策机构,后者则是"盟总"的咨询机构。这两个机构的实权都掌握在美国人手中。因此,麦克阿瑟实际上成了日本的"太上皇",日本仍然处于被美国单独占领的状态。

秉承美国政府的旨意,按照既定的美国对日政策的基本原则,在麦克阿瑟主持下,"盟总"或直接或通过日本币原喜重郎(1872—1951)内阁(1945年10月—1946年4月)、吉田茂(1878—1967)内阁(1946—1951年)和日本国会,颁布一系列法令,推行战后日本民主化改革,其主要内容为:

(1)解除日本武装。总共解除了本土和海外700万左右日军的武装,收缴了全部重武

器、飞机、军舰，取缔了日军大本营、陆军省、海军省等军事机构，废除了"兵役法"等军事法令，并禁止日本从事军火生产。

（2）惩办日本战犯。1946年5月3日至1948年11月12日，由中、苏、美、英、法、荷、加、澳、新、印、菲11国组成的远东国际军事法庭对日本甲级战犯进行了审判。最后判处东条英机、土肥原贤二(1891—1948)、广田弘毅(1878—1948)、板垣征四郎(1885—1948)、木村兵太郎(1888—1948)、松井石根(1878—1948)、武藤章(1892—1948)7人绞刑，木户幸一(1889—1977)、梅津美治郎(1882—1949)等16人无期徒刑，东乡茂德(1882—1950)20年徒刑，重光葵(1887—1957)7年徒刑。

（3）进行政治整肃。在军政机关中清除日本军国主义分子约21万人，取缔法西斯团体200多个。

（4）实行教育和社会民主改革。禁止普及军国主义和极端国家主义思想，废除军事教育和学校军事训练，修订历史、地理教科书，推行教育民主化。取消神道教的国教地位，否定天皇神格，宣布天皇是人不是神。废除秘密审讯司法制度及相关机构，释放包括日共领导人德田球一(1894—1955)在内的所有政治犯。承认共产党合法，允许成立自由党、进步党（后来为民主党，与自由党合并成自由民主党）、社会党等政党。鼓励组织工会。赋予妇女参政权。

（5）修改日本宪法。新宪法于1946年11月3日公布，于1947年5月3日正式施行。该宪法第1条为："天皇是日本国的象征，是日本国民整体的象征，其地位，以主权所属的全体日本国民的意志为依据。"第4条为："天皇只能行使本宪法所规定的有关国事行为，并无关于国政的权能。天皇将依法律规定委任此种有关国事的行为。"从此，日本天皇制从君主专制制改为君主立宪制。该宪法第9条为："日本国民衷心谋求基于正义与秩序的国际和平，永远放弃作为国家主权发动的战争、武力威胁或使用武力作为解决国际争端的手段。为达到前项目的，不保持陆、海、空军及其他战争力量，不承认国家的交战权。"日本人称第9条为和平条款，由此称新宪法为和平宪法。

（6）解散财阀。作为与日本政府、军队有密切关系的垄断资本集团，财阀是日本军国主义的经济支柱。"盟总"冻结了15家大财阀的资产，分解300多家企业，指定解散83家企业（但实际上只有32家企业被解散），并且把以家族为中心的、所有权和经营权合一的财阀体制改变为经营权和所有权分离的企业体制。

（7）实行农地改革。通过这一改革促使半封建的地主土地所有制瓦解，建立起自耕农为主的小农经济。

战后日本民主化改革是以铲除日本法西斯主义、军国主义和封建残余为基本宗旨的资产阶级民主改革。这场改革确立了议会民主政治体制。宪法的和平条款使战后日本避免了直接卷入战争。这一方面有利于亚太和世界的和平，另一方面为日本经济的恢复和发展创造了有利的和平环境，成为日本经济起飞的重要条件。同时，这场改革也是为美国的战略利益服务的，通过改革，美国不但在政治、军事、经济各方面加强了对日本的控制和影响，而且把西方的民主制度和价值观念逐步融入日本社会，因而从更深的层面看，也是一场对日本社会的西方化改造。

战后日本民主化改革是不彻底的。40年代末,由于冷战的展开和中华人民共和国的成立,美国对日战略和政策发生变化,为了把日本变成它在亚太地区的冷战基地,不但重新武装日本(1950年元旦,麦克阿瑟宣布日本有"自卫权",随后开始组建"自卫队",实际上重建了军队),而且把日本战犯和政治整肃对象"放虎归山"(战犯重光葵出狱后还当上了日本副首相和外务大臣),各种右翼团体纷纷建立起来。解散财阀的改革也不彻底。这些成为导致后来日本军国主义思潮的沉渣时而浮现、部分日本高官政客对二战历史的错误认识和错误言论再三表演的祸根。

朝鲜战争爆发后,美国鼓励日本发展军火生产,向日本大量订购军工产品。与此同时,美国积极策划对日媾和。

1951年9月4—8日,由美国一手操办的对日媾和会议在旧金山举行,包括美、日在内的49个国家签订了片面的对日和约(亦称"旧金山和约")。苏联、波兰、捷克斯洛伐克没有在和约上签字,印度、缅甸、南斯拉夫拒绝出席旧金山会议,中国、朝鲜等当事国则被排斥在外。中华人民共和国政府声明,不承认旧金山和约。

旧金山和约共27条,主要内容为:日本承认朝鲜独立;日本放弃对台湾、澎湖列岛的一切权利和要求;日本放弃对南威岛及西沙群岛的一切权利和要求;日本放弃对千岛群岛、库页岛南部及附近岛屿的一切权利和要求;日本同意将琉球群岛及小笠原群岛通过联合国交美国托管;日本可自愿加入集体安全协定;盟国可同日本缔结双边协定,在日本驻军;盟国承认日本人民对于日本及其领海有完全的主权。和约无视开罗宣言和波茨坦公告等国际协议,不提将台湾、澎湖列岛等归还中国。

9月8日,日美双方还签订了《日美安全保障条约》,其中规定:美国有权在日本驻扎军队和建立军事基地,驻日美军有权镇压日本国内暴动和骚乱。

1952年,旧金山和约生效,盟总、盟国管制日本委员会、远东委员会撤销,美国结束对日公开占领,日本取得形式上的独立,但实际上仍处于美国的半占领状态下。这种被称作"旧金山体制"的半占领状态,直至1960年日美签订《日美共同合作和安全条约》,取消驻日美军可以干涉日本内部事务特权之后,才告结束。

第二节 社会主义阵营的形成

一、苏联成为世界大国

苏联在第二次世界大战中遭受了最严重的破坏和损失:约有1700多座城镇、3万多个工矿企业、6万多公里铁路被毁,国民经济的损失达6790亿卢布(按1941年价格计算),相当于全部社会财富的1/3;2700万人因战争而丧生。

但是,盟国的战时援助和德国的战后赔偿,为战后初期苏联经济的恢复提供了一定的条件。二战期间,苏联从美国那里得到了价值约110亿美元的租借物资和援助。战后,它从德国那里得到了包括设备在内的价值上百亿美元的赔偿,还把德国的一部分科技力量拿到了自己手中。另外,它又从欧洲和亚洲取得了约69万平方公里的土地,扩大了疆域,补充了人口,并控制了周边势力范围区域的资源和经济。

通过实施第四个五年计划(1946—1950),苏联经济得到恢复和发展。由于当时其他欧洲国家尚处在经济困难时期,苏联经济的较快好转使其成为战后初期世界经济大国。

在第二次世界大战中,苏联是反法西斯盟国中的主力之一。苏联在德黑兰会议、雅尔塔会议、波茨坦会议上都发挥了重要的作用。战争后期,苏联红军还乘胜越出国界,进入德国和欧洲其他一些国家,并出兵中国东北和朝鲜。苏联为世界反法西斯战争的胜利作出了重大的贡献。因此,随着世界反法西斯战争的胜利进展,苏联的国际威望越来越高,国际影响日益扩大。战后,苏联成为联合国安理会常任理事国和世界头等政治大国。

第二次世界大战期间,苏联的军事力量有了很大的发展。1939—1945年,苏联武装部队从540万人增加到1140万人。二战结束时,苏联拥有世界上最强大的陆军和仅次于美国的空军。战后初期,苏联在东欧和东亚一些国家驻扎了它的军队。1949年,苏联试制原子弹成功,打破了美国的核垄断。苏联成了战后世界可与美国匹敌的头等军事大国。

二、东欧和亚洲社会主义国家的建立

在第二次世界大战末期和战后初期,中东欧地区一系列国家走上了社会主义道路。由于在大战中的经历和国情的不同,因此这些国家的解放和国家政权的建立也各有特点。大体上东欧人民民主国家的建立有三种类型:有的是主要依靠本国人民的武装斗争,并得到苏联的援助,取得了反法西斯侵略的胜利,解放了自己的国家,建立了人民民主政权,如南斯拉夫和阿尔巴尼亚;有的是在苏军反攻并追击德军而进入本国的有利条件下,以本国人民的武装起义或配合斗争,与苏军一起击溃了法西斯,成立了人民民主国家,如波兰、捷克斯洛伐克、匈牙利、保加利亚和罗马尼亚;有的则是在苏联的军事占领下建立了新政权,如民主德国。

以铁托(1892—1980)为首的南斯拉夫共产党及其领导的人民解放军是南斯拉夫反法西斯侵略的主力。1942年11月,在解放区建立了以铁托为首的名为"人民解放委员会"的人民政权。1943年11月,该委员会宣布为最高立法机构。1944年10月,南斯拉夫人民解放军在苏联红军的配合下解放了贝尔格莱德;到1945年5月,解放了南斯拉夫全境。1945年3月,组成了铁托领导的、包括数名流亡政府成员在内的临时政府。11月29日,由6个共和国及2个自治省组成的南斯拉夫联邦人民共和国正式成立。次年2月,组成了以铁托为首的新政府。

阿尔巴尼亚共产党领导的民族解放阵线和游击队,开展了打击德、意法西斯的武装战争。1944年10月,组成了以霍查(1908—1985)为首的临时民主政府。11月7日,游击队解放了地拉那。11月29日,阿尔巴尼亚全国解放。1946年1月11日,阿尔巴尼亚人民共和国成立。

德国法西斯侵占波兰后,波兰政府流亡到伦敦。波兰工人党、社会党等在国内领导抵抗运动。1944年夏,苏军攻入波兰。7月,工人党、社会党等组成民族解放委员会,后改为波兰临时政府。1945年1月,苏军在波兰抵抗运动配合下解放了华沙。6月,临时政府和流亡政府联合组成全国民族统一政府。1947年1月,波兰举行议会选举。2月,波兰人民共和国政府正式成立,工人党领导人贝鲁特(1892—1956)任总统,社会党领导人西伦凯维兹(1911—1989)任总理。次年底,工人党和社会党合并成波兰统一工人党。

德国法西斯侵占捷克斯洛伐克后,贝奈斯政府流亡到伦敦。捷克共产党、斯洛伐克共产党、社会民主党等在国内开展抵抗运动并组成民族阵线。1945年4月,苏军解放斯洛伐克,接着成立了捷克斯洛伐克民族阵线政府。5月,布拉格人民武装起义,苏军解放布拉格。1946年5月,捷克斯洛伐克举行议会选举,成立了多党参政的联合政府,贝奈斯(1884—1948)出任总统,捷共领导人哥特瓦尔德(1896—1953)任总理。1948年2月,资产阶级政党的12名部长向总统辞职,企图制造政府危机,捷共依靠群众和军队,促使贝奈斯接受12名部长的辞职,改组联合政府,解决了"二月事件"。5月,议会通过新宪法,明确规定捷克斯洛伐克共和国实行人民民主和建设社会主义。6月,哥特瓦尔德取代贝奈斯出任总统。

1944年,匈牙利共产党和其他反法西斯政党组成匈牙利民族独立阵线。12月,苏军解放布达佩斯,民族独立阵线建立临时国民政府。1945年4月,匈牙利全境解放。11月,举行议会选举,小农党获245席,共产党得70席,小农党领导人出任联合政府首脑。1946年2月,匈牙利废除君主制,成立共和国。1948年,匈共与社会民主党合并成匈牙利劳动人民党。1949年5月,以劳动人民党为主的人民独立阵线在议会选举中获胜。8月15日,匈牙利人民共和国宣告成立。

1944年9月8日,苏军攻入保加利亚。第二天,保加利亚工人党领导的祖国阵线,发动人民举行武装起义,推翻了法西斯傀儡政权,成立了祖国阵线政府。1945年11月,举行议会选举,祖国阵线获决定性胜利,工人党领导人之一科拉罗夫当选为国民议会主席。1946年9月8日,全民公决废除君主制。9月15日,保加利亚人民共和国宣告成立,工人党领导人季米特洛夫任部长会议主席。

1944年8月23日,罗马尼亚人民配合苏军的进攻举行武装起义,推翻了法西斯政府,但大权落在国王米哈依及其手下的高级军官手中。1945年2月,在苏联压力下,米哈依任命农民阵线领导人格罗查(1884—1958)出任首相,重新组阁。1946年11月,以罗马尼亚共产党和社会民主党为核心的民主政党联盟,在议会选举中获胜。此后,接近罗共的格罗查把资产阶级右翼逐出政府。1947年12月30日,议会通过决议,国王米哈依退位,罗马尼亚人民共和国宣告成立。

法西斯德国投降后,苏、美、英、法四国分区占领德国。第一次柏林危机导致德国分裂。在西方国家支持联邦德国建国的同时,苏联也积极筹划建立民主德国。1949年5月30日,苏占区召开人民代表大会,通过《德意志民主共和国宪法》。10月7日,德意志民主共和国宣告成立。10月10日,皮克(1876—1960)当选为总统。10月11日,苏联政府发表声明,将苏占区的行政职权移交民主德国政府,但苏联占领军仍留驻民主德国。

东欧各人民民主国家建立后,普遍接受了苏联模式的政治经济体制。在恢复经济、进行社会主义建设方面,普遍实行了土地改革、农业集体化、银行和工矿大企业国有化及计划经济。

二次大战后,亚洲的蒙古、越南(北方)、朝鲜(北方)和中国也先后走上了社会主义道路。

1945年10月,蒙古根据苏联和中华民国政府达成的协议举行全民公决,其结果是:成立于1924年、长期依附于苏联的蒙古人民共和国正式宣告独立。

1945年8月,在日本宣布投降之际,以胡志明(1890—1969)为首的印度支那共产党发动越南八月革命取得胜利。9月2日,越南民主共和国在河内宣告成立,原傀儡政权皇帝保大退位。然而,意欲恢复殖民统治的法国派兵随同接受日军投降的英国军队进入并控制了越南南部。1946年12月,法国军队大举进犯越南民主共和国,越南人民开始了长达8年的抗法战争。1949年中国革命胜利后,在中国支持下越南的抗法战争形势发生根本性转折。1954年3月至5月,越南人民军奠边府大捷给法军以致命性打击。7月,法国被迫签署日内瓦协议,法军撤出越南并承认越南民主共和国独立。但越南的统一却因美国为首的西方国家的阻挠而未能实现。1956年3月,在美国支持下,南越吴庭艳(1901—1963)政权违反日内瓦协议,在作为临时军事分界线的北纬十七度线以南地区单独举行选举,制造了两个越南的分裂局面。

1945年8月中旬,出兵远东对日作战的美国和苏联划定北纬三十八度线为朝鲜半岛军事分界线,北部由苏军占领,南部由美军占领。1946—1947年间,在两个占领区分别成立了临时政权机构,即以金日成(1912—1994)为首的北朝鲜人民委员会和以李承晚(1875—1965)为首的南朝鲜过渡政府。1947年11月,联合国大会通过关于朝鲜问题的决议,成立"联合国朝鲜临时委员会",监督朝鲜举行大选和建立政府。北朝鲜反对联合国方案,拒绝联合国人员进入北朝鲜。1948年5月,南朝鲜不顾北朝鲜的反对举行了单独选举,并于7月制定了《大韩民国宪法》,8月15日,大韩民国政府宣告成立。8月,北朝鲜也举行了人民议会选举,随后通过了《朝鲜民主主义人民共和国宪法》,9月9日,以金日成为政府首脑的朝鲜民主主义人民共和国宣告成立。

1949年,中国共产党领导的人民革命推翻了国民党的反动统治,10月1日,中华人民共和国诞生。

亚洲的人民民主国家同东欧国家一样,在建立新政权时受到苏联模式的极大影响。东欧和亚洲走上社会主义道路的国家先后与苏联结盟,同时也互相结盟,通过一系列的双边和多边盟约,社会主义阵营正式形成。

以苏联为首的社会主义阵营,对巩固各成员国社会主义革命成果,帮助各成员国社会主义经济建设,支持民族解放运动,反对帝国主义和殖民主义,都起到积极作用。但是,由于苏联的大国沙文主义和民族利己主义,社会主义阵营内部关系中始终存在不平等的因素,这是阵营日后走向分裂的重要原因。而在战后初期的冷战背景下,社会主义阵营各国的对外政策与苏联的对外战略是一致的,因此,与以美国为首的资本主义阵营的对抗,是当时社会主义阵营各国的共同立场。

第三节　美苏走向冷战

一、冷战的缘起

二次大战后期,1944—1945年间,主导反法西斯联盟的美、英、苏三国举行了一系列首脑会议,讨论战后世界的安排,通过在这些会议上达成的协议、发表的宣言和公告、组建的国际组织等构建了战后国际秩序的基本框架和运行机制,由于雅尔塔会议的影响最为突出,故名之为"雅尔塔体系"。

与一战后建立的凡尔赛体系比较,无论在理论层面还是实践层面,雅尔塔体系都有明显的进步。首先,雅尔塔体系表达了反法西斯联盟主要成员的共同意志,并非狭隘的个别战胜国意图,因而它对战后世界的安排总体上符合盟国的战略目标,而不仅仅是巴黎和会那样的少数国家的"分赃";其次,支撑雅尔塔体系的大国力量与战争中形成的实力相吻合,避免了由于力量和利益的不对称而导致机制失效。从上述意义上看,雅尔塔体系应该是体现盟国整体利益和大国合作精神、能够有效维护战后国际秩序的国际机制。

雅尔塔体系虽然比凡尔赛体系有重大进步,但本质上仍然延续了大国政治的逻辑。美国和苏联在战后世界的安排上有支配性的话语权,因此只要美、苏两家形成共识,即可奠定战后的国际秩序。在雅尔塔体系的构成要素中,最重要的就是"大国一致和合作"、"通过划分势力范围维持大国利益的平衡"。在战争后期的历次首脑会议上,美、英、苏"三巨头"讨论的中心问题都涉及上述原则,而作为具体的安排,丘吉尔(并代表罗斯福)与斯大林的"百分比协定"和罗斯福与斯大林的"雅尔塔协定"最为典型地贯彻了上述原则。前者划分了战胜德国后美(英)与苏联在欧洲的势力范围,后者划分了战胜日本后美、苏在远东的势力范围。这样的安排大致上符合战争结束时苏联军队在西线和东线抵达的前沿,如果说前者基本上以欧洲战场的实际态势为据(百分比协定有所对应性调整),那么后者主要由罗斯福与斯大林在雅尔塔的交易为约定。在这样的安排中,既体现了美、苏对战后秩序的支配作用,也满足了双方的利益诉求,因此达成了"大国一致和合作",雅尔塔体系就是在这样的美、苏战略协调中构建而成。

显然,在大国政治逻辑主导的战后国际秩序中,美、苏两家利益的满足是以牺牲某些盟国的利益为代价的。但是,鉴于反法西斯战争对人类整体利益的维护,以及美、苏军队在欧亚战场都起到了"解放者"的作用,反法西斯联盟并没有因为美、苏的利己行为而破裂,在战胜共同敌人、维护战后和平的目标下支付代价的盟国仍然支持了有损自己利益的雅尔塔体系,这也是二战与一战的一个很大的区别。在这个意义上,当时的美国和苏联因为他们提供的国际"公共产品"所具有的正面效应而获得了霸权的合法性,同时雅尔塔体系也被战后的世界所接受，成为战后国际秩序的基本框架和运行机制。可见，只要美、苏的战略目标和利益诉求不发生变化，雅尔塔体系完全可能稳定地运行，因为在当时世界上没有其他力量试图以及能够挑战他们的权力。后来的问题就出在美、苏关系因势力范围控制的实际需要而出现的超出他们预期的变化。

美国和苏联作为国力超强的国家都是在二次大战中崛起的。当他们在战争形势下结成反法西斯联盟并共同主导战后国际秩序的构建时，在国际政治层面找到了利益的重合点并愿意就战后世界的安排进行战略协调，寻求"大国一致和合作"的途径。但是，美、苏在国家制度和意识形态层面毕竟存在着明显的异质性，并由此而衍生出难以调和的矛盾。

苏联作为历史上第一个社会主义国家，从其诞生之日起就以资本主义世界为对立面，苏联为首的国际共产主义运动是将理论上的"无产阶级革命"与实践中的落后国家现代化及民族解放运动结合在一起的"世界革命"，是对西方资本主义体系的"替代性选择"。二战前的苏联尚处于实现工业化目标阶段，其国力还不能成为世界的主导力量，但已经通过共产国际网络在很多国家组织、支持和推动革命运动。二战期间，苏联为抗击德国而与美、英等资本主义国家结盟，由此而中止了"世界革命"。为了更好地与盟国合作协调，斯大林在1943年解散共产国际，从而巩固了与美、英等国的战略合作关系，并通过"三巨头"会议，成功地构建了雅尔塔体系，与美国一起成为主导战后国际秩序的"中心国家"。在这段时间内，苏联在国际舞台上的角色与美国没有很大区别，其行为遵循了大国政治的逻辑。

但是，雅尔塔体系并非苏联追求的唯一目标，苏联在战争结束前后出兵东欧和远东的战略布局已经显示出，除了从"大国合作，划分势力范围"中获取利益，在战争胜利的条件下，一度内隐的"世界革命"的目标也获得了新的动力。在战争结束阶段的战略布局中，苏联往往采取两手并用的策略，一是通过公开的外交渠道落实雅尔塔体系给自己提供的权益，二是激活共产国际的革命网络为占领地区的政权建构服务。尽管在战后初期这一目标还是与巩固势力范围和安全地带的防御性战略结合在一起，以扶植占领区亲苏政权为主要形式，但苏联制度模式也随之而输出，由此形成"社会主义阵营"，而正是这种制度模式的扩展对西方国家形成了实际的挑战。

因此，苏联在战争中的崛起包含着两重含义：一方面，这是一个与美英等西方大国有同样的霸权目标、继承了俄罗斯帝国的传统、在国际事务中按照大国政治逻辑行事的"新兴大国"。从这个角度看，由于苏联在雅尔塔体系中获益良多（领土、势力范围和权益），因而是体系的肯定者和维护者。另一方面，苏联作为一个"革命国家"，其制度模式和意识形态与西方世界格格不入，两种社会制度的异质性和对抗性既是"世界革命"的依据，也是西方国家对苏联产生疑虑和敌意、并使双方关系趋向冲突的内在动因。正是后者，使雅尔塔体系难以持久稳定地维持合作形态，即使双方主观上不想这么做，客观形势的发展也会驱动双方从合作走向对抗。

其实，雅尔塔体系的转型从1945年8月苏军出兵远东后就已经开始了。作为苏联建构远东势力范围的起点，苏军出兵占领中国东北和朝鲜半岛北部一方面兑现了"雅尔塔协定"，获得了雅尔塔体系给予的权益,同时也改写了远东的政治版图:在苏联占领的北朝鲜地区建立了苏联模式的新政权,与美国占领的南朝鲜分道扬镳;在苏联支持下中国共产党以东北为根据地迅速壮大并取得内战的胜利,建立了新中国。如果说苏联获得远东地区的权益是与美国事先约定的,那么朝鲜半岛的制度性分裂和中国革命的胜利则是出乎美国意料的,也是美国难以接受的(按雅尔塔体系的安排,朝鲜应由美、苏共同"托管"并建立统一国家,中国则应维持国民政府统治)。从这个意义上说,远东地区政治版图的变化已经"溢出"了雅尔塔体系,因为这一变化的深远影响已经超越了大国关系的国际政治范畴,并显示了"世界革命"的逻辑,这在美国为首的西方世界看来显然是关涉其制度安全的威胁。

与远东地区政治变动几乎同时,苏联在东欧的势力范围内也进行了制度模式的输出,即所谓东欧国家的"苏联化"。这些国家的政治变动原本在雅尔塔体系的框架中,因为"百分比协定"给予苏联控制这些国家的权力。但是,东欧的"苏联化"也带来了"溢出"效应,希腊内战中共产党武装的胜利可能改写"百分比",而苏联对土耳其和伊朗的领土及资源要求也使美国和西方世界感受到苏联在未明确划界地区的扩张欲望。

正是在接踵而至的一系列事态的推动下和双方的互动式反应下,美、苏关系背离了雅尔塔体系的大国合作精神,走上了对抗的轨道。这种变化不是事先"计划"的行动,任何一方都没有蓄意去打破雅尔塔体系,而是在具体落实势力范围划分和大国权益的过程中暴露出体系的结构性矛盾并在应对这种矛盾时各方展开的博弈所导致的结果。雅尔塔体系是两个异质制度的大国在战争条件下结盟的产物,而战后势力范围的划分及对各自地盘的控制使原来被遮蔽的制度异质性在政权建构中显化了,被划入势力范围的那些国家的本土性革命因素则与大国政治交织在一起,最终将战后世界一分为二,形成了"两个世界"对抗的格局。这种格局被名之曰"冷战"(Cold War)。

冷战,是指二战后美、苏及其为首的东西方两大国家集团之间在政治、军事、经济、文化等各领域的全面对峙和对抗,但不诉诸直接的全面战争。

冷战的发生,固然与当时美、苏两国领导人的具体政策行为有关,但从根本上说,是人类社会现代化进程中世界范围制度性分裂的结果。在二战中曾经联合为一个阵营的反法西斯盟国,战后却因制度和意识形态的对立分裂为"两个世界",美国和苏联成为各自"世界"的中心,这也就是冷战格局的"二元两极"结构。所谓"二元",是指这一阶段的世界发生了横向的结构性分裂,这种分裂与此前(16 世纪以来)发生的纵向的发展性断层不同,它不是人类文明进化中因现代化进程的时序差异而自然形成的梯次结构,而是人类社会在应对现代性矛盾和危机过程中依据不同的政治理念而追求不同的发展目标所导致的制度性裂变。如果说,在发展的先进者与落后者之间既有对抗的一面,也有趋同和融合的一面,那么,在对立的发展理念和实践取向之间,对抗几乎是必然的选择。所谓两极,是指因制度性裂变而形成的两大国家集团各有一个支配性的力量中心,而且两者都具有世界性的影响力,从而构成了"两个世界"的对峙。所以,冷战史表达的结构性矛盾不仅仅是一般意义上的国家利益竞争和国际关系中的霸权之争,更具实质性的是两种对抗性社会制度及其指导性意识形态的斗争,尤其在冷战的初期阶段,这一本质性特征表现得最为突出。

二、美国的遏制战略

1946年2月,斯大林在莫斯科所作的一次演讲中阐述了苏联的基本政策,其中提到第二次世界大战的根源是现代垄断资本主义基础上世界各种力量的冲突,战后这种根源依然存在,苏联必须增强国力,以防不测。美国国务院就此向美国驻苏联大使馆征询意见。美国驻苏使馆临时代办凯南(1904—2005)回复了一份长达8000字的电报,即1946年2月22日美国驻苏联大使馆第511号电报,后来被称为"八千字电报"。这份电报分为五个部分:(1)苏联对战后世界看法的基本特点。(2)苏联的这些看法形成的背景。(3)上述看法在苏联官方政策中的表现。(4)上述看法在苏联非官方政策中的表现。(5)从美国政策的角度作出的推论。不久,凯南被召回美国担任国务院政策设计委员会主任。之后,他又在美国《外交》季刊上发表了题为《苏联行为的根源》的文章,因作者署名为"X",因此这篇文章后来被称为"X先生文章"。

凯南在"八千字电报"和"X先生文章"中提出了遏制苏联的战略理论,其主要观点是:

(1)苏联从来没有放弃消灭资本主义的信念,它与资本主义不可能持久地和平共处。美国必须把苏联看作对手,而不是伙伴。(2)苏联正千方百计地增强自己在世界上的相对实力,最大限度地发展武装力量,宣传马克思主义,扩张苏联势力。苏联"坚定不移地按既定的方向和途径前进,只有遇到无法对付的力量时才能停下来","它对理智的逻辑无动于衷,但对武力的逻辑却十分敏感"。(3)因此,美国必须拥有足够的武力,并清楚地表明准备使用武力,那就可以避免真的使用武力而仍能"遏制"苏联。(4)"同整个西方世界相比,苏联还是一股很软弱的力量",因此,只要西方国家团结、坚定、强盛,那么就有能力遏制苏联。(5)苏联制度能否成功还有待证明,所以,美国的对外政策必须是一种对苏联扩张趋势长期而耐心的、坚定而警觉的遏制,并通过"榜样的作用","对俄国内部的发展施加最重要的影响",最后促使苏联政权崩溃。

1946年9月,美国总统的特别顾问克利福德(1906—1998)向杜鲁门(1884—1972)总统提交了一份长达50页的报告,题为《美国与苏联的关系》。这份报告认为,"采纳与苏联合作的政策必将驱使美国为美苏关系作出牺牲,结果只会造成苏联扩张的欲望和要求与日俱增","美国应该明白,苏联为实现其双重目标——扩张共产主义控制的领土,并削弱潜在的资本主义对手,随时都有可能发动战争"。报告主张,美国应"准备与英国和其他西方国家联合起来,努力缔造我们自己的世界";一切反抗苏联的斗争,均应得到美国"慷慨的经济援助和政治支持"。

凯南和克利福德关于遏制苏联的战略理论被美国决策层采纳,成为美国冷战政策的理论依据。

丘吉尔的富尔顿演说则发出了冷战的第一个信号。1946年3月5日,当时在野的丘吉尔在杜鲁门的陪同下,在美国密苏里州富尔顿的威斯敏斯特学院,发表了题为《和平砥柱》的

丘吉尔在富尔顿发表演说

演说。他声称："不久刚被盟国的胜利所照亮的大地,已经罩上了阴影。没有人知道,苏俄和它的共产主义国际组织打算在最近的将来干些什么,以及它们扩张和传教倾向的止境在哪里,如果还有止境的话","从波罗的海的斯德丁(什切青)至亚得里亚海的里雅斯特,一幅横贯欧洲大陆的铁幕已经降落下来。在这条线的后面,坐落着中欧和东欧古国的都城。华沙、柏林、布拉格、维也纳、布达佩斯、贝尔格莱德、布加勒斯特和索菲亚——所有这些名城及其居民无一不处在苏联的势力范围之内,不仅以这种或那种形式屈服于苏联的势力影响,而且还受到莫斯科日益增强的高压控制","在远离俄国边界、遍布世界各地的许多国家里,共产党第五纵队已经建立。它绝对服从来自共产主义中心的指令,……到处构成对基督教文明的日益严重的挑衅和危险","现在需要的是作出解决问题的安排。拖得越久,就越困难,对我们的危险也就越大"。他主张"各英语民族同胞手足一样的联合,……这种联合就是以英联邦与帝国为一方和以美利坚众国为一方建立特殊的关系"。他鼓吹加强西方联盟,"配备一支国际武装力量",以反对所谓的"铁幕"后的国家。"铁幕"后来被作为社会主义国家的代名词。富尔顿演说亦被称为"铁幕"演说。

斯大林对富尔顿演说作出了明确的反应。他在同《真理报》记者的谈话中指出,丘吉尔的演说是"危险的行动,其目的是要在盟国中间散布纠纷的种子",是在号召"同苏联进行战争"。苏联《真理报》还发表了题为《丘吉尔玩弄刀枪挑起反苏战争》的社论。

1947年2月,英国政府照会美国政府,表示英国无力继续提供对希腊和土耳其政府的经济和军事援助,为了防止苏联势力乘机渗入希腊和土耳其,希望美国提供对希腊和土耳其的援助。土耳其地跨欧亚大陆,博斯普鲁斯海峡和达达尼尔海峡扼黑海与地中海交通咽喉,苏联一直想拥有地中海通道,并对土耳其施加压力。希腊共产党领导的民族解放阵线,通过反法西斯的武装斗争,在二战末期解放了全国部分领土。但英国军队接着开进希腊,帮助希腊流亡政府和前国王乔治恢复政权,镇压民族解放阵线,导致希腊内战,希共领导的武装斗争对国王政权形成威胁。土耳其和希腊的形势当时被称作"希土危机"。在英国呼吁美国干预希土危机之后,美国国务院近东非洲司司长亨德森起草了一份题为《危机和即将倒台的可能性》的备忘录,副国务卿艾奇逊(1893—1971)则提出苹果"烂一个就烂一筐"的理论,建议美国政府介入。

1947年3月12日,杜鲁门在美国国会两院联席会议上发表咨文,公然宣称:今日世界的所有国家都面临着对两种不同生活方式的选择,一种是"以大多数人的意志为基础"的"自由制度",另一种是"以强加于大多数人的少数人的意志为基础"的"极权政体",美国的政策必须支持那些自由国家人民抵抗武装的少数人或外来的奴役阴谋"。他强调:"不论在什么地方,不论直接或间接侵略威胁了和平,都与美国的安全有关","伟大的责任已经落在我们的肩上"。他说,希腊正受到"武装共产党分子"的威胁,这将对土耳其乃至中东、欧洲和整个"自由世界"产生影响。他要求国会授权,向希腊和土耳其提供4亿美元的援助,并派军事人员前往。事后,杜鲁门把这篇咨文称作是"美国对共产主义暴君扩张浪潮的回答"。杜鲁门这篇咨文的发表标志着杜鲁门主义的提出。这是美国第一个具有全球扩张性质的对外战略,它突破了美国历史上传统的"孤立主义"战略目标的框架,是美国外交政策的一个重大转折。由此,美国确立了以冷战方式遏制共产主义,稳定资本主义世界的"遏制战略"。杜鲁门主义实质上就是战后初期美国称霸世界的全球扩张主义。杜鲁门主义的提出,标志着二战时期形成的美苏盟友关系的破裂和美苏冷战的展开。

三、杜鲁门主义的推行与苏联的对抗措施

美苏冷战的主战场在欧洲,因此对欧政策是美国冷战政策的主要方面。1947年5月,以凯南为首的国务院政策设计委员会提交了一份《关于美国援助欧洲的政策》的报告,提出美国要帮助"恢复欧洲社会的元气和经济健全","因为经济失调很容易使一切极权主义运动在欧洲社会混水摸鱼,现在俄国共产主义正要钻这个空子"。

1947年6月5日,美国国务卿马歇尔(1880—1959)在哈佛大学发表演说,提出了欧洲复兴计划,即马歇尔计划。他在演说中描述了欧洲经济的困境,强调欧洲必须与"饥饿、贫穷、绝望和混乱"作斗争,"必须获得大量的额外援助,不然就得面临性质非常严重的经济、社会和政治的恶化"。马歇尔表示美国政策的目的是"恢复世界上行之有效的经济制度,从而使自由制度赖以存在的政治和社会条件能够出现",美国政府要"协助欧洲走上复兴道路"。不过,"最初的意见应该由欧洲提出",美国将就"能力所及,予以全力支持"。

1947年6月27日,英、法、苏三国外长在巴黎召开会议,讨论响应马歇尔计划的问题。因意见分歧,7月2日,苏联退出会议。7月12日,美国、法国、意大利、奥地利、比利时、荷兰、卢森堡、丹麦、挪威、冰岛、瑞士、瑞典、爱尔兰、希腊、葡萄牙、土耳其在巴黎召开经济会议。苏联和东欧国家抵制了这次会议。结果英、法等16国决定接受马歇尔计划,成立了"欧洲经济合作委员会"。9月,欧洲经济合作委员会提出总报告,要求美国在4年内提供224亿美元援助。

1948年4月,美国国会通过《对外援助法案》,马歇尔计划开始实施。1948—1952年,美国通过马歇尔计划给予西欧的经济援助达131.5亿美元,其中90%是无偿赠予,10%是贷款。

马歇尔计划帮助了西欧的复兴。美国的援助把躺在战争废墟上的虚弱无力的西欧扶了起来,帮助它恢复了元气。马歇尔计划对西欧人民生活的改善、西欧社会的稳定起了十分重要的作用。但是,马歇尔计划具有两重性,美国既要复兴西欧,又要控制西欧。接受马歇尔计划是有条件的,受援国必须与美国签订双边协定,废除关税壁垒,放宽外汇限制,建立由美

国控制的对等基金,接受美国对使用美援的监督,购买美国货,保障美国投资和开发的权利。通过马歇尔计划,美国加强了对西欧的经济干预和政治控制,也增强了美国对抗苏联的实力。因此,马歇尔计划是美国冷战政策的重要组成部分。正如杜鲁门所说,杜鲁门主义和马歇尔计划是"一个核桃的两半"。

在经济上援助西欧的同时,美国还积极筹划将西欧国家纳入自己主导的军事联盟体系。此前,西欧国家已经在筹划军事联盟。1947年3月,英、法两国签订同盟互助条约。1948年3月,英法联盟扩大为英、法、比、荷、卢5国参加的布鲁塞尔条约组织。1948年7月6日至9月9日,美国、加拿大与布鲁塞尔条约组织成员国举行关于集体安全问题的会谈,通过了"华盛顿文件",为建立北大西洋公约组织确定了基本原则。1949年3月18日,北约组织章程正式公布。4月4日,首批12个北约成员国(美、加、英、法、比、荷、卢、丹、挪、冰、葡、意)外长在华盛顿举行签字仪式。8月24日,北大西洋公约正式生效。北约作为以苏联及社会主义阵营为对手的军事集团,设有统一的军事指挥系统,即欧洲盟军最高司令部和各分司令部,历任最高司令一职均由美国人担任。北约的最高权力机构是理事会,由各成员国的外交、国防和财政部长组成,常设行政机构是秘书处,设秘书长主持日常工作。北约的成立,是美国完成以欧洲为重心的全球战略部署的重要标志,也是冷战进入高潮的反映。

为了加强冷战的力度,1949年11月,由美国发起的"输出管制统筹委员会"(即"巴黎统筹委员会",简称"巴统")成立。成员有美国、英国、法国、意大利、联邦德国和日本等,总部设在巴黎。这是一个对社会主义国家实行经济封锁和战略物资禁运的机构。

此外,杜鲁门还在1949年抛出了一个"第四点计划",即技术援助和开发落后国家和地区的计划。1950年秋,美国成立"国际开发咨询委员会"和"技术合作署",负责实施"第四点计划"。至1953年,美国向亚、非、拉35个国家和地区派遣了2400多名技术人员,并拨款3亿多美元。"第四点计划"实质上是亚非拉版本的马歇尔计划,其目的是把它作为"对共产主义最强烈的消毒剂",并造成受援国对美国的依附,为美国的全球战略和冷战政策服务。

在美国的全球战略部署中,亚太地区和拉丁美洲是构筑对社会主义阵营包围圈和稳定自己后院的两个重要地区,20世纪40年代末、50年代初,美国与这两个地区的国家签订了一系列双边和多边协定,组成了"美洲国家组织"、"东南亚集体防务组织"、"巴格达条约组织"等地区性军事政治集团,并通过"共同防御条约",把这些地区的许多国家纳入到全球军事联盟体系中。

面对美国的遏制战略和冷战政策,苏联采取了针锋相对的反击措施。

1947年7—8月,苏联分别与保加利亚、捷克斯洛伐克、匈牙利、波兰等东欧国家签订了贸易协定,以此来抵制和反击马歇尔计划,西方把这一系列贸易协定称为"莫洛托夫计划"。

1947年9月成立欧洲共产党和工人党情报局则是苏联从政治上加强对东欧国家的控制,协调各国间的内外政策,以对抗美国和西方阵营的冷战攻势的重要措施。在情报局的活动中,苏联将自己的意志强加于各国共产党的"老子党"倾向表现得十分明显,它对南斯拉夫和其他东欧国家内政的粗暴干涉产生了恶劣影响,苏、南冲突开创了社会主义阵营内部分裂的先河。

1949年1月,苏联、波兰、匈牙利、罗马尼亚、保加利亚、捷克斯洛伐克的代表在莫斯科举行会议,决定成立经济互助委员会(简称"经互会")。2月,阿尔巴尼亚也决定加入。4月,经济互助委员会正式成立。次年9月,民主德国亦加入经互会。经互会宣布的宗旨是,在平等互利基础上进行经济互助、技术合作、促进会员国的经济发展。于是,苏联和东欧国家的经济关系由"莫洛托夫计划"的双边关系,发展为"经互会"的多边合作机制。与此同时,斯大林还提出了"两个平行而对立的世界市场"的理论。他把世界市场划分为社会主义市场和资本主义市场两个平行而对立的市场,并认为在资本主义总危机日益加深的趋势下资本主义世界市场将日益狭小和萎缩。在这一理论的指导下,苏联力图通过经互会将自己的计划经济模式扩大为超国家的经济体系,以此建立一个社会主义的世界市场,与西方资本主义的世界市场相对抗。

在军事上,苏联针对北大西洋公约组织而组建了华沙条约组织。1955年5月,联邦德国正式加入北约,使北约的锋线推进到东西方对峙的最前沿。这种形势对苏联构成巨大的威胁。苏联立即作出反应,5月14日,苏联、波兰、捷克斯洛伐克、匈牙利、保加利亚、罗马尼亚、阿尔巴尼亚和德意志民主共和国在华沙缔结了友好合作互助条约(通称华沙条约,简称华约)。华约组织是一个军事同盟,设有统一的武装部队司令部,华约部队总司令由苏联国防部副部长兼任。华约的建立使东西方之间最终形成了两个对立的军事集团,两大阵营的对峙也具有了更强烈的军事对抗色彩。

第四节　冷战初期的重大冲突

一、第一次柏林危机

冷战初期,美、苏为首的东西方两大阵营之间发生了多起冲突,其中第一次柏林危机被看作是"冷战的第一次高潮"。

二战结束后,盟国对德管制委员会因苏、美、英、法占领当局都只执行本国政府的对德政策、各自为政而形同虚设。1946年3月,凯南提出,美国对德国问题可有两种选择:或者"让德国名义上统一",但这样容易受"苏联的政治渗透和影响";或者"依靠隔绝东部的渗透并依靠与国际化的西欧合为一体,而不是靠并入统一的德国来抢救德国的西部占领区"。1946年12月,根据美国国务卿贝尔纳斯的建议,美、英两国签订了《德国美占区和英占区经济合并协定》,简称"双占区协定",该协定于1947年元旦正式生效,苏联视之为西方国家分裂德国的一个实际步骤。

1948年2月,美国、英国、法国、比利时、荷兰、卢森堡六国开始在伦敦举行会议,讨论德国问题。3月20日,苏联驻德最高军事长官索科洛夫斯基(1897—1968)元帅在盟国对德管制委员会会议上,要求了解伦敦会议内容但未获满意回答,随即苏联退出盟国对德管制委员会。4月1日起,苏联对柏林进行为期10天的陆上交通管制,对通过苏占区前往柏林的西方人员的证件、车辆以及所有货运和私人行李以外的物品实施检查。

1948年6月7日,伦敦会议发表《伦敦议定书》,内含12个文件,主要内容是:美、英、法三国占领区合并成统一的"西占区";1948年9月1日召开西占区制宪会议;1949年成立德国西占区临时政府;美、英、法三国保留西占区占领制度并拥有最高权力;西占区接受马歇尔计划;鲁尔区由美、英、法、比、荷、卢六国和德国西占区临时政府共管;在西占区实行币制改革。其中最关键的是在德国西占区改革币制和筹建政府。

此期间,1948年4月21日—6月8日,美、英在德国占领区秘密召集经济专家和法律专家,研究并确定了货币改革的具体措施。同时采取代号为"捕鸟猎犬"的行动,把约500吨重、总值57亿的德国马克新钞从美国运到德国的法兰克福。6月18日,美、英、法占领当局颁布《货币法》和《货币发行法》,定于6月20日生效,规定废除旧马克,发行新货币,以及旧钞换新币的兑换率。接着又颁布了《兑换法》,定于6月27日生效,对新旧马克的兑换规定了更具体的办法。

1948年6月21日,西占区正式发行和流通新的德国马克(称"B"记德国马克,一般称为西德马克)。这是第一次柏林危机爆发的导火线。22日,苏占区也发行新货币(称"D"记德国马克,一般称为东德马克)。23日,"B"记马克和"D"记马克同时在柏林流通,美、英、法占领当局即于当天宣布在柏林西占区也实行币制改革,只流通"B"记马克,禁止"D"记马克流通。接着,苏联占领当局也决定苏占区只流通"D"记马克。这样,美、英、法、苏四大国首先在金融方面造成了德国事实上的分裂。

1948年6月24日,苏联占领当局开始封锁柏林与西占区之间的交通,美、英、法三国对此作出了强烈的反应,第一次柏林危机爆发。

苏联占领当局先是封锁了柏林苏占区与柏林西占区以及西占区其他地区之间的铁路交通,接着又封锁了公路和水路交通,但没有封锁西占区其他地区通往柏林西占区的空中走廊。美、英、法三国一方面向有200多万居民的柏林西占区空运、空投物资,另一方面对柏林苏占区实行反封锁。第一次柏林危机期间,美、英、法三国动用大批飞机,通过柏林与汉堡、法兰克福、汉诺威之间的空中走廊,向柏林西占区运送生活物资和其他物资约158万吨(至1949年底共234万余吨),日最高运输量为1.2万吨,飞行航次达19.5万架次(至1949年9月底达27.7万架次),飞机失事损毁24架,死亡61人,自1948年6月26日至1949年9月底空运总耗资2.25亿美元。与此同时,西占区对苏占区所需的钢、焦炭、电力等物资和能源实行封锁。

第一次柏林危机使东西方关系和国际局势陡然紧张,但对峙双方都不愿开战。杜鲁门认为要继续留在柏林而又不致冒全面战争的危险,"空运比陆路武装危险性较小"。美国不愿因"封锁"而被苏联赶出柏林,但也"不打算在任何情况下采用武力维护柏林的绝对立场"。斯大林强调"苏联当局采取限制性的措施并不想把盟国军队从柏林赶出去"。因此,尽管局势紧张,对峙双方并没有走到战争边缘。

1948年9月,美、英、法把柏林问题提交联合国安理会讨论;10月,苏联对西方提案行使否决权。11月,柏林苏占区成立"临时民主政府";12月,柏林西占区成立"市政府",于是柏林实际上正式分裂为东柏林和西柏林两个城市实体。

封锁和反封锁给对峙双方都造成了很大的困难,双方转而走向妥协。1949年1月27日,美国国际新闻社欧洲分社社长金斯利·史密斯问斯大林:"如果美国、英国和法国政府同意把建立单独的西德政府推迟到整个德国问题的外长会议召开的时候,苏联是否愿意取消苏联当局对柏林同德国西部各区之间的交通所实行的限制?"1月31日,他得到斯大林的答复:如果西方三国同意推迟建立西德政府,同意召开四国外长会议讨论德国问题,那么,"苏联政府不认为取消运输限制有什么障碍。但是,同时要取消三大国所实施的运输和贸易的限制"。从2月15日开始,美、苏驻联合国代表按照本国政府指示,多次就柏林问题秘密接触。5月5日,在莫斯科、华盛顿、伦敦和巴黎同时发表了公报,宣布:苏、美、英、法四国政府已达成协议,苏联一方和美、英、法一方于5月12日同时取消柏林与德国东、西占领区之间的一切交通、运输、贸易的限制;解除封锁后10天,在巴黎召开四国外长会议,"讨论有关德国的问题以及由于柏林形势而发生的诸问题,包括柏林货币问题在内"。

1949年5—6月,在巴黎举行了苏、美、英、法四国外长会议。会议除了肯定关于解除柏林封锁的协议外,没有达成其他协议。虽然1948年6月24日爆发的第一次柏林危机至1949年5月12日终告结束,但是接踵而来的却是德国的正式分裂:德意志联邦共和国和德意志民主共和国先后宣告成立。

二、朝鲜战争

"第一次冷战高潮"过去一年之后,在亚洲的朝鲜半岛,又爆发了一场冷战背景下多国参战的局部性热战。

美苏冷战导致了朝鲜半岛的分裂和半岛南北的对立。1948年12月和1949年6月,苏、美军队先后撤离朝鲜半岛,但是美、苏仍然控制和支撑着半岛南、北双方的对抗格局。

1950年6月25日凌晨4时左右,朝鲜半岛南北之间爆发战争。[①] 战争打响后不到24小时,在美国的要求下,联合国安理会召开会议,在苏联代表缺席的情况下,通过决议指责朝鲜民主主义人民共和国为"侵略者"。6月27日深夜,安理会又通过决议,号召联合国会员国援助韩国。

6月27日,杜鲁门命令美国驻远东空、海军直接介入这场原本是朝鲜人之间的战争,支援韩国军队。28日,朝鲜人民军攻占汉城。30日,杜鲁门下令美国陆军驻日本的地面部队开赴朝鲜半岛。7月7日,联合国安理会以美国等7票赞成,南斯拉夫、印度、埃及3票弃权,通过成立"联合国军"的决议。联合国军由美国、英国、澳大利亚、菲律宾、土耳其、泰国、荷兰、法国、希腊、加拿大、新西兰、比利时、卢森堡、阿比西尼亚(后改名埃塞俄比亚)、哥伦比

[①] 关于朝鲜战争的准备和过程,参见沈志华:《毛泽东、斯大林与朝鲜战争》,广东人民出版社2003年版。

亚、南非联邦共16国派兵组成。除美军外，派兵较多的是英军2.4万人，土军0.6万人，多数国家只是象征性地派出了部队。麦克阿瑟任联合国军总司令。

7月20日，朝鲜人民军攻占大田，俘虏了美国陆军第24师师长迪安少将。24日，美国第八集团军在釜山环形防线一带集结完毕，麦克阿瑟下令死守，强调"不存在敦刻尔克"。7月底，朝鲜人民军进抵洛东江，韩国军队只剩下几万人。8月，苏联轮值安理会主席。8月4日，苏联驻联合国代表马立克在安理会提出一个提案，要求邀请中华人民共和国的代表和朝鲜人民的代表参加讨论朝鲜问题，要求停止朝鲜半岛的军事行动并撤退外国军队，但这一提案未获通过。8月中旬，朝鲜人民军已占据了半岛南部90%的土地，剩余的韩国军队和10万美军被压缩在洛东江以东釜山一隅约1万平方公里的狭小地区。

为扭转战局，经过周密准备，9月15日，麦克阿瑟指挥7万余美军，在近500架飞机和260多艘舰艇配合下，实施了仁川登陆。16日，在釜山一线顽抗的美军和韩国军队开始反扑，与仁川登陆美军南北呼应，夹击人民军。28日，美军攻占汉城。战局发生了不利于人民军的逆转。

朝鲜战争爆发后，1950年6月27日，杜鲁门在下令美军出兵朝鲜的同时，还下令美国第七舰队进入台湾海峡。28日，周恩来总理发表声明，严厉谴责美国的行为"乃是对中国领土的武装侵略，对联合国宪章的破坏"。8月24日，中国政府向安理会控诉美国武装侵略台湾。8月27日起，美国空军对中国东北边境地区进行侦察和轰炸。中国政府多次对美国发出警告。9月30日，周恩来再次严正警告美国："中国人民热爱和平，但是为了保卫和平，从不也永不害怕反抗侵略战争。中国人民决不能容忍外国的侵略，也不能听任帝国主义者对自己的邻人肆行侵略而置之不理。"

10月1日，中国政府接到朝鲜首相金日成派特使送来的要求中国出兵援助的信函。当时，新中国刚成立一周年，百废待兴，财力物力大大弱于美国，海军、空军尚在初建阶段，陆军装备也相当落后。出兵援朝，不仅要在朝鲜战场上与世界第一经济大国和军事大国作战，而且要准备中国的工业基地、大城市和沿海地区可能遭到美国的空中轰炸和海上进犯。能不能战胜？风险很大，代价很大。因此在10月2日中共中央政治局会议上，多数人对出兵顾虑重重。但毛泽东认为，出兵比不出兵好，如果不出兵，美国人压到鸭绿江边，就会直接威胁中国。10月3日凌晨，周恩来通过印度驻华大使传话美国：如果美军越过"三八线"，"我们要管"。此后，中共中央政治局继续开会，在5日的会议上，接受了毛泽东的提议，决定成立中国人民志愿军，并作入朝作战准备。

10月7日，美军越过"三八线"。8日，毛泽东发布组成中国人民志愿军的命令，任命彭德怀为中国人民志愿军司令员兼政治委员。同日，周恩来赴苏联与斯大林商谈由苏联提供武器装备和空军掩护的问题。当时，斯大林的既定决策是，避免苏联与美国交战，力促中国出兵援朝。周恩来提出，要中国出兵援朝，苏联必须提供空中掩护，而斯大林不愿马上提供有效的空中掩护。毛泽东权衡利弊，于13日指示周恩来："我们认为应当参战，必须参战，参战利益极大，不参战损害极大。"后来，斯大林只答应派苏联空军负责掩护志愿军的后方。尽管如此,毛泽东在10月18日做出决定:中国人民志愿军入朝参战。

10月19日,美军占领平壤。当天晚上,彭德怀率志愿军首批部队秘密渡过鸭绿江入朝。25日,志愿军与美军遭遇交战,揭开了志愿军入朝第一次战役的序幕。

从1950年10月25日至1951年6月10日,中国人民志愿军和朝鲜人民军一起,以运动战和夜间进攻为主要作战形式,实施战略反攻,连续发动了5次战役。10月25日—11月5日的第一次战役,把敌军从鸭绿江边打退到清川江以南,麦克阿瑟原想在11月23日感恩节前占领整个朝鲜的计划被粉碎。11月24日,联合国军和韩国军队发动"总攻势",扬言在圣诞节前结束战争。11月25日—12月24日,中朝军队发动第二次战役,把敌军打到了"三八线"以南。其间,11月28日,中国特派代表伍修权在安理会控诉了美国武装侵略台湾和朝鲜的罪行。12月6日,中、朝军队收复平壤。1950年12月31日—1951年1月8日,中朝军队发动第三次战役,挺进到北纬三十七度线附近。其间,于1951年1月4日攻占汉城。但是,经过连续3次战役,志愿军补给线已长达500公里,而且其中400公里缺乏空中掩护,粮弹供给十分困难,部队减员几近1/4,因此亟需休整。1月25日,联合国军和韩国军队发动大规模反攻,仅仅休整了2周的志愿军部队,又投入了艰苦的战斗。4月21日,中朝军队结束第四次战役,因伤亡较大,被迫放弃了汉城、仁川等地,撤到"三八线"以北。4月11日,杜鲁门因不满麦克阿瑟在朝鲜战争中的战绩和主张,撤销了他的职务,由李奇微(1895—1993)接任联合国军总司令。4月22日—6月10日,中朝军队发动第五次战役,把战线稳定在"三八线"附近地区。此后战争双方进入战略相持,作战形式以阵地战为主,并与停战谈判交织进行。

1951年5月31日,凯南会见苏联驻联合国大使马立克,表示美国愿意谈判停战。23日,马立克在联合国提议朝鲜交战双方举行停战谈判。30日,李奇微奉美国政府之命表示愿意谈判。7月1日,金日成和彭德怀答复同意谈判,建议以开城为谈判地点。10日,朝鲜停战谈判在开城举行。26日,朝鲜停战谈判会议通过5项议程,其中包括确定双方军事分界线并建立非军事区、实现停火和休战的具体安排以及关于战俘问题的安排等。8月23日,双方因军事分界线问题的分歧中断谈判。8—10月间,双方展开了两次大规模交战,但未能改变基本态势。10月25日,双方在板门店恢复停战谈判。但不久又在战俘遣返等问题上陷入胶着状态。

1953年3月5日,斯大林逝世。在斯大林葬礼及随后的捷克斯洛伐克总统哥特瓦尔德(1896—1953)葬礼期间,苏、中、朝领导人讨论了朝鲜停战问题。苏方提出从苏、中、朝三国的利益出发,应在停止战争方面表现出"主动精神",以"掌握和平的主动权";中、朝方同意在战俘问题上作出一些妥协,以达成停战协议。3月30日,周恩来发表关于朝鲜停战谈判问题的声明,并提出了解决战俘问题的新建议。同日和次日,金日成和莫洛托夫先后发表声明,赞同周恩来的声明。

4月20日,双方开始在板门店附近交换病伤战俘。4月26日,朝鲜停战谈判在板门店复会。6月8日,双方达成关于战俘问题的协议,规定遣返一切坚持遣返的战俘,其余战俘交给由波兰、捷克斯洛伐克、瑞士、瑞典、印度为代表组成的中立国遣返委员会,并由战俘所属国派人对战俘进行解释和劝说,凡在该委员会看管120天仍不要求遣返本国者,则解除战俘身份成为平民,并由该委员会根据其个人申请进行处理。

1953年7月27日,朝鲜人民军和中国人民志愿军方面代表团首席代表南日、联合国军方面代表团首席代表哈利逊在板门店代表交战双方在朝鲜停战协定上签字。然后,签字文本分送朝鲜人民军最高司令官金日成、中国人民志愿军司令员彭德怀和联合国军总司令克拉克(1896—1984)签署。协定第一条规定,以北纬三十八度线附近的双方实际控制线为军事分界线。双方军队各由此线后退2公里,以建立非军事区。第二条规定,停止自朝鲜半岛外进入增援的军人和武器;成立中立国监察委员会。第三条规定,停战协定生效后60天内,双方应将一切坚持遣返的战俘分批直接遣返;其余战俘交中立国遣返委员会处理。第四条提出,在停战协定生效后3个月内,召开双方高一级的政治会议,协商从朝鲜半岛撤退一切外国军队及和平解决朝鲜问题。第五条规定,协定签字后的12小时起全线停火,并且双方部队不得进入非军事区。

朝鲜战争是战后初期规模最大的国际性局部战争,也是冷战背景下典型的有限战争。这场战争的结果为参战各方提供了经验和教训,也进一步固定了亚洲地区的冷战格局,并在相当长的时间内影响着有关各国的相互关系。

第六章
科学技术革命与战后资本主义的发展

第一节 战后科技革命及其影响

一、战后科技革命的成因

战后科技革命一般被称为第三次科学技术革命。严格说来,科学革命和技术革命是两个既有联系又有区别的过程。科学革命是指人类对客观自然界认识上的飞跃和科学理论上的突破,技术革命则是指在材料、生产工具和生产工艺方面的重大变革。人类进入工业文明以来,曾经经历了以蒸汽机的发明、应用和推广为标志的第一次技术革命,和以电的发明和应用为标志的第二次技术革命,以及从哥白尼的日心说到牛顿力学形成的第一次科学革命,和19世纪中叶到20世纪初以电磁学、生物学、热力学、化学、地学的重大突破为起点,以相对论和量子力学为峰值标志的第二次科学革命,战后开始的科技革命,就其本来的意义上来说,主要是一场技术革命,但是这场技术革命同科学革命紧密结合,不仅起源于第二次科学革命的成果及战后初期形成的控制论、信息论、系统论,而且在发展过程中同科学革命互相依赖,互相促进,两者交织着向前发展。

战后科技革命是由各方面的因素推动产生的。

在人类发展史上,科学技术的发展呈现加速化的趋势。科技革命的产生首先有赖于其自身的发展规律,科技的原理性突破和系统性重组,以及相关技术的互相激发,都会引发科学技术的突破性进展。第二次科学革命中提出的相对论和量子力学改变了牛顿力学体系,为第三次科技革命作了理论准备。40年代中后期形成的控制论、信息论和系统论,更是成了其主要理论依据。一次大战后,电子、内燃机、冶炼、化工技术获得长足发展,推动电子显微镜、电子示波器、回旋加速器等一大批精密仪器问世,并为科学技术研究提供了超高压、超低压、超纯度、高真空等实验手段。

社会条件在科技革命中起着更为重要的作用。第二次世界大战期间,各参战大国为了赢得胜利,在军事科学技术上投入大量的人力物力,使原有的科技潜力在某几个点上获得最大限度的发挥。雷达技术、喷气式飞机和火箭技术、运筹学理论、自动控制技术、抗生素的发现和应用,都为战后新的科学技术发明提供了必要的条件。作为第三次科技革命重要内容的电子计算机,就是为了满足武器计算、密码和军事后勤的需要,在战争期间加紧研制,于1945年底诞生的。大战期间还造就了一大批卓著的科学家,这些科技人才为战后科技革命准备了技术力量。战后,美、苏等国为在军事上压倒对方,展开激烈的军备竞赛、集中大量人力物力和财力发展军事科学技术,制造各种高效的新式武器,尤其是战略核武器和运载工具等。然而,军事科技会向民用辐射,50年代从美国开始,许多军事科技直接转入民用,如原子能发电站、喷气式客机、民用电子计算机、非军用卫星等。

战后,国家垄断资本主义的发展越出了30年代应急的范畴,成为适应高度社会化生产发展需要的一种"常态",这对科技的发展有较大的保护和促进作用。在战后科技革命中,科技探索已由个体劳动转变为有组织的社会集体劳动,大规模的研究活动需要投入巨额资本、由许多机构多方面的专业人员共同协作才能完成,有些特大型的科技项目如航天技术工程,所需的人力物力财力远非单个或几个私人垄断资本所能胜任。面对这些需要,国家干预的形式从政府资助和协调私人企业的科研机构,发展到由政府出面主持庞大的科研项目,兴办国家科研机构,在全国范围甚至超越国界进行国际大协作。此外,基础理论研究对整个科技发展有决定性作用,但与私人资本的现实利益关系不密切,有些项目由于投资周期长,获利少,风险大,预期收益缺乏保障,私人资本往往不愿意承担,由政府干预或投资,成了保障尖端科学技术迅速发展的重要条件。

垄断并不排除竞争,但国家垄断基础上的竞争更加激烈,往往提高到国际竞争的层次。同时,在新的历史条件下,垄断资本依靠战争掠夺市场和资源、划分势力范围的外延性发展手段已经过时,而依靠延长劳动时间、降低实际工资、加强剥削来提高竞争力的旧方式也日益失效。在新形势下,各国垄断资本都把发展尖端技术、加速产品更新换代、降低生产成本作为提高竞争力的主要手段。社会主义国家和发展中国家受国际竞争法则的驱使,为了发展民族经济,增强国防力量,捍卫国家主权,也致力于发展科学技术。实力低于美、苏的二流国家,则希望通过联合与协同研究来缩短同超级大国的差距。

二、战后科技革命的主要内容和特点

战后科技革命不是科学理论和技术上个别的、一般意义上的变革,而是几乎所有的领域都发生深刻变化,出现划时代的飞跃,产生一系列新兴科学技术。它主要是在新能源、新材料、电子工程、宇航工程、生物工程等前沿阵地展开的,并旁及其他尖端技术领域。

原子能的开发和利用开辟了能源的新纪元,也揭开了战后科技革命的序幕。1942年底美国建成世界上第一座原子反应堆,从此人类进入原子能时代。原子能的利用包括核武器的发展和核能的和平利用,后者主要是原子能发电站,从1954年苏联建成第一座原子能发电站开始,到1986年底全世界已有26个国家共376座核电站投入运行,占全世界发电总量的13%。

电子计算机又称电脑,它的出现是人类智力解放的里程碑。1945年美国制成第一台程序"外插型"电子管电子计算机,以后不断升级换代。1956年出现第二代,即晶体管电子计算机;1964年出现第三代,即集成电路电子计算机;70年代初出现第四代,即大规模集成电路电子计算机。从70年代后期起,出现了集中10万个以上电子元件的超大规模集成电路,以后集成电路的包容量又以几何级数上升,推动计算机向微型化和巨型化两个方向发展。电子计算机的发展使生产自动化有了新的飞跃,出现了模仿或代替人从事各种工作的自动机器和"机器人",大大加强和扩展了人类认识和改造自然的能力。

空间技术也获得大发展。大战期间,德国曾加紧研制使用液体燃料的火箭,制造出V-2飞弹用于实战,但未能扭转败局。战后,各国集中力量发展运载火箭、制导系统及其他相关技术,取得一系列惊人的进展。1957年8月,苏联成功发射超远程多级洲际弹道导弹;10月发射第一颗人造地球卫星,开创了人类向空间进军的新时期;1961年,苏联发射成功"东方号"载人宇宙飞船;1969年,美国"阿波罗-11号"将两名宇航员送上月球;1971年,苏联发射第一个在宇宙中从事科研工作的空间站"礼炮1号";1981年,美国"哥伦比亚号"航天飞机试飞成功。从应用方面来说,1965年美国发射了一颗半试验半实用的同步卫星"国际通信卫星1号",使通信卫星从试验转入实用阶段。以后,许多国家又发射了科学卫星、侦察卫星、气象卫星、地球资源卫星等大量的应用卫星。

新型材料的开发和利用是战后科技革命的重要内容。战后科学技术和社会生产的发展,扩大了对特殊材料的需求,而现代化学和物理学的创新,又为阐明材料物性的本质以及探求新材料提供了理论基础。新型材料的主要代表,是合成树脂(塑料)、合成橡胶、合成纤维三大合成高分子材料。另外还有非晶质金属、功能性高分子、单晶体、超导体、新型陶瓷、光导纤维等一大批适应不同特殊需要的材料。

生物工程技术包括遗传工程(基因工程)、细胞工程、酶工程和发酵工程(微生物工程)四个方面,它使人类有可能利用无机物来人工合成生命的物质基础,进一步控制和改造生物的性状,按照人类的目的创造新的物种。

此外,人类在太阳能利用、海洋开发、激光技术等方面也取得了很大的成就和进展。

战后的科技革命同以前相比,呈现出许多新特点。

它的规模大大超过以往的科学技术革命,不但席卷主要发达资本主义国家,而且扩展到社会主义国家和发展中国家,不仅是个别或少数理论领域或生产部门的工艺技术取得突破,而且在几乎各个科技领域和生产部门都取得重大突破。在这个基础上,各种学科相互渗透、相互促进,在各学科相互联系的关节点上产生出新学科的生长点,形成新的边缘学科。自然科学与社会科学也相互融合,科学理论体系经常走在技术前面,带动技术前进。

它开辟了用机器部分代替人的脑力劳动的时代。以往技术革命中出现的机器,只是代替人的体力劳动,是人类手足和脊背的延长和补充,而电子计算机能够部分代替人的脑力劳动,是人脑和神经系统的延长和补充,使人类从直接参加生产过程向控制生产过程转变。

科学技术日趋社会化,既表现为科研规模扩大,科研经费激增,又表现在国家作为社会的总管理者,直接干预科学技术工作。

科学技术发展加速化,具体表现在科研成果大量涌现,并迅速转化成直接生产力、科研成果更新换代的速度加快,带头学科的更替节奏加速。

三、战后科技革命的影响

战后科技革命对世界历史和人类社会的影响是非常深刻的,当今世界出现的新情况、新特点、新趋势,都同它有着不可分割的联系。

它推动社会生产力发展和经济结构变化。战后25年里,西方世界社会生产增长了4倍,平均每年增长6%左右,其中科技进步所起的作用,70年代为50%—70%,80年代上升到80%,产业结构出现非物质化的趋势,各国第一、第二产业在国民生产总值和就业总人数中的比重进一步下降,其中农业的比重大降,第三产业比重不断上升,逐渐超过工矿业和建筑业。第三产业已不仅仅是传统意义上的服务业、商业、运输业、通讯业和文化教育等,还包括大部分与信息工业联系在一起的部门,如软件工程和数据库等。在工业结构中,新旧工业发生分化,劳动和资本密集型的"大烟囱工业",如钢铁、采矿、纺织等,被称为"夕阳工业",比重逐渐下降,技术密集型的专业化和小型化新兴工业,如电子、核能、宇航、激光、人工合成原料等,被称为"朝阳工业",获得迅猛发展。与此相适应,"重、厚、长、大"的工业产品逐渐让位给"轻、薄、短、小"的产品。各国经济布局也随之发生变化,新兴工业区不需要建立在煤铁资源丰富的地方,而是要综合考虑人才、交通、环境等条件,如美国旧金山以南的"硅谷"和俄罗斯新西伯利亚的科学公园等。在战后科技革命的推动下,西方发达国家已逐步从工业经济时代跨入知识经济时代。

生产力的巨大发展,生产社会化程度进一步提高,使得资本的积聚程度越来越高,西方国家企业规模不断扩大,并实行跨行业的多样化经营,1946—1971年,美国10亿美元以上的公司从43家增至289家。国家越来越多地担负起领导生产和调节经济的职能,国有企业的数量也进一步增加。科技的发展推动资本主义生产关系向高级层次演进,而后者又进一步推动科技发展。与此同时,以电脑和软件开发为代表的知识生产力又促进中小企业大量增加,使西方国家出现大、中、小企业同时并举的局面。

战后科技革命使人的劳动方式和生活方式发生很大变化。随着产业结构的调整,劳动者的就业和劳动方式也发生较大的变化。农业人口急剧减少,从事信息生产的人员迅速增加。在生产过程中,智能因素的作用越来越突出,人的体力劳动逐渐被自动控制的机器所取代,人的一部分脑力劳动也被电脑所取代,人从直接参加生产过程开始转到控制生产过程,体力劳动在生产过程中的作用逐渐下降,劳动者的素质逐步从体力型和文化型发展为科技型和智力型,不少生产过程的监督者和调节者只同数据和图表打交道,不同生产过程发生直接联系。与此相对应,在发达国家中,"白领工人"阶层不断扩大,"蓝领工人"的比重下降,1956年美国的白领工人开始超过蓝领工人,1980年两者的比例为50∶32。白领工人的职业比较安定舒适,生活条件比较优厚,倾向于信奉社会改良主义,这就使发达国家的阶级矛盾趋向缓和。

人的消费结构也发生较大变化。由于电脑的使用缩短了产品的设计时间,发达的通讯加快了销售过程,产品更新换代快,淘汰率高,衣食住行向着多样化和高级化的方向发展,家用电器日新月异,飞机和汽车成为主要交通工具。随着电脑的普及,人们可以在家里办公,通过电脑阅读最新的科技和新闻资料,了解市场信息,购买物品,查询飞机和火车的时刻表,甚至可以在家里同医疗信息库接通,请名医为自己看病开方。

战后科技革命使世界经济政治和国际关系发生更为深刻的变化。跨国公司广泛发展,各国经济间的协作和相互依赖关系不断加强,世界经济越来越成为一个整体,世界经济一体化的进程进入一个新阶段。此外,世界经济结构和格局出现新的态势。发达国家和发展中国家之间已不是"世界城市"与"世界农村"的关系,也逐渐脱离了"北方技术"和"南方劳动"的模式,开始形成发达国家主要发展高精尖的技术密集型工业,新兴工业国家发展一般技术和资本密集型工业,一般发展中国家主要发展劳动密集型工业的阶梯状结构。同时,世界范围内的贫富差距日益扩大,发达国家与发展中国家之间贫富不均的"南北问题"日益突出。

经济生活的国际化趋势影响到各国之间的政治外交关系。各国间既要激烈地争夺世界市场,但竞争的方式逐渐转向科技领域,故又要通过谈判磋商达成妥协,这样促使国际局势出现缓和的趋向。另一方面,由于各国发展不平衡,国际格局从两极演变成多极。

科技的高度发展对20世纪困扰人类的战争与和平问题也产生重要影响。现代武器的发展增加了动乱和战争的因素,但是由于武器的破坏力剧增,使战争发动者也处于遭到毁灭性反击的阴影之下,爆发新的世界大战的可能性反而受到制约。

科技的进步一方面造福于人类,另一方面也使全球问题日益严重,如生态环境恶化、人口爆炸、能源危机等等。人类在克服危机的过程中将取得更大的进步。

第二节 美国国家垄断资本主义的发展

一、国家垄断资本主义的发展

战后西方国家的垄断资本主义获得了大发展,进入一个新的阶段。一方面,私人大垄断组织的实力不断增强,但是更主要的,是国家垄断资本主义得到迅猛发展,最终形成了国家垄断资本体系。

国家垄断资本主义,主要包括宏观财政金融政策、国家垄断的社会管理和调节体系、经济计划化和国有企业四个组成部分。

宏观财政金融政策是指国家用政策手段来实现诸如充分就业、价格稳定、持续增长、国际收支平衡等宏观经济目标。该政策的总原则是采用凯恩斯主义的政策主张,根据当时的经济形势,实施"逆经济风向"的方针政策。其中财政政策是根据社会的总需求和失业状况,通过改变政府购买水平、改变税率、改变社会福利费用、运用国内公债等手段,影响国内总经济活动水平。货币政策是通过中央银行在公开市场上买卖政府债券、改变贴现率、改变银行储备率等手段,来刺激或抑制总需求,影响宏观经济变量。战前,西方国家通过财政预算掌握的国民生产总值的份额,一般在10%—20%之间,战后发展到30%—50%之间,少数国家达到60%以上。美国由于垄断资本实力比较雄厚,建立现代企业所需的巨额投资与私人资本积累有限的矛盾不像西欧国家那么尖锐,因此它的国家垄断资本主义主要不是采取国有化的形式,而是国家运用财政和金融力量对再生产过程进行干预。当经济出现萧条时,政府通过扩大开支、减税和降低银行利率等办法来刺激需求,促进生产繁荣,而经济过度膨胀时,则以减少政府开支、增税和提高利率等措施以紧缩经济。

国家垄断的社会管理和调节体系是指国家制定和执行社会经济发展计划,协调地区间平衡发展,调整经济部门结构,制定和执行社会收入和保障政策。其中调整经济部门结构,战后至50年代,主要是推动发展港口、铁路、公路、煤炭和钢铁等部门;60年代,重点在加强专业化调整,扩大公司规模,提高产品竞争能力;70年代中期以后,主要是推动传统工业结构向新科技产业结构方面转移和发展。在制定和执行社会收入和保障政策方面,涉及面较广,包括确定最低工资限额、超额累进税制、低收入补贴、失业救济等,它和福利政策互为补充,构成"福利国家"体制的基本内容。

经济计划化是战后许多西方国家用来调节和干预经济运行过程的一种手段。私有制经济能够取得较高的局部效率,但是不能确保整个制度结构出现高效率,这就在客观上提出了在整个社会范围内实行经济计划化的要求,以适应日益发展的社会化大生产的需要。但是在各个西方国家之间,经济计划化的程度有所不同,法国等国由于传统上国家干预主义和保护主义的色彩很浓,社会党和共产党的力量较强,因而实行经济计划化的力度较强。

西方国家国有化比重的提高,也是对资本主义生产关系和生产力矛盾激化所作出的反应。随着第三次科技革命的发展,电子、核能、石油化学、宇宙航空、海洋开发等技术获得长足发展,但是建造这些巨型新兴企业需要巨额的投资,而私人垄断资本可能承担的资本数量相对不足。此外,为了发展经济和保证社会再生产的顺利进行,需要开发巨型产业,从事大规模的科学研究,这类工作所需的投资回收期长,短期无利可图,并担有很大的风险,私人垄断资本一般不愿作为个体进行这类投资。再者,诸如电力、通讯、铁路等公共基础设施和基础工业是整个社会经济和生活运转的基础,关系到国计民生,对社会扩大再生产具有重要意义,但它们一般都是投资大、收益小,而且本身具有社会性、全国性和整体性的特点,不适合私人经营。发展国有经济,一方面有助于西方国家实现政府的宏观经济政策目标,另一方面也能保证居民对公共产品和服务方面的需求能得到满足。战后,大部分西方国家的国有经济所占的比例并不大,但是大多集中在基础经济部门和国民经济的关键部门,如交通运输、能源动力、城市基础设施、邮电通讯、金融保险以及科技开发、基础研究等部门和领域,因而地位极为重要。另外,各国国内国有企业的规模、比重和发展水平也有所不同,一般说来,西欧北欧国家高于美国、日本、加拿大等国,但前者波动较大,后者相对稳定。在欧洲国家之间也存在很大差异,法国的国有经济一直呈上升趋势,成为当今西方国家中国有经济成分最高的国家;联邦德国实施"社会市场经济"模式,国有化程度不高,政府遵循有限干预的原则,总体计划调节和对企业的生产性干预程度较低;意大利继续实施"国家参与制",通过国家持股集团参与私人企业活动来实现国家对经济的干预和调节作用;而英国从私有化到国有化,保守党上台后又有所后退,工党再次执政后继续前进,波动较大。

推动国家垄断资本主义快速发展的原因,最根本的是生产力和生产关系之间的辩证矛盾运动。在人类现代化运动的推动下,生产社会化的程度越来越高,有些生产过程甚至已经越出国家的范畴,在国际间完成。为了适应和保护高度社会化的生产力,资本主义生产关系在经历了资本家个体所有制和资本家集体所有制(股份公司)后,又出现了资本家全体所有制(国有企业和公私共有企业中的国有部分)的表现形式。30年代美、德等国的国家垄断资本主义,主要采取国家对国民收入实行提取和再分配、国家通过控制原料供应、指定生产计划和订货等手段干预私人企业的生产等较低的形式,战后,不少国家都增添了建立公私共有企业和国有企业等高级形式的内容。除此之外,还有一些其他原因,如第三次科技革命引起部门结构和地区结构的调整,许多新兴工业部门、重大科研项目和现代化公共设施需要投入大量的资金和人力,具有较大的风险,必须由政府出面来承担这些任务;苏联的社会主义经济体制,在规避世界经济大危机方面,特别是第二次世界大战期间在集中全国人力物力实现全国性目标方面,表现出很高的效率,对西方国家有一定的借鉴作用;此外,罗斯福新政的成功经验、民主社会主义运动的深入发展、中下层民众对社会福利的追求等,都在一定程度上推动了国家垄断资本主义的发展。

二、美国政府国内干预政策的演变

从总体上说,战后美国国家垄断资本主义在国民经济中起着重要的作用,主要表现在:通过国家调节劳资关系,采取"福利计划"措施,一方面缓和阶级矛盾,同时通过扩大消费来调节再生产的周期进程;通过大量的国家采购,为私人资本创造一个稳定而广阔的国家市场;国家通过财政和金融手段,以贷款津贴等方式刺激私人投资与消费;国家扩大投资兴办国有企业;国家提供巨额科研经费,组织大规模的科研活动,将其成果无偿地提供给全国使用;国家为私人垄断组织扩大国外市场。美国虽然还是由民主、共和两党轮流执政,但是已经不可能回到"自由放任主义"的老路上去,历届政府都推行不同内容的国家干预政策。然而,各届政府在处理"公平"和"效率"这一两难悖律时,大致出现了民主党政府更加注重"公平"，而共和党政府更加注重"效率"的规律。在杜鲁门、肯尼迪（1917—1963）、约翰逊（1908—1973）等民主党政府执政期间，政府比较自觉地发展国家垄断资本主义，大力干预经济，实施通货膨胀政策，提高民众的福利水平。在艾森豪威尔（1890—1969）、尼克松（1913—1994）等共和党政府执政期间，政府主观上希望减少干预，让自然的客观经济规律多起些作用，提高效率，因而实施"自由保守主义"或"现代共和党主义"。

杜鲁门执政于1945年4月—1953年初，他以凯恩斯主义为理论基础，提出"公平施政"的纲领，推行赤字财政，扩大社会福利，实行所谓"有调节的资本主义"。"公平施政"可以分为两个阶段，分别处于杜鲁门的两届总统任期，以1949年初为界。

在第一阶段里，杜鲁门政府受到党派斗争的影响较大，尤其是1946年中期选举以后，共和党成为国会多数党，政府提出的立法不大容易被通过，因此"公平施政"的实际效果大打折扣。该阶段最重要的立法是1946年2月通过的《就业法》，该法规定政府必须协调和利用自己掌握的一切权利、政策和资源，维持"最大限度的就业、生产和购买力"，以避免再次出现30年代初的大规模失业，同时授权政府制定防止经济衰退、保持充分就业的财政和金融政策。这是美国历史上第一次用法律的形式规定国家有责任保证人民就业。

杜鲁门在连任竞选中，许诺要成为一个"为人民说话的"、"对全民负责的"总统。在第二阶段里，他为了履行自己的诺言，比较完整地提出了"公平施政"的纲领，主要内容是扩大罗斯福新政时期社会保障法的保障范围，提高工人的养老金和最低工资额。1949年，国会通过了《全国住宅法》和《农业法》，前者授权政府在以后6年里为低收入家庭建造81万套廉价公共住房，后者规定了农产品的官方支持价格，由政府向农民提供补贴。1951年1月又通过了《公平劳动标准法》（亦称《工资工时法》）的修正案，将工人的最低工资从1945年的每小时40美分提高到75美分。

1952年下半年，艾森豪威尔以结束朝鲜战争为主要竞选口号，赢得了总统选举的胜利，一直执政到1960年。他在政治哲学上素称保守，上台后面临财政赤字和通货膨胀问题。曾试图实行共和党传统的保守主义政策，推行削减开支、平衡预算、降低国债的紧缩政策，并主张权力分散，实行"自由企业制度"，把一些国有企业和公共工程交由地方或私人资本经办。但是当时不可能完全退回到传统的老路上去，因此他提出要实施"自由保守主义"或"现代共和党主义"，即介乎于新政式的国家干预和传统的自由放任主义之间的"中间道路"。但是在实际运行中，艾森豪威尔政府基本上沿袭了民主党政府的社会经济政策。

艾森豪威尔曾经提出政府应该"少花钱多办事"，但是为了争霸世界，面临苏联在空间技术上暂时领先的局面，只能大规模扩充军备，大搞空间技术竞赛，结果执政8年中有5年是赤字财政年，累计赤字达217亿美元。在社会福利政策方面，1954年和1956年两次修订《社会保障法》，使几百万未享受保险待遇的人，包括拿工资和独立开业的专业人员、农场经营者和农业工人、家庭雇工和办事员、武装部队成员和宗教工作者等，也能享受保险待遇。联邦政府在公共卫生和医疗项目上的开支也稳步增长。1958年开始实施《国防教育法》，向大学生提供长期低息贷款，如果受援学生毕业后到中小学任教5年以上，贷款可以减半偿还。

在1960年底的总统选举中,民主党针对艾森豪威尔执政期间出现的弊病,作出独具民主党特色的承诺,包括要促进没有通货膨胀的经济增长,结束紧缩政策,扩大福利和保险,取消种族隔离,以更加有效的方针路线重振美国的实力等。这一武器击败了共和党,于是民主党候选人肯尼迪就任总统。

肯尼迪提出开拓美国"新边疆"的口号,该口号不具有地理含义,是指利用美国先进的科学技术和强大的经济实力,去开拓新的领域,迎接新的挑战。他上台后向国会提出一系列的建议和法案,内容包罗万象,涉及由联邦政府提供经费以刺激经济发展,减少失业,复兴不景气的地区,加强城市建设,合理使用资源,发展空间技术,援助教育事业,提高最低工资,稳定物价,扩大社会福利,甚至包括改善黑人地位。肯尼迪以其魄力和冒险精神获得大部分资本家的拥护,在选民中也深孚众望,但是东北部财团认为他"太偏重南部的利益"。肯尼迪最终成为大资本家集团争权夺利的牺牲品,于1963年11月22日在达拉斯城遇刺身亡。

肯尼迪死后,副总统约翰逊继任,次年竞选连任成功,执政到1968年。他任总统后,宣称要继续肯尼迪的未竟事业,先后提出"伟大社会"和"向贫困宣战"的口号。前一个口号的意思是美国不仅要成为一个富裕的社会和强有力的社会,而且要成为一个伟大的社会。在约翰逊任内,通过一系列的立法和行政措施,推行经济和社会改良,其内容包括:拨款实施职业培训,援助落后地区的发展,加速城市和住宅建设,发展教育事业,增加医疗保健和养老金,重视环境保护。在实施"伟大社会"计划期间,国会共通过435项立法,立法内容基本上涵盖了计划的主要目标。在约翰逊任内,生活在官方编制的"贫困线"以下的人数从3610万人降到2410万人。但是,由于美国更深地卷入了越南战争,国防开支成为沉重的负担,从60年代中期起,支持改革计划的拨款逐步减少,改革势头渐趋消失。

1968年底,以赤字财政和通货膨胀为主要手段的凯恩斯主义实践开始出现危机,当年的财政赤字高达252亿美元。共和党候选人尼克松在总统竞选中以微弱多数当选,上台后采用传统的保守措施来治理迫在眉睫的通货膨胀问题。尼克松政府削减联邦开支,紧缩货币和信贷,结果造成经济衰退、失业人数继续增长,而通货膨胀却没有得到遏制。为了摆脱困境,尼克松被迫改弦易辙,于1971年初宣布自己"现在也是一个凯恩斯主义者",并声称要用赤字财政政策来实现充分就业。同年8月,政府开始推行"新经济政策",冻结工资和物价,削减联邦开支,并停止外国中央银行用美元向美国兑换黄金,对进口商品增收10%的附加税。在内政方面,尼克松逐渐放弃历届政府的"大政府"政策,以"还权于州"、"还权于民"为口号,提出"新联邦主义"的主张,试图扭转罗斯福新政以来因权力和责任集中于联邦政府而形成运转不灵、效率低下的庞大官僚机构的积弊。

1973年,尼克松连任总统,但不久就陷入"水门事件"(即1972年美国总统选举中共和党对民主党搞窃听的政治丑闻)被迫辞职,由副总统福特(1913—2006)继任。福特在内政方面没有什么作为。

1977年初民主党人卡特(1924—   )就任总统时,美国已陷入70年代中期以"滞涨"为特征的经济危机。卡特作为民主党人,执政之初沿袭凯恩斯主义刺激经济复苏的方针,推出

"一揽子刺激经济计划",通过减税和增加公共开支来推动经济复苏和增加就业,但结果是通货膨胀率进一步上升。随后他又试图从保守主义中寻找办法,削减联邦预算,控制信贷,节约能源,但结果导致利率腾飞,各种产业的资金来源受阻。卡特政府左右摇摆,都未能使美国渡过难关,反映出新政式的国家垄断资本主义已经由盛转衰,凯恩斯主义的能量快要耗尽。

三、美国经济的变化

在战后数十年的发展中,美国经济发生了一系列的变化。

首先,随着科技进步和经济发展,美国的产业结构发生重大变化。农业(包括农、林、渔业)在国民收入中所占的比重下降,从战后初期的7.2%下降到1983年的2.3%。工业和运输业虽然都有相当程度的增长,但是增长速度低于非生产部门,因而相对地位也下降。在工业经济中,生产资料的生产比消费品生产增长得快,同新技术、新工艺、新产品关系密切的一系列重工业部门,如石油、化工、原子能、宇航、钢铁、汽车制造、建筑、电子工业等,比重显著提高,许多轻工业部门,如纺织、皮革制造、木材加工、服装、食品工业等,比重下降。服务业、金融业、政府部门、商业等非生产部门的发展都很迅速,就业劳动力大量涌入。

随着新兴工业的迅速崛起,美国的经济地理发生重大变化。长期以来相对落后的南部和西部地区,由于电子等新兴工业部门的发展而迅速工业化,经济地位日益重要,美国经济重心逐渐向西部和南部转移。同时,新兴的财团加入了竞争的行列。西部崛起的加利福尼亚财团掌握了飞机制造业和造船业等许多新兴工业部门,并控制了美国最大的美洲银行,50年代实力仅次于摩根财团和洛克菲勒财团,居全国第三位。南部的得克萨斯州由于战时石油开采业和军事工业的扩建,形成了得克萨斯财团。美国的政治大权历来操纵在东北部势力集团手中,新兴财团崛起后,开始问鼎政治。得克萨斯财团的一些金融资本家就曾和克利夫兰财团的金融资本家结成联盟,对抗东部财团。在美国经济地理发生变化的过程中,政治权力也逐渐由东北部的"多雪地带"向西部和南部的"阳光地带"转移。

战后,美国企业发生了第三次合并浪潮,在这次浪潮中,除了继续发生以往两次浪潮中的"横合并"和"纵合并"外,主要是"混合合并",即许多不属于同一行业或同一生产程序的企业,甚至业务上毫不相关的企业之间发生合并。1948—1970年,混合合并在合并总宗数中的比重从45.4%上升到87.8%。之所以出现这种现象,是因为美国经济的垄断化程度本来就很高,垄断组织在原有部门中很难进一步大量增加投资,而战后科技飞速发展,产生了一系列的新产品和新部门,政府的军事订货也不断增多,这些垄断组织就纷纷涌入新部门或军事订货多的部门,收买原有企业或者兴办新企业。与此相联系,许多公司日益向经营多样化的方向发展,成为经营项目越来越庞杂的混合联合公司。例如通用汽车公司,除了主要制造汽车外,还制造飞机发动机、铲土机、洲际导弹、潜艇、宇宙飞船和家用电器等。美国国际电话电报公司更为典型,它原来经营电讯设备业务,60年代合并了120个不同部门的工商企业,并在57个国家中拥有约150家子公司,经营范围扩大到面包和食品、人造纤维和纺织、建筑、旅社、印刷和出版、金融和保险等行业和部门。

值得注意的是,当代西方国家出现了生产集中与分散两种趋势并存的局面,在垄断资本急剧发展的同时,美国的小企业在经济生活中也一直是一支不可忽视的力量。1947年,全国小企业的数量约为806万家,1970年增加到1118万家,1980年进一步上升到1620万家。小企业所创造的产值,在国民生产总值中一直占到40%—50%。在第三产业和石油化工等部门,它所占有的比重更高,在服务业中达99.7%。出现这种状况的原因,从生产力的角度来看,是由于生产的社会化、专业化、协作化的高度发展,使社会分工越来越细,任何一个企业(包括巨型企业),都不可能也不必要包揽所有的生产工序。为了提高经济效益,越是规模巨大的企业,它所需要协作生产的小企业就越多。如美国通用汽车公司,为它生产零部件和工艺协作的中小企业达5.5万家之多。其次,随着人们生活水平的提高,消费需求已从大批量、单一化转向小批量、多样化,并要求质量好、式样翻新、服务方式灵活,而小企业规模小,灵活性强,决策快,资金周转灵活,从而对市场的变化反应迅速。再次,第三产业中除了运输、通信和公用事业外,一般不需要大规模的生产设备投资,而服务性行业的服务对象千差万别,也适宜于中小企业经营。

第三节　西欧的复兴与联合

一、联邦德国的社会市场经济

德意志联邦共和国成立于1949年9月,是在原美、英、法三个占领区合并的基础上建立起来的。联邦德国的《基本法》与魏玛共和国宪法有一定的继承关系,但是鉴于魏玛体制被希特勒颠覆的历史教训,《基本法》对魏玛宪法中过于理想化的内容作了修改。

20世纪30年代世界经济危机期间,兴登堡总统一再行使"紧急权力",并任命希特勒担任总理,导致了一场大灾难。《基本法》大幅度削减了总统的权力,取消了它的紧急权力,使它仅仅成为国家权力的象征性代表。为了使国家具有一定的应变能力,《基本法》规定,如果国家机关之间出现"立法紧急状态",即联邦议院对总理表示不信任,而总统又不解散联邦议院,此时政府一项标明"紧急"的法案得不到联邦议院的通过,在6个月的期限内,可以由联邦参议院来表决通过它。1968年,议会又通过一项法律,规定在战争时期或发生全国性大灾难时,将成立一个"应急政府"来执掌政权,暂时摆脱议会的牵制,该政府2/3成员来自联邦议院,1/3成员来自联邦参议院,其权力包括指派军队执行治安任务,接管由文职官员行使的职责,管理运输业务,征募成年男子参加"防务部队"等等,以便达到既具有应变能力又不出现个人集权的目的。

魏玛宪法确立的比例代表制选举原则具有较高的民主性,但是由于议员名单由政党确定,议员在议会活动中一般都服从党派的利益,较少按个人的判断行事。《基本法》将比例代表制选举与直接选举相结合,联邦议院的一半议员由直接选举产生,另一半由各政党按得票数推出。

魏玛宪法对政党的组织纲领和活动未作任何限制,公开叫嚣要推翻共和国的纳粹党可以自由地活动。《基本法》规定一切政党的组织、纲领和活动必须受到法律的监督,反对宪法的政党必须被取缔。1952年和1956年,联邦宪法法院先后取缔过新纳粹政党"社会主义国家党"和德国共产党。此外,为了防止议会内小党派众多,难以形成必要的多数,《基本法》规定,一个政党只有获得5%以上的选票,或者在3个以上选区获得多数票,才能进入联邦议院。

在联邦德国经济恢复的过程中,马歇尔计划起了很重要的作用。实施该计划期间,美国总共向联邦德国提供了约36亿美元的援助,为联邦德国的经济恢复解决了外汇短缺和生产资金不足等难题,也向民众提供了食品,缓和了供应紧张状况,稳定了民心。1950年,联邦德国的经济已经恢复并且超过战前水平,开始进入快速增长时期。

在联邦德国长期的发展过程中,经济和社会政策方面推行"社会市场经济"模式。社会市场经济的理论形成于30年代,奠基人是新自由主义派人士瓦尔特·欧根(1891—1950),主要代表人物有路德维希·艾哈德(1897—1977)等。联邦德国成立初期,由基督教民主联盟执政,艾哈德担任经济部长,他立即把这一理论付诸实践。议会第二大党社会民主党原先并不接受这一理论,但是随着社会市场经济体制取得全面胜利,1959年该党修改党章,正式宣布接受社会市场经济的基本思想,此后,该理论被联邦德国大部分政党所接受。

社会市场经济以自由竞争为核心,以市场经济为基础,但是强调国家要通过货币、信贷、贸易、关税、投资等手段对经济生活实施一定程度的干预,保证市场的有效竞争,从宏观上加以调节,尽量减少波动和危机,同时国家要干预收入分配和劳资关系,实施"阶级调和"与"公平分配",以确保"经济人道主义"的实现。

在具体实施过程中,联邦德国社会市场经济的基本内容包含以下七个方面。

(1) 把整个联邦德国经济纳入世界经济体系,推向国际自由竞争,国家成为其后盾。

(2) 保护自由竞争。艾哈德认为,切身的物质利益能够激发人的积极性,社会经济的发展只能依靠每个经济细胞的作用,因此必须通过竞争发挥个人和企业的作用,国家通过政策和法令,为竞争制定规则,保障它得以公平进行。

(3) 国家实施必要的干预。国家主要采取符合市场规律的手段,通过货币、信贷、财政、税收和外贸政策进行总体调节,但在必要时,为了政治或社会的稳定,也会采取行政措施。一些涉及国计民生的重要经济部门,如农业、铁路、城市交通、邮政、住房建设等,受到国家保护,完全不参加或者只是部分参加竞争。

(4) 中央银行独立于政府,以确保货币稳定。但在重大问题上,中央银行也要同政府进行磋商,互相配合行事。

(5) 建立社会保障体系,以维护社会稳定,实现公平。

(6) 建立各种行业协会,使之起承上启下的纽带作用。

(7) 保证有一个强大的工会组织,以便对资方实施制约,有利于经济发展和社会稳定。此外,尽量利用各种社会力量,使之起咨询和监督的作用。

社会市场经济模式较好地兼顾了"效率"和"公平"两大困扰人类发展的难题,它同其他各种因素一起,推动联邦德国经济较快地发展。从1951年到1971年,联邦德国的国内生产总值增长了5倍多,平均每年增长6.1%。在西方发达国家中仅次于日本。其中50年代经济发展呈现飞跃状态,年平均增长率达7.2%—8.8%,被国内外誉为"经济奇迹"。

二、法国的政治体制改革

1940年6月法国败降时,戴高乐在伦敦成立了同贝当傀儡政权"维希法国"相抗衡的"自由法国"(1942年7月改称"战斗法国"),并把国内以共产党人为主体的抵抗组织"民族阵线"也控制在手中。1943年1月,在罗斯福和丘吉尔的主持下,戴高乐和吉罗德(1879—1949)共同组建了"法兰西民族解放委员会",并在法国光复后改组成法国临时政府,得到美、英、苏等大国的承认。

在重建法国政体的过程中,戴高乐同其他党派之间的意见分歧很大。国内大多数人士主张恢复第三共和国的体制,但是戴高乐主张实行彻底的改革。他认为,战后法国的伟大抱负应是恢复"大国地位",要达到这一目标,就要建立一种能保证"国家的持续性,政权机关的稳定性,政府行动的有效性"的新体制。他强调:"当我们的民族是一盘散沙的时候,就遭到巨大的痛苦,而在一个坚强的政府领导下团结成一个自由民族的时候,就出现丰功伟绩……我们的制度应注意和保证法律的权威、政府机关之间的联系、行政的效力、国家的声望和权威。"戴高乐主张彻底改革传统的政治体制,削弱议会权力,消除多党制,把总统确定为国家权力的中心和法国的"引路人",强调国家的最高权力不应由议会掌握,而应属于既是国家元首又领导政府的总统。

大战结束初期,世人刚刚摆脱法西斯暴政的奴役或威胁,普遍向往民主和分权。同时,法国的重建需要得到美国的扶持和援助,戴高乐一贯坚持独立自主,战争期间与美国的关系不佳,显然不是担任政府首脑的合适人选。因此,不仅戴高乐于1946年愤然辞职,同年10月通过的第四共和国宪法也全然没有接受他的政治主张。第四共和国基本上延续了第三共和国的政治体制,国家实权掌握在议会手中,议会由国民议会和参议院两院组成,政府由国民议会中占据多数席位的政党或政党联盟组成,政府总理对议会负责,总统不掌实权,处于"虚位元首"地位,由议会选举产生。

第四共和国在国家复兴方面取得了一些成就。1947年初,政府制定出"莫内计划",对煤、电、钢铁、运输等主要工业部门规定了四年生产指标,同时由政府投资,在罗讷河流域兴建大型电力工程。1951年,法国的工业产量已经达到战前最高水平,以后继续向上增长。社会福利事业也在扩大,由于推行社会保险立法,一半以上的国民生活有了一定的保障,此项费用占到国民生产总值的16%。但是在最根本的政治体制问题上,政局不稳的局面非常突出,内阁走马灯似的更迭,短短的12年中更换了21届政府,其中最长的不过1年多,最短的仅2天。

1958年,法国出现统治危机,驻阿尔及利亚的兵变将领和国内一些政治集团都希望戴高乐出山主政，解救危机。戴高乐以改革政治体制为先决条件，于同年6月1日出任政府总理。

1958年9月28日，新宪法获得公民投票的批准。10月5日，法兰西第五共和国宣告成立。第五共和国实行一种半议会制半总统制的共和体制，最大的特点是最高权力由议会转到总统手中，总统成为国家权力的中心，以总统为首的行政权力得到空前加强。宪法规定，法国总统有权任免总理，而无须得到议会同意，并可根据总理的提议任免政府成员，主持部长会议，形式上政府对议会负责，实际上从属于总统；当共和国的体制、国家独立、领土完整受到严重威胁时，总统拥有"非常权力"，可根据形势需要采取必要的措施；总统有权越过议会，直接通过公民投票来决定国家大事。议会的立法权受到限制，议事日程受政府控制，总统还对两院通过的法律拥有"延搁否决权"。总统的产生途径，1958年宪法先是削弱议会选举总统的权力，规定由议会议员、省议会议员、海外领地议会议员及市镇议会选出的代表组成选举团选举总统，1962年又通过公民投票修改宪法，规定总统由人民直接普选产生。1958年12月，戴高乐当选为法国总统。

法国政治体制的变革，既是法国国内外形势变化的产物，也反映了垄断资本主义阶段需要适度强化行政权力以有效干预经济和社会生活的客观要求。戴高乐上台后，制定了一系列经济措施，努力发展国民经济。60年代，法国工业生产年平均增长率达到6.9%，不仅高于英国和美国，也快于联邦德国。在农业方面，60年代初完成机械化，产值逐年上升，到60年代末由原农产品进口国转变为世界第二大农产品出口国。

三、英国的福利国家和三环外交

战后英国国内一个显著的变化是实施了比较完整的福利政策，形成了福利国家。

1945年7月，当第二次世界大战还没有完全结束时，英国举行大选，结果出人意料，工党在英国历史上第一次获得绝对多数，占据下院62%的席位，而保守党只获票33%。于是第三届工党政府上台执政，由艾德礼（1883—1967）任首相。这是工党第一次在绝对控制议会的条件下执政，能够在一定程度上放开手脚实施自己的政策主张。

艾德礼政府执政后，即实施一系列的内政改革。福利制度的基础是国有化政策，在艾德礼政府执政6年中，共实施了9个有关国有化的法律法令。1946年，先将英国实际上的中央银行——英格兰银行收归国有，以后又将所有的煤矿和民用航空企业收归国有。1947年，先后将对外海底电报和无线电事业、铁路、公路货运、运河和码头、电力工业收归国有。1948年将煤气工厂收归国有，1950年又将钢铁工业收归国有。到1951年时，国有化的工矿企业数已占全国工矿企业数的20%，就业工人人数也占同样的比重，约200万人。实施国有化的程序各不相同，但大多是由政府建立新的公司来经营这些企业，如钢铁工业就全部由政府持股的"大不列颠钢铁公司"接管，原有的股东得到政府特别发行的债券作为赔偿。

在福利政策方面，政府主要通过以下四项法令，建立起一整套社会保险和福利制度。

《国家保险法》(1946年通过)，提供了"从摇篮到坟墓"，或者说"从出生到死亡"的社会保险项目，投保人在怀孕、疾病、工伤、失业、妇女丧偶、退休、死亡时都可以申请得到补助。另外,新生婴儿和儿童受教育时期,也可以获得补助金。当时全国投保的人数达 2300 多万。

《国家健康福利(工伤)法》(1946 年通过),规定雇工受工伤后,除了由雇主支付一定的费用外,还可获得国家颁发的救济金。

《国家医疗法》(1946 年通过),规定给予每个英国公民免费享受医疗、药品、住院和护理等福利。由于看病人数激增,1949 年起改为每次收取 1 先令的处方费。1951 年保守党政府上台后,又规定对镶假牙、配眼镜、使用其他医疗器械和服务收取一定的费用,1969 年收费进一步增加。

《国家援助法》(1948 年通过),补充了上述法令,并取代了原有的《济贫法》,规定对那些根据上述法令尚不能满足需求的人提供援助。

此外,政府还发放食品津贴,以降低食品价格,使 1 磅奶油的价格从 3 先令降为 1 先令 6 便士,1 个面包从 1 先令 5 便士降为 11 便士。

1951 年保守党政府上台,并没有废弃工党的改革措施。他们除了终止实行工党关于钢铁工业和国内运输业的国有化计划,并在国民保健方面减少一些国家开支外,基本上接受了国有化的现实,对福利政策也继续加以推行。

1964—1970 年,工党再次上台执政,宣布钢铁工业再次收归国有,并恢复免费医疗制度,增加社会保障年金,同时鼓励兴建公共住宅,清除贫民窟,将福利事业进一步向前推进。

英国出现国有化浪潮和形成福利制度,首先是生产力与生产关系矛盾运动的产物。当时,不少为国民经济提供原料、动力和劳务的部门处于极度衰弱的状态,不能为其他工业部门提供必需的产品和服务。如煤炭业,从第一次世界大战时起就面临危机,据估计,如果最落后的矿井按照现代技术方法加以改造,也可以增加 1 倍的开采量。电力工业由于电站分布不合技术要求,技术紊乱,设备陈旧,收费较高。在运输方面,很多铁路机车的平均年龄超过 32 年,有约 1000 万根枕木和 32.8 万吨钢轨需要替补,运河系统已"被置于无人过问的状态,逐渐变成了废物",致使英国的平均货运费比美国高 4 倍,比法国高 70%。当时,凯恩斯主义的实践已经在美国取得了很大的成功,而英国在 30 年代迟迟不肯放弃传统的财政政策,致使内政外交上都矛盾重重。战后,只有加快步伐,大力实行国家垄断资本主义,才能迎头赶上。而英国国家垄断资本主义的主要表现形式是国有化。当时,实行了国有化,就能加强国家投资,解决上述难题,并为以后的发展提供较大的空间。这一客观的经济趋势是保守党也无法阻挡的,保守党发言人巴特勒曾经表示:"福利国家不只是社会党人的发明,也是我们的创造。"

其次,第二次世界大战也起了很大的作用。战争期间,英国政府为了加强国内团结,合理安排经济生活,增强国家的战斗力,实行了一种按全民"公平分享"为原则的"半被包围经济",对全体民众实施生活必需品的定量分配,增加财富总额中的劳动工资部分和工人分享部分,使各个阶层之间的生活水平趋向接近,每个儿童都有牛奶喝,婴儿死亡率降到历史最低点。民众要求政府在战后继续扩大这种进步的社会政策。1942 年,自由党人贝弗里奇奉政府之命发表了"贝弗里奇报告",提出国家应担负起繁重的社会义务,建立确保每个英国人

"从出生到死亡"享受福利的社会保险网,通过消灭"贫穷、无知、懒惰、污秽和疾病"等五害,建立一个福利国家。1944年,工党在继承"贝弗里奇报告"的基础上制定了题为《正视未来》的纲领,提出了更为广泛的实施社会福利政策和国有化的主张。正是这一纲领吸引了广大的选民,造成战争后期工党上台执政,并且大规模开展国有化运动,大力推行社会福利政策。同时,国民的正当要求迫使保守党上台后也必须延续社会福利政策。

战后英国的国际地位急剧下降,从昔日的世界霸主沦为二流国家。然而英国统治集团又不甘心现状,希望通过高超的外交手段来改变这一状况,提高自己的国际地位。早在1944年,丘吉尔就提出了"三个伟大实体"的思想,企图利用英国兼具英语国家、英联邦核心、欧洲国家三重身份的有利条件,架起三座桥梁,突出英国的独特地位。1946年9月,丘吉尔又在瑞士苏黎世发表题为《欧洲的悲剧》的演说,提出了"三环外交"的基本构架。他指出,一个英美联盟,一个联合的欧洲,一个英联邦,构成了英国外交的三环,而英国是在每一环中都占有重要地位的唯一国家,它是美国的主要盟国、西欧的主要大国、英联邦的领袖。1948年,他在保守党年会上正式提出了"三环外交"的具体设想。他说:"……第一环自然是英联邦和英帝国及其所包括的一切。其次是包括我国、加拿大和其他英联邦自治领在内,还有美国起着如此重要作用的英语世界。最后就是联合起来的欧洲。这三个大环同时并存,一旦它们联结在一起,就没有任何力量或力量结合足以扼倒它们,或者敢于向它们挑战。"而在这三环中,英国"正处在交接点上",处在这三环海运和空中航线的中心,"有机会把它们全部联结起来"。

丘吉尔希望英国通过实施"三环外交",能够高居于其他欧洲国家之上,并在英美"特殊关系"中掌握足够的筹码。该设想本身逻辑严密,算计精明,因而既被保守党接受,又为工党所承认。然而战后世界历史发展的客观进程冲破了这一如意算盘。民族解放运动风起云涌,英国的殖民体系日益瓦解,英联邦逐渐从殖民体系降为一种成员国的合作联盟。西欧国家的联合进程日趋发展,英国逐渐被抛在一边。失去了其他两环,它同美国的"特殊关系"也只能是它一味追随美国,成为美国的"小伙伴"。

四、欧洲共同体的形成和发展

几个世纪以来,欧洲一直在整个世界中处于主导的中心地位,然而第二次世界大战以后,美、苏两国取代了西欧国家的位置,西欧大国沦为二三流国家。在新的格局下,西欧国家要想在世界事务中发挥重大影响,必须联合成一个整体,才能在美、苏两极的格局中脱颖而出。同时,随着科技和生产的发展,发达国家的经济专业化程度日益提高,分工越来越细,一个国家整体实力的提高,同其疆域面积有一定的联系,而西欧地区国家林立,无论大国小国都存在国内市场狭小和生产资源短缺的问题。但是这些国家经济发展水平相近,经济结构大体一致,文化传统相似,地理疆域连成一片,比较容易适应生产和资本国际化的客观要求,组建超国家的经济和政治实体。

早在1944年3月,戴高乐就对战后欧洲的结构作了设想。他提议在共同的经济基础上建立一个"西方集团","它的动脉是英吉利海峡、莱茵河与地中海"。1950年3月,联邦德国总理阿登纳也发出建立"欧洲政治联盟"的倡议,提议在联合起来的欧洲建立一个美、苏两大强国之外的"第三种力量"。

战后初期实施的"马歇尔计划"要求欧洲作为一个整体来接受援助,这就促使欧洲国家进一步增强联合的意识。1950年5月,法国外长舒曼(1886—1963)发表了一个带有历史意义的声明。他选择法、德两国交界处的鲁尔、萨尔和洛林地区的煤钢资源共享作为西欧经济联合的突破口,提出"舒曼计划",建议组建"欧洲煤钢联营",把法国和联邦德国的煤钢生产置于一个超国家机构的领导之下,并为组建未来的欧洲联邦创造条件。1951年4月,法、德、意、比、荷、卢六国根据"舒曼计划",在巴黎签订为期50年的《欧洲煤钢联营条约》,决定在六国范围内逐步取消煤钢关税和进口限制,把各自的煤钢工业置于共同管理之下,建立欧洲煤钢联营。该联营组织建立了包括部长理事会、大会、行政权力机关和法院的组织机构,塑造出未来欧洲共同体的雏形。

根据条约规定,该组织有权独立地对煤钢产品征收附加税,发行债券,为实现条约规定的项目提供资金。1953年2月,六个成员国之间取消了煤和铁矿砂的关税,5月又实现了钢铁的自由贸易。在联营组织开展活动的头四年间,成员国的煤产量增加23%,钢铁产量增加145%,很快显示出经济一体化的优越性。

随着经济实力的增长,六国决定进一步加强联合,即在煤钢联营的基础上筹建共同市场。1957年3月,它们在罗马签订两项条约,同时组建欧洲经济共同体(即西欧共同市场)和欧洲原子能联营。《欧洲经济共同体条约》规定在12—15年的期限内,分三个阶段消除成员国之间的贸易障碍,包括实现商品运转自由、劳动力和资本转移自由、社会保险制度和工资津贴标准化。条约把经济共同体的行动概括为11项,其中包括:在成员国之间取消进出口关税和限额;建立对共同体以外国家的共同关税率和贸易政策;建立农业和运输业方面的共同政策;协调成员国的社会经济政策;在各成员国间废除人员、劳务和资本自由流通的障碍;设

1957年"罗马条约"签署

立欧洲投资银行和社会基金。《欧洲原子能联营条约》规定建立一个为成员国提供核原料和设备,以及储备核技术人员的共同市场。

1958年1月1日,上述两项条约经各有关国家议会批准,开始生效。这时欧洲有了经济、煤钢、原子能三个共同体,它们各有自己的机构,但都是按同一联合原则成立的。为了加强联合,减少机构,1967年1月六国决定将煤钢联营和原子能联营并入共同市场,建立"欧洲共同体"。欧洲共同体沿用共同市场的组织结构,设有四个主要机构。其最高决策机构是"部长理事会",负责协调成员国之间的经济政策,拥有管理共同体的最高决策权。它由成员国各派1名部长组成,主席轮流担任,任期半年。内部实行两种表决方式,一般事务需一致同意,成员国1国1票;要求特定多数表决时,各国票数不等,需70%以上票数赞同方能生效。部长理事会下设的常设机构为"执行委员会",负责欧共体的日常事务,并向理事会提交决议和建议的草案,表决方式为简单多数,但决议需经理事会批准才能生效。第三个机构"欧洲议会"直接同部长理事会发生关系,它是咨询机构,无立法权,负责审议提案并监督执行机构,有权弹劾执行委员会。该机构初期由成员国指派代表组成,大小国家指派的代表数不等,1976年起实行直接普选。四是"欧洲法院",负责解释共同体条约和新政策,监察各成员国有无违反条约的行为,仲裁共同体内部的纠纷。其成员由成员国各派1名法官组成,任期6年。

此后,欧共体的发展沿着两条途径展开,一是组织规模逐渐扩大,二是一体化的程度日益提高。这两条线索是相辅相成,交织着向前发展的。

西欧六国在筹备联合的过程中,曾积极邀请英国参加。但是英国受"三环外交"战略的制约,既希望同欧洲国家建立较紧密的贸易关系,又不愿意受到更大的约束,以免影响同其他英语国家和英联邦成员国的联系。它建议仅在欧洲国家间组建一个"大自由贸易区",但遭到法、德等国的反对。欧共体建立后,英国联合瑞典、丹麦、挪威、瑞士、奥地利和葡萄牙,七国于1960年成立"欧洲自由贸易联盟",俗称"小自由贸易区"、"七国自由贸易区"或"外七国"。这个经济集团在地理上没有连成一片,成员国的经济实力大多比较小,在联合的程度上,也只是在工业品方面互减关税,没有涉及农产品和对外经济政策的协调,因而在同欧共体的抗衡发展中很快显现劣势。事实上,不少成员国都各自与欧共体发展了贸易关系。面对严峻的现实,英国政府及时改变方针,于1961年8月正式申请加入欧共体。丹麦、挪威和葡萄牙也先后申请加入,小自由贸易区解体。

当欧共体理事会讨论接纳英国之事时,法国使用否决权拒绝英国加入。戴高乐把英国看成是美国的"特洛伊木马",认为英国加入欧共体,会使美国通过英国控制欧共体,并使法国的地位受到挑战。1967年英国再次提出申请,又遭法国否决。1969年,戴高乐辞去法国总统职务,1971年,英国正式宣布结束英美特殊关系,从1973年开始,欧共体的外延扩大进程正式开始。

1973年,欧共体接纳了英国、丹麦和爱尔兰三国,成员国从六国扩大到九国。1981年和1986年,希腊、葡萄牙和西班牙相继加入,成员国扩大到12个。1994年,欧共体已经发展成欧洲联盟，又接纳芬兰、瑞典、挪威和奥地利四国为成员国。

欧洲共同市场最初主要是关税同盟。从1958年到1968年，经过10年的努力，成员国之间取消了全部内部关税，并实现了对外统一关税率。

从1968年起，欧共体开始实施共同的农业政策，组建农业共同市场。共同体内部实行统一的农产品价格管理制度，当市场价格高于指导价格时，管理机构便按指导价格出售农产品，而当市场价格低于支持价格时，管理机构即用支持价格收购农产品，用这种办法来保护生产者和消费者双方的利益。为了增强共同体农产品在世界市场上的竞争能力，共同体农业生产者在出口农产品时，可以得到出口补贴，金额相当于共同体价格和世界市场价格之间的差额。共同体还设立了"农业指导和保证基金"，用于改进生产和销售设施、促进农业现代化和实行出口补贴等。

1969年12月，欧共体政府首脑在海牙开会，决定开始组建经济和货币联盟。经过长时间的酝酿和筹备，1979年3月正式建立了欧洲货币体系，其中心内容是统一成员国的货币政策和建立欧洲货币，同时加速各国之间各项政策的协调，采取共同的政策措施，以达到商品、劳动力、劳务和资本的自由流动，使共同体发展成为一个完整的经济实体。1991年，欧共体政府首脑举行马斯特里赫特会议，明确规定了实现经济货币联盟的具体步骤和日程，要通过建设欧洲内部市场、建立欧洲中央银行体系、发行单一货币（以后定名为"欧元"）来实现经济的高度一体化。

欧共体的最高目标是实现政治一体化。早在1960年，法国总统戴高乐和联邦德国总理阿登纳在会谈时就提出要组建西欧政治联盟，确保欧洲是"欧洲人的欧洲"。但是，对于政治一体化的程度要达到多高，法、德两国却有很大的分歧。联邦德国的经济实力在共同体内最为雄厚，它希望利用这一优势取得对共同体的控制，因而主张把共同体建成超国家的"联邦"。法国的经济实力不如德国，但在政治上处于战胜国的地位，一直以共同体的"盟主"自居。它既想联合联邦德国以增强自己抗衡超级大国的地位，又不愿受任何超国家组织的控制，因而坚持要把共同体建成独立主权国家的政治"邦联"。由于联邦主义和邦联主义的争论相持不下，60年代欧共体在政治一体化方面没有取得实质性进展。

60年代后期，美、苏两国加紧了对欧洲的争夺，尤其是1968年苏联武装入侵捷克斯洛伐克，使西欧国家感到有必要进一步加强政治上的联合，以维护自己的独立与安全。1972年10月，共同体九国第一次举行政府首脑会议，明确宣布要在1980年以前把主要还是一个经济集团的共同体建设成为一个"欧洲联盟"。1974—1975年，首脑会议被制度化，并正式命名为"欧洲理事会"，成为共同体实际上的最高决策机构。但是由于遇到70年代中期世界性经济危机，组建"欧洲联盟"的进程被耽搁下来，直至80年代中期才正式形成。

1991年12月，欧洲理事会举行马斯特里赫特会议，就建立政治联盟问题达成协议，欧共体政治一体化的进程取得历史性突破。这次会议为欧洲政治联盟确定的目标包括联盟公民权制度、没有内部边界的欧洲共同体、共同的外交政策和共同防务等。由于建立政治联盟意味着成员国将把很大一部分社会、政治与经济、文化方面的政策决定权从国家一级移交到共同体一级,意味着国家主权的部分让渡,因而阻力较大,但是也还是取得了一定的进展。在"马约"生效的第五天,德、法、比建立的欧洲军团正式成立,一定程度上体现了共同的防务政策。1993年10月,欧共体特别首脑会议承诺采取措施,加强在警察和司法事务、政治避难、罪犯引渡等方面的合作和共同行动。1994年7月,欧盟委员会通过法案,决定从1996年起,欧盟国家内实行"单一签证"制度。此外,组建欧盟统一机构的工作也在紧张地进行。

第四节 日本经济的高速增长

一、战后初期的民主化改革

第二次世界大战结束时,日本还是一个封建性浓厚的天皇制军国主义国家。战后,美国利用单独占领日本的有利地位,从自己的目标出发,顺应国际上民主化的潮流,在日本强行推行民主化改革,在一定程度上以自己的面貌改造日本,为日本快速发展创造了一定的前提条件。日本的民主化改革,主要涉及修改宪法、农地改革、解散财阀、劳动改革等方面。

1945年10月11日,美国占领当局提出了日本政治改革的五大要求,即:赋予妇女参政权;保障工人团结权;教育制度自由主义化;"杜绝对国民的秘密审问,废除恐怖组织";促进经济民主化。这些要求为日本新宪法奠定了基调。1946年元旦,美国又促使天皇发表《人的宣言》(亦译《人格宣言》或《否定神格宣言》),否定自己的神格。这样便于在满足日本方面要求保存天皇制的同时,改变天皇制的实际内容。1946年3月6日,《日本国宪法》草案公布,同年11月获得国会两院通过,翌年5月正式生效。

新宪法第一条规定,"天皇是日本国的象征,是日本国民整体的象征,其地位以主权所在的全体国民的意志为依据",但是天皇的统治权和特权都被废除。日本从战前的二元制君主立宪制国家改为议会制君主立宪制国家,实行三权分立的原则。天皇成为行使形式和礼仪性国事的"虚君"。内阁执掌行政权,并对国会负责。国会"是国家的最高权力机关,是国家唯一的立法机关",由参众两院组成,议员由年满20岁的男女公民普选产生。宪法还规定日本永远不以战争为国策,不保留陆海空军和其他武装力量,放弃交战权。它还宣布人民享有基本的公民权利。日本新宪法是一部民主主义宪法,包含了反封建、反垄断、反军国主义和主权在民的思想,反映了时代的要求,为日本以后的发展创造了一定的政治条件。

日本自明治维新以后,土地关系中仍然保留着半封建土地所有制。耕地高度集中在少数寄生地主手中,占农户总数48%的贫农只占有7%的耕地面积。地主向佃户索取的地租高达收获量的60%,农民生活不堪其苦,生产水平低下。在美国占领当局和国内民主势力的推动下,日本政府于1946年10月制定了有关实施农地改革的法令,并从1947年到1949年在全国实施。在改革过程中,寄生地主的全部土地,经营地主1公顷以上的土地,都由政府强制收购,转卖给佃农,佃农可以在24年内交清地款;经营地主1公顷以下租佃土地的地租,最高不得超过农产品收获总值的20%。经过农地改革,全国共征用187万公顷佃耕地和25万公顷牧场,残存的佃耕地只占耕地总面积的9%。日本基本消灭了寄生地主制,建立了自耕农制度。土改的成功,为日本农业的恢复和发展,以及农业的资本主义发展,创造了有利条件。

日本财阀以血缘和家族的主从关系为轴心,具有浓厚的封建色彩,是军国主义的社会经济基础。它们通过掌握持股公司(总公司)进行家族统治,控制庞大的直系公司、准直系公司和旁系公司,操纵日本的国民经济命脉。财阀的领导机构,是财阀家族会议,具有顽固的排他性。1945年10月,日本政府在美国占领当局的指令下,开始实施解散财阀的工作。政府解散了财阀持股公司,禁止财阀家族直接参与企业的领导工作,切断他们同企业的联系,划小一些巨大的工业企业,并在美国的压力下解散过去在国外同美国垄断资本直接竞争的财阀贸易部门。三井、三菱等最大的15家财阀的资产被冻结。

但是解散财阀的工作进行得很不彻底,实际上被划小的公司并不多,银行资本没有被触动。尤其是冷战开始后,美国转而以日本作为称霸远东的支柱,大大放宽了解散财阀的尺度,三井、三菱、住友等老财阀的传统商号和商标相继恢复。但是,该项工作对日本经济界的影响也是深远的,它结束了战前家族统治的管理体制,以董事会取代家族会议,使企业的所有权与经营权分离,实现了"经营者革命",大批出身平民、有事业心和思想开放的第一代企业家担任了垄断集团的高层职务,为日后经济起飞奠定了基础。

在劳动改革方面,战争一结束政府就废除了战时用于统治工人和镇压工人运动的各种法规,并相继推出了"劳动三法"。1946年3月实施的《劳动组合法》确认了工人组织工会和团结斗争的权利;同年10月实施的《劳动关系调整法》规定了解决劳资纠纷的方法和程序;1947年9月实施的《劳动标准法》取消了封建式的劳动条件,禁止强迫劳动,并规定了劳动合同、工资、劳动时间、休假和工伤事故赔偿等事宜。这些法规为工人通过工会组织开展争取提高自身经济地位和改善劳动条件的斗争提供了法律依据,同时也迫使资本家不能一味提高工人劳动强度,主要应依靠改善经营管理和提高技术水平来增加利润。劳动改革推动了工人运动的发展,奠定了现代劳资关系的基础,对提高工业劳动生产率起了促进作用。

战后初期日本所推行的民主化改革,较多地吸收了欧美先进资本主义生产关系中的积极因素,消除了自身生产关系中残存的前资本主义因素,为以后日本经济的高速发展创造了必要的前提条件。

二、政府主导型市场模式

战后初期,日本政府为了尽快恢复受到战争破坏的经济,继续实行"统制经济体制",成立了拥有很大权限的"经济安定本部"(简称"安本")来统一处理同稳定经济有关的经济行政事务。1952年7月,"安本"被改组成经济审议厅,"安本体制"基本结束,日本逐渐回到以市场调节为基础的自由竞争体制。但是与明治维新以来的传统一样,政府并没有放松对宏观经济的干预,不过改为以经济手段和间接方式为主,形成"政府主导型市场模式",即同美国模式和欧洲模式并列的日本模式。

在日本模式中,私营企业占据绝对的优势地位,私人资本占到资本总额的90%,公营企业只占10%。政府主要是通过财政政策、金融政策、产业政策、指导性经济计划和行政指导来实施宏观调控,其中最主要的是计划诱导和产业政策诱导。

日本的经济计划大致分为三种。一种是长期计划,包括由通产省制定的"产业结构长期展望"和总理府国土厅制定的"全国综合开发计划"等。第二种是由总理府经济企划厅制定的中期计划,管辖时间一般为5—7年,个别的为10年。第三种是企划厅编制的年度计划,正式名称是"经济预测与经济运营的基本态度",通常称之为"政府的经济预测",它是政府制定财政预算的依据,管辖时间从当年4月到翌年3月。

产业政策是日本独具特色的政策,主要由政府以设想或展望的形式提出大体的目标,通过"行政指导"的途径对私人企业施加影响。"行政指导"是日本保持"官民一体"的独特"诀窍",是行政机关诱导和劝告民间企业的行政行为,尽管没有法律依据,但基本上都能奏效,因为其背后隐藏着对民间企业实行奖惩的经济手段,被称为"糖块加皮鞭"。产业政策的内容包括:①产业税制政策和补助金制度,即通过特别折旧、减免税收、提供补助金等措施,来促进产业结构合理化,保护和扶植特定产业。②产业金融政策,即通过某些金融机构,对特定产业给予优惠的商业贷款或政策贷款。③限制进口措施。④产业技术政策,即为了增强企业的技术开发能力,对民间的技术开发项目提供补助金及税收优惠。⑤政企恳谈制度,即定期召开恳谈会,加强两者的交流与合作,协调企业的设备投资,推动产业结构调整。

在日本政府和私人企业之间,还有另一条沟通途径,那就是民间经济组织。日本经济组织是日本企业为了共同利益、以自愿参加为原则成立的民间团体,全国共有约2.3万个。它们的作用,除了为本行业企业提供信息、咨询、人才培训等服务,以及协调本行业企业之间的利益关系外,还要代表企业向主管的政府机关或国会反映意见和要求,派代表参加政府的咨询机构,对政府的决策施加影响,并协助政府机关进行"行政指导",向政府机关提供本行业的有关信息。事实上,较大的民间经济组织都与主管政府机关有较为密切的关系,不少组织的事务局长都由离职的通产省高级官员担任。日本的民间经济组织大致可以分为两类。一类是同行业企业的组织,其中比较著名的有日本钢铁联盟、日本汽车工业会、日本石油联盟、日本电力事业联合会等。另一类是跨行业的企业组织,其中最有影响的是经济团体联合会(经团联)、日本商工会议所(日商)、经济同友会(同友会)和日本经营者团体联盟(日经联),它们通常被称为"财界四大团体"。

日本的企业在发达国家中,综合经营的程度比其他国家低,因此在经济活动中不得不与其他企业建立横向和纵向的联系,结果出现了企业的集团化和系列化,形成了日本的特色。企业集团是企业间相互协作的松散横向联合体,集团内的企业互相持股,并建有协调利益和联络感情的"总经理会"。系列化是一种纵向的企业联合,一般以大型企业为核心,联合体中既有大企业的子公司,又有承包性的独立企业,大企业在经营活动中处于支配的地位。

日本私人企业的内部体制上保留了一定的家族主义色彩。例如:企业实行终身雇佣制,职工对企业有一种强烈的归属意识,企业也愿意花钱对职工进行教育和培训;职工实行"年功序列"工资制,即以连续工龄的长短作为确定工资和提拔管理干部的主要依据,其优点是有利于调节企业内部的人际关系,保持企业的家族精神,缺点是不利于充分调动职工的积极性和破格重用优秀人才;以企业为单位成立工会,而不是像其他发达国家那样按工种和行业组建同业工会,这进一步强化了企业的家族主义色彩,工会一般愿意支持企业采用新技术,并采用谈判的方式解决劳资纠纷,罢工比较少。

三、日本成为世界经济大国

日本的经济恢复工作到40年代末已基本结束,1950年6月朝鲜战争爆发后,它开始充当美国侵朝战争的军事基地和补给基地,接受大量的"特需"订货,带来国内的"消费景气"。从50年代中期开始,日本经济进入战后持续高速增长时期,1960年国家经济实力上升到世界第五位,1968年以后跃居世界第二位,仅次于美国,并在企业经营规模、劳动生产率和资本装备率方面日渐逼近美国的水平。日本从一个战败国一跃成为世界经济大国。

日本经济现代化的实现,是诸多因素共同作用的结果,其中既有外部条件,也有日本政府和人民自身的努力。

战后日本实行的民主改革,推动其社会经济结构发生较大的变化,也对社会生产关系作了局部调整,建立起适应当代经济发展的资产阶级民主制度和有利于运用现代化管理手段的企业组织形式和管理体制,从而将国民中蕴藏的劳动智慧和创造力激发释放出来,成为推动社会经济高速发展的基础动力。

战后国际形势的演变给日本的经济发展提供了良好的机遇。日本在宪法中被迫放弃战争权,以后又以允许美国驻军为代价,换取美国的"核保护伞",致使其军费开支相当微小,能够把大量的人力物力投入和平经济的发展。朝鲜战争爆发前后,美国开始大力扶植日本,不仅给了它约36亿美元的"特需"订货,而且将没收的850家军需企业归还给日本政府,并提供了大量的贷款和援助,美国私人资本也大规模涌入日本。美国的扶植,使日本获得了经济发展所必需的资金和技术。

日本自明治维新以后就一直非常重视教育,1872年政府颁布了全国统一的学制,强制推行小学义务教育。1947年又进行教育改革,将义务教育的范围扩大到初中。到50年代中期,全国25岁以上的人口中受教育率高达94%,70年代中期又基本普及了高中教育。政府教育经费支出在国民收入中的比重逐步上升,50—60年代在5%左右,70年代上升到6%—7%,1980年达到7.2%。在人才结构方面,政府根据不同时期经济结构的发展变化,调整教育重点。在经济恢复时期,为了提高劳动者的文化素质,把普及初等义务教育作为重点;50年代后期和60年代,国家大力发展重化工业,就把培养中级技术人才作为教育发展的重点;70年代以后,日本产业结构从资本密集型的重化工业转向知识密集型产业,政府又把培养能自主开发新技术的高级人才和熟练运用新兴技术的中级人才作为教育的重点。由于日本长期坚持"教育先行"的战略,为经济发展保证了人才资源。

日本政府利用国内外各种条件,确定了具有本国特色的发展道路。在这方面,前文提到的"日本模式"中的国家干预方式和企业内部的经营管理特点,都对经济发展起了很大的推动作用。除此之外，政府根据日本的特点，一方面采取引进国外先进技术的方针，另一方面确立"贸易立国"的战略，积极有效地开拓国际市场，扩大进出口贸易，加强资本输出。在引进先进技术方面，政府重视世界科技发展的最新动向，甚至利用产业间谍来获取科技情报资料，同时在50年代实施审批制度，对引进工作加以管理和引导，以避免重复引进，节约外汇。进入60年代以后，日本的经济实力和外汇支付能力加强，政府在这方面的管理才有所放松。日本引进技术是根据本国经济发展的条件和实际需要，有选择有重点地进行的。50年代中期以前，国家处于经济恢复时期，主要引进电力、钢铁、汽车、造船、机械制造等基础产业部门的传统成套设备和技术。50年代中期以后，尤其是60年代初开始，逐渐转向以购买专利为主来引进新兴技术。从70年代中期开始，为了实现从资本密集型向技术和知识密集型产业转变，又以引进尖端技术为主。为了对引进技术进行吸收改造，日本企业不惜花费巨额资金，吸引优秀人才，在仿造的基础上博采众长，改革创新。在开拓国际市场方面，1955年进出口贸易总额不过45亿美元，1960年就达到近85亿美元，1965年又上升到166.21亿美元，1970年跃升至近382亿美元。资本输出1970年累计达67.9亿美元。

长期坚持推行高积累、高投资和强化资本积累的政策，实现低成本高效益的运行机制，也是日本政府宏观调控政策的内容之一。高积累的基础是高剥削率、高储蓄率和低福利。战后日本工人的工资水平在西方发达国家中最低，而且增长速度远远低于劳动生产率。相反，受文化传统的影响，日本民众的家庭储蓄率（即家庭储蓄占家庭可支配收入的比例）在西方发达国家中却是最高的，由家庭储蓄形成的投资约占社会投资总额的1/3。此外，政府也进行巨额投资，60年代政府投资占国内投资总额的24%左右，70年代上升到约30%。私人投资和国家投资两者相加，使全国固定资本形成总额从1955年的17030亿日元猛增到1985年的875610亿日元，30年内增长50倍。固定资本形成总额占国内生产总值的比重，长期保持在1/3左右，高于其他发达国家。资本的投资效率也一直高于欧美发达国家。在高效益的前提下，急剧增长的投资推动了日本经济迅速发展。

第五节　70年代经济危机与资本主义的再调整

一、70年代中期的"滞胀"危机

从20世纪50年代初起，西方国家的经济开始快速发展，进入所谓的"黄金时期"，各国国民生产总值的年平均增长率在5%—6%以上，日本在某些年份达到15%。1957—1958年，资本主义世界爆发战后第一次经济危机，持续了大约1年时间。但是，经济高速发展的进程并未就此中断，一直持续到70年代初。1973年10月，第四次中东战争爆发，石油生产国削减输出量，造成油价飞涨，触发了一场较大规模的经济危机。

这场经济危机开始于1973年11月，从英国迅速扩展至其他西方国家，持续约2年时间。它是30年代初以后40余年间世界经济危机中最严重的一次。其特点是：生产下降幅度大，整个资本主义世界工业生产下降8.1%,危机持续时间较长;大批企业倒闭,西方发达国家仅资产在100万美元以上的大公司就倒闭了12万家,失业人数猛增,美国的失业率达9.1%,另据国际劳工组织的材料,1975年底资本主义各国失业总人数为1850万,达战后30年来的最高纪录;固定资本投资大量缩减,其中日本下降幅度最大,达28%,美国最小,也达到16.6%,在各项投资中,房屋建筑投资缩减的幅度最大,接近30年代初大危机时的水平;金融领域震荡激烈,美国银行倒闭了180多家,英国股票价格下跌幅度超过30年代初;通货膨胀加剧,国际贸易萎缩。

这场经济危机之所以这么严重,一个很重要的原因,是多年来西方国家长期地过度使用凯恩斯主义。凯恩斯主义的国家干预理论,在一定程度上满足了生产社会化高度发展的需要,经过30年代罗斯福新政的实践,为绝大多数人所接受。第二次世界大战结束以后,几乎所有的西方国家都走上了国家干预经济的道路,30年代迟迟不肯放弃传统政策的英国,战后走在"福利国家"的前列。但是,国家对经济的干预,一定程度上是用国家的力量人为地扩大市场容量或抑制生产,以缓和生产和市场的尖锐矛盾。这样做,一方面确实在战后近30年的时间里推动西方经济快速平稳地发展,减少了经济危机的发生,另一方面,也使赤字财政和通货膨胀日益严重,不仅把有增无已的巨额国债留给下一代,同时高利率、高税收和高赤字也造成了严重的后患。在西欧各国,国有经济成分比重大,社会福利制度开支大,政府财政负担重,这些因素在经济繁荣时就已暴露出许多矛盾和问题,但是国家财力发展快,尚能弥补和负担,然而随着经济增长速度减缓,政府财力下降,这些矛盾和问题便日趋尖锐。这场经济危机起始于英国,并不是偶然的。

长期过度地使用凯恩斯主义的结果,使西方经济出现了"停滞膨胀"(Stagflation,简称"滞胀")的现象。所谓"滞胀",是指低经济增长率与高失业率、高通货膨胀率并存发展、相互纠结的新现象。通常出现的经济危机,是由于生产过剩引发的,它导致价格下跌,企业破产倒闭,资金周转不灵,信贷萎缩,这时可以通过膨胀信贷、刺激需求等"逆风向运行"的办法来缓和危机。但是在"滞胀"的情况下,政府处于左右为难的境地:如果控制通货膨胀,就会加剧经济衰退,而要刺激经济繁荣,就要冒通货膨胀的危险。这是继20世纪30年代初之后,西方国家遇到的又一次挑战。

二、现代货币主义和供应学派

"滞胀"危机的出现,表明凯恩斯主义的"能量"已经耗尽,为了寻找摆脱危机的良方,西方经济理论界再次活跃起来。不少保守主义经济学派对凯恩斯主义提出严厉批评,认为国家干预政策是造成周期性生产下降、经济停滞、通货膨胀和失业剧增的主要原因,并提出了新的对策。

现代货币主义也称"现代货币数量论"或"货币学派",50年代中期首先由美国芝加哥大学教授弗里德曼(1912—2006)提出,70年代逐渐受到政府的重视。弗里德曼本人获得1976年的诺贝尔经济学奖。现代货币主义的中心思想是"货币最重要",反对凯恩斯主义的通货膨胀理论。其基本观点包括：(1)鼓吹"自由放任"和自由竞争的市场经济，认为市场的自发调节作用能使资本主义经济自然趋于均衡，并且有效地推动技术革新，而政府的干预只能破坏经济均衡发展，阻碍技术进步。(2)认为通货膨胀是货币供应量增加过速的结果，因而力主控制货币发行量，反对用扩大政府开支和增加预算赤字等办法来对付衰退和扩大就业。(3)主张自由效率，反对福利主义，认为大搞福利主义的结果是增加政府支出，降低劳动生产率。现代货币主义是当代西方自由主义思潮中最重要的经济学派，它基本上肯定了19世纪古典经济学的传统，又根据时代的发展增添了新的内容，它的产生与发展被认为是一场针对凯恩斯主义的革命。但是，现代货币主义在一定程度上缓解了西方经济矛盾之后，逐渐在失业率、高利率、增长缓慢等方面暴露出新的矛盾。例如，美国采用现代货币主义政策，把通货膨胀率从1980年的13%降至1982年的约4%，但结果却创下了战后历史上最严重的经济衰退纪录和高利率纪录。

供应学派也译"供给学派"，是70年代以后才在美国出现的经济学派别，但是发展很快，到80年代初已开始成为发挥政治影响和提供决策理论依据的学派。其主要代表人物有费尔德斯坦(1939—2019)、罗伯茨(1939—　)、拉弗(1941—　)等。供应学派同凯恩斯主义的"有效需求"理论正好相对立，强调经济结构中供给方面的重要性，认为供给本身能够创造自己的需求，主张把重点放在改善生产条件即供应上。这一理论同18世纪法国经济学家萨伊提出的"萨伊定律"有一定的继承关系。该定律认为，在资本主义经济活动过程中，不会出现长期而严重的购买力短缺，因为生产本身就能自动地给予生产者购买产品的钱。如果市场上东西卖不掉，出现生产过剩的危机，就表明社会消费在减少，储蓄在增加。储蓄增加后，利率就会下降，投资随之上升，于是充分就业就会出现，购买力随之增加。因而萨伊认为，资本主义经济中的供求关系是完全可以通过自动调节达到平衡的，无须害怕什么危机。供应学派则主张大幅度降低税率，提高企业的投资能力和积极性，取消国家干预，控制货币增长，削减社会福利，争取逐步达到预算平衡。由于"萨伊定律"在30年代世界经济大危机中已完全破产，因而供应学派在70年代刚出现时，并不受人重视。然而随着"滞胀"难题久拖不治，便有人主张不妨试试。1981年美国里根政府上台后，便将供应学派和现代货币主义兼容并蓄，推出了"里根经济学"。

三、美国的"里根革命"

1980年底，美国举行总统选举，结果出乎人们预料，共和党极端保守派代表里根(1911—2004)赢得44个州的支持，共得到489张选举人票，而竞选对手民主党人卡特仅赢得6个州和哥伦比亚特区的支持，共得到49张选举人票，里根以绝对优势获胜。里根的立场是众所周知的，他在国内各种主要社会经济问题上都站在极端保守派一边：他认为只有让资本家自行其是才能解决经济困难，反对罗斯福新政以来政府对社会经济生活的各种干预；主张大砍联邦社会福利计划，大量降低所得税额，支持企业加速折旧；主张通过立法支持州政府禁止工人加入工会；他还歧视黑人，主张对纯白种儿童的学校免税。他能够在总统大选中获得大胜,反映了膨胀型的国家干预政策已无力解决美国的经济难题,公众希望作适度回归,通过新保守主义的方案寻找出路。

里根就职前后,曾经提出过施政纲领,主要内容包括:大规模削减个人及公司所得税;大规模削减非国防开支;放慢货币增长速度,抑制通货膨胀;切实放松政府管制;大规模增加国防开支;几年之内平衡联邦预算。里根的施政纲领兼采供应学派和现代货币主义的主张,被人们称为"里根经济学",或"里根革命"。供应学派和现代货币主义的政策主张并不相同,但它们的经济哲学是一脉相承的。供应学派主张从需求决定供给转为供应创造需求,强调只要降低高额累进所得税的税率,资本家就愿意投资,工人就愿意工作,消费者就愿意储蓄,经济自然就会高涨,赤字自然就会缩小甚至消灭。现代货币主义主张紧缩货币供应量,认为这是能够制止通货膨胀并导致经济繁荣的唯一办法。两者都主张尽量减少政府干预,创造一种良好的客观环境,让企业家自由发展。

1981年2月18日晚,里根向国会两院联席会议发表国情咨文,提出长达300页的"经济复兴计划"。该计划根据施政纲领的精神编制,内容庞大而复杂,其中有四根支柱,那就是大幅度减税、削减联邦政府开支、取消不利于工商业发展的规章约束、严格控制通货流量。该计划的精髓也被概括为"三砍一稳",即大砍联邦预算开支,大砍个人和企业的税率,大砍政府下达给企业的规章条例,制定一项稳定的货币政策。这个一揽子计划各项内容之间的关系是很复杂的,有的互相促进,有的互相矛盾。如大量减税,即使如供应学派所说,从长远看来将增加税收,有利于平衡预算,但在短期内却会减少政府岁入,不利于预算平衡;大量减少非国防开支固然有利于平衡预算,但也会降低群众购买力,扩大生产与消费的矛盾,影响经济增长,减少政府收入;放慢货币扩容速度,可以抑制通货膨胀,但也会造成经济紧缩,导致失业率上升;放松政府管制能够发挥地方政府和企业的积极性,但也可能使罗斯福新政实施前的各种弊端重新出现;大量增加国防开支,虽可加强军事实力,在一定程度上刺激经济增长,但对平衡预算会产生很不利的影响。

里根政府不顾这些复杂的因素,开始推行自己的复兴计划。为了紧缩银根,1981年5月,联邦储备银行将贴现率提高到14%,以后一年半时间里一直保持在两位数以上,而商业银行的优惠利率最高时曾达到20%以上。这一措施在抑制通货膨胀的同时,降低了人们对通货膨胀的预计值,因而很快奏效,全国消费物价上涨率从1980年的12.4%降到1981年的8.9%,1982年进一步降低到3.9%。但是高利率也有其负面作用,它推动经济危机进一步深化。在高利率的打击下,许多企业无力借贷,因而破产企业急剧增加,1982年企业倒闭达25346家,创战后历次危机期间企业破产率的最高纪录。由于大批企业倒闭,1982年底失业率高达10.8%,失业人数1200万以上,是1940年以来的最高纪录。从1982年7月起政府迅速作出反应,半年内连续7次降息,每次下降0.5%,从12%降到8.5%,一定程度上遏制了其负面作用。

在减税方面,国会通过了《1981年经济复兴税法》,规定从1981年10月1日起全面削减个人所得税,第一年削减5%,第二和第三年分别削减10%,3年内削减总幅度为23%,在里根执政期间,联邦政府的税收不断减少,刺激和加快了经济的回升,并于1984年基本达到预算收支平衡。

在放松对私人企业的干预方面,政府于1981年2月发布第12291号行政命令,对改革工商企业活动管制规章订立了五条政策原则。从1981年初到1983年中的2年半时间内,行政管理和预算局一共审查了6701项拟议中的新规章。在这方面的改革措施中,影响比较大的有实施《放宽反托拉斯法》、放松对汽车工业的管制、解除油价管制、改革金融机构管制以扩大储蓄贷款协会和其他小额储蓄机构的筹资手段等。

里根执政之初,美国正陷于1979—1982年世界经济危机中,因而里根政府的政策措施除了在降低通货膨胀率方面取得比较突出的效果外,总体成果不太明显。但是从1983年初开始,随着再生产周期进入复苏阶段,美国经济的回升势头加快,在西方各国中独占鳌头。1983年,美国国民生产总值年增长率为3.5%,1984年上升到6.8%,通货膨胀得到控制,失业率有所下降,1984年企业固定资本投资增长率达到15%,美国经济终于走出了"滞胀"困境,实现了在低通货膨胀条件下持续增长的目标。

四、英国"撒切尔主义"

战后英国大搞"福利主义",在各种因素的推动下,患上了"英国病"。经济发展相对缓慢,逐渐落到了意大利的后面。在70年代中期经济危机的打击下,工业生产下降幅度达11%,失业人数达125万人。1970年上台执政的希思(1916—2005)保守党政府没有拿出什么新的举措,1974年被威尔逊(1916—1995)工党政府取代,2年后威尔逊又被卡拉汉(1912—2005)接替。1979年卡拉汉工党政府因众议院的不信任案被迫下台,保守党在大选中取得明显多数票,撒切尔夫人(1925—2013)组成保守党政府上台执政。

撒切尔夫人主张放弃大政府小社会的凯恩斯主义政策,根据现代货币主义的原则,紧缩公共开支,控制货币供应量,抑制通货膨胀,以此医治"英国病",重振英国经济。她的政策主张被人们称为"撒切尔主义"。

撒切尔政府经济改革措施的核心是控制货币供应量,压缩公共开支,削减税收。1983年3月,政府公布了一个为期4年的"中期金融战略",宣布要把货币供应量的增长率从1980年的7%—11%,下降到1984年的4%—8%,并在4年内把政府的公共开支降低4%,严格控制财政赤字。1978—1979年度,英国的公共住房开支占到总开支的5.4%,1986—1987年度降到2%。最高工资税率和投资税率也从1979年的83%和98%下降到80年代中期的60%。在各种措施的影响下,英国的通货膨胀率从1979年的10.3%下降到1986年的3.4%。

撒切尔政府认为企业国有化的比重过高具有种种弊端,它使部分企业依赖国家投资,养尊处优,失去进取和冒险精神;企业内部机构臃肿,人员过剩,效率低,成本高;产品不适合市场需要;并挤占了私人企业的资金。他们认为这些是英国工业日趋衰落的根源之一。撒切尔夫人表示,她的任务之一就是要扭转私人和国家之间被"歪曲"的关系,让市场作用重新成为英国经济的动力。撒切尔政府执政不久,即逐步出售国有企业,将国家雇佣的工作人员转移到民营部门,并以股票形式将国有企业资产转向民营企业。自1979年起,英国政府陆续把电讯、港口、航天、汽车等12家大企业以不同的形式私有化,价值50亿英镑的煤气公司等企业也于1986年变卖。私有化的途径,包括发行股票、合同承包、公私联营以及把企业卖给其经理及职工等。1979年英国的持股人有300万,到1987年增加到900万。

从战后到80年代中期,英国的社会福利开支已增长了4倍,每年达400亿英镑,占到国民生产总值的11%。"撒切尔主义"者认为,现行的福利制度包得过多过全,效率低,浪费大。他们主张削减一部分社会福利开支,甚至主张社会福利也"私有化",交给私人组织去承担。但是由于公众对这个问题很敏感,政府处理比较慎重。它在维护福利国家制度的前提下,逐步削减社会福利在公共开支中的比重。1986—1987年度同1979—1980年度相比,社会福利开支在公共开支中的比重下降了10个百分点。

"撒切尔主义"的改革使英国的情况有了明显的好转。通货膨胀率从1979年的13.3%下降到1985年的5.5%,80年代经济增长率稳定在3%左右,1985年达到3.5%,超过同期联邦德国、法国和意大利的增长速度。美国《读者文摘》1988年1月号曾评论说:撒切尔夫人"代表了这个时代——也是任何时代——一桩伟大的成功事迹。她在1979年就任首相时,英国国势日衰,民气消沉,她主要凭她个性的力量——斗志昂扬,固执己见,甚至冷酷无情,从而促成了空前的经济转变"。撒切尔夫人经济政策的成果,在一定程度上修正了人们认为"英国病"是"绝症"的偏见。1990年底撒切尔夫人辞职,继任的梅杰(1943—)保守党政府基本上继承了"撒切尔主义"的经济政策。

第六节　战后发达资本主义国家的社会主义运动

一、民主社会主义党的基本主张

第二次世界大战期间,设在布鲁塞尔的第二国际总部被德军占领,各国社会党分别聚集在伦敦和斯德哥尔摩,形成了"咨询小组委员会"和"国际社会民主党人小组"两个中心。1951年7月,各国社会党在法兰克福重建了国际组织——社会党国际。

战后社会党的最大变化,是将它们的旗号从"社会民主主义"改为"民主社会主义"。"民主社会主义"这一概念,最早是由德国工人运动领袖李卜克内西提出来的,他曾于1888年宣称:民主社会主义要求建立一个既能坚持社会主义原则,又能发扬民主的社会,并断言:"没有民主的社会主义是臆想的社会主义,正如没有社会主义的民主是虚假的民主一样。"李卜克内西提出的民主社会主义与科学社会主义是一致的,是马克思主义者的奋斗目标。以后,伯恩施坦接过这一概念,改换成改良主义的内容。声称,如果德国社会民主党"以民主社会主义的改良政党的态度出现,那么这势力会远较今天更为强大"。1899年1月,他在《社会主义的前提和社会民主党的任务》一书中,从哲学、政治经济学、科学社会主义三方面全面修正马克思主义,提出了完整的改良主义思想体系,并明确地把这种改良主义归结为"民主社会主义"。战后社会党为了强调它们的政策主张与战前的社会民主主义有所不同,更为了强调民主的重要性,遂打出民主社会主义的旗号,而这一旗号的思想渊源,正是伯恩施坦主义。1992年9月,社会党国际在柏林召开第19次代表大会,会议为了更加强调社会党人的改良主义倾向,重新把民主社会主义改成社会民主主义。

民主社会主义党的实力在战后发展较快,1951年在全世界拥有1000多万名党员和4000多万张选票,到80年代,党员数增加到2000万,选民扩大到1.2亿。在整个西欧地区,社会党的力量比共产党大得多,是主要的执政或参政力量。从1945年到1983年38年中,执政与参政时间在40年以上的有瑞典社会民主党(包括1932—1945年的13年),30年以上的有奥地利社会党,20—30年之间的有瑞士、挪威、卢森堡等社会民主党。英国工党、联邦德国社会民主党、澳大利亚工党、丹麦社会民主党、挪威工党、新西兰工党虽然执政时间并不太长,但是绝大部分在本国议会中居第一或第二大党的位置。

民主社会主义党的实力和影响发展较快,是由各种原因造成的。其中主要的原因是:战后西方国家经济迅速发展,法制日益完备,国家机关的运作越来越规范,为社会改良主义提供了适宜的土壤;西方国家社会阶级结构发生变化,一方面雇佣劳动者的队伍迅速扩大,逐渐占到人口的绝大多数,另一方面雇佣劳动者内部的结构也发生变化,"白领"阶层的比重日益提高,这有利于扩大社会党的群众基础;西方国家的劳资关系发生变化,垄断资产阶级为了维护自己的根本利益,在企业中采取了一些灵活的调节措施,如在工人中推销和奖赠股票、吸收工人参加企业管理、在分配上对工人实行高工资、高奖金、高福利和分红制,工人生活水平提高后,普遍企求和平,反对暴力,要求民主,反对专制独裁,要求渐进改革,反对武装革命;西方社会的道德观念进一步提高,公共意识日益强化,民主意识越来越深入人心,社会党主张用民主的方式限制垄断资本的权力,消除资本主义社会的弊端,逐步地把资本主义社会改造成一个民主、自由、公正的新社会,这种主张对人民群众特别是中间阶层的吸引力越来越强;苏联的社会主义模式在实际运行中出现了不少失误和曲折,在一定程度上丧失了对西方国家民众的吸引力。

民主社会主义本身强调思想上的民主,主张多元主义,因而各党对它的解释五花八门,但是其中也有一些共同点,主要表现在以下五个方面:

1. 多元化的思想基础。1969年,社会党国际创建人、前书记布劳恩塔尔(1891—1972)在纪念马克思诞辰150周年时说,马克思主义曾是第二次世界大战前第二国际内占主要地位的意识形态,而现在,在欧洲民主中,马克思主义不再是无产阶级革命理论的有效力量和精神领袖了,指导他们的是进化社会主义的理论。但是在意识形态多元化问题上,各国社会党的态度也不尽相同。德国社会民主党公开放弃了马克思主义,认为民主社会主义植根于基督教伦理学、人道主义和欧洲古典哲学;法国社会党接受马克思关于资本主义的分析,但不把它作为唯一的指导思想;奥地利社会党、日本社会党等左翼社会党还是肯定和信奉马克思主义。

2. 改良主义的道路。社会党普遍认为,当代的西方国家已经不是纯粹的资产阶级国家了,由于实现了政治民主,国家已成为超阶级的正义力量,成了"社会法制国家"或"民主的福利国家",因此实现社会主义,不需要使用暴力手段打碎现存国家机器,也不需要完全改变生产资料私有制,在资本主义社会内部,通过对政治、经济、社会和文化各个领域一步一步的改良,可以渐进地、和平地进入社会主义。

3. 改变性质的政党。社会党认为,在当代发达的西欧国家,由于科技革命和国家垄断资本迅猛发展,社会阶级结构发生变化,新中间阶层的人数不断增加,他们以工资为生,在生产中起着重要的作用,要求实现社会主义,成了革命队伍的重要组成部分。社会党为了扩大自己的群众基础,争取更多的群众支持,放弃了原来"工人阶级政党"的提法,分别改称自己是"全民的党"、"人民的党"、"劳动者的党"、"代表中间阶层利益的党"、"多阶级的党"、"群众的党"或"领薪者的党"。社会党国际也自称是"全人类的党"。

4. 多元化的政治。民主社会主义反对一党制和一切形式的专政,认为社会主义是一场争取人类解放的运动,应该通过政治、经济、社会和文化结构的民主化进程来实现,在发达资本主义国家已经实现普选权的条件下,政治民主应该是"权力的多中心",需要有一个以上的党存在并相互制衡,由多数派组织政府,同时尊重少数派的权利。在具体的统治形式上,主张实行多党制和议会民主制。

5. 多元化的经济。民主社会主义主张实行"混合经济"体制,即只将对国民经济影响较大的部门和企业,如银行、邮政、铁路等,收归国有,其他允许私营,实行国有、集体、私有、个体等多种所有制并存。他们认为这样可以避免官僚主义,增加经济效益,并借助于合理的收入再分配,同样达到消除贫富两极分化的目的。瑞典社会民主党还认为,在"混合经济"的范围内,私人资本主义会改变其性质,生产资料在形式上归谁所有是次要的,具有头等意义的是如何在社会中发挥所有制的经济和政治职能。

二、社会党国际

在社会党国际的正式文件及其领导人的言论中,都强调社会党国际既不是一个超级国家,也不是一个超级党,而是一个论坛和民主社会主义政党的联合组织。它的宗旨是加强各成员党之间的联系,协调它们的政治态度和共同行动,同时扩展同其他以民主社会主义为目标的非成员党之间的关系。

社会党国际的成员党分正式成员党、咨询成员党、兄弟组织和联系组织四类,正式成员党和兄弟组织有发言权和表决权,咨询成员党和联系组织只有发言权,无表决权。1951年刚成立时,它只有34个成员党和4个联系组织,到1986年发展到82个成员党(其中正式成员党47个,咨询成员党23个),3个兄弟组织和9个联系组织。

社会党国际的组织机构分代表大会、执行局(1986年后改称"理事会")、财务和行政委员会、秘书处。

代表大会是该组织的最高权力机构,它负责宣布该组织的活动原则,制定和修改章程,决定接纳新成员,取消或暂停成员资格,选举主席、名誉主席、副主席和秘书长等领导人。

1966年以前，代表大会基本上每2年召开一次，1966年以后改为每3年召开一次。1996年9月在纽约召开了第20次代表大会。

执行局或理事会的职能是在代表大会闭会期间，就社会党国际的政策和原则作出必要的决定，向代表大会提出接受新成员的建议，以及有关暂停成员资格和开除成员的建议，负责召开代表大会并向会议提出领导人候选人名单，同时有权召开特别会议及其他会议。

社会党国际的秘书处同总部一样，设在伦敦，由秘书长、副秘书长和一些职员组成。它是一个常设机构，除了处理日常的具体工作外，还负责编辑机关刊物《社会党事务》（季刊）和不定期的《新闻公报》。

三、"瑞典模式"的福利国家

战后北欧五国，即瑞典、丹麦、挪威、芬兰和冰岛，都相继建立了社会党政府，大力推行社会改革政策，广泛实行民主社会主义的社会改良，利用国家调节手段监督发展经济，建立起旨在保障劳动者社会政治经济合法权益的国家政策体系。其中瑞典的情况最具代表性。

瑞典社会民主党从1932年起连续执政44年，1976年在"滞胀"危机的冲击下下野，但1982年再次上台，除1991—1994年由右翼联合政府短期执政外，一直执政到现在。

瑞典社会民主党的政治纲领几经演变，但其中影响较大的是"人民之家"和"职能社会主义"理论。

"人民之家"理论是20年代末30年代初党的主席汉逊（1885—1946）提出的，其中心思想是"通过实行社会和经济民主，消除阶级差别以及一切社会和经济不平等现象"，从而使整个社会充满"平等、关心、合作和互助"。"人民之家"所设想的社会中依然保留有私人经济的成分，它不要求改变资本主义的生产关系，也不触动资本主义社会的基础，从而放弃了彻底改造资本主义社会的思想。

"职能社会主义"理论是80—90年代担任瑞典首相的阿德勒·卡尔松于60年代提出的。他从分析所有权问题入手，认为在资本家占有生产资料的情况下，可以通过各种直接或间接的手段，迫使他们接受对自己因占有而掌握的权力（职能）的限制或与他人分享，只能按照有利于社会整体利益的方式来使用生产资料或从事经营活动，这样既可以保留原有的竞争，又可以消除其带来的弊端和随之而来的社会冲突。卡尔松还提出，"职能社会主义"可以保障经济的增长，从而创建一种资本家可以满足积聚财富的私欲，而工人也可以达到改善生活目的的社会条件。在这种情况下，资本家直接占有生产资料的方式并未改变，但工人却又获得了大量的权力，可使社会保持平衡，达到两全其美。他还认为，"职能社会主义"理论具有普遍的意义：西方国家可以借此限制或夺取资产阶级的某些最重要的职能，使资本主义名存实亡；落后国家可以借此解决经济落后、封建束缚和外国资本压迫造成的矛盾，迅速走上健康发展的道路；东方社会主义国家借此可以解决权力集中、官僚主义盛行和个人缺乏积极性的弊病。

"瑞典模式"的民主社会主义福利国家大致包括以下五个特点：

1. 各阶层(利益集团)、各阶级和各政党共同参与和合作的阶级合作主义。瑞典社会民主党历来提倡阶级和谐与合作,以避免和减少社会冲突。1949年,在社会民主党的倡导下,成立了"周四俱乐部",政府和企业界人士每逢周四便聚会在一起,就国内的重大经济问题进行磋商。从1955年起,首相埃兰德定期邀请企业界、工会以及各大利益集团的领袖到他的乡间别墅"哈普森"举行会谈,共商国是,形成所谓"哈普森民主"。结果,国内各种重大的问题在议会投票前,已在各政党间达成某种默契或协议,避免了政治上的冲突与对抗。以后,鼓励阶级合作的措施不断出台。

2. 混合经济体制。瑞典社会民主党一向反对将生产资料全部国有化,主张建立一种国有、集体和私有经济并存的体制。80年代末,全国工业中私有成分约为90%,国家直接控制的企业只占企业总数的5%,此外国家还占有一部分森林和矿产资源,以及某些交通、能源等公用设施及部分银行。但在农业中,集体经济则占有十分重要的地位,全国1/2至1/3的食品,99%的牛奶和80%的食用肉均由农业合作社提供。此外在消费、保险和住房领域也存在着众多的合作社。

3. 全面的社会保障体系。30年代社会党政府就在"人民之家"的旗号下推行福利国家政策,在教育、医疗和幼托方面提供各种免费或低费的社会服务,并建立了失业救济金、养老金、病休金、儿童津贴和各种保险制度。战后在原有基础上又有新的补充和发展。1946年议会通过《基本退休金法》,规定凡67岁(后改为65岁)以上公民均可按月领取退休金,数额为退休前15个最高收入年份平均数的60%。1955年开始推行全民医疗保险,内容有医药保证和病休津贴,以及婴孩和病孩的家长津贴。高等学校实行免费教育,并提供奖学金和无息学生贷款。同时政府还大规模兴建住宅,用津贴方式提供给居民。瑞典的福利政策系统完备,水平高,受益面广,社会效果显著,被西方世界称为"福利国家的橱窗和楷模"。

4. 相互妥协的劳资关系。早在1938年,瑞典总工会便同雇主联盟签订了《撒丘巴登协议》,明确了劳资双方的基本权利和在发生争议或保护"第三方"利益时可采取的行动,并规定了谈判和解决争端的程序。从那时起,瑞典便产生了由劳资双方代表所组成的劳工市场委员会、作为全国性的谈判协商机构和解决争端的法院。战后,这一体制不断完善。1973年政府规定地方工会代表有权列席公司的董事会议;1974年进一步限制雇主在管理上的特权;1977年开始实施《共决法》,规定涉及公司的重大问题时,资方必须邀请工人代表参加。

5. 充分就业的劳工政策。为保持社会稳定,社会党政府在战后特别强调"充分就业"。60年代的口号是使每个人都能找到"可以自由选择的生产性的职业";70年代起进一步提出"人人有工作"的奋斗目标。为解决就业问题,政府设立了一系列的机构,包括中央一级的劳工市场委员会、24个地区劳工市场委员会和300多个职业介绍所。在80年代,政府每年花在劳工市场上的费用约占国家预算的6%—7%和年国民生产总值的2%—3%,其中70%用于职业培训等,30%用于失业津贴。

"瑞典模式"曾被非常形象地概述为"利用资本主义这台发动机,使产量得到最大限度的增长,再利用公共部门对财富进行再分配"①。

从1950年到1980年,瑞典国内生产总值年平均增长率为3.3%,60年代末人均年收入达4600美元,居欧洲首位。但是,由于长期推行福利国家政策,也造成财政赤字加重、生产增长率降低、企业后劲不足等问题。

四、欧洲共产主义的形成和发展

战后,西欧发达资本主义国家的共产党把马克思主义同本国的实际情况相结合,提出一套关于发达资本主义国家走向社会主义的理论和政策,并付诸实践。70年代中期开始,这些理论和实践被称为"欧洲共产主义"。其实,欧洲共产主义的思想渊源可以上逆到战前,20年代意共领导人葛兰西(1891—1937)提出的"阵地战"革命战略和独立自立的行动原则,30年代法共领导人多列士(1900—1964)提出的"人民阵线理论",40年代意共领导人陶里亚蒂提出的"多中心论"和"结构改革论",都是欧洲共产主义酝酿和萌生的组成部分。

战后以1956年苏共二十大召开和共产党情报局解散为契机,欧洲共产主义正式进入萌芽阶段。1959年11月,西欧17个国家的共产党在罗马开会,听取陶里亚蒂的"结构改革论"报告,并发表《罗马宣言》,称"结构改革"是反垄断资本的民主改革的新方针。60年代中苏论战爆发后,西欧不少共产党进一步破除迷信,独立思考,怀疑苏联在国际共产主义运动中的"领导中心"和"领导党"的地位,并在组织上形成一批具有欧洲共产主义倾向、要求走独立自主道路的共产党。

1968年苏联入侵捷克斯洛伐克后,欧洲共产主义进入正式形成阶段。同年欧洲17国共产党发表联合声明,支持"布拉格之春",强烈谴责苏联的霸权主义行径,第一次形成联合抗苏的局面。1976年6月,欧洲共产党在东柏林举行会议,一些发言中公开打出"欧洲共产主义"的旗帜,阐述其理论和政策。翌年3月,意共、西共、法共三党领导人在马德里举行第一次"欧共"开拓者会晤,会后发表被誉为"欧洲共产主义宣言"的联合声明,第一次共同提出西欧国家"在民主、自由中实现民主社会主义"的纲领,并确定了有关"欧共"的各项原则和主张。

1980年以后,欧洲共产主义进入发展壮大阶段。奉行"欧共"的党在国内外进一步树立起独立自主的形象,它们的威望、声誉和影响不断提高和扩大。同时,这些党还不断进行理论探索,在革命道路问题上提出"第三条道路"的理论,在阶级联盟政策问题上作出新的探索,并提出要以"新国际主义"取代"无产阶级国际主义"。

"欧共"各党之间是建立在共同目标、共同理论、共同政治路线基础上的一种政治集合体,它"不是共产主义运动的一个新中心,也不是地区中心",它不像共产国际那样有严密的组织体系和严格的纪律约束,仅仅是通过双边或多边会议就共同关心的问题进行磋商和协调活动。

欧洲共产主义也不是一个地理概念,并不是所有的欧洲共产党都奉行"欧共"的主张,同

---

① 参见金重远:《战后西欧社会党》,上海人民出版社1997年版,第144—173页。

时,欧洲以外也有一些共产党,如亚洲的日本共产党,大洋洲的澳大利亚共产党,拉美的墨西哥社会主义党和委内瑞拉争取社会主义运动组织,也奉行"欧共"的主张。目前,全世界有18个共产党奉行"欧共"的理论,在西欧20个国家的24个共产党中就有14个,其中被誉为"欧共"中坚支柱的是意共、西共和法共。80年代中期,信奉"欧共"的共产党共拥有330万名党员,约占资本主义世界共产党员总数的75%以上,其中西欧14个党拥有党员250万名,占当地党员总数的90%。

欧洲共产主义党都宣称忠于马克思主义,都把实现社会主义和共产主义作为自己的战略目标和历史使命,坚信社会主义必然代替资本主义。但是它们又强调马克思主义必须同各国实际相结合,独立自主地探索适合本国国情的社会主义道路。欧洲共产主义的基本理论和政策主要集中在以下三个方面:

1. 走向社会主义的"独特民主道路"。欧共党认为在工业发达、民主传统深厚的西欧国家,通过国内战争、武装起义、暴力打碎资产阶级国家机器实现社会主义的观点已经过时,但是也不能走社会民主党的改良主义道路,而应该走作为"第三条道路"的"独特民主道路"。这种道路强调把议会斗争这一民主的重要形式和手段同议会外的大规模群众运动结合起来,依靠群众运动的压力来配合和支援议会内的斗争,通过和平手段取得议会选举的胜利;同时实行阶级联盟政策,扩大工人阶级联盟体系,建立社会联盟和政治联盟,以确保民主道路的胜利。在向社会主义过渡的战略步骤上,欧共把民主道路分为民主革命和社会主义革命两个不可分割的阶段,认为西方国家的基本阶级矛盾是无产阶级同资产阶级的矛盾,但是现阶段最突出最尖锐的是广大劳动者、中间阶层、非垄断的资产阶级同大垄断资产阶级之间的矛盾,因此其首要任务是进行反对垄断资本统治的民主革命。在这个革命阶段里,变革的途径是在政治、经济、文化各个领域实行"结构改革",扩大生产资料国有化,排挤大垄断资本,实行国民经济计划化,实现政治民主纲领,吸收劳动群众参加决策过程,并发展教育、科学、文化事业,改善人民生活,争取实现社会民主化、经济民主化、政治民主化,建立起过渡性的新型民主制,为向社会主义过渡开辟前进道路。

欧共党认为,"独特民主道路"主要通过和平渠道进行,但是如果面对的是独裁统治和专制制度,或者民主道路遇到反革命暴力的抵抗,如选举中被击败的一小撮反动派发动政变,威胁到民主和自由,就必须使用革命暴力来对付反革命暴力。

欧洲共产主义对社会主义道路的设计,是以它们的阶级理论为基础的。欧共党普遍认为,随着科技革命的实现,工人阶级的人数反而增加了,但是日趋白领化、知识化和阶层化。传统的蓝领工人是工人阶级的核心,但是人数已明显下降。白领工人和第三产业非直接生产性工人的人数逐年上升。但对白领工人的阶级属性,各党有不同的看法,大部分人认为他们也是工人阶级的重要组成部分,有人认为应该属于"新中间阶层"。但是各党都认为,新中间阶层人数较多,经济地位脆弱,受大资产阶级和垄断寡头的盘剥,也是资本主义经济危机的受害者,因而属于阶级联盟的重要组成部分。知识分子的队伍日益增大,除少数上层分子外,绝大部分是领薪金受雇佣的脑力劳动者,与工人阶级处于同等地位。对于资产阶级,欧共党普遍认为,随着国家垄断资本的发展,资本更加集中,资产阶级成分更加复杂化。垄断资产阶级人数不多却掌握着政治大权,控制经济命脉,是最顽固最反动的剥削阶级,因而是革命的主要打击对象。基于上述分析,欧洲共产主义者提出这样的阶级联盟路线:通过工人阶级的团结,把各阶层和民主党派团结在工人阶级周围,结成最广泛的联盟,与劳动者的主要敌人——垄断资本和跨国公司作斗争,动摇它们的经济和政治权力,开创一条走向社会主义的民主道路。

2. 民主社会主义模式的设想。欧共党认为社会主义不应该有一个统一的模式,而要根据各国具体情况建设有民族特色的多样模式。但是民主社会主义的国家在政治体制上都必须做到:实行多党联盟制,民主轮流执政;在各个领域实行全面民主,使人民真正当家作主;实行三权分立和相互制约制度,议会实行一院制,但要在民主体制中发挥"中心环节"的作用;保障和发展公民的权利和自由。欧共所设想的民主社会主义的经济体制是建立以公有制为主体的多种所有制并存的"新经济模式",其特点是:在所有制方面,国家所有制同地方所有制、合作社所有制、私有制并存,国家通过税收政策限制和调节私有经济,并逐步把它们引向社会主义公有制;在经济政策方面,实行经济民主规划,把计划与市场结合起来,劳动成果以"按劳分配"的原则分配。

欧共党认为共产党在民主社会主义的体制中仍要起领导和先锋队的作用,但不实行绝对领导,只是在政党联盟中起政治引导作用。它们认为共产党是新型的群众性的党,不再提党是工人阶级的先锋队,而认为党是无产阶级进行阶级斗争的群众性组织,是工人运动的神经中枢,党内实行民主集中制。

3. 独立自主和新国际主义的理论。鉴于苏联共产党在国际共运中歪曲了无产阶级国际主义的原则,欧共党主张以"新国际主义"取代"无产阶级国际主义"。所谓"新国际主义",就是强调各党走独立自主发展的道路,创造性地把马克思主义运用于本国实际,扎根于本国人民群众之中,对本国的工人阶级和人民负责,搞好本国的革命和建设事业,而不是服从某一外国党的内政外交需要。也不必服从某个国际中心组织。新国际主义还强调共产主义运动不应该有领导党、老子党或国际中心,各国共产党之间完全平等,相互尊重,严格遵守互不干涉内部事务的原则,通过召开双边或多边的联系会议,就国内外重大问题交换意见,共同推动国际共运事业的健康发展。同时,新国际主义还要求把团结的对象扩大到共产主义运动之外,把所有反帝、反殖、反霸、反垄断资本寡头的进步力量,包括民主社会主义党和第三世界的民族解放运动,都团结在一起。

从表面上看,欧洲共产主义和民主社会主义有一些相似之处,它们都主张用民主的手段和平地走向社会主义,建立民主的、多党制的社会主义模式,而且双方的关系也不错。然而实际上,两者之间的差异很大。

在指导思想上,社会党宣称自己的思想来源是多元的,而且主要不是马克思主义,欧共则仍坚持以革命的马克思主义、科学社会主义、列宁主义作为自己的指导思想。

在奋斗目标上，社会党以民主社会主义作为自己的最终目标，反对共产主义，而欧共不仅主张变革资本主义制度，确认社会主义必然代替资本主义的历史发展规律，而且最终要实现共产主义。

在变革的道路问题上，社会党鼓吹的是资本主义与共产主义之间的第三条道路，通过议会竞选上台执政，在不触动资本主义制度的范围内实施社会改良，实现"全民福利国家"。而欧共要走民主社会主义与苏联模式之间的第三条道路，通过议会内斗争和议会外斗争相结合的手段上台执政，然后依靠大多数人民群众的支持，对资本主义制度逐步实行彻底改造，使工人阶级和劳动人民掌握国家的实际领导权，逐步建设社会主义社会。

在建党原则问题上，社会党强调自己不是一个阶级的党，而是思想自由的党，是由不同信仰的人组成的共同体，反对实行民主集中制。而欧共则强调自己是工人阶级和进步力量的政治组织，起着先锋队作用，党内实行民主集中制原则，具有一定的纪律，不允许从事党内派别活动，并对违反纪律的党员予以各种处分。

从双方的分歧来看，很多是具有原则性的，互相很难调和。而且民主社会主义党已明确表示，欧共要同它合二为一，必须放弃自己的政治信条，适应民主社会主义的原则。因而，两者之间实现政治联合，结成某种联盟，是完全可能的，事实上它们已经这样做了，但是要实现完全合并，则是相当困难的。

第七章
战后苏联和东欧诸国的发展与变革

第一节 战后苏联的历史进程

一、国民经济的恢复和"斯大林模式"体制的僵化

苏联在第二次世界大战中的胜利极大地提高了它的国际地位,也进一步巩固了战前确立的"斯大林模式"体制,战后初期,是这种高度集权的政治、经济体制走向其顶峰的阶段,同时也是这种体制逐渐僵化、表现出危机征兆的阶段。

战争给苏联造成了人力和财产的巨大损失,战后,苏联面临的首要任务是恢复和发展国民经济。1946 年 3 月,苏联最高苏维埃通过第四个五年计划(1945—1950),其目标是重建被战争破坏地区,使工业和农业恢复到战前水平,然后把国民经济推向新的发展高度。"四五计划"的指导思想仍然是优先发展重工业,并在冷战背景下把军事工业继续置于突出的地位。到 1950 年,苏联的工业建设在重工业和军事工业领域取得令人瞩目的进展,恢复和新建了 6200 个大企业,建成了第一座原子能反应堆,进行了首次核武器试验,工业总产值比 1940 年增加 73%,其中重工业产值增加 1 倍多,但是,国民经济各部门的发展很不平衡,轻工业产值只增加 22%,农业产值则未能完成计划指标,也没有恢复到战前水平。

斯大林晚年,"领袖意志"即"国家意志",国家的发展路线完全取决于斯大

林的个人决策,而斯大林在领导国家取得历史性胜利后日益趋向于保守,他把自己建立的体制模式看作唯一正确的社会主义模式,不允许揭露这种体制模式的弊端,更不允许对这种体制模式进行改革。为了扼杀党内外已经出现的改革意识,防止改革势力的形成,从1947年起,斯大林在意识形态领域发动了对所谓"资产阶级思潮"和"反马克思主义观点"的批判运动,涉及文学艺术、哲学社会科学乃至自然科学的各个方面,将一批与斯大林观点不甚相同或比较有独立意识的作家、学者、理论工作者打下去,不准他们发表自己的观点,甚至对其中一些人采取了镇压措施。斗争的矛头最后指向被斯大林视为异端和潜在威胁的中央或地方领导干部,类似30年代的政治清洗再度展开。

1949年秋,苏联保安机关在斯大林指示下突然逮捕了一批高级干部,其中有:苏共中央政治局委员、部长会议第一副主席、国家计划委员会主席沃兹涅先斯基(1903—1950),苏共中央书记库兹涅佐夫(1905—1950),俄罗斯联邦部长会议主席罗吉昂诺夫(1907—1950),列宁格勒州委书记波普科夫(1903—1950)等。随后,经秘密审讯,于1950年9月,以"叛国罪"将沃兹涅先斯基等人判处死刑,并予以执行。由于这一案件所涉及的对象大多在列宁格勒担任过领导工作,所以被称作"列宁格勒案件"。"列宁格勒案件"的制造是30年代各种冤案的翻版,其目的就是为了把可能成为斯大林"反对派"的政治势力消灭在萌芽状态,以此确保斯大林的个人权力和"斯大林模式"的稳固。

在政治清洗的同时,斯大林还在理论上制造不可逾越的禁区,用撰写"经典著作"的方式为"斯大林模式"确定理论教条。1952年,斯大林发表了他的最后一部理论著作《苏联社会主义经济问题》。在这部著作中,斯大林以不容商榷的、下定义式的语句对社会主义的基本经济规律、社会主义条件下商品生产的特殊性、计划经济在国民经济中的支配地位和资本主义总危机等问题作了论断,从而构建了以"斯大林模式"为范本的"社会主义政治经济学"的体系框架和基本观点,并下令以此作为编写政治经济学教科书的基础。这样,斯大林用个人的理论权威排除了其他人对社会主义实践的理论探索,确立了"斯大林模式"在理论上的唯一正统性。

理论的僵化势必导致实践的封闭和盲目。这方面的一个突出表现就是过高估计苏联社会的发展阶段,提出脱离实际的超阶段发展目标。战后恢复国民经济的任务尚未完成,斯大林就要求制定新的党纲,明确规定向共产主义过渡的时间表。根据斯大林的设想,苏联将在20—30年内进入共产主义的高级阶段,实现无商品货币的按需分配,经济指标全面超过美国为代表的资本主义发达国家。显然,这是具有空想特征的"共产主义建设计划",完全脱离了苏联社会的现实基础(当时的苏联尚未根本解决人民群众的温饱问题),同时,这种立足于粗放型工业化的发展战略实质上已经落后于战后正在兴起的新一轮技术革命,而斯大林对世界经济的发展趋势缺乏前瞻,仍然固守战前提出的资本主义总危机观点,并以此设定与资本主义竞赛的指标(主要工业产品的产量指标),把这些指标作为达到共产主义的标准,所以,在超阶段发展目标的背后实际上是落后的、固步自封的发展意识。

"斯大林模式"体制的僵化最严重的弊端表现在权力机制领域,即斯大林晚年个人崇拜和个人专权达到登峰造极的地步。战争时期斯大林把党和国家的所有最高职务集中在自己手中,战后,虽然有些战时职务取消,但权力的集中程度依旧,党和政府正常的议事程序迟迟不予恢复,被战争中断的党代表大会制度直到1952年才接续上(这时召开的联共(布)十九大与1939年召开的十八大已相隔13年[①],从战争结束至斯大林逝世的8年间,中央全会也只开过2次(1947年和1952年)。在这种情况下,党和国家的重大事务都是由斯大林及其选择的少数领导成员进行决策,至于谁能进入决策圈子,也就意味着受到斯大林的信任,反之则可能遭贬黜,甚至被清洗。由于集权体制的正常形态被破坏,权力机制的运行几乎完全依赖个人意志,因此,随着斯大林晚年身体的逐渐衰弱和思维方式的日趋偏执,他对苏联社会的负面影响也日益加深,一位患病领袖的偏执性思维在权力不受任何制约的状态下,甚至会制造出荒唐的病态社会现象。1953年1月13日,塔斯社报道了一条耸人听闻的消息,据称,苏联保安机关破获了一个由15名克里姆林宫医生组成的反革命间谍集团,这些医生受帝国主义情报机关和国际犹太民族主义组织的指使,企图用有损于健康的医疗方法谋害苏联领导人。这个所谓"医生间谍案"没有任何事实根据,是保安机关迎合斯大林的病态心理而蓄意制造的。这类案件的发生即使在政治清洗周期性进行的苏联也属荒唐之举,它表明,"斯大林模式"的运行已经偏离常态,这个僵化的体制已成为苏联社会继续发展的障碍。

二、赫鲁晓夫执政及其改革

1953年3月5日,斯大林因脑溢血而逝世。作为过渡性的领导班子,马林科夫(1902—1988)继任部长会议主席,赫鲁晓夫(1894—1971)主持党中央书记处,在领导核心中居突出位置的还有主管外交的莫洛托夫和负责保安机构的贝利亚(1899—1953)。由于"斯大林模式"体制缺乏民主选择机制,所以权力的继承是通过权力斗争来完成的。这场斗争很快就在过渡班子中展开了。

斗争的第一回合是清除贝利亚。贝利亚当时控制着保安机构和内务部队,凭借30年代建立的镇压机制凌驾于党政机关之上,对其他领导人构成了威胁,因此,遭到领导班子大部分成员的嫉恨。为了维护自己的地位和权力,赫鲁晓夫联合马林科夫、莫洛托夫等中央主席团成员,并在朱可夫(1896—1974)等军队领导人的支持下,对贝利亚采取了行动。1953年6月26日,按预先部署,在中央主席团会议上逮捕了贝利亚,随即在7月上旬召开的中央全会上将贝利亚开除出党,并将其送交最高法院审判。12月23日,最高法院以"叛国罪"判处贝利亚死刑,即行枪决。

清除贝利亚提高了赫鲁晓夫的声望。在1953年9月召开的中央全会上赫鲁晓夫当选苏共中央第一书记,确立了他在党内的最高地位。接下去,赫鲁晓夫与马林科夫的矛盾逐步凸现,权力斗争进入第二回合。在同马林科夫的斗争中,赫鲁晓夫利用当时党内外普遍希望调整经济政策的情绪,向主管经济工作、又缺乏改革精神和领导能力的马林科夫发起进攻,迫

[①] 联共(布)十九大决定把党的名称改为苏联共产党,简称"苏共"。

使马林科夫承担政策失误和领导不力的责任,最后把马林科夫挤出了领导核心。1955年2月,马林科夫被迫辞职,由赫鲁晓夫提名的布尔加宁(1895—1975)接任部长会议主席①。这样,党政大权都集中到赫鲁晓夫之手,斯大林逝世后的权力斗争暂告一段落。

赫鲁晓夫执掌党政大权开始了苏联历史的一个新阶段,因为正是在赫鲁晓夫执政时期展开了对"斯大林模式"的改革尝试。赫鲁晓夫的改革方针确立于1956年2月举行的苏联共产党第二十次代表大会。在苏共二十大上,赫鲁晓夫作的中央工作报告提出了关于国内外形势和党的路线、方针、政策的一些新观点。国际方面,赫鲁晓夫强调了两种社会制度国家的"和平共处"、"和平竞赛"及资本主义国家向社会主义的"和平过渡",这是对斯大林"资本主义总危机"理论的修正;国内方面,赫鲁晓夫强调恢复和加强法制,为"列宁格勒案件"等冤案平反,改变保安机关权力不受制约的非正常状态;党的建设方面,赫鲁晓夫要求批判"个人崇拜",恢复"集体领导原则"。为了以更明确的立场表示自己与"斯大林时代"决裂,赫鲁晓夫不顾中央主席团其他成员的反对,在结束大会议程后,于2月24日深夜至次日凌晨召集大会代表,作了以批判斯大林为主题的"秘密报告"(这个报告的记录稿题为《关于个人崇拜及其后果》)。"秘密报告"从破坏集体领导原则、破坏革命法制、破坏民族关系、导致苏德战争初期失利、制造个人崇拜等方面列举大量事实和案例对斯大林的错误和罪行进行了尖锐的揭露和批判,报告长达4个多小时,在代表中引起强烈反响。"秘密报告"在国内并未严加保密,会后不久即向党内外作了传达,报告文本也发给了参加苏共二十大的部分外国共产党代表团。随之,西方国家的情报机关获得了报告文本,并在新闻媒体上发表。于是,"秘密报告"成为对苏联自身的改革、对国际共运和国际形势均发生重要影响的一个事件。

苏共二十大报告

---

① 1958年3月,布尔加宁被解职,赫鲁晓夫自己兼任部长会议主席。

苏共二十大和赫鲁晓夫的"秘密报告"标志着苏联已进入"后斯大林时代",赫鲁晓夫试图通过批判斯大林推倒阻碍变革的政治偶像,为推行自己的路线、方针、政策开辟道路。从总体上看,此举顺应当时人心思变的大趋势,所以获得了党内外的广泛支持,但同时也激化了赫鲁晓夫与中央领导层中保守势力的矛盾。二十大闭幕不久,莫洛托夫、马林科夫、卡冈诺维奇(1893—1991)等中央主席团成员策划了一次倒赫行动。1957年6月,趁赫鲁晓夫出访芬兰,莫洛托夫等筹备了以批判赫鲁晓夫为主题的中央主席团会议,6月18日赫鲁晓夫回到国内即被通知参加会议,并遭到围攻。保守派凭借在主席团中的多数地位,要求改变二十大的路线和方针,并撤换党的最高领导。经表决,会议以7票赞成、3票反对、1票弃权通过决议,解除赫鲁晓夫的第一书记职务。但赫鲁晓夫拒绝服从,他提出的理由是,第一书记由中央委员会选举产生,也只有中央委员会才能罢免,主席团的决议无效。他要求召开中央全会讨论这一问题。与此同时,得到消息的中央委员们在国防部长朱可夫、列宁格勒州委书记科兹洛夫(1908—1965)等赫鲁晓夫支持者的发动下也向主席团提出召开中央全会的要求,造成了中央全会必须召开的态势。6月22日,中央全会开幕,由于二十大选出的中央委员会多数成员站在赫鲁晓夫一边,斗争形势逆转,赫鲁晓夫反败为胜,从6月24日起,会议转入批判"马林科夫、卡冈诺维奇和莫洛托夫反党集团"的议程。6月29日,会议通过决议,宣布将马、卡、莫开除出中央委员会及主席团,他们的支持者也受到不同程度的处分。会议还选举了新的中央主席团。赫鲁晓夫在这场斗争中取得决定性胜利,最终排除了"斯大林时代"遗留的保守势力,巩固了自己的权力地位,为各项改革措施的出台创造了有利条件。

赫鲁晓夫的改革在政治体制领域首先是平反冤狱和加强法制。这是针对"斯大林模式"最突出的弊端采取的措施。由于不讲法制的政治性清洗制造了大批冤假错案,其后果十分严重,涉及面十分广泛,所以从平反冤案入手顺应民心,有利于卸掉历史包袱,形成新的政治基础。这方面的工作从苏共二十大前已经展开,二十大后,对30年代以来的政治性案件作了全面的重新审查,大部分冤案得到平反,同时释放了90%以上尚在押的政治犯,西伯利亚2/3的劳改营被取消。为了从制度上防止随意制造冤案,撤销了原内务部直属"特别会议"(该机构成立于1934年,集中行使公安、检察、法院职权,包揽从逮捕至处决的全套司法程序)和审理所谓"国事案件"的"特别程序",缩小了保安机关的权力,并对保安机关进行了调整改组,国家安全事务由新设立的国家安全委员会负责,内务部只负责社会治安。这样,过去那种保安机关自成体系、凌驾于党和政府之上、只听命于个人的局面得到了改变。在此基础上,还通过颁布一系列的条例、法规,恢复和加强司法制度,使社会控制进入有序的轨道。赫鲁晓夫执政时期,先后颁布了《刑事立法纲要》、《刑事诉讼纲要》、《民事立法纲要》、《民事诉讼纲要》、《法院组织立法纲要》、《检察长监督条例》等法律文件,为建立比较完整的法律体系奠定了基础。与加强法制相联系,赫鲁晓夫对党和国家的领导体制及其运行机制也作了一定程度的调整,恢复了党代会和中央全会定期召开的正常制度,地方苏维埃的权限也有所扩大。此外,对各级领导干部(中央最高层除外)的任期和定期更新也作了规定。总之,赫鲁晓夫在政治体制领域推行的改革措施主要是纠正一些"斯大林模式"最突出的弊端,使集权体制恢复到比较正常的运行状态,在这个过程中,社会的民主气氛有所增强,政治环境趋于宽松。

经济体制领域的改革重点放在农业方面。鉴于以往国家对农民的强制征粮机制严重压抑了农民的生产积极性,导致苏联农业的长期不振,赫鲁晓夫在减轻农民负担、振兴农业方面采取了一些比较重大的措施。首先,提高农产品的收购价格,平均提价幅度达到2.3倍;第二步更大的动作是取消义务交售制和拖拉机站的实物报酬制(此两项占原农产品征购额的84%),实行统一的农产品采购制度,与此相应,1958年取消了国家拖拉机站,把农业机械卖给集体农庄。此外,还放宽了对个人经营副业的限制,扩大了集体农庄的生产自主权。调整农业政策的同时,赫鲁晓夫还大力提倡垦荒运动,在中亚、西西伯利亚、伏尔加河流域和北高加索地区组织了大规模的垦荒,大片新垦区成为向国家提供谷物和经济作物的基地。在上述措施的刺激下,50年代中后期,苏联农业一度出现上升态势,1958年与1953年比较,谷物产量增长91%,肉类产量增长62%。但是,赫鲁晓夫的农业改革没有深入持续下去,在农业形势有所好转后,国家又开始提出不切实际的农业发展指标,要求在短时期内农业产量赶超美国,于是高征购政策再度推行,农民的负担又趋加重。赫鲁晓夫还不顾国情,盲目地要求将牧草地改种玉米。新垦区因不注意生态保护而导致土壤的沙化,收成递减。这些因素的综合作用抵消了农业改革的正面效应,赫鲁晓夫执政后期农业又陷入了困难境地。

工业管理体制方面,赫鲁晓夫也作过改革的尝试。其中最大的动作是将原来由中央部门直接管理的企业改为由经济行政区管理。根据1957年2月苏共中央全会的决定,撤销了25个中央级部委,设置105个经济行政区,由这些经济行政区的国民经济委员会及其属下的专业管理局对工业企业实施管理。显然,这种改革并没有改变企业的地位,而只是变换了企业的上级领导部门,所以它没有触及计划经济体制的本质,只是在"条"与"块"之间进行了权力的调整。其结果,在削弱中央官僚主义的同时助长了地方的官僚主义,并由此引起国民经济运行的混乱。为了对这种改革的负效应进行补救,重新设立了中央一级的专业管理委员会,经济行政区也作了合并,调整为47个。这些措施实际上又使工业管理体制回到了原来的轨道。

从总体上看,赫鲁晓夫执政时期在政治体制和经济体制方面的改革是浅层次的,形式的变化远大于内容,它没有突破"斯大林模式"的基本框架,也没有形成系统的改革理论,政策的调整和改革措施的选择带有很大的盲目性和随意性,赫鲁晓夫的个人意志起着重要作用。所以,在赫鲁晓夫执政的后期,随着他本人政策举措的失误、权力集中程度的提高,苏联体制模式所固有的弊端再度凸现,社会政治经济形势又朝着危机的方向发展。

1961年10月召开的苏共二十二大是赫鲁晓夫政治生涯的转折点。这次大会一方面对斯大林进行了再批判,决定把斯大林遗体移出列宁墓,葬于克里姆林宫墙下,并将斯大林格勒改称伏尔加格勒;另一方面却接过斯大林晚年的口号,在通过的新党纲中宣布苏联将在"20年内基本建成共产主义社会",同时模仿斯大林个人专权的做法,制造对赫鲁晓夫的个人崇拜。这样,赫鲁晓夫在"清算"斯大林的表象下实际在一定程度上重蹈了斯大林晚年的覆辙,使自己的政策方针偏离了改革的目标,引起了党内外的普遍不满,从而为自己的下台准备了条件。1962年,赫鲁晓夫在古巴导弹危机中的冒险举动和妥协退让严重损害了苏联的国际形象,1963年因旱灾引发的粮荒最后宣告了赫鲁晓夫农业政策的失败和"共产主义建设"的落空。于是,赫鲁晓夫的主席团同事们决定剥夺他的权力。1964年10月12日,正当赫鲁晓夫在黑海边休假时,苏共中央主席团召开会议,与会者商定逼赫鲁晓夫下台。次日,赫鲁晓夫被召回莫斯科,接受主席团的"判决",眼看大势已去,赫鲁晓夫被迫表示"自愿退休"。10月14日,苏共中央举行全会,正式解除赫鲁晓夫的一切职务,同时选举勃列日涅夫(1906—1982)为苏共中央第一书记。次日,最高苏维埃主席团任命柯西金(1904—1980)接任部长会议主席。

赫鲁晓夫执政时期是苏联历史上一个具有重要意义和深远影响的阶段。作为对"斯大林模式"进行改革的第一步,这个阶段作出了开创性的贡献,也提供了正反两方面的经验和教训;同时,这个阶段及赫鲁晓夫本人所表现的历史局限性也是十分明显的,改革的客观趋势虽然已经出现,但是改革的主客观条件都很不成熟,因此改革的诸多失误和失败都是历史的产物。这种历史的复杂性对日后苏联历史的发展产生了深远的影响。

三、从勃列日涅夫到戈尔巴乔夫

勃列日涅夫上台伊始,以纠正赫鲁晓夫的政策失误为出发点,采取了一系列调整措施,但同时又表示坚持二十大的基本政治路线,不改变方向。

政策调整的重点放在加强中央集权、克服地方分散主义、稳定干部队伍上。为此采取的主要措施有:

1964年11月中央全会决定将赫鲁晓夫执政后期一度分成工业和农业两个系统的地方党组织和苏维埃组织重新统一起来。

1965年9月中央全会决定撤销地区国民经济委员会,恢复工业部门的中央管理体制。

1966年3月苏共二十三大决定废除赫鲁晓夫时期实行的干部定期按比例更新制度,同时在修改后的党章中将党中央主席团改名为政治局,设党中央总书记取代原第一书记。

上述措施迎合了大多数党政干部的愿望,也符合当时人们希望政策稳定的社会情绪,巩固了勃列日涅夫政权的社会政治基础。然而,这些措施的政策取向却是朝着回归"斯大林模式"的路标运动的。

作为政策调整的另一个重点是解决农业危机,改善农业状况。在这方面,首先是纠正赫鲁晓夫的政策偏差。1965年3月中央全会对农业问题作了一系列新的决定,其中,主要措施有:

修改农产品采购制度,固定收购计划(收购指标一定5年不变),奖励超计划交售(超计划部分加价50%)。

提高农产品收购价格,增加农业投资。根据这个方针,国家每年把100多亿卢布用于支持农产品价格,使农产品价格指数在1964—1977年间提高了62%,1965—1982年的农业投资总额达4708亿卢布,比1950—1963年增长7.39倍。

放宽对个人副业的限制,修改集体农庄报酬制度。1965年5月颁布《集体农庄市场新标准条例》,允许个人按市场价格出售农副产品。为了满足农民对现金的需求,从1966年起对集体农庄庄员实行有保证的劳动报酬制度,即按国营农场相应的工资标准按月向庄员支付货币报酬,年终根据实际收入进行结算。

上述措施调动和稳定了农民的生产积极性,把赫鲁晓夫的农业改革推进了一步,因此在一段时间内使苏联的农业状况有了好转。产量和产值逐年增长,劳动生产率也有所提高。

勃列日涅夫政权在调整政策、稳定形势的同时,还曾延续赫鲁晓夫执政后期已经展开的对计划经济体制下扩大企业自主权问题的讨论,在收回地方权力、复归中央部门管理体系后,对部分企业实行"扩权"试点,这一由当时的部长会议主席柯西金主持的管理体制改革被称作"新经济体制"。

所谓新体制,以经济学家利别尔曼(1897—1983)提出的用"利润"作为核心指标考核企业的政策建议为指导思想[1],试图在坚持中央计划经济框架的前提下,适度改变对企业管得过死的状况,通过以"利润"指标为核心的考核制度,使企业在产品的供、销和人员编制等方面获得一定的自主权,并促使企业加强经济核算,减少亏损。为了调动管理者和劳动者的积极性,还允许企业用利润留成设置奖励基金,强化经济刺激机制。新体制的试点从1964年下半年开始,1965年9月中央全会根据柯西金的报告通过推行新体制的决议,此后,新体制被逐步推广到大部分工业企业和一部分商业企业。

"新经济体制"的推行在计划经济中引入了一些市场调节的因素,这种改革比原来在"条条"与"块块"中兜圈子显然进了一步,它在一定程度上触及了经济运行的基础——企业的活力问题,而不是仅仅停留在计划管理层次上。所以,在推行新体制的一段时间内,苏联工业发展的经济效益有所提高,60年代后半期的劳动生产率比60年代前半期提高了2.2%,在同期工业总产值增长率持平的情况下,国民收入增长率提高了1.6%。但是,如同赫鲁晓夫时期的体制改革中途而止,柯西金的"新经济体制"改革仍然没有突破"斯大林模式"的框框,由于以勃列日涅夫为首的领导层总体上思想观念趋向于保守,在经济形势有所好转后即停止了改革。1971年苏共二十四大后,主张继续深化改革的观点被扣上"市场社会主义"的帽子而受批判,拒斥市场范畴的传统经济理论重又主导了经济政策,于是,一度有所松动的经济体制再次趋于僵化。

勃列日涅夫政权的保守倾向更突出地表现在政治体制和意识形态领域。

干部队伍从稳定走向老化。由于废除了赫鲁晓夫时期的干部定期更新制度,勃列日涅夫时期各级领导班子的更新幅度很小,越到高层越是如此,形成一种超稳定结构。苏共二十三大连选连任的中央委员达79.4%,大大高于二十二大的49.6%。到二十五大,连选连任者比例更上升到83.4%,除掉去世者,实际达到90%。而二十六大选出的中央政治局和书记处

---

[1] 1962年9月9日,《真理报》发表哈尔科夫工程经济学院教授利别尔曼的文章《计划·利润·奖金》,由此引起经济管理体制改革的讨论,利别尔曼提出用"利润"取代"产值"作为企业核心指标的观点得到领导层重视,1964年初,政府部门就讨论所作的总结报告肯定了"利润"指标的中心意义。

竟然是二十五大的原班人马,当时14名政治局委员中,60岁以上者占92.9%,其中70岁以上的占57.1%,平均年龄比1964年时提高了近10岁。

国家机关日益膨胀。勃列日涅夫时期为了强化中央权力,官僚体制发展到空前规模。据1982年统计,中央部级单位和部长会议直属机构多达110个,中央级机关人员高达2100万。在各级管理部门中,正副首长占总人数的31%,有些部门首长与下属的比例达到1∶1。通常,每个部的副部长设置10人以上,如黑色冶金部,设部长1人,第一副部长3人,副部长15人,正副部长共计19人。

决策权力再度向个人集中。勃列日涅夫上台之初,针对赫鲁晓夫后期的个人专断,曾采取了"三驾马车"式的集体领导方式(党、政、苏维埃的最高领导职务由三人分别担任),但随着勃列日涅夫地位的稳固,个人专权的体制病又一次发作,进入70年代后,勃列日涅夫逐步把"三驾马车"改为一人掌舵,1976年他首先把原由国家元首兼任的国防会议主席一职归于自己名下,1977年又取代波德戈尔内(1903—1983),自兼最高苏维埃主席团主席,1980年,柯西金被解除部长会议主席职务,由听命于勃列日涅夫的吉洪诺夫(1905—1997)接任,这样,党、政、军大权和国家元首的名分全都集中于勃列日涅夫之手。与此同时,对勃列日涅夫的个人崇拜活动也不断升温,他在卫国战争中的作用被夸大宣扬,还被授予各种荣誉勋章和最高军衔,报刊舆论一片歌功颂德之声。

由于勃列日涅夫代表的保守势力占据了苏联政治的主导地位,改革倾向受到压制,理论和意识形态也出现朝斯大林时期复归的趋势。一方面,斯大林的思想理论遗产在相当程度上重新被肯定,批评斯大林的著作遭到禁止;另一方面,主张改革的思潮成为批判对象,苏共二十四大后,连"改革"这个词汇也不再出现于正面宣传中,舆论宣传口径被规定在"完善"既有体制模式的主题上。正是在这种保守意识的指导下,勃列日涅夫提出了为现实体制的优越性和合理性辩护的所谓"发达的社会主义"理论。1967年11月7日,在庆祝十月革命50周年大会上,勃列日涅夫宣称,苏联已建成了"发达的社会主义社会"。1971年苏共二十四大报告中,勃列日涅夫进一步论述了这个观点。此后,苏联理论界从各个层面为"发达的社会主义"理论作了大量的宣传论证,1977年,这个理论观点被载入修改后的苏联宪法,成为勃列日涅夫时期的理论标志。

以"完善"既有体制为宗旨的理论和政策使一度受到改革冲击的"斯大林模式"得到修补和延续,其结果不可避免地导致了苏联社会发展的停滞,并在勃列日涅夫晚年再度出现了类似斯大林晚年的由体制僵化而走向危机的状态。

70年代中期以后,苏联的经济增长率呈逐年下降趋势,1982年的国民收入增长率仅为60年代下半期平均增长率的44%,工业总产值的增长率也由8.4%下降到2.8%,农业则维持着1%左右的低增长,投资效益下降了近一半。因受旧体制的束缚,苏联的发展战略始终难以转到以技术创新为动力、以效益为中心的集约化轨道,经济结构调整步履缓慢,传统的粗放式发展造成资源的巨大浪费,重工业的片面发展既压抑了人民的消费水平,又阻碍了新兴产业的崛起,这样,在勃列日涅夫时期,苏联又一次失去了利用技术革命调整和优化产业结构的机遇,而且在新技术领域拉大了同西方发达国家的差距。尽管如此,自我陶醉于"发达的社会主义"的勃列日涅夫对危机征兆并没有引起重视,而是沿着旧体制的轨道,通过大力发展军事工业彰扬国威,追求"超级大国"的地位,与美国争夺世界霸权,其结果虽然在一段时间内苏联的军事力量达到了世界一流水平,但它的经济结构因军事工业一家独大而进一步畸形,沉重的军事负担与日趋虚弱的经济基础越来越不相匹配,综合国力逐渐衰退,社会矛盾不断积聚和深化。在这种情况下,改革作为客观的历史使命又被提了出来,而被压制的改革潜流已经在寻求突破的时机。

1982年11月10日,执政长达18年的勃列日涅夫因病逝世,苏联的政治格局发生变化。11月12日,苏共中央非常全会选举安德罗波夫(1914—1984)为苏共中央总书记。从1967年起长期担任国家安全委员会(克格勃)主席的安德罗波夫对形势的认识比较清楚,他上台后试图从修正"发达的社会主义"理论着手,为调整政策、改革既有体制开路,由此而提出"苏联正处在发达社会主义漫长历史阶段的起点",并认为苏联当前的中心任务是"建立高效率的经济"。按照这一思路,安德罗波夫采取了一些措施以打破僵化的社会机制,推动经济改革。但是,由于安德罗波夫上台时已经身患重病,带病执政15个月后即于1984年2月9日逝世,所以未及展开他的改革实践。

接替安德罗波夫的是契尔年科(1911—1985),这位上台时已经73岁的老人秉承勃列日涅夫时期的保守路线,没有什么新的作为,并很快亦于1985年3月10日去世。3月11日,苏共中央非常全会选举54岁的戈尔巴乔夫(1931—)接任苏共中央总书记,新一代领导人开始掌权,苏联历史进入了大变革的新阶段。

第二节 东欧诸国的曲折道路

一、东欧国家走上苏联模式道路

"东欧"作为政治地理概念,是指位于欧洲东南部和中部地区、苏联西侧的8个国家,它们是:保加利亚、罗马尼亚、波兰、匈牙利、捷克斯洛伐克、阿尔巴尼亚、德意志民主共和国和南斯拉夫。这些国家在第二次世界大战后曾经按照苏联模式建立起社会主义制度,并与苏联结盟,成为社会主义阵营的成员(1948年南斯拉夫因与苏联冲突被开除出社会主义阵营,1962年阿尔巴尼亚与苏联决裂,退出阵营)。

东欧国家走上苏联式社会主义道路,既有共同的背景,也有各自的特点。作为共同的背景,它们都是在反法西斯战争胜利的基础上,依靠苏联的支持和援助,并在苏联的支配或影响下建立起社会主义制度的;所谓不同特点,主要表现在建立新政权的过程中,苏联这一外部因素的介入程度有所差异。如:波兰和匈牙利,主要依靠苏军的解放;罗马尼亚、保加利亚和捷克斯洛伐克,是在苏军压境的情况下,通过共产党领导的武装起义,配合苏军进攻取得胜利;南斯拉夫和阿尔巴尼亚,在反法西斯战争中已经建立起共产党领导的武装力量,利用苏军进攻的形势夺取了政权；至于德意志民主共和国，是在苏军占领区的基础上因冷战导致德国分裂后宣告立国的。

东欧各国在战后建立了共产党领导的新政权后，以苏联的"斯大林模式"为榜样，展开了对国民经济的社会主义改造。首先，通过土地改革和工商业的国有化，摧毁了旧制度，然后，通过制定五年计划，开展工业化和农业集体化运动，形成了中央集权的计划经济体制。到50年代初，东欧各国基本上都确立了苏联模式的政治经济体制和趋同于苏联的社会结构。由于除捷、德外的大部分东欧国家战前经济发展水平都很低，战后的社会主义改造和工业化运动对于推进这些国家的现代化起了积极作用，有利于加快从农业国向工业国的转变。但与此同时，这些国家也不可避免地接受了苏联模式消极面的影响，其现代化进程表现出与苏联同样的弊端。尤其是在冷战条件下，东欧国家被束缚在苏联主导的集团体系中，难以突破苏联模式的框框，不得不随着苏联发展态势的起伏而曲折前进，所以，东欧国家的发展与改革在很大程度上受制于苏联这一外部因素，缺乏自主选择的条件。尽管如此，在战后东欧各国的发展进程中，争取民族自主权利和要求突破苏联模式始终是并行、交织的两股潮流，而在此潮流冲击下，体制的变革与苏、东关系所引发的矛盾成为战后东欧地区历史进程中一系列重大事件的动因和内在根源。其中，南斯拉夫、波兰、匈牙利和捷克斯洛伐克的发展道路比较典型地反映了东欧国家战后历史的特点。

二、苏南冲突与南斯拉夫"社会主义自治制度"的实践

战后，东欧国家的民族利益与苏联大国利益的冲突首先在南斯拉夫与苏联的关系中得到充分的表现。由于南斯拉夫的领导人具有比较强烈的独立自主意识，不愿屈从苏联的指挥和控制，因此而招致斯大林的不满，为了防止其他东欧国家也滋长这种独立意识，苏联决定对南斯拉夫采取严厉的高压措施，以儆效尤。

1948年2月底，苏联突然中断与南斯拉夫的贸易谈判，3月中旬又宣布撤走全部驻南军事顾问和文职专家。对此单方面行动感到不解的南共中央就此致信联共（布）中央，要求解释原因。3月27日，联共（布）中央发出由斯大林和莫洛托夫署名的回信，指责南共领导人有"反苏"情绪，散布"反苏"言论，诋毁苏军名誉，还指责南共的国内政策不贯彻阶级斗争原则，助长资本主义因素，并说南共的一些领导人是"可疑的马克思主义者"。4月13日，南共中央复函联共（布）中央，对苏联方面的指责进行了驳斥。此后，双方又交换了几次信件，阐述各自的观点。由于南斯拉夫的不妥协立场，苏联进一步增强压力，利用欧洲共产党和工人党情报局机构对南斯拉夫进行集体制裁。6月下旬，情报局在布加勒斯特召开会议，讨论南斯拉夫问题，实际是组织对南共领导的集体批判。在南共拒绝出席的情况下，情报局通过决议，指责南共脱离了马克思列宁主义路线，已蜕化成"富农党"，决议还着重批判了南共的"民族主义立场"，并宣布将南共开除出情报局。

面对苏联的压力，铁托（1892—1980）为首的南斯拉夫共产党没有屈服，7月下旬，南共召开第五次代表大会，会议通过的决议坚决拒绝情报局的指控，并表达了对党的路线的肯定和

对党中央领导的信任。

1949年，苏联对南斯拉夫的制裁继续升级，在苏联策动下，追随苏联的东欧各国先后中断了与南斯拉夫的贸易关系，苏联等国还在与南接壤地区部署重兵，对南进行军事威胁。11月，情报局会议通过题为《关于南斯拉夫共产党在杀人犯和间谍掌握中》的决议，公然攻击铁托等南共领导人是"帝国主义的间谍"，还鼓动南斯拉夫人民推翻南共领导，对南斯拉夫内政进行赤裸裸的干涉。

苏南关系的破裂一方面给南斯拉夫造成了严重的困难，另一方面也迫使南斯拉夫冲破苏联模式的束缚，率先走上改革的道路。为了生存，南斯拉夫首先调整对外政策，与西方国家建立起经济贸易关系，使原来依存于苏联经济圈的国民经济转向适应于西方国家主导的世界经济体系，与此同时，对经济、政治体制的改革也成为必要之举。这种改革既是外部环境变化所引起的，又渗透着南共领导人在批判苏联模式中所形成的对社会主义道路的独特看法。正是在上述背景下，从50年代起，南斯拉夫开始了"社会主义自治制度"的实践。

根据南斯拉夫领导人的观点，"工人自治"和"社会自治"是对应于苏联式的"国家集权"而提出的另一种社会主义制度形式，"自治"不仅有利于企业和劳动者确立主人意识，提高市场竞争能力，而且也更符合马克思主义关于社会所有制和社会主义民主的原则。

"自治"制度首先贯彻于企业管理层面，1950年6月，颁布《关于劳动集体管理国家经济企业和高级经济联合组织的基本法令》，宣布在国营企业中实行"工人自治"。法令规定，"工厂、矿山、交通、运输、商业、农业、森林、公用事业和其他国营经济企业，作为人民共和国的财产，应由工人集体在国家经济计划的范围内代表社会来进行管理……工人集体应通过工人委员会行使管理权"。

1953年1月，南斯拉夫联邦议会通过新宪法，把自治原则确定为社会经济和政治制度的基础，并在联邦和各共和国两级议会中设立"生产者院"（后改称"劳动院"），其职责是体现劳动者对国家事务的管理并仲裁地方政府与企业工人委员会间的争议。为适应自治制度，党的组织机构也作了变动，1952年11月举行的南共六大决定把党的名称改为"南斯拉夫共产主义者联盟"，"把南共联盟的工作中心从通过国家机关直接领导，改为在工人阶级中实行思想政治领导"。

自治制度在60年代从"工人自治"扩大为"社会自治"，1963年再次修订后的宪法规定，教育、文化、卫生、福利和行政机构都要实行自治原则。

自治制度的建立在一定程度上使企业享有自主管理的权力，同时也扩大了地方政府的权力，但是在中央计划经济体制没有根本改变的情况下，这种自主权是不充分的，而且企业的"工人自治"与国家的计划管理经常发生矛盾。针对这个问题，南斯拉夫从1965年起推行市场取向的经济体制改革，试图在自治制度基础上实行市场经济原则，企业和地方政府的权力进一步扩大，市场调节的比重明显上升。南斯拉夫成为原来建立苏联式计划经济体制的国家中最早向市场经济过渡的国家。

然而，南斯拉夫的"社会主义自治制度"和市场取向的改革由于缺乏经验和理论认识上的局限,在实践中遇到很大的难题,始终没有解决好公有制与市场经济、中央调控与地方分权的关系。"工人自治"下的企业仍然没有获得独立的法人地位,工人委员会对企业只有管理权而没有所有权,企业的所有权实际掌握在地方政府手里。所以,自治制度只是把理论上的"社会所有制"的实现形式从国家中央政府转移到地方政府,而没有落实到企业本身。在这种情况下,因为没有产权独立的企业,也就不可能形成真正意义上的市场经济,而且,在没有形成有效的市场调控机制的条件下,中央政府权力的减弱往往导致宏观经济形势的动荡和恶化。

不彻底的经济体制改革在南斯拉夫的特定条件下还诱发了地方民族主义。南斯拉夫是一个由六个不同的民族地区组合而成的联邦国家,不仅历史上民族矛盾相当突出,而且在现实生活中存在经济、文化和宗教的深刻差异。自治制度所包含的地方分权因素在中央调控能力弱化、市场体系尚不健全的过渡阶段很容易成为助长地方分散主义和民族主义的催化剂。在地区经济差距扩大、经济矛盾深化的情况下,原来潜伏的民族分离主义倾向逐渐抬头,成为影响社会稳定和国家统一的严重问题。这样,进入70年代以后,南斯拉夫的"社会主义自治制度"实践在改革社会经济政治体制和维护国家体制的双重目标中陷入了两难处境。为了打击地方民族主义,70年代初,对民族主义倾向比较严重的克罗地亚共和国的各级党政机构进行了清洗,700余人被开除出党,400余人被解除公职,主要责任者被判刑。1974年修改的宪法明确规定了南共联盟对国家的领导地位,并强化了铁托作为最高领袖的权威,规定其为终身总统,试图以此加强中央权力。与此同时,南斯拉夫的自治制度和改革实践实际上趋于停顿。

作为战后第一个冲破苏联模式的束缚、展开探索性改革的东欧国家,南斯拉夫虽然没有能够最终走出一条成功的新路,但它在实践中积累的经验和教训为其他社会主义国家的改革提供了借鉴。

三、战后波兰的三次危机与政局变化

波兰与苏联接壤,是受苏联控制最严的东欧国家之一,苏南冲突发生后,为了防止波兰效仿南斯拉夫,苏联对波兰领导层进行了清洗,执政的波兰工人党总书记哥穆尔卡(1905—1982)被指控为"铁托分子"和"右倾民族主义者"而开除党籍,并被捕入狱。在苏联策划下,1948年12月,波兰工人党与社会党合并,组成波兰统一工人党,新党的领导机构完全按照苏联模式制定了国家的体制和发展路线。为了加强对波兰的控制,苏联还将出生于波兰的苏联元帅罗科索夫斯基(1896—1968)派到波兰,担任党中央政治局委员和国防部长。然而,苏联的高压并不能消除因历史上屡遭俄罗斯瓜分而深潜于波兰人民心中的民族主义情绪。

1956年春,苏共二十大对斯大林的批判在东欧各国引起震动和反响,波兰领导层在这时因党的总书记、总统贝鲁特(1892—1956)突然逝世于莫斯科而发生变动,新任党的第一书记奥哈布(1906—1989)于4月6日宣布为哥穆尔卡平反,4月20日,政府又宣布大赦,释放了1000多名政治犯,波兰社会从上到下出现了改革求变的潮流,而长期压抑的社会矛盾在松动的政治氛围中顺势迸发,1956年夏天的波兹南事件成为当时社会危机的集中表现。

波兹南是位于波兰西部的一座工业城市,1956年6月,该城斯大林机车车辆厂工人发起要求增加工资和降低赋税的请愿活动,因政府部门没有及时满足工人要求,矛盾激化,请愿活动发展为反政府示威和骚乱,当局出动军队镇压,导致50余人死亡,数百人受伤。

事件发生后,波兰党和政府作了慎重处理,满足了工人的部分要求,平息了群众的情绪,并借此机会调整政策,推出改革方针。7月,波兰统一工人党举行二届七中全会,检讨了党和政府工作中的错误,通过了《关于政治经济局势和党的主要任务》的决议,就政策调整作出一系列决定。为了加强改革派的力量,波党政治局还决定在10月召开八中全会,改组中央领导层,推举哥穆尔卡出任党的第一书记,同时将罗科索夫斯基排除出政治局。波兰局势的发展引起苏联的不安,为了防止波兰脱离苏联阵营,在10月19日波党八中全会开幕当天,赫鲁晓夫亲自率领高级代表团来到华沙,企图干预波党的决策,同时将驻波苏军调往华沙郊区,对波兰施加压力。波兰领导人坚决抵制了赫鲁晓夫的干预,波兰军队和人民群众也动员起来保卫自己的民族权利,在这种情况下,赫鲁晓夫只好让步,同意以波兰保证维持波苏同盟关系为条件将苏军撤回基地,并不再干预波党的人事变动。苏联代表团离开华沙后,波党八中全会继续进行,按原计划改选了政治局,哥穆尔卡正式当选为党中央第一书记。

哥穆尔卡执政后,针对当时经济、政治领域的一些突出问题采取了调整措施,缓和了社会矛盾,稳定了社会秩序。同时,他还顺应苏共二十大后国际形势的变化和社会主义国家改革潮流的兴起,提出走"波兰道路"的口号,准备探索新的经济发展模式。但是,哥穆尔卡的改革还没有真正迈开步伐,就在内外阻力下停滞不前。1958年以后,波兰的发展路线又回到了传统的"斯大林模式"的轨道上,随之,经济形势逐渐趋于恶化,因国民经济的比例严重失调,粮食和消费品供应日益紧张,人民的生活水平难以提高,国家的财政赤字则不断上升。在经济停滞的情况下,为了减轻财政负担,波兰政府只好通过提高物价谋求摆脱困境,但是,工资的冻结和物价的上涨明显损害了人民群众的利益,直至超出了群众的忍受度,又一次爆发严重的社会危机。

1970年12月12日,波兰政府决定从次日起对肉类等67种食品和日用品实行较大幅度的提价,此举激起了人民群众的极大不满。12月14日,格但斯克列宁造船厂工人首先举行罢工和抗议示威,当局进行武力镇压,酿成流血事件。随后,事态继续扩大,工人的罢工斗争蔓延到其他城市。在这种形势下,波兰统一工人党于12月20日召开中央全会,决定解除哥穆尔卡的职务,由盖莱克(1913—2001)接任第一书记。同时,政府宣布两年内冻结物价,以此平息事态。

盖莱克上台后,吸取前任的教训,试图从发展经济、提高人民生活水平着手,稳定社会。1971年12月举行的波兰统一工人党六大通过"高速发展战略",提出"高速度、高积累、高消费"的口号。但是,在不改变体制模式和发展路线的条件下要大幅度提高人民的消费水平是很难做到的,为了实施"三高"战略,波兰政府大借外债,企图用外来资金刺激经济增长。这种措施一度表现出成效,70年代上半期波兰的经济增长率有较明显提高,但好景不长,在传统的计划经济框架内外来资金的使用效率十分低下,而外债的偿付负担却逐年加重。70年代中期以后,由于外债剧增,外贸入超,财政赤字再度大幅上升,政府不得不又一次使用提高物价的办法来摆脱困境,从而第三次酿成了严重的社会危机。

1980年7月1日,波兰政府决定把议价肉类的价格提高60%,此举立即引起人民群众的强烈反应。在各地工人自发罢工抗议的基础上,逐渐形成了有组织的政治性罢工和示威行动。8月中旬,格但斯克工人率先组成瓦文萨(1943—)任主席的联合罢工委员会,向政府提出释放政治犯、建立自由工会等21项要求。迫于群众示威的压力,波兰政府宣布改组,总理被撤换。8月30日,波兰统一工人党召开中央全会,决定同意工人组织自由工会。9月5日,东欧历史上第一个独立自治工会在格但斯克宣告成立。同一天,波党再次召开中央全会,解除了盖莱克的职务,选举卡尼亚(1927—)担任党的第一书记。

波兰领导层的变动和政府缓和矛盾的措施未能解决长期累积而成的社会危机,与此同时,政治反对派的力量乘势而起,形成了全国性的组织。1980年9月22日,全国各地独立自治工会的代表聚会格但斯克,决定成立全国性独立自治"团结工会"。11月10日,波兰最高法院批准团结工会依法登记,承认其合法地位。此后,大部分工人脱离党和政府领导的工会,加入团结工会,瓦文萨为首的团结工会实际上成为与政府对立的反对派政治组织。

由于经济形势持续恶化,波兰政府于1981年2月再次改组,原国防部长雅鲁泽尔斯基(1923—2014)出任部长会议主席。同年7月召开的波党第九次特别代表大会通过《经济改革方针》,宣称"进行深入的经济改革"以摆脱危机。然而,政府的改革方针遭到团结工会的抵制,9月,团结工会举行第一次全国代表大会,选举瓦文萨为全国委员会主席,大会通过的纲领要求改变现行社会制度,实行自由选举和多党制。面对团结工会的挑战,波兰党和政府决定采取强硬措施予以反击。10月召开的波党中央全会解除卡尼亚的职务,雅鲁泽尔斯基兼任党的第一书记。11月,波党再次召开中央全会,要求议会授予政府采取非常措施的权力,以制止团结工会的反政府活动。针对这一动向,团结工会于12月初宣布,一旦议会允许政府采取非常措施,将在全国发动抗议罢工,随后,团结工会还提出对执政党和政府进行公民信任投票的要求。双方的矛盾到了一触即发的地步。

波兰的局势引起苏联的严重关注,从1980年9月起,苏联当局即通过"波兰危机对策小组"谋划干预措施,勃列日涅夫等苏联领导人不断向波兰领导人施加压力,要求在波兰实行战时状态,苏联还拟定了在波兰举行代号为"联盟80"的华沙条约国军事演习方案,准备对波兰实施军事占领。1981年4月,苏联国家安全委员会主席安德罗波夫和国防部长乌斯季诺夫(1908—1984)在布列斯特秘密会晤卡尼亚和雅鲁泽尔斯基,以下命令的方式要求波兰实行战时状态,并提交了苏联制定的行动计划文件。在团结工会和苏联的双重压力下,波兰领导层为维持社会稳定和避免苏军入侵,于1981年12月12日晚实行了战时状态,当晚,大部分团结工会的领导人和骨干分子被捕,次日,雅鲁泽尔斯基宣布,已成立"救国军事委员会"对全国实施军事管制。在军管期间,团结工会被作为非法组织予以取缔,罢工活动亦被制止。

军事管制持续到1982年底,鉴于局面得到控制,为了缓和社会矛盾,波兰国务委员会于

1982年12月19日决定暂时中止军管。1983年7月22日,战时状态被正式取消。通过采取非常措施,波兰政局在80年代中期有所稳定,但是,由于改革难以突破原有的体制模式,长期积累而成的经济困难无法得到根本解决,暂时隐伏的社会矛盾继续在深化,新的危机随时可能发生;同时,被压制的反对派势力也在继续积聚力量,伺机再起,波兰的局势仍然处于动荡的边缘。

四、1956年匈牙利事件和卡达尔执政时期的改革

在东欧国家中,受苏共二十大影响、政局动荡最为剧烈的是匈牙利。1956年春,随着苏联展开对斯大林的批判,匈牙利也兴起了要求民族自主和改革的潮流。3月17日,布达佩斯的一批新闻界、文学艺术界和教育界人士(包括部分党员干部)成立以爱国诗人裴多菲命名的俱乐部,他们组织各种会议,在报刊发表文章,评论时政,批评以拉科西(1892—1971)为首的党和政府所推行的照搬苏联模式的路线和政策,要求恢复因提出改革政策而被开除出党的前总理纳吉(1896—1958)的职务,在经济和政治领域实行全面改革,并呼吁为被指控为"铁托分子"而遭清洗、迫害乃至处死的前外交部长拉伊克(1909—1949)等人平反。裴多菲俱乐部的活动引起社会强烈反响,有些讨论会参加者多达数千人,成为舆论关注的热点。但是,拉科西拒不接受党内外的批评,站在群众的对立面,并用"反党反人民"的罪名镇压裴多菲俱乐部。拉科西的举措进一步激化了社会矛盾,使社会动荡加剧,也引起苏联当局的不安。7月17日,苏共领导人米高扬(1895—1978)到布达佩斯参加匈党中央会议,决定拉科西下台,由格罗(1898—1980)接任党中央第一书记,增补卡达尔(1912—1989)为中央书记。然而,领导人的更换未能使局势稳定下来,因为格罗继续奉行拉科西的路线,党内外的不满情绪不仅没有平息,反而进一步增长。

10月6日,在群众的压力下,党中央决定为被冤杀的拉伊克等4人举行国葬,布达佩斯30多万市民自发上街为拉伊克送葬,此举成为群众对当局的一次大示威。为了缓和形势,格罗被迫于10月14日宣布恢复纳吉的党籍,但这一让步已不能解决问题。10月21日,哥穆尔卡出任波兰党中央第一书记的消息传到布达佩斯,引起连锁反应。次日,裴多菲俱乐部和布达佩斯大专院校学生团体联席会议先后向党中央、政府提出十点要求和十六点要求,主要内容是:清算拉科西的罪行,将其开除出党;改组党的领导机关,由纳吉出来主持政府工作;进行经济和政治体制改革;撤走苏联驻军,维护民族独立和尊严等。格罗对此反应迟钝,没有采取任何措施。在这种情况下,群众的不满和愤怒终于以激烈的方式爆发了。

10月23日,布达佩斯的大学生首先走上街头,举行示威游行,当局先是下令禁止,后见阻挡不住又解除禁令,游行队伍迅速壮大,各界人士纷纷加入,傍晚,聚集在市中心广场的群众已达20余万。晚8时,格罗发表广播讲话,对游行示威进行谴责,声称要镇压"暴徒"。这犹如火上浇油,事态急剧恶化,一部分示威者冲击电台,与保安部队发生冲突,当晚,电台、电信局、党中央机关报、印刷厂和一些警察局被示威者占领。

鉴于形势严重,当日深夜召开的党中央紧急会议决定由纳吉出任政府总理,同时决定全

国戒严并请求苏联出兵维持秩序。这些决定于次日上午公布,随即,驻匈苏军的坦克进入布达佩斯。25日,在苏联领导人米高扬和苏斯洛夫(1902—1982)直接参与的匈党中央会议上,格罗被迫辞职,卡达尔接任第一书记。这时,事态继续恶化,由于部分军人和警察加入示威者行列,武器弹药也流入示威者之手,形成了武装群众与苏军及保安部队的对峙,出现了比较严重的流血局面。在此情况下,纳吉政府没有采取有力措施控制局面,而是企图用满足示威者要求的方式缓和局势。10月28日,纳吉政府决定解散原国家保安机关,更改国徽和国庆日,并要求苏军撤出布达佩斯。与此同时,政府还释放了几乎所有在押犯人。在这些举措的综合作用下,形势更趋复杂,各种政治势力趁机而起,一些武装暴动者要求国家改变政治制度和脱离苏联阵营,他们把党的机关和共产党人作为攻击对象,布达佩斯市委大楼被占领,市委书记和守卫大楼的保安人员被杀害。10月30日,纳吉宣布结束一党专政,组成多党联合政府,并表示准备就退出华沙条约问题与苏联谈判。纳吉政府的政策取向和匈牙利的局势在苏联和其他社会主义国家的领导层中引起严重不安,为了阻止匈牙利脱离社会主义阵营,并防止匈牙利事态向其他国家蔓延,与阵营各国紧急协商后,苏联决定出兵干预匈牙利。11月1日起,大批苏军开进匈牙利,占领首都布达佩斯和各重要据点,对武装暴动分子和抵抗者进行强力镇压。当天,纳吉政府宣布退出华沙条约,并呼吁联合国阻止苏联的入侵。同日,卡达尔宣布解散已瓦解的劳动人民党,成立社会主义工人党,随即离开首都,秘密前往苏联,与纳吉分道扬镳。11月4日,卡达尔在匈牙利东部的索尔诺克通过广播发表《告匈牙利人民书》,宣布成立工农革命政府,并以新政府的名义请求苏军进入,帮助粉碎"反革命势力",恢复秩序。同一天,在苏军进攻下眼看大势已去的纳吉逃入南斯拉夫大使馆避难①。11月7日,卡达尔政府迁回布达佩斯,到11月中旬,局势被平定。

历时3周的动乱使匈牙利遭受重大损失,数万人伤亡,20余万人外逃,经济损失约占全年国民收入的1/4。这场民族的悲剧对匈牙利以后的发展进程产生了深远的影响。

在苏联支持下成立的卡达尔政府以稳定局势、恢复秩序为首要任务。为了缓和社会矛盾,减轻十月事件的后遗症,卡达尔提出"谁不反对我们,就同我们在一起"的口号,对参与十月动乱的大部分人实行宽容政策。1956年底,政府宣布,凡因动乱而逃亡国外者,只要在1957年3月15日前回国,一概不予追究。1962年,匈牙利社会主义工人党作出决议,对所有曾卷入动乱的群众不再予以追究,并释放了绝大部分被监禁者。同时,匈牙利党还通过《关于结束个人崇拜时期对工人运动活动家的违法事件的决议》,纠正拉科西时期的错误,为冤假错案平反,拉科西、格罗等人则被开除出党。在经济方面,卡达尔政府也采取了宽松政策,修改五年计划,调整轻重工业比例,允许农民退出强制组织的合作社,鼓励农民在自愿基础上搞"第二次合作化",并取消农产品的义务征购,提高收购价格,增加对农业的投资。上述政策使一个本来缺乏社会基础的政权获得了社会的认同,卡达尔的个人威信也有很大提高,

---

① 1956年11月23日,在苏联压力下,纳吉被迫离开南斯拉夫大使馆,随即被逮捕,1958年6月16日,被匈牙利最高人民法庭以"反革命罪"判处死刑。1989年6月获平反,被重新安葬。

此后，卡达尔开始推行渐进的经济体制改革。

1964年9月，匈牙利成立经济体制改革委员会，制定改革的总体方案，1966年5月，匈党中央通过《关于经济体制改革的决议》，批准改革方案，1968年1月1日起，改革方案付诸实施。改革的目标是将计划调节与市场调节结合起来，在坚持计划经济的前提下，最大限度地发挥市场机制的作用。改革后的新体制扩大了企业的自主权，中央政府不再向企业直接下达指令性计划指标，而是运用价格、税收、信贷等经济手段对企业进行调节管理，中央的宏观计划主要贯彻于投资和发展领域。实行新体制后，匈牙利的经济表现出比过去较多的活力，工业年均增长率从60年代下半期的3.8%，上升到70年代上半期的6.2%，农业产量也有较大幅度提高，人民生活水平一度进入经互会国家的前列。但是，匈牙利的渐进式改革并没有最终突破计划经济框框，而是在面临突破时陷于停顿，70年代中后期，由于计划和市场两种经济机制的矛盾日益尖锐，领导层在决定性的选择面前出现分歧，卡达尔为首的主流派缺乏从根本上突破计划经济的理论意识和政治魄力，他们满足于计划经济框架内改革的成果，并顾虑进一步改革会引起苏联的干涉，因此用放慢改革步伐乃至停止改革来谋求国内外局势的平稳。然而，这种做法只能延迟矛盾的激化，却不能解决矛盾，卡达尔执政后期的匈牙利在平静的表象下酝酿着一场更加激进的改革。

五、"布拉格之春"的夭折

在东欧国家中，捷克斯洛伐克的工业基础比较发达，但由于走上了苏联模式道路，在高度集中的体制下，经济发展的活力逐步减弱，经济效益下降，再加上与苏联和经互会贸易圈的非市场原则的经济交流，原来的比较优势日趋衰退，到60年代，捷克斯洛伐克的经济形势恶化，社会的不满情绪滋长，党内外出现了要求改革的呼声。但是，当时集党政大权于一身的党中央第一书记、共和国总统诺沃提尼（1904—1975）却坚持保守立场，压制改革，激起了党内外的反对。在1967年12月至1968年1月召开的捷共中央全会上，经过激烈斗争，诺沃提尼被免除第一书记职务，由原斯洛伐克党的第一书记杜布切克（1921—1992）接任。诺沃提尼不甘心失败，企图策划军事政变，事情败露后被迫辞去总统职务，由斯沃博达（1895—1979）接任。同时，切尔尼克（1921—1994）出任政府总理，改革派占据了领导层的主流。

1968年4月，捷共中央全会通过实行全面改革的《行动纲领》，宣布"将进行试验"，"建立一种十分民主的、适合捷克斯洛伐克条件的社会主义新模式"。纲领提出的改革目标是：政治体制按民主原则进行改革，把最广泛的民主同受过科学和专业训练的领导结合起来，建设具有人道主义面貌的社会主义，为此，要实行党政分开，权力制衡，并使人民群众享有充分的言论自由；经济体制按市场原则进行改革，使企业成为独立的经营单位，为此，要建立工厂委员会，实行工厂自治，政府的管理权下放，取消外贸垄断，让企业直接进入世界市场，等等。总之，行动纲领把政治体制改革同经济体制改革结合起来，在当时的东欧国家中独树一帜，表现出创新精神和探索精神。

捷克斯洛伐克在1968年春出现的改革新气象被舆论称作"布拉格之春"。捷共的改革方针虽然得到本国人民的拥护，却遭到苏联的猜忌和反对，勃列日涅夫为首的苏联领导人把捷共全面突破"斯大林模式"的改革尝试看作脱离社会主义道路和阵营的企图，他们认为"布拉格之春"是"反苏的""自由化运动"，决心加以扼杀，以避免东欧其他国家效仿。

苏联先是对捷共领导人施加压力，要他们改变方针，放弃改革，在遭到拒绝后，苏联又以华约军事演习为名，对捷进行军事威胁。苏联的行径激起捷人民的愤慨，1968年6月27日，一批科学和文学艺术界人士联名发表《两千字宣言》，呼吁加速改革，并对外国势力的干涉表示不安，提出必要时用武力支持政府。苏联称这一宣言为"反革命的号召书"，同时加紧对捷的干预。7月14—15日，苏联召集波、匈、保、民主德国领导人在华沙开会，以五国联名的形式向捷共发出警告信，声称"我们不能同意让敌对势力把你们国家从社会主义道路上拉开。这已不仅仅是你们的事了，这是我们华沙条约国的共同事业"。捷共中央在复信中驳斥了对方的攻击，但表示愿意举行双边会谈解决分歧。7月29日至8月1日，捷苏双边会谈在捷边境小镇切尔纳举行，但没有取得成果。8月3日，捷共与苏、波、匈、保、民主德国五国党代表团在布拉迪斯拉发举行联席会议，会议虽然也没有谈出具体成果，但气氛比较缓和。实际上，此时苏联已经对捷共领导失去耐心，在会谈的掩盖下正积极策划对捷的军事入侵。

1968年8月20日下午4时，两架苏联民用客机飞临布拉格上空，以机器故障为由要求在布拉格机场紧急降落。但降落后从飞机上下来的却是伪装成乘客的苏军突击队。当晚11时，苏军突击队员拿出武器占领了机场，随后，装载着坦克和苏军部队的大型运输机一架接一架地降落在布拉格机场。入侵的苏军迅速控制了布拉格的各重要据点，并绑架了杜布切克等捷党政主要领导人。与此同时，苏、波、匈、保、民主德国五国的30多万军队从各个方向开入捷领土，对捷全境实施武装占领。

苏军侵捷后原想组织一个亲苏政府以取代现政府，但因找不到有影响的牵头人物而只好继续同现政府打交道。8月24日，被绑架到莫斯科的杜布切克等捷领导人与苏联领导人进行了谈判，在苏联的高压下，捷方被迫于26日签署了按苏方旨意起草的会谈公报，对苏联等国军队的"暂时进入"和留驻表示认可，实际放弃了自主改革的权利，苏方在达到目的后则同意保留杜布切克的领导职务。公报激起捷人民的强烈不满和愤怒，群众自发地集会示威，抗议苏军入侵。然而，屈服于苏联压力的捷

苏联出兵布拉格

领导人于10月16日又被迫签署了《关于苏军暂时留驻捷克斯洛伐克的协定》，使苏军占领合法化。

苏联的军事干涉中止了捷克斯洛伐克的改革运动，"布拉格之春"在来自克里姆林宫的凛冽寒风中夭折了。此后，苏联进一步加强对捷的控制和干预，1969年4月，杜布切克被撤职，由苏联挑选的胡萨克（1913—1991）出任捷共中央第一书记。曾积极参与和支持改革以及反对苏军占领的党内外人士均遭到清洗和迫害。但是，被"布拉格之春"所激发的改革意识和民族自主意识并没有泯灭，在政治高压下它潜行于人民群众的心底，并积聚起更强的能量，等待着爆发的时机。

第三节　东欧剧变与苏联解体

一、戈尔巴乔夫改革

1985年3月戈尔巴乔夫上台时的苏联社会，正处于因体制僵化而陷于停滞的状态，外部的竞争压力和内部的变革要求把作为年轻一代领导人的戈尔巴乔夫推上了改革的舞台。

1985年4月召开的苏共中央全会决定，对处于"危机前状况"的国家"进行根本性的变革和改造"，由此启动了新一轮改革的进程。改革初期，戈尔巴乔夫对中央和地方的各级领导班子进行了调整，在不到一年的时间内更换了14名党中央政治局和书记处成员、15名国家和政府领导人，一批具有改革意识的新人进入中央核心领导层，如利加乔夫（1920—　　，主管组织工作的中央书记）、雷日科夫（1929—　　，部长会议主席）、叶利钦（1931—2007，莫斯科市委第一书记）、谢瓦尔德纳泽（1928—2014，外交部长）等。地方干部也大幅度更新，组成了支持改革的干部队伍。在此基础上，1986年2月25日—3月6日召开的苏共二十七大正式通过了改革纲领，确定了"加速"发展战略和全面展开经济、政治体制改革的方针，并明确提出以"全人类利益优先"和世界各国相互依存为基本原则、以创造和平国际环境为基本目标的对外政策"新思维"。二十七大还基本完成了全面更新党、政、军领导干部队伍的工作，为改革方针的实施奠定了组织基础。

二十七大后，苏联的改革从政治、经济两个层面同时展开。1987年1月苏共中央全会讨论了政治改革问题，决定把加强民主和实现政治生活的"公开性"作为改革的重点。同年6月召开的苏共中央全会讨论了经济改革问题，通过了《根本改革经济管理的基本原则》和《国营企业法》草案。由于苏联的计划经济体制根深蒂固，在理论上没有解决企业的独立商品生产者地位的情况下，《企业法》赋予企业的经营自主权仍然是有限的，所以，经济改革的目标在实践中很难落实，面临行政管理部门的重重阻力。在这种情况下，戈尔巴乔夫形成了政治改革优先、用政治改革带动经济改革的思路。1987年10月苏共中央全会再次讨论政治改革问题，决定通过重写苏共党史，批判和否定"斯大林模式"，为改革清除思想理论障碍。1988年6月，以政治体制改革为主题的苏共第十九次代表会议举行，戈尔巴乔夫在报告中对政治体制改革提出了具体方案,建议对国家最高权力机制进行改革,恢复和加强苏维埃的实际权力,党对国家的领导通过苏维埃机构加以实施。报告还提出"人道的民主的社会主义"概念,将其确定为政治改革的目标。根据戈尔巴乔夫的报告,会议通过了关于政治体制改革和社会民主化的多项决议,决定进行人民代表大会代表的公开竞选,在民主选举的基础上建立拥有实际权力的最高苏维埃。政治改革的取向及其步骤在党的核心领导层中引起了分歧和争论,形成了以叶利钦为首的主张政治多元化的"激进派"同以利加乔夫为首的主张维护党的领导地位的"传统派"的斗争,戈尔巴乔夫则持中间立场,他在改革的目标取向上倾向于"激进派",而在改革的具体步骤上反对过分激进的做法。苏共十九次代表会议在苏联改革进程中是一个阶段性标志,这次会议确定了政治改革优先的方针,开始了从根本上变革"斯大林模式"政治体制的尝试。

1989年3月,苏联历史上第一次公开竞选选出了首届人民代表大会代表,5月25日—6月9日举行的人民代表大会选举产生了实际拥有国家最高权力的常设机构——最高苏维埃,戈尔巴乔夫当选为最高苏维埃主席。从这时起,苏共的领导地位逐渐弱化,权力中枢移向苏维埃。1990年是苏联政治体制发生根本性变化的转折时期。当年2月召开的苏共中央全会通过《走向人道的民主的社会主义》行动纲领草案,宣布共产党"放弃政治垄断地位",从而为实行多党制开了绿灯。3月举行的第三次(非常)人民代表大会通过《关于设立苏联总统职位和苏联宪法修改补充法》等决议,取消原宪法中规定苏共领导地位的第六条,将苏共的作用改为与其他政党、社会团体一样,"通过选入人民代表、苏维埃代表并以其他形式参加制定苏维埃国家的政策,及管理国家和社会事务"。新设立的总统职位与党派分离,总统不代表任何党派。3月15日,戈尔巴乔夫出任苏联总统,开始以总统制模式对国家实施领导。苏共放弃对国家的绝对领导权后,虽然国家的最高权力仍在其手中,但在法律意义上已失去了对权力的垄断。在1990年春夏举行的地方苏维埃选举中,原作为地方各级政权领导人的苏共推

1990年戈尔巴乔夫在政治局会议上讲话

举的候选人纷纷落选,各反对派政党和组织以及苏共党内的激进派的势力则急剧上升,尤其是叶利钦及其政治盟友波波夫(1936—)和索布恰克(1937—2000)分别当选俄罗斯联邦及莫斯科和列宁格勒的苏维埃主席,掌握了苏联最大加盟共和国和最大两个中心城市的最高权力,使苏联的政治格局发生了很大变化,地方势力逐渐坐大,中央政府的权威则不断低落。与此同时,苏共自身也走向分裂,1990年7月召开的苏共二十八大上,围绕着党的纲领、党章修订和党的政策,各派势力展开激烈争论,"激进派"主张苏共放弃马列主义的指导思想,改建为社会民主党,"传统派"批评现行的改革已越出了轨道,应回到党领导国家的原来体制框架中,戈尔巴乔夫为首的中间派仍占主流,他们坚持按既定方针继续推进改革,在他们主导下,大会通过中央提出的《走向人道的民主的社会主义》纲领和修改后的党章,新党章规定,苏共中央政治局不再是国家最高决策机构,党的各级领导机关也不再对各级政府实施领导,政府机构中的干部不再由党的机关任命,而由政府部门自己选定,共产党和其他党派平等竞争。大会还通过了"向市场经济过渡"的经济改革方针。由于党的纲领和党章没有满足"激进派"的要求,叶利钦、波波夫、索布恰克等在会议结束前后宣布退出苏共,"传统派"的代表人物利加乔夫则因不同意中央路线而未能进入改选后的中央政治局。

二十八大后,苏共的分裂趋势继续发展,退党人数不断增加。在这种由"一党政治"向"多党政治"过渡的状态中,旧的架构已被打破,新的架构还未成形,政治体制改革引发的矛盾因缺乏强有力的调控机制而日益加剧。政治的动荡和权力中枢的分裂使经济改革方案处于难产境地,不仅无法实现以政治改革带动经济改革的意图,而且原来的经济生活也因管理失控而出现混乱,1990年苏联的国民经济在连续几年下降后出现负增长。中央权力的衰落还诱发了地方民族主义的高涨,旧体制下被强力压抑的民族自决欲望在获得释放空间后急剧膨胀,苏联陷入了严重的政治、经济和国家体制危机。

二、东欧剧变

苏联的改革对东欧各国产生了重大影响,戈尔巴乔夫否定"斯大林模式"基本体制的言论和政策措施极大地鼓舞了东欧各国原本就存在的试图从根本上突破苏联模式的改革力量,戈尔巴乔夫的外交"新思维"则给东欧各国提供了自主改革的外部条件,于是,一场酝酿已久的政治变革风暴在80年代末兴起于东欧,并迅速改变了东欧的政治格局,也使世界地缘政治发生了深刻的变化。

东欧剧变中首当其冲的是波兰。在经历了80年代初的危机和军事管制后,波兰的形势一度比较平稳,但长期积累的社会矛盾并没有得到解决,特别是经济困难局面未能扭转,80年代末,通货膨胀再度大幅上升,人民群众的不满情绪也随之趋向激烈,在这种情况下,被取缔的团结工会势力东山再起,罢工浪潮卷土重来。面对日趋尖锐的社会矛盾,波兰当局决定顺应大势,以主动的政治改革来缓解矛盾,通过与政治反对派的协商实现民族和解。1988年12月—1989年1月召开的波兰统一工人党中央全会决定,实行政治多元化和工会多元化,恢复团结工会的合法地位。1989年2月6日—4月5日,统一工人党与团结工会及其他政党和教会举行圆桌会议,讨论政治改革方案,经多次谈判后达成政治体制改革协定,根据协定,波兰将实行多党制和议会民主制。4月7日,波兰议会通过宪法修正案,改变了国家政治体制,4月17日,团结工会重新登记注册,恢复合法地位,随后在4—6月间举行了首次议会自由竞选,结果团结工会获得参议院100个议席中的99个席位,众议院自由竞选的161个议席中团结工会亦夺得160席,统一工人党组织的"执政联盟"依靠分配席位才保住了众议院的299个席位。7月举行的总统选举,统一工人党领导人雅鲁泽尔斯基也是依靠圆桌会议的约定才勉强当选。在政治力量对比发生明显有利于团结工会的转折后,统一工人党不得不再次妥协,同意团结工会的组阁要求。8月24日,团结工会顾问、《团结》周刊主编马佐维耶茨基(1927—2013)出任总理,组成以团结工会为主的联合政府。至此,波兰的政治变动基本定局,执政45年的统一工人党失去了议会的控制权和政府的领导权。团结工会政府上台后对国家的政治制度作了进一步的改造,实行军队"国家化",禁止政党在军队、企业和国家机关中从事组织活动,并将国名由波兰人民共和国改为波兰共和国。1990年1月,失去执政地位的波兰统一工人党举行最后一次代表大会,决定停止原党的活动,成立名为"社会民主党"的新党,因意见分歧,部分代表另组"社会民主联盟"。1990年11月,在团结工会的压力下,雅鲁泽尔斯基被迫辞去总统职务,12月,团结工会主席瓦文萨当选波兰总统,这样,波兰完成了政治格局的大变动。

1989年,匈牙利也发生了类似波兰的政局变动。由于卡达尔领导时期匈牙利已经在一定程度上推行了面向市场的经济体制改革,而且改革的进程比较平稳,所以积累了比较深厚的改革基础,执政党内的改革派势力也比较强,当外部形势出现了有利于改革向政治层面突破的时机,匈牙利党内主张实行多元民主政治的力量也随之而起,并趁卡达尔不再领导政治局的机会很快占据了主导地位①。1989年2月,匈牙利社会主义工人党召开中央全会,讨论政治多元化问题,经激烈争论,以政治局委员波日高伊为代表的激进民主派的主张获得通过,会议决议宣称:"政治体制多元化可在多党制的范围内实现","实行多党制和议会民主制是匈牙利在探索社会主义道路上符合当前具体国情的选择"。全会还对1956年十月事件作了重新评价,肯定其基本性质是"人民起义"。会后,为纳吉平反并举行重新安葬仪式。1989年6月召开的中央全会进一步肯定了多党制和议会民主制,并筹划修改宪法和举行大选。为此在6—9月间召开了各政党、组织参加的全国政治协商圆桌会议。10月,社会主义工人党召开第十四次(非常)代表大会,对党在新形势下的发展前途作出决定,由于激进民主派在党内占据主导地位,会议以绝对多数票通过决议,将社会主义工人党改建为"匈牙利社会党",但大部分党员在重新登记时没有加入社会党,致使党员人数由原来的72万锐减至5.5万,严重削弱了党的影响力和竞争力。同月,匈牙利国会通过宪法修正

---

① 在1988年5月举行的匈牙利社会主义工人党全国代表会议上,卡达尔因年迈体衰退出政治局,辞去总书记职务,改任荣誉性的党主席,总书记一职由格罗斯接任。1989年5月,卡达尔因病重被解除党主席职务,7月6日逝世。

案,删除共产党领导地位和国家属社会主义性质的条文,国会还决定更改国名和国庆日,国名由"匈牙利人民共和国"改为"匈牙利共和国",国庆日由4月4日(苏军解放匈牙利日)改为10月23日(1956年十月事件爆发日)。1990年3月25日—4月8日,举行了多党制下的议会选举,安托尔(1932—　)领导的民主论坛获胜,取得组阁权,社会党竞选失败,沦为在野党。5月2日,新议会首次会议选举自由民主主义者联盟领导人根茨(1922—2015)为国会主席,同时出任临时总统。至此,匈牙利完成了由政治体制变革带动政权转移的过程。

如果说,波兰和匈牙利的政局变动是原执政党自觉实施政治改革而导致的"和平过渡",那么,其他一些东欧国家在政局变动过程中不同程度地出现了尖锐的对抗,甚至发展为流血冲突。其中,最严重的事态发生在罗马尼亚。1989年12月,罗马尼亚爆发大规模反政府示威活动,矛头指向在国内实行专制统治的共产党总书记、总统齐奥塞斯库(1918—1989)。拒绝改革的齐奥塞斯库下令对示威群众进行武力镇压,遭到军队领导人的抵制,齐奥塞斯库处死了抗令的国防部长,但无法阻止军队的倒戈。在大势已去的情况下,12月22日中午,齐奥塞斯库夫妇离开首都,仓皇出逃,但在途中被军队逮捕。当晚,罗马尼亚救国阵线委员会宣告成立,并接管了政权。12月25日,罗马尼亚电视台宣布,特别军事法庭对齐奥塞斯库夫妇进行了秘密审讯,他们被判处死刑,并已执行。同日,成立了以罗曼为总理的新政府,局势趋于平静。救国阵线领导的政府顺应东欧变局,对国家政治体制进行改革,实行了多党制和议会民主制,1990年5月,罗马尼亚举行首次多党选举,救国阵线主席伊利埃斯库(1930—　)当选总统,救国阵线在议会获得多数席位,继续执政。罗马尼亚在经历了一段剧烈动荡后开始了新的发展进程。

捷克斯洛伐克在1989年也发生了政治动荡。受苏联和东欧其他国家改革大潮的冲击,捷国内各派政治力量围绕着是否重新评价1968年"布拉格之春"展开政治斗争,苏军侵捷后由苏联扶植上台的捷共当局为维护自己的统治地位拒绝为"布拉格之春"平反,由此激化了同人民群众的矛盾,捷共陷于政治上的孤立。1989年1月,为纪念20年前因抗议苏军侵捷而自焚的大学生帕拉赫,布拉格爆发大规模示威游行,从此一发而不可收,群众与当局的对立愈演愈烈,政府多次出动军警镇压群众示威,仍无法阻遏群众的抗议浪潮。在面临全国人民反对的巨大压力下,1989年11月,捷共中央连续两次召开非常全会,试图通过改组领导班子平息事态,但未能达到目的。11月底,捷共新班子终于向反对派作出重大让步,同意修改宪法,取消党对国家的绝对领导,成立多党联合政府,并以捷共中央主席团名义发表声明,宣布1968年华约五国出兵捷克斯洛伐克是错误的,随后又宣布为所有因1968年事件而遭受迫害的人恢复名誉。12月,在反对派的压力下,捷政府大幅度改组,捷共在联合政府中成为少数,总统胡萨克也被迫辞职。12月底,捷联邦议会选举曾领导"布拉格之春"改革运动的杜布切克为议会主席,同时选举"公民论坛"领导人哈维尔(1936—2011)为总统。1990年1月,政府总理恰尔法(1946—　)退出捷共,这样,捷共完全失去了执政地位。在1990年6月举行的首次多党选举进一步确定了捷克斯洛伐克变动后的政治格局,哈维尔、杜布切克、恰尔法继续担任国家的最高职务,而捷共在失去中央领导权后又失去了地方政府的领导权①。

1989年,民主德国在外部冲击下也发生政局剧变。10月中旬,执政的统一社会党在如何对待群众示威及是否实行政治民主等问题上产生尖锐分歧,拒绝改革的总书记昂纳克(1912—1994)处境孤立,10月18日召开的中央全会解除了昂纳克的职务,主张改革的克伦茨当选总书记。11月9日,民主德国当局宣布开放两德间全部边境出口站,试图缓和因大批居民要求前往联邦德国而导致的社会动荡,但是,打开"柏林墙"的结果进一步加剧了移民潮,两天内就有400多万人次从民主德国涌向联邦德国。不断恶化的局势迫使统一社会党放弃对国家的绝对领导权,寻求与反对派政治

跨过柏林墙

势力的妥协和联合执政。12月3日,克伦茨(1937—)为首的中央委员会和政治局因无法控制局势而集体辞职。12月7日,统一社会党等13个党派组织举行圆桌会议,就多党自由选举和修改宪法等问题达成协议。12月16日,统一社会党特别代表大会决定将党的名称改为"民主社会主义党",以此表明同过去的路线决裂。1990年3月18日,民主德国举行首次多党议会选举,结果基督教民主联盟获得40.91%的选票,成为议会第一大党,民主社会主义党仅获得16.33%的选票,失去了组阁权。4月12日,组成基民盟领导人德梅齐埃(1940—)为总理的新政府,民主社会主义党被排斥在政府之外,沦为在野党。基民盟执政后,完全改变了民德的社会制度,并在联邦德国的强烈影响和干预下,朝着加入联邦德国、实现两德统一的方向发展。

与此同时,保加利亚、阿尔巴尼亚和南斯拉夫也先后发生类似的政局大变动,原执政的共产党或改变党的性质,或在多党选举中下台,社会政治制度和经济制度也随之发生根本性变化,南斯拉夫在政局变动中还伴随着联邦国家的解体和各民族间的战争,有些地区的战火蔓延燃烧多年,造成了严重的生命财产损失。

总之,80年代末、90年代初东欧各国的剧烈变化是多种因素促成的,其中,长期以来困扰东欧国家的苏联模式体制的弊端和要求冲破旧体制的改革潮流所构成的矛盾、苏联用强制手段对东欧实行霸权统治和东欧要求民族独立自主所构成的矛盾是酿成东欧变局的历史根源和深层原因,而苏联的戈尔巴乔夫改革是把上述两对矛盾所蕴含的能量释放出来的催

---

① 捷克斯洛伐克政局变动后,国家体制也发生变化,根据1992年7月制定的联邦分离协议,1993年1月1日,捷克和斯洛伐克正式分离,成为两个独立国家。

化剂,同时,西方国家在这个过程中也起了推波助澜的作用。

三、苏共解散和苏联解体

戈尔巴乔夫的政治体制改革冲击了高度集权的旧体制,却没有建立起能够实现平稳过渡的替代机制,因此,苏共的领导地位和中央政府的控制能力弱化后,随之而起的就是地方势力的扩大,而在苏联的国家结构中,地方势力大多与民族主义势力结合在一起,成为解构联盟国家体制的基本因素。

在苏联改革进程中,最早明确表现分离倾向的是波罗的海沿岸三国。1988年11月16日,爱沙尼亚最高苏维埃非常会议决定,苏联的法律须经爱沙尼亚立法机构批准才能生效,由此开了加盟国家法律高于联盟法律的先例。1989年8月23日,波罗的海沿岸三国为抗议50年前苏德条约将其划入苏联范围而举行大规模示威游行,约200万人手拉手组成长达600公里的"人链",显示独立的决心。当年年底,三国共产党先后宣布自己为独立政党,脱离苏共。1990年3月,立陶宛率先宣布本国独立,把民族分离运动推向新阶段。与此同时,其他加盟共和国的民族主义情绪也日趋高涨,甚至俄罗斯联邦也于1990年6月12日发表了"主权宣言"。

面临联盟解体的威胁,戈尔巴乔夫提出"更新联盟"的构想,即:在确认各加盟国主权的基础上缔结一个新的联盟条约——"主权国家联盟条约"。1990年9月,成立了由各共和国主要领导人组成的起草委员会,11月23日,新联盟条约草案公布,供全民讨论。12月召开的苏联第四次人民代表大会围绕是否保留联盟的问题展开激烈争论,最后决定重新起草新联盟条约,并将是否保留联盟的问题提交全民公决。1991年3月17日举行的全民公决结果显示,76.4%的投票人赞成保留经过革新的主权共和国联盟①。但是,此时中央政府和戈尔巴乔夫的权威和权力已经进一步削弱,联盟机构的决定已无法约束自行其是的各共和国。6月12日,叶利钦当选俄罗斯联邦首任总统,增强了与戈尔巴乔夫抗衡的能力,实际上成为支配苏联政局变化的关键人物。在这种情况下,一部分企图维持原苏联国家体制的党、政、军领导人密谋发动一场政变,以阻止联盟国家的解体趋势,恢复中央集权体制。7月底,新联盟条约草案修订完成,预定8月20日正式开始签署。8月4日,戈尔巴乔夫赴克里米亚休假,计划19日返回莫斯科主持条约签署仪式。这时,密谋的政变付诸实施。

8月18日,策划政变的苏联副总统亚纳耶夫(1937—)、总理帕夫洛夫(1937—2003)、国防部长亚佐夫(1923—)、国家安全委员会主席克留奇科夫(1924—2007)、国防会议第一副主席巴克拉诺夫(1932—)、内务部长普戈(1937—1991)等人在莫斯科召开秘密会议,决定派代表前往克里米亚,要求戈尔巴乔夫下令实施紧急状态,如不接受就采取坚决措施。当天下午,由5人组成的代表团到达克里米亚总统别墅,但戈尔巴乔夫拒绝了他们的要求。于是,政变者在当晚建立了由八人组成的国家紧急状态委员会。8月19日晨6时,亚纳耶夫向

---

① 波罗的海三国、格鲁吉亚、摩尔多瓦等国议会拒绝执行全民公决决议,这些国家公民被禁止参加投票。

全国宣布,鉴于苏联总统戈尔巴乔夫的健康状况已不能履行总统职务,根据苏联宪法,由他本人从即日起履行总统职务。随后,他又宣告,即日起在苏联部分地区实施为期6个月的紧急状态,此期间国家全部权力移交给紧急状态委员会。这时,部分军队已开进莫斯科,坦克包围了俄罗斯联邦最高苏维埃所在地白宫。

"八·一九"事件引起国内外强烈震动。叶利钦指责政变是违反宪法的行为,呼吁人民群众起来反击,19日下午,大批群众响应叶利钦的号召聚集在白宫前进行抗议示威,军队的坦克在人群中无法行动。各共和国的领导人也纷纷发表声明,谴责政变行为,支持叶利钦。同一天,美国总统布什明确表态,不承认苏联新领导人,要求恢复戈尔巴乔夫的权力。在美国带动下,其他西方国家也以各种方式声援叶利钦,并向政变当局施加压力。由于得不到人民群众的支持,又受到国内外舆论的一致谴责,政变发动者很快陷于孤立,军队的分裂更使政变的目标无法实现。20日,苏联空军、空降兵、海军和战略火箭军司令都公开表示不支持紧急状态委员会,已被调入莫斯科的部分军队也发生倒戈,奉命进攻白宫的克格勃特种部队"阿尔法"小组则拒绝服从命令。到21日,政变失败已成定局。当晚,苏联最高苏维埃宣布,国家紧急状态委员会的行为是非法的。戈尔巴乔夫也在当天恢复了与外界的联系,并发表声明,称自己已控制了局势,将立即返回莫斯科履行总统职务。次日凌晨,戈尔巴乔夫回到首都,随即逮捕了国家紧急状态委员会成员和其他一些参与政变的人员,并对党、政、军机构进行了清洗、改组。

"八·一九"事件的结果与其发动者的愿望相反,进一步加速了苏联的解体进程。这一事件虽然以戈尔巴乔夫的复职告终,但真正的胜利者却是叶利钦。事件后,戈尔巴乔夫已失去实际领导国家的威望和能力,成为按叶利钦意志行事的傀儡。8月23日,叶利钦下令,暂时中止苏共和俄共在俄罗斯境内的活动,没收共产党的财产。24日,戈尔巴乔夫宣布,辞去苏共中央总书记职务,并建议苏共中央"自行解散"。他还下令,停止各政党在军队和国家机关中的活动。29日,苏联最高苏维埃非常会议通过决议,暂时停止苏共在苏联全境的活动。于是,执政70余年的苏联共产党结束了它的存在,从组织上解体了[①]。

苏共的解体是苏联解体的前奏。由于失去了中央集权的政治核心,残存的中央政府已没有力量阻止各加盟共和国的独立。继立陶宛和格鲁吉亚在"八·一九"前宣告独立后,爱沙尼亚和拉脱维亚在8月21日和22日也先后宣告独立。尤其是8月24日乌克兰宣告独立引起了其他共和国的连锁反应,短短一个月内,又有7个共和国(白俄罗斯、摩尔多瓦、阿塞拜疆、乌兹别克、吉尔吉斯、塔吉克、亚美尼亚)相继宣告独立(土库曼和哈萨克分别于10月和12月宣告独立)。面对这种局势,戈尔巴乔夫作为苏联总统为维持一个最低限度的联盟作了最后的努力,他与各共和国领导人频频会谈,试图恢复被"八·一九"事件中断的签署新联盟条约的进程。然而,这时乌克兰等国已经决心走向彻底独立,它们对留在一个联盟框架内已

---

① 苏共解体后,俄罗斯共产党继续存在,不久恢复活动,是主要的合法政党之一,此外还有若干组织自称苏共的继承者,但统一的苏联共产党未再恢复。

不感兴趣。而俄罗斯总统叶利钦也已经决定抛弃戈尔巴乔夫及其主持制定的联盟方案,准备自己另搞一套。12月1日,乌克兰就独立问题举行全民公决,90%的投票者赞成完全独立。12月3日,叶利钦宣布承认乌克兰独立。12月7日,俄罗斯、乌克兰、白俄罗斯三国领导人叶利钦、克拉夫丘克(1934—)和舒什克维奇(1934—)在明斯克会晤,叶利钦提出成立"独立国家联合体"的构想,得到另两位领导人的赞同。12月8日,在布列斯特郊区的一个别墅里,三国领导人签署了《关于建立独立国家联合体的协议》,协议宣布,"苏联作为国际法主体和地缘政治现实正在停止其存在",自协议签订之日起,"前苏联各机构在联合体成员国境内的活动予以停止"。协议规定,独联体是独立国家间的协调联合组织,不具有联盟国家性质,不设议会、中央政府和总统,也不建立统一的军队。协议还规定,独联体是一个开放的组织,前苏联的成员国和其他赞同其宗旨的国家均可参加。独联体的成立使戈尔巴乔夫的新联盟方案彻底破产,苏联的命运被三个斯拉夫国家的领导人决定了。

1991年12月21日,俄罗斯、乌克兰、白俄罗斯、阿塞拜疆、亚美尼亚、摩尔多瓦和中亚五国的领导人在哈萨克首都阿拉木图签署了《阿拉木图宣言》等6项文件,正式宣告,11个原苏联共和国以创始国身份自愿结成独立国家联合体,与此同时,苏维埃社会主义共和国联盟停止存在。12月25日晚,戈尔巴乔夫最后一次以苏联总统身份发表电视讲话,宣布自己辞去苏联总统和武装力量最高统帅职务,并把核按钮转交给叶利钦。7时32分,克里姆林宫上空飘扬了69年的苏联国旗在寒风中降下,7时45分,俄罗斯联邦的国旗升起,克里姆林宫换了主人,历史揭开了新的一页。

苏联解体是世界历史上的重大事件,它结束了曾对20世纪的人类社会产生深刻影响的一种发展模式的实践,也结束了曾在战后45年间主导国际政治的两极格局,其多方面的意义为走向新世纪的人们留下了一份内涵丰富的历史遗产。

第四节 90年代的俄罗斯和东欧、中亚地区

一、叶利钦时期的俄罗斯

苏联解体后,作为原苏联国家地位继承者的俄罗斯开始了一个双重的历史进程。一方面,俄罗斯的社会转型因排除了苏联制度的羁绊而加快了步伐;另一方面,俄罗斯在取代苏联后需要重新确定自己的国家利益和国际地位。这两个方面是互相联系、互相制约的,其中任何一个方面的变动都会引起另一方面的相应变动。90年代的俄罗斯在这一充满矛盾的历史进程中经历了一系列的动荡、危机和政策调整,度过了最困难的转型期。

1992年至1993年,是叶利钦取得最高领导权后在俄罗斯展开一场激进的社会制度变革的时期。这一阶段亦被称作"休克疗法"时期。所谓"休克疗法",是指制度转型过程中采用某些激进的政策措施,在较短的时间内完成结构性的变革。具体而言,在俄罗斯和东欧国家,推行"休克疗法"即意味着采取激进的改革方针,通过短时间的社会震荡,实现由苏联模

式的计划经济体制向西方式的市场经济体制的转变,与此同时建立起西方式的资本主义社会制度。俄罗斯的"休克疗法"改革方案是从1991年秋天开始筹划的,当时,叶利钦任命以盖达尔为首的一个专家小组负责制定经济政策和经济改革计划,参加这项工作的还有美国学者杰弗里·萨克斯等西方专家。盖达尔小组的方案得到叶利钦的支持,并在1991年10月28日召开的俄罗斯联邦第五次人民代表大会上获得通过,盖达尔(1956—2009)随即被任命为政府副总理,主持经济改革和国家的经济、财政事务。①

"休克疗法"的主要措施是实行"价格自由化"。1992年1月2日起,根据叶利钦颁布的总统令,俄罗斯政府不再控制90%的生活用品的批发和零售价格,同时还宣布,将取消国有企业的预算补贴。这一措施立即引起了严重的通货膨胀。仅第一季度,物价即上涨了8—10倍,到年底,零售物价水平比上一年增长了30倍。与此同时,企业的生产却持续下滑,1992年平均下降幅度达20%—25%。在这个过程中,政府对人民群众的利益没有采取保护措施,其结果导致大部分公民的银行储蓄迅速贬值,加上企业因缺乏资金而拖欠工资,俄罗斯社会的贫困阶层明显扩大。

"休克疗法"的另一项主要内容是实施国有资产的"私有化"。1991年11月,叶利钦任命丘拜斯(1955—)为国家财产委员会主席,负责制定私有化方案。1991年12月29日,该方案由总统令批准并付诸实施。按照丘拜斯的说法,私有化的目的就是在俄罗斯建成资本主义,并且要在突击性的几年中完成在世界其他地方用了数百年才完成的那个工作定额。丘拜斯等人制定的私有化方案亦被称作"人民私有化"计划,它把俄罗斯的全部国有资产按1991年资产负债表上的价值总额确定为12605亿卢布,以此数除以俄罗斯的人口数(1.487亿),平均每人拥有8476卢布,根据这个基数,确定每个俄罗斯公民在私有化中可分得1万卢布资产,这部分资产将以发放私有化证券的形式兑现。1992年8月14日,叶利钦签署发放私有化证券的总统令,命令的注解中说,私有化证券是"凭票即付的凭证",不记名,可购买企业股份,也可出售变现。当年9月1日起,私有化证券通过银行发放。可是,在因价格自由化而导致的严重通货膨胀的形势下,私有化证券一出台即迅速贬值,到1993年5月,1万卢布的证券只能卖3000—4000卢布,如果按1991年的价格计算,其价值已不到30卢布。在这种情况下,私有化对社会公众而言,已经失去了意义,只是为少数人利用低价收购私有化证券换取企业股份提供了暴富的机会。

"休克疗法"推行到1993年,其负面效应已累积成经济危机症状。与上一年比较,国内生产总值减少了12.5%,国民收入减少14%,工业生产下降25%,农业生产下降5.5%,月平均通胀率达16%,卢布与美元的兑换率从1992年底的450∶1达到1993年底的1250∶1。在实行"休克疗法"的头两年中,社会贫富差距急剧扩大,据俄罗斯科学院经济学部的调查统计,全国居民的实际收入降低了一半多,10%最富裕者的收入超过了10%最不富裕者的收入的10倍,有1/3的居民的收入低于官方宣布的最低生活费。实践证明,在经历了长期的"斯

---

① 当时,俄罗斯政府总理由叶利钦本人兼任,1992年6月,叶利钦辞去总理职务,由盖达尔任临时代总理。

大林模式"体制、尚不具备市场化改革的基础性条件的俄罗斯,试图一下子完成社会结构的转型,只能是"紧闭双眼,一下子跳下去"(盖达尔语)式的空想和盲动,这种激进的改革方针严重脱离俄罗斯的客观条件和现实状况,因此,它不可避免地遭到社会公众的拒绝并走向失败。曾参与"休克疗法"方案设计的美国经济学家萨克斯后来在分析俄罗斯激进改革失败原因时承认:"当我们着手改革时,我们感到自己是被请到病人床边的医生。但是当我们把病人抬到手术台上并切开病人的腹腔后,我们突然发现,他具有在我们的医学院中从来没有见到过的解剖学结构和内部器官。"

1993年不断恶化的经济形势导致了一场政治危机。人民群众对政府政策方针的不满使反叶利钦的政治势力在最高苏维埃和人民代表大会中占了上风,政府与议会的矛盾日益尖锐,副总统鲁茨科伊(1947—)和最高苏维埃主席哈斯布拉托夫(1942—)成为反对派的首领。叶利钦为了巩固自己的权力,决定解散议会。9月21日晚,叶利钦发布总统令,宣布中止人民代表大会和最高苏维埃的立法权及其管理、监督职能,并要求修改宪法,设立两院制议会,举行国家杜马选举。当晚,最高苏维埃主席团会议通过针锋相对的决议,宣布终止叶利钦的总统权力。双方的对抗在此后进入高潮,议会所在地"白宫"成为斗争的中心舞台。叶利钦动用治安部队围困白宫,迫使代表们离开议会,反对派则纠集支持者保卫白宫。9月28日,白宫被完全封锁。10月3日,反对派组织的群众示威队伍冲击了莫斯科市政府和国家电视中心,以此为理由,叶利钦于当晚下令向白宫发动进攻。10月4日凌晨,由空降兵和"阿尔法"特种部队向白宫发起冲击,坦克向大楼的上层发射了炮弹。中午,白宫被军队占领,鲁茨科伊、哈斯布拉托夫等反对派首领被逮捕。两天的武力对抗,共有数百人伤亡(确切数字没有公布)。

镇压反对派后,叶利钦于11月10日公布新宪法草案,并决定于12月12日在选举国家杜马的同时进行全民公决。新宪法大大强化了总统的权力,苏维埃式的议会则被两院制议会取代,"下院"即国家杜马,"上院"即联邦委员会,由联邦各主体派代表组成。12月12日,全民公决通过了新宪法,并选出了第一届国家杜马。经过1993年的政治动荡,叶利钦稳住了自己的地位,随后其施政方针也有所调整,以顺应社会情绪的变化。政策调整主要表现在减少市场化改革的激进色彩,放慢改革的速度,但没有改变改革的取向和基本方针。由于"休克疗法"不得人心,叶利钦于1992年底已解除了盖达尔的政府首脑职务,任命切尔诺梅尔金(1938—2010)为总理。1994年初,政府成员作了较大幅度的调整,除丘拜斯外,原盖达尔班子的人都被撤换。新政府提出,要结束"市场浪漫主义",把改革的速度调整到"巡航速度"(指飞机的平稳飞行速度,通常为最高速度的70%—80%)。然而,新政府并没有拿出治理经济危机的有效对策,虽然做了一些修补性的工作,但1994—1995年的经济形势仍然严峻,生产的下降和货币贬值的势头没有发生逆转,"休克疗法"的消极后果继续在发展。当然,在社会和人民群众付出沉重代价后,俄罗斯的社会结构毕竟也发生了变化,市场经济因素和私人资本因素都有所增长,在这个类似资本原始积累的过程中,一部分人凭借权力和无序化市场提供的机遇,攫取了大量的社会财富,成为俄罗斯的金融寡头和商界精英。这些代表俄罗斯资本主义的新贵们是叶利钦政权的重要社会基础,他们的利益也在很大程度上影响着俄罗斯政府的政策方针。

1995年12月举行了第二届国家杜马选举。由于经济形势没有好转,盖达尔等组成的"联合民主派"选举联盟遭到挫败,未能通过5％最低线;以总理切尔诺梅尔金为首的"我们的家园——俄罗斯"虽然拥有资金和宣传优势,也只获得9.9％的选票;代表社会中下层民众情绪的俄罗斯共产党得票率高居榜首,达22.3％。这样,在第二届国家杜马的政党结构中,俄共成为第一大党,俄共领导成员谢列兹尼奥夫当选杜马主席。

1996年6月举行总统选举。叶利钦为争取连任,展开了积极的竞选活动,同时在内政外交上也作了一些顺应社会情绪的调整,如:解除丘拜斯的职务、与车臣分立主义者签订停战协议、采取措施补发拖欠的工资和退休金、追加对科教文化事业的投入、提出面向东西方的全方位外交方针等。6月16日的首轮投票,叶利钦获得35％选票,其主要对手俄共领导人久加诺夫(1944—)获得32％选票,两人都未能超过半数。7月3日举行第二轮投票,由于叶利钦与首轮得票14.5％的列别德(1950—2002)结成联盟(列别德被任命为国家安全委员会秘书和总统国家安全问题助理),扩大了选民基础,终于获得53.7％的选票,战胜了得票40.4％的久加诺夫。

叶利钦在其新的总统任期内经常处于重病状态,因此竞选时许诺的一些国家发展目标实际上并没有在政策上加以落实,俄罗斯的社会经济变革在1997—1999年间继续在原来的轨道上滑行。形势虽曾有过短暂的局部好转,如1997年,俄罗斯的国内生产总值在连续多年下降后出现了微小的增长(0.3％),但是基本的格局仍未发生大的改观。俄罗斯经济的脆弱性还表现在背负着沉重的外债,1998年度的外债偿债额占当年预算总额的30％,在这种情况下,国际金融市场的波动很容易引起俄罗斯的金融混乱。1997年发生的东亚金融危机很快影响到俄罗斯,在内外因素的共同作用下,1998年8月,俄罗斯也爆发了严重的金融危机,卢布汇率再度大幅度贬值。金融危机又引发了财政危机,国家因缺乏支付能力,不得不停止偿还短期债券和财政借贷债券,此举使拥有大量国家短期债券的商业银行和企业损失惨重。

面对严峻的经济形势,叶利钦拿不出有效的对策,他在其任期的最后两年中频繁地更换政府总理,从1998年3月到1999年8月,总理人选4次被更换,先是基里延科接替切尔诺梅尔金(1998年3月),接着是普里马科夫(1929—2015)上台(1998年9月),然后,斯捷帕申接替普里马科夫(1999年5月),最后,普京(1952—)出任总理(1999年8月)。这样做的意图,一方面是为了应付局面,并让政府首脑承担经济社会问题的责任;另一方面也是为了选择自己的接班人,安排一个对自己最有利的政治格局以确保自己离任后的地位和利益。

纵观叶利钦领导时期的俄罗斯,社会转型的基本方向始终没有变化,但由于转型中因历史的包袱和现实的困境所使然,具体的政策方针在各个阶段有不同的表现。大致上,前期以激进改革为特征,这一阶段外交上也表现了强烈的亲西方色彩,试图在西方国家的帮助下迅速建立起西方式的社会制度并融入西方体系,1990—1995年间担任外交部长的科济列夫就是这种外交政策的代表。激进改革的受挫迫使叶利钦调整政策,在国内政策趋向缓进的同时,对外政策开始转向重振大国地位和平衡东西方关系(所谓"双头鹰外交"),外交方针的转变以科济列夫被解职为标志,1996—1998年间出任外长的普里马科夫代表了更具有俄罗斯民族主义和大国主义色彩的外交政策。在后一阶段,俄罗斯在国际政治舞台上主张发展多极化趋势,反对美国的单极霸权意图,并与中国建立了战略协作伙伴关系。

1999年12月,俄罗斯举行新一届国家杜马选举。结果显示,俄共虽然维持了议会第一大党的位置(在按党派选举产生的225个议席中占67席),但作为政府支持力量的"团结"联盟(64席)和"右翼力量联盟"(24席)取得了超过俄共的总得票率,成为实际主导杜马的政治联盟。普京政府的施政能力因此得到加强。

1999年12月31日,叶利钦向全国发表电视讲话,宣布辞去总统职务,并提名普京为代总统。随后,叶利钦在克里姆林宫向普京转交了"核匣子"和总统勋章,完成了权力交接仪式。

2000年3月26日,俄罗斯提前举行总统选举。已行使总统权力3个月的普京获得52.52%的选票,正式当选俄罗斯总统。从此,俄罗斯通过领导人的代际交替,进入了一个新的历史时期。

二、90年代东欧、中亚概况

1989—1990年东欧剧变以及1991年苏联解体后,原奉行苏联模式的东欧国家和从苏联分离的波罗的海沿岸三国、外高加索三国、中亚五国以及乌克兰、白俄罗斯、摩尔多瓦,先后开始了社会制度转型的进程。由于这些国家的历史条件、发展基础和现实环境的差异,它们的转型方式和速度也表现出各自的特点,如果按转型的速度和经济发展的水平区分,大体上可分为三种类型。

(一)转型速度较快、走在发展前列的波兰、匈牙利、捷克,以及紧随其后的斯洛文尼亚、爱沙尼亚。上述五国经过10年的过渡,基本上完成了经济和政治体制的社会转型,市场经济体制和民主政治架构已经确立,经济形势在经历了过渡期的动荡后进入了比较稳定的增长期,2000年这些国家的平均国内生产总值超过了1989年的水平,平均增长率达到4%左右。其中,波兰和匈牙利被认为是改革最成功的国家,它们的经济增长率和各项经济指标在东欧都名列前茅,因此被国际货币基金组织等国际经济机构评价为向市场经济过渡的"优等生"。由于这些国家经济态势较好,社会结构也已接近西方发达国家,90年代中期,波兰、匈牙利和捷克已经加入了原本由发达国家组成的经济合作组织,它们和斯洛文尼亚、爱沙尼亚一起被确定为欧盟新一轮扩大的第一批对象,从1999年开始了关于加入欧盟的实质性谈判。

(二)在转型和发展中处于中间状态的国家,如斯洛伐克、罗马尼亚、保加利亚、拉脱维亚、立陶宛等国。这些国家在改革前的发展基础相对落后,改革启动阶段的政策方针亦不够稳定,因此发展速度相对滞后,它们要完成社会转型的历史任务还有相当难度,并将持续更长的时间。尽管如此,这些国家的发展前景还是比较明朗的,它们已经被欧盟列入第二批扩大对象。

(三)社会转型困难重重、经济形势持续低迷的国家,如:除波罗的海沿岸三国外的前苏联各加盟国、除斯洛文尼亚外的前南斯拉夫诸国以及阿尔巴尼亚。这些国家中,前苏联诸国面临的社会转型和经济发展难题有些与俄罗斯密切相关,由于它们大多还没有建立起独立的经济体系,对外经济贸易在相当程度上也要依赖俄罗斯,所以俄罗斯的发展态势对这些国家具有重要影响。至于前南斯拉夫诸国中的大部分和同处巴尔干半岛的阿尔巴尼亚在90年代一直处于战乱之中或者受到战争的直接影响,其社会转型和经济发展尚难以真正提上议事日程。

东欧和中亚地区各国在90年代的发展状况除了受其内在因素制约外,还受到外部环境的影响,尤其是世界经济的波动和西方发达国家的全球战略在形成这些国家的不同发展态势方面也是不可忽略的因素。90年代初,为了支持东欧国家摈弃苏联模式,融入西方体系,美国和欧盟各国以及通过各种国际组织向率先转型的波、匈、捷等国提供了大量援助,1991年4月开业的、由欧共体、美国、日本投股组建的欧洲重建和发展银行即承担着"推动对中欧及东欧国家的投资,……促进上述国家向市场经济过渡及加快机构改革"的职能。西方国家对东欧及前苏联诸国的援助带有明显的政治意图,其近期目标是稳定这一地区的局势,避免形势逆转;其长远目标则是将这一地区完全纳入西方主导的世界体系,使冷战后的世界不再出现对西方霸权的挑战。因此,在西方国家(主要是美国)的全球战略背景下,东欧、中亚地区各国,包括俄罗斯,所能得到的外部援助和支持是各不相同的,有些国家不仅得不到援助,反而因其与西方的对抗而受到制裁,如南斯拉夫联盟。① 这种外部因素对于形成东欧、中亚地区各国的发展层次也起了重要作用。

---

① 南斯拉夫联盟于2003年改国名为塞尔维亚和黑山国家联盟,2006年5月21日,黑山通过公民投票决定独立,6月3日黑山议会正式宣告独立,6月5日塞尔维亚国会亦宣告独立并成为塞黑邦联的法定继承国。2008年2月17日,科索沃战争后由联合国临时管治的科索沃单方面宣告独立,脱离塞尔维亚,但塞尔维亚未予以承认。

第八章
20世纪民族解放运动与发展中国家的现代化道路

第一节 民族解放运动的兴起

一、民族解放运动的历史前提

以民族国家的独立为政治目标的民族解放运动是20世纪世界历史进程中波澜壮阔的洪流，这股洪流最终冲垮了前几个世纪中西方早期资本主义现代化阶段建构起来的全球殖民体系，改画了世界政治地图，开创了世界现代化的新局面。

现代意义上的民族解放运动是以现代殖民帝国和殖民体系为对立面的。在以西欧为中心的早期资本主义现代化阶段，随着商品输出和资本输出规模的扩大，资本主义生产方式的扩张采取了殖民主义的手段，英、法等西欧资本主义国家凭借在现代化进程中的领先地位，以优势的经济和军事力量拓疆掠土，建立殖民帝国，把世界上大部分尚未走上现代化道路的民族和传统国家纳入殖民体系，并在殖民体系的基础上形成早期的世界市场。到19世纪末，西方的殖民体系已遍及全球，亚洲、非洲和拉丁美洲的广大地区沦为殖民地或半殖民地。在殖民统治下，被压迫民族丧失了独立自主发展的权利，它们一方面被打断了传统社会的历史进程，另一方面又没有获得现代性，只是充当了宗主国的附庸，在宗主国利益驱动下被强制纳入资本主义世界体系。马克思曾以印度为例，对殖民地的历史命运作过精辟的分析,指出,在英国殖民统治下,"印度失掉了他的旧世界而没有获得一个新世界"。① 马克思还指出,殖民地的民族独立是实现真正意义上的现代化的前提条件,"在印度人自己还没有强大到能够完全摆脱英国的枷锁以前,印度人民是不会收到不列颠资产阶级在他们中间播下的新的社会因素所结的果实的"。② 因此,民族解放运动既是被压迫民族对压迫者的反抗,更是殖民地人民争取自主现代化条件的必然选择,如果说前一种意义的斗争在殖民主义者入侵时已经发生,那么,后一种意义的民族解放运动是在 20 世纪全面展开的,因为正是在进入 20 世纪后,随着现代工业文明普及程度的提高和殖民地半殖民地民族资本的发展,具有民族主义内涵的自主现代化意识也渐趋成熟,并形成了能够领导现代取向的民族解放运动的阶级力量和政治力量,同时,早期资本主义发展模式内在矛盾的激化和世界体系的危机及其重组也为民族解放运动提供了有利的时机。在这样的历史条件下,民族解放运动掀起了高潮,成为人类社会进入全球现代化阶段的重要动力。

二、20 世纪上半叶民族解放运动概况

20 世纪初发生的以第一次世界大战为最高峰的帝国主义战争标志着建立在殖民体系基础上的早期资本主义世界因内外矛盾的激化而走向分裂、解体,各殖民帝国因宗主国之间的争斗厮杀亦受到很大冲击,尤其是大战期间俄国十月革命的爆发以及苏维埃俄国脱离资本主义体系,给予殖民地和半殖民地人民强烈影响,战争和革命的年代促发了民族解放运动的第一波浪潮。亚洲和北非因其紧靠动荡激烈的欧洲、俄国而成为 20 世纪上半叶民族解放运动的主要发生区域。其中,影响较大的有:中国的辛亥革命、五四运动及其后的反帝反封建革命运动;土耳其凯末尔革命;印度的非暴力不合作运动;埃及独立运动和摩洛哥里夫起义等。

土耳其凯末尔革命 土耳其是原奥斯曼帝国的中心部分,17 世纪末奥斯曼帝国开始衰落,其欧洲属地先后脱离帝国,到 19 世纪末,作为帝国主体的土耳其也逐步丧失了主权,被英、法等殖民主义势力控制。1908 年青年土耳其党上台执政,试图依靠与德国结盟来摆脱英、法控制。1914 年 8 月,土耳其与德国签订同盟条约,追随德国参加了第一次世界大战。一次大战以德奥同盟国集团的失败而告终,土耳其也成为战败国,残存的奥斯曼帝国彻底瓦解。在协约国集团的逼迫下,1918 年 10 月和 1920 年 8 月,土耳其与协约国方面先后签订《摩得洛斯停战协定》和《色佛尔条约》,丧失了很大一部分主权,其领土亦被瓜分。严重的民族危机激起了人民群众的爱国主义情绪和民族独立意识。1919 年 5 月,土耳其爆发了凯末尔领导的民族解放战争。

穆斯塔法·凯末尔(一译基马尔,1880—1938),出身于商人家庭,毕业于伊斯坦布尔军

---

① 《马克思恩格斯选集》第 2 卷,人民出版社 1972 年版,第 64 页。
② 同上书,第 73 页。

事学院,1916年获将军衔。当国家面临生死存亡关头,凯末尔奋起组织爱国力量,为拯救民族而斗争。1919年7月,凯末尔主持召开各民族主义组织参加的代表大会,确定民族自决和武装捍卫民族独立的最高原则。随后在9月成立了全国统一的革命组织"护权协会"。在爱国力量推动下,土耳其苏丹被迫同意举行国民议会选举,凯末尔派占据了议会多数。1920年1月,议会通过凯末尔起草的《国民公约》,号召全国人民为维护民族独立和国家领土完整而斗争。为了压制土耳其的民族解放运动,英国策动亲英势力迫使苏丹解散议会,并向凯末尔领导的爱国力量发起进攻。在这种情况下,凯末尔决定同苏丹政府决裂,1920年4月,在安卡拉召开了新的国会——大国民议会,并成立凯末尔领导的国民政府和国民军,展开了反对外国侵略和苏丹统治的武装斗争。

安卡拉政府高举民族解放大旗,得到人民群众的广泛拥护,在国际上也得到许多国家的同情和支持。到1922年8月,军事形势发生根本性转折,土耳其国民军在与英国、希腊等外国干涉军的战斗中取得决定性胜利,光复了曾被外国占据的安那托利亚地区的全部领土。1922年10月,土耳其安卡拉政府与英、意、法三国签订《木达尼亚停战协定》,列强承认了土耳其国民军的战果。在军事胜利的基础上,1922年11月1日,大国民议会通过法令,废黜苏丹,统治土耳其600年之久的奥斯曼王朝就此终结。然后,安卡拉政府为废除不平等的《色佛尔条约》同协约国列强在瑞士洛桑举行谈判,经过艰苦的外交斗争,双方终于在1923年7月24日签订了《洛桑条约》,以取代《色佛尔条约》。新条约承认了土耳其的民族独立、国家主权和领土完整(达达尼尔海峡和博斯普鲁斯海峡保留"国际共管"),此标志着凯末尔领导的民族解放战争胜利结束。

1923年10月23日,土耳其共和国正式宣告成立,凯末尔当选总统。土耳其在取得民族独立的基础上开始了通过改革走向现代社会的进程。凯末尔的改革措施表现在政治、经济、社会各个领域,主要有:

废除原奥斯曼王朝的行政体制——哈里发制度,废除宗教审判制度,实行政、教分离,制定现代法律体系,按西方式的议会民主制度改造国家政治体制。

支持和保护民族资本,推动民族资本的发展,实行土地改革,废除封建王朝的"什一税",发展商品化的农业生产和农民经济。

废除宗教学校,开设世俗学校,进行文字改革(用拉丁字母取代阿拉伯字母),实行男女同校,摒弃宗教陋规,提倡现代生活方式。

上述改革后来被归纳为"凯末尔主义"的六大原则,即:"共和主义"、"民族主义"、"平民主义"、"国家主义"、"世俗主义"、"改革主义",并被列入土耳其宪法。凯末尔领导的民族解放战争和民主改革奠定了现代土耳其的发展道路。在20世纪民族解放运动史上,凯末尔革命也因其取得成功而发生了较大的影响,土耳其在一次大战后率先突破殖民体系,取得民族独立,有力地鼓舞了其他殖民地半殖民地的民族解放运动。

印度非暴力不合作运动 印度是一个典型的殖民地国家,处于英国殖民当局的统治之下。一次大战中,印度承受了宗主国强加的沉重军事负担,同时,民族经济在战争刺激下也有所发展,民族自决意识随之增强。一次大战后,以国民大会党(简称国大党)为代表的民族主义势力提出实现民族自治的政治目标,展开了群众性的非暴力不合作运动。领导这场运动的主要人物是倡导"非暴力抵抗"的思想家和政治家甘地。

莫汉达斯·卡拉姆昌德·甘地(1869—1948),尊称"圣雄",信奉印度教,曾在英国学习法律,受基督教"勿以暴力抗暴"教义和托尔斯泰主义的影响,形成了非暴力抵抗的政治斗争思想。甘地的思想和政治主张得到国大党的支持,被确立为民族解放运动的指导方针。1919年3月,英国殖民当局为加强对印度人的控制,颁布了增加殖民当局镇压功能的"罗拉特法"(因法官罗拉特而得名)。此举激起印度人民的愤怒。国大党根据甘地的建议,决定于4月6日举行全国总罢工,以示抗议。殖民当局对印度人民的抗议活动进行了残酷镇压,4月13日,阿姆利则城的示威群众与军警发生冲突,殖民当局出动军队开枪射击,打死379人,打伤1000余人,造成严重流血惨案。在印度人民与殖民当局的矛盾趋于尖锐化的情况下,为了控制局势,把群众运动纳入既定的政治斗争轨道,1920年12月,国大党年会通过甘地拟定的"非暴力不合作计划",宣布对英国殖民当局展开不合作运动,"用和平的和合法的手段取得自主"。按此计划,运动将采取逐步推进的斗争方式,首先,所有印度人放弃英国授予的爵位、封号和名誉职位;其次,印度学生退出英国办的学校,在立法机构、法院和政府机关工作的印度人离职;其三,全面抵制英国商品,为此而提倡"家家户户恢复手工业纺织";此后进入抗税阶段,使殖民当局的经济机能瘫痪。

非暴力不合作运动得到印度各阶层人民的广泛响应,国大党的影响也随之扩大。但群众运动在发展过程中自发地超越了"非暴力"界限,尤其在农村地区时有发生示威群众与当局的暴力冲突,1922年2月在联合省拉普尔地区的乔里乔拉村再次发生严重流血事件,44名农民和22名警察死亡。鉴于群众运动已难以控制,甘地和国大党领导机构于当月决定停止这次不合作运动。

在一度沉寂后,30年代初,印度人民的反英斗争再掀高潮。1928年当选国大党主席的尼赫鲁(1889—1964)作为党内激进派的代表,提出争取印度完全独立的政治目标。在他主持下,1929年12月召开的党代表大会通过了"争取印度完全独立"的决议,并决定发动第二次不合作运动。1930年1月,甘地向殖民当局提出包含"降低田赋,取消盐税,释放政治犯"等内容的"十一点要求",遭拒绝。于是,国大党授权甘地发起并领导第二次非暴力不合作运动。这次运动以1930年3月12日开始的"食盐进军"为起点,甘地率领78名门徒从阿麦达巴德出发,于4月5日到达海滨,然后自制食盐,以此号召人民抵制当局的"食盐专卖"。"食盐进军"点燃了印度人民反抗殖民当局的烈火,全国各地纷纷兴起各种形式的抗议示威活动,面对当局的镇压,群众运动很快又超越了"非暴力"的界限,在白沙瓦、绍拉普尔等地发生了人民起义。殖民当局为了维持统治秩序,采用软硬两手对付不合作运动,一方面颁布戒严令,宣布国大党不受法律保护,并逮捕了甘地、尼赫鲁等国大党领导人;另一方面又表示愿同国大党谈判印度自治问题。1931年1月,殖民当局释放了甘地等人,2月17日起,甘地与印度总督欧文在德里举行谈判,3月4日,双方签订《德里协定》(亦称《甘地—欧文协定》),国大党同意停止不合作运动,殖民当局则允许国大党参加在伦敦举行的关于印度政治地位的"圆桌会议"。虽然在"圆桌会议"上英国没有答应甘地提出的印度自治要求,甘地仍然于1934年4月宣布停止第二次非暴力不合作运动。

以非暴力不合作运动形式出现的印度民族解放斗争,由于斗争双方力量对比的悬殊和斗争方式的局限,未能直接推翻殖民统治,但是,通过两次不合作运动,以甘地为代表的印度民族主义思想和国大党提出的民族独立政治目标已深入人心,成为印度人民共同的呼声,这个时期的民族解放斗争为二次大战后印度的独立奠定了思想和政治基础。

埃及独立运动 埃及曾经是奥斯曼帝国的属地,1882年被英国占领,一次大战爆发后,英国借口土耳其加入德奥同盟,于1914年12月宣布埃及脱离奥斯曼土耳其而受其保护,实际上把埃及纳入了自己的殖民帝国。大战期间,

甘地发起"食盐进军"

以扎格鲁尔(1857—1927)为首的埃及民族主义组织"华夫脱"党("华夫脱"是阿拉伯语"代表团"的音译)向英国殖民当局提出取消"保护"地位,实现民族独立的要求,遭拒绝,扎格鲁尔等人被逮捕流放。1919年6月,巴黎和会确认埃及为英国的保护国,此举激发了埃及人民的反英斗争浪潮,开罗、亚历山大等城市发生了反英暴动。尽管殖民当局采用多种手法试图稳定秩序,但埃及人民的斗争此伏彼起,使殖民统治难以维持。在这种情况下,英国政府被迫于1922年2月28日发表"英国埃及关系宣言",放弃对埃及的保护,承认埃及独立,但保留对埃及国防和"帝国交通线"的控制。3月16日,埃及正式宣告独立。1923年4月,埃及颁布宪法,宣布实行君主立宪,同年举行国会选举,华夫脱党获胜,扎格鲁尔出任首相。

埃及是非洲大陆最早冲破殖民体系、取得独立的国家,由于非洲地区现代民族主义的经济基础相当薄弱,现代政治力量的发育也相对迟缓,所以,当20世纪上半叶在北非出现埃及这样的独立国家时,非洲大陆的绝大部分仍然处于殖民统治之下,也因为如此,埃及的独立地位是不充分的,英国仍然保留着对埃及部分主权的控制。1936年8月,英国借意大利侵略埃塞俄比亚之机,以保护埃及安全的理由与埃及政府签订了《英埃同盟条约》,进一步强化了对埃及主权的控制,条约规定:英国有权在苏伊士运河驻军,英国空军可以使用埃及的领空和机场,英国海军继续以亚历山大为军港,战时埃及的交通将由英国管理,埃及军队由英国负责训练,武器向英国购买,埃及的外交政策必须同英国协商等。可见,埃及独立运动的历史使命还没有完成,其自主现代化的政治前提还有待确立。

总之，20世纪上半叶的民族解放运动无论从规模上看，还是从成果上看，都表现出浪潮初起的特征，它的意义主要在于打开了殖民体系的缺口，展示出现代民族解放运动的内涵，为以后更大规模和更高层次的民族解放运动浪潮的兴起提供了范例、经验和教训。

第二节　二战后民族独立浪潮与殖民体系的瓦解

一、战后民族独立浪潮的背景

第二次世界大战是资本主义世界体系由解构走向重构的转折点，二战不仅摧毁了阻碍现代文明发展的极端反动势力——法西斯，而且重创了早期资本主义体系的支柱——英、法等殖民帝国，与资本主义体系中心转移和结构重组相同步，原来的殖民体系土崩瓦解，殖民地半殖民地的民族解放运动在二战后蓬勃兴起，持续推进的民族独立浪潮与遍及全球的现代化浪潮相呼应，改画了世界政治地图，构建了全球现代文明。

战后民族独立浪潮的高涨，首先是殖民地宗主国国力衰落及其在世界体系中地位下降的结果。经过20世纪上半叶的严重危机和两次世界大战的消耗，原来作为资本主义中心区域的西欧创伤累累，实力大为削弱，在原有基础上已不可能继续主导世界体系，也无力继续维持庞大的海外殖民帝国，因此，对于英、法等老牌殖民国家来说，战后的主要课题是自身的恢复和重建，当它们面对殖民地的独立要求时，已没有多少还价的余地，如果顽固地坚持殖民主义立场，只会使自己背上沉重的包袱，陷于被动的困境。至于德、日这样的战败国，战后一段时期内失去了主权地位，它们原来的殖民地获得解放本身就包含在战争的结局之中。

其次，战后形成的资本主义体系的新结构和现代工业文明向更高层次的发展已经超越了殖民主义的旧形式。以美国为中心的当代资本主义体系建立在战后高度发达的科学技术基础上，资本的流动和世界市场的拓展不再局限于原来的领土范畴，而是更多地表现出超地域的全球网络特征，在这种条件下，对世界经济的控制已不需要以有形的殖民地为前提，相反，一个更具全球性的、由各主权国家构成的世界市场更有利于资本效益的提高，从而也更有利于占据中心或主导地位的国家谋取超额利润。因此，民族独立浪潮在战后的涌起客观上也是同重组后的世界体系的发展趋势相一致的。

第三，从主观因素上看，二次大战作为一场席卷全球的世界性反法西斯战争，最广泛地动员了各国人民，包括各殖民地的人民，在反法西斯侵略的斗争中，极大地增强了殖民地人民的民族主义意识，这种觉醒了的民族主义在打败法西斯后自然地转化为争取民族独立的思想武器。同时，经历了战争锻炼的殖民地人民在政治领袖、组织力量、外部联系、斗争策略等方面都积累了比战前更为丰富的基础和经验，这些因素为民族解放斗争的胜利以及民族独立国家的建设提供了政治条件。

此外，二战后形成的两大阵营对峙的世界格局也有利于殖民地人民争取民族独立的斗争获得社会主义阵营一边的国际支持。为了把民族解放运动纳入世界革命运动，组成世界范围的反帝统一战线,苏联为首的社会主义阵营在巩固自身安全的前提下,对殖民地的民族独立斗争给予了积极支持和大力援助。在苏联的支持和影响下,亚洲、非洲和拉丁美洲都有一些国家通过武装斗争取得民族独立,并加入社会主义阵营或走上社会主义取向的发展道路。

总之,战后兴起的民族独立浪潮无论在广度上还是在深度上都明显超过战前,它体现了世界现代化进程新阶段所提出的"非殖民化"历史要求的内涵,并完成了这一历史使命。

二、殖民体系的瓦解

从总体上看,战后民族独立浪潮持续了约30年,近百个战后独立的新兴国家大多在1945—1975年间摆脱了殖民统治。从阶段划分着眼,战后民族独立浪潮有两个高峰,分别在40—50年代和60—70年代。

战后民族独立运动的第一个高潮从1945年二次大战结束阶段开始,延续到50年代末,其中心区域在亚洲,并延伸至北非。此期间获得独立的国家有:印度尼西亚(1945年)、越南(1945年)、老挝(1945年)、叙利亚(1946年)、约旦(1946年)、菲律宾(1946年)、印度(1947年)、巴基斯坦(1947年)、缅甸(1948年)、斯里兰卡(1948年)、韩国(1948年)、朝鲜(1948年)、以色列(1948年)、利比亚(1951年)、柬埔寨(1953年)、苏丹(1956年)、摩洛哥(1956年)、突尼斯(1956年)、马来西亚(1957年)等[1]。此外,有两个撒哈拉以南非洲国家也在50年代获得独立,它们是加纳(1957年)和几内亚(1958年)。

战后民族独立运动的第二个高潮兴起于1960年,延续到70年代中期,其中心区域在非洲,并扩及拉丁美洲的加勒比海地区和亚洲太平洋地区。此期间获得独立的国家有:喀麦隆、多哥、马达加斯加、刚果(利)、刚果(布)、索马里、贝宁、尼日尔、布基纳法索、科特迪瓦、乍得、中非、加蓬、马里、尼日利亚、毛里塔尼亚、塞内加尔、塞浦路斯(以上为1960年独立);塞拉利昂、南非、坦噶尼喀、科威特(以上为1961年独立);布隆迪、卢旺达、阿尔及利亚、乌干达、也门、西萨摩亚、牙买加、特立尼达和多巴哥(以上为1962年独立);桑给巴尔(1963年)、肯尼亚(1963年)、马拉维(1964年)、赞比亚(1964年)、马耳他(1964年)、冈比亚(1965年)、马尔代夫(1965年)、新加坡(1965年)、博茨瓦纳(1966年)、莱索托(1966年)、圭亚那(1966年)、巴巴多斯(1966年)、南也门(1967年)、毛里求斯(1968年)、斯威士兰(1968年)、赤道几内亚(1968年)、瑙鲁(1968年)、汤加(1970年)、斐济(1970年)、巴林(1971年)、卡塔尔(1971年)、阿联酋(1971年)、几内亚比绍(1973年)、巴哈马(1973年)、格林纳达(1974年)、苏里南(1975年)、莫桑比克(1975年)、佛得角(1975年)、科摩罗(1975年)、圣多美和普林西比(1975年)、安哥拉(1975年)、巴布亚新几内亚(1975年)等[2]。

70年代中期以后陆续获得独立的国家还有:塞舌尔(1976年)、吉布提(1977年)、所罗门

---
[1] 独立当时,斯里兰卡称锡兰,马来西亚称马来亚。
[2] 独立当时,贝宁称达荷美,布基纳法索称上沃尔特,科特迪瓦称象牙海岸,刚果(利)后曾改称刚果(金)和扎伊尔,坦噶尼喀和桑给巴尔后合并为坦桑尼亚。

群岛(1977年)、图瓦卢(1977年)、多米尼加(1978年)、圣卢西亚(1979年)、圣文森特和格林纳丁斯(1979年)、津巴布韦(1980年)、瓦努阿图(1980年)、伯利兹(1981年)、安提瓜和巴布达(1981年)、圣克里斯多弗和尼维斯(1983年)、文莱(1984年)、纳米比亚(1990年)等。

在战后兴起的民族独立浪潮中,南非人民反对种族主义政权的斗争具有特殊的意义。南非位于非洲最南部,1652年至1806年荷兰和英国殖民者先后入侵这个地区,并于1899年至1902年爆发了英、荷争夺南非霸权的英布(尔)战争。英国取得战争胜利后,于1910年组成"南非联邦",作为英国的自治领。长期以来,南非处于白人种族主义政权的统治下,实行歧视和奴役黑人的种族隔离制度。因此,南非的黑人受到殖民主义和种族主义的双重压迫,苦难特别深重。在种族隔离制度下,黑人只能居住在当局圈定的"特定住区"(又称"黑人家园"或"班图斯坦"),占人口80%以上的黑人和其他有色人种只占有全国土地面积的12.6%,而占人口17%的白人却占有全国土地面积的87.4%。为了限制黑人的行动,当局还规定黑人必须随身携带"通行证",黑人稍有不慎,就会遭到逮捕、监禁和各种惩罚。战后,南非人民在非洲民族解放运动浪潮的推动下,在南非非洲人国民大会(简称"非国大")的领导下,积极展开争取黑人权利和实现多数人统治的斗争。南非当局一方面残酷镇压黑人的反抗,制造了多起流血惨案,并把非国大领导人曼德拉(1918—2013)等逮捕入狱(曼德拉被判终身监禁),另一方面于1961年宣布退出英联邦,改称南非共和国,在独立的形式下继续推行种族隔离制度。80年代,随着非洲大陆民族解放运动的深化和世界性制裁种族主义政权局面的形成,南非当局陷入四面楚歌的困境。为了摆脱孤立的处境,1989年当选南非总统的德克勒克(1936—)宣布实行改革。1990年2月,曼德拉获释出狱。1994年4月,南非举行了首次多种族大选,非国大在选举中获胜,曼德拉当选南非历史上首位黑人总统。此标志着种族隔离制度的结束,南非人民终于取得了民族解放。

经过战后民族独立浪潮的冲击,欧洲殖民帝国在世界范围建构的殖民体系最终土崩瓦解,政治意义上的"非殖民化"历史使命宣告完成。随着一大批新独立国家登上世界政治舞台,世界政治格局发生了重大变化,到90年代,185个联合国成员中,战后独立的国家占了多数,以这些国家为主体形成的"第三世界"成为国际政治领域不可忽视的重要力量,同时,这些国家的发展进程及其产生的问题也成为人类社会整体发展过程中必须面对和解决的新课题。

三、民族独立浪潮中的地区冲突

殖民地争取独立的斗争同时也伴随着多种形式的地区冲突。导致这种状况的原因主要是:1.殖民统治留下的后果。西方殖民主义者在建立他们的殖民帝国和划分彼此的势力范围时从自己的需要和实力出发强行划定了各殖民地的疆界,这些疆界与当地自然形成的传统社会共同体并不重合,由此而造成了不同民族的杂居或同一民族的分割。当殖民地成为独立的民族国家时,殖民主义遗留的民族纠纷往往引发不同民族或部落间在国家认同上的矛盾和争夺主体民族地位的利益冲突,这类矛盾和冲突往往又同历史上长期延续下来的宗教、文化矛盾纠缠在一起,内化为地区冲突的深层因素。2. 大国政治的影响。战后民族独立浪潮是在世界形成美苏为中心的两极格局的背景下展开的,新独立国家和广大的前殖民地区域是两个超级大国为扩充势力范围和谋求世界霸权而激烈争夺的对象,因此这些地区和国家原本存在的矛盾和冲突往往被美国和苏联利用,在美、苏干预下,有些地区冲突被附加上意识形态对抗和国际政治斗争的因素,有些甚至演化为大国的代理人战争。

战后民族独立浪潮中发生的地区冲突在亚洲、非洲和拉丁美洲都有不同类型和不同程度的表现,其中非洲地区的战乱最为频繁,而对地区格局及国际政治影响较大的是三次印巴战争和四次中东战争。

印巴战争 二次大战后,随着英国势力的衰退,作为英国殖民地的印度获得了独立。1947年6月3日,英国首相艾德礼和印度总督蒙巴顿(1900—1979)发表《印度独立方案》(亦称《蒙巴顿方案》),宣布将英属印度按居民的宗教信仰分为印度教徒聚居的印度和伊斯兰教徒聚居的巴基斯坦两个国家,各土邦可自己决定加入印度或巴基斯坦。在英国国会通过这个方案并经英王批准后,印度和巴基斯坦于当年8月正式实行分治,成为英联邦中两个具有独立地位的自治领[①]。

在印巴分治过程中,克什米尔土邦的归属问题没有得到解决。克什米尔位于印巴之间,面积21万余平方公里,人口约500万,其中近80%为穆斯林,20%为印度教徒。1947年10月,印度利用信奉印度教的王公控制的克什米尔议会,宣布克什米尔加入印度,此举引起当地穆斯林和巴基斯坦的强烈反对。在印度军队进入克什米尔后,巴基斯坦也出兵克什米尔,由此爆发第一次印巴战争。经联合国调解,双方于1949年1月停火,7月划定军事分界线,印度占有克什米尔的3/5地区和400万人口,巴基斯坦占有2/5地区和100万人口。然而,这一协议并没有解决双方的争端,而是为以后的冲突埋下了种子。

1965年8月,印巴两国在克什米尔再次发生大规模武装冲突,双方军队先后越过军事分界线,展开激战。战争持续到9月下旬,但任何一方都未取得明显胜利。9月23日,双方宣布停火。次年1月,在苏联斡旋下,印度和巴基斯坦签署《塔什干宣言》,同意将各自军队撤回战前阵地,并重申用和平手段解决争端。

第二次印巴战争后,巴基斯坦内部西巴和东巴(孟加拉)两个地理上被印度分隔的区域间的矛盾开始凸现。1971年3月,东巴局势动荡,驻军哗变,宣布成立孟加拉国临时政府。为了阻止东巴独立,巴基斯坦当局调动军队进入东巴,镇压独立运动。支持孟加拉国临时政府的印度利用巴基斯坦内部矛盾激化的时机,于11月21日出兵东巴,随后又于12月3日越过克什米尔停火线,向西巴进攻。这样,原来的巴基斯坦内战演变为第三次印巴战争。两翼受敌的巴基斯坦在战争中处于不利境地,印度则得到苏联的全力支持,因此战争形势明显有利于印度。12月16日,印军攻占东巴首府达卡,次日,双方停火。这次战争的结果肢解、削弱了巴基斯坦,改变了南亚的政治地图,东巴成为独立的孟加拉国。但印巴之间的矛盾并未

[①] 1950年1月26日,印度自治领改称印度共和国。1956年3月23日,巴基斯坦自治领改称巴基斯坦伊斯兰共和国。

解决,克什米尔的归属仍是不时诱发地区冲突的悬案。

中东战争 围绕着巴勒斯坦问题而发生的中东战争根源于历史上犹太民族的迁徙和近代以来巴勒斯坦地区的殖民化以及在殖民主义背景下兴起的犹太复国主义运动。

公元前1025年,犹太民族曾在巴勒斯坦地区建立过希伯来王国,后来,该地区先后被亚述、巴比伦、波斯、马其顿、希腊、罗马帝国、阿拉伯帝国、奥斯曼帝国占领和统治,在历次历史变动中,犹太民族逐渐离散,流亡世界各地,成为"没有祖国的民族",而巴勒斯坦地区则成为阿拉伯民族的居住地。19世纪末,散居欧洲的犹太人为争取自身的民族权利开始酝酿、组织犹太复国主义运动,1897年在瑞士巴塞尔召开的第一次"世界犹太人代表大会"提出:"犹太复国主义的目标是在巴勒斯坦为犹太民族建立一个由公共法律所保障的家园。"一次大战期间,英国出兵占领当时属于奥斯曼帝国的巴勒斯坦,为了瓜分奥斯曼帝国,在中东形成自己的势力范围,英国决定支持当时正向其求助的犹太复国主义运动,1917年11月2日,英国外交大臣贝尔福(1848—1930)发表宣言,声称:"英王陛下政府赞成在巴勒斯坦为犹太人建立一个民族之家,并为达成此目的而尽最大的努力。"这样,犹太复国主义运动与英国的殖民主义政策联系起来,成为大国政治的附属物,犹太复国主义表现出民族主义和殖民主义的双重性。

一次大战后,奥斯曼帝国解体,巴勒斯坦成为英国的委任统治地。在英国殖民政策的鼓励下,欧洲的犹太人开始大批移民巴勒斯坦,1918年居住在巴勒斯坦的犹太人只有5.6万,约占当地人口的7%,到1931年,犹太人已增加到17.4万,占总人口17%,此后,由于逃避纳粹德国的迫害,犹太人向巴勒斯坦的移民达到高潮,1939年,移居巴勒斯坦的犹太人增加到44.6万,占人口比例亦上升到29%。犹太移民的激增加剧了巴勒斯坦地区的民族矛盾,30年代曾爆发多次阿拉伯民族起义。为了维护殖民统治的稳定,英国当局于1939年5月17日发表白皮书,宣布限制犹太移民。在这种情况下,犹太复国主义运动转变方针,一方面在外交上谋求美国的支持,另一方面在巴勒斯坦展开反英武装斗争,试图通过打击英国,迫使其放弃委任统治,以达到建立独立犹太国家的目的。

二次大战后,英国失去了对世界事务的支配力,其在中东地区的殖民统治也难以为继。1946年,英国承认位于巴勒斯坦约旦河以东的外约旦独立[①],1947年,英国又将巴勒斯坦问题提交联合国解决。1947年4月至11月,联合国召开关于巴勒斯坦问题的特别会议,在美国和苏联主导下,多数国家支持将巴勒斯坦分为犹太和阿拉伯两个独立国家的方案。11月29日,联大正式通过《巴勒斯坦分治决议》(第181号决议),决议规定:英国不迟于1948年8月1日结束对巴勒斯坦的委任统治;在此后两个月内成立阿拉伯国和犹太国,阿拉伯国的面积为11000平方公里,占总面积40.7%,犹太国面积为15850平方公里(其中含9500平方公里的内格夫沙漠),占总面积58.7%,耶路撒冷(158平方公里)作为"在特殊国际政权下的独立主体",由联合国管理。联大决议引起阿拉伯国家的强烈不满,12月,阿拉伯联盟七国在开

[①] 1949年,外约旦改称约旦王国。

罗发表声明,宣称阿拉伯人决心为反对联合国分裂巴勒斯坦的决议而战。

1948年5月14日,英国宣布结束其在巴勒斯坦的委任统治。当天,以色列国宣告成立,美国和苏联先后予以承认。但是,阿拉伯国家对以色列采取了坚决抵制的态度,并在以色列建国的第二天即对其不宣而战,由埃及、外约旦、伊拉克、叙利亚和黎巴嫩五国联合组成的4万大军挺进巴勒斯坦,向以色列发动进攻,第一次中东战争就此爆发。战争第一阶段,阿拉伯方面凭借数量优势曾占据主动,一度打到特拉维夫附近。这时大国进行了干预,在美、苏要求下,联合国通过停火决议,双方从6月11日起停火4周。利用这一机会,以色列重新集结兵力,并在美国援助下进口大量武器,为反攻作了准备。而阿方此时却暴露出内部不团结的弱点,各参战国彼此争夺主导地位,无法形成统一的指挥系统,因此在第二阶段的战斗中陷入了被动。7月、10月和12月,以色列连续发动反攻,阿拉伯联军则节节败退。在占据优势的情况下,以色列利用对方的矛盾,从1949年2月至7月,逐个与交战对手签订停战协定,巩固了自己的胜利成果。经过这次战争,以色列不仅站住了脚,而且夺取了原本划给阿拉伯人的大片土地,使自己控制的地区扩大到约20700平方公里,占总面积的比例提高到4/5。战争中有96万巴勒斯坦阿拉伯人被逐出家园,沦为难民,联合国决议规定的阿拉伯国家未能建立,尚留在阿拉伯人手中的加沙和约旦河西岸地区分别置于埃及和约旦的控制下。这样,巴勒斯坦的阿拉伯人不仅丧失了自己的大片土地,而且失去了自己的主体性,在此后很长时间内,他们只能依附于周边的阿拉伯国家。同时,这种局面也使以色列长期处于和周边阿拉伯国家对峙的态势,阿以冲突的机制不断制造出新的危机和战争。

第二次中东战争起因于苏伊士运河危机。1952年埃及爆发七月革命,推翻了法鲁克王朝,纳赛尔(1918—1970)领导的新政府为收回苏伊士运河主权与英、法(英、法两国拥有运河公司96%的股份,英国还在运河区驻军)展开斗争。经过几年谈判,终于迫使英国在1956年6月将军队全部撤出运河区,但运河的所有权问题尚未解决。当时埃及为修建阿斯旺水坝急需资金,曾向英、美等西方国家寻求援助,西方国家因埃及不愿接受附加的政治条件(由西方国家实施财政监督并停止与苏联的军火交易)而于1956年7月宣布撤销曾允诺的援助。此举激怒了埃及,7月26日,纳赛尔在亚历山大港举行的群众大会上宣读了将苏伊士运河收归国有的法令,表示要用运河的收入来修建阿斯旺水坝。不愿失去运河权益的英、法决定对埃及进行武装干涉,这时,以色列也参与其中,积极配合英、法打击埃及。10月29日,以色列首先出兵,侵入西奈半岛,随后,英法联军对埃及各大城市进行了空袭,并对运河区实施空降和登陆作战。埃及军队进行了顽强抵抗,为了集中力量保卫运河区,埃军从西奈撤出,重点对付英法联军,挫败了英、法占领塞得港和苏伊士城的企图。

运河危机和战争引起世界的关注,各国舆论大多站在埃及一边谴责英、法的侵略行径,11月1日,联合国召开紧急会议,并于3日通过立即停火和要求英、法、以撤军的决议。这时,苏联和美国对英、法也施加了不同程度的压力。处于孤立境地的英、法被迫于11月6日宣布接受联合国决议。第二次中东战争以英、法的失败而告终,但在这场战争中以色列却部分达到了自己的目的,由于联合国决定派遣维和部队进驻西奈半岛,实际增强了以色列的安全感,并保证了亚喀巴湾的通航,避免了埃及对航道的封锁。

第二次中东战争后,美国和苏联取代英、法成为中东地区的支配势力。以色列和阿拉伯国家则分别依赖美、苏的援助和支持,在美、苏的武装下,中东地区的军备水平迅速提高,军事对峙的局面也日趋严重。1964年5月,巴勒斯坦解放组织宣告成立,该组织以消灭以色列为自己的斗争目标。从1965年起,巴解组织在被占领土上展开了武装斗争。为了将巴勒斯坦人民的抵抗运动扼杀在萌芽状态,也为了防止周边阿拉伯国家的进攻,以色列当局采取了先发制人、用主动进攻和扩张领土的方式谋求安全生存环境的战略。于是,经过精心策划和准备,以色列于1967年6月5日发动了第三次中东战争。

是日清晨,以色列出动500余架飞机对埃及的机场和导弹基地进行突然袭击,摧毁了埃及空军及其防空力量,夺取了制空权。随后,以色列地面装甲部队分三路向加沙、西奈半岛进攻,并迅速占领了这些地区。与此同时,以色列还分兵向约旦和叙利亚发起进攻,占领了约旦河西岸的阿拉伯区和戈兰高地。在以军的沉重打击下,阿拉伯国家猝不及防,仅仅6天,即丢失了大片土地,被迫接受停火。通过这次战争,以色列占领了包括约旦河西岸、加沙和耶路撒冷东区的全部巴勒斯坦土地,还占领了埃及的西奈半岛和叙利亚的戈兰高地,共获得6.5万平方公里。然而,军事上的胜利并不能确保以色列的安全,也无法消除阿拉伯人的抵抗,相反,这次战争的结果进一步激发了阿拉伯人对以色列的仇恨,中东地区陷入了战争和报复的循环。1967年11月22日,联合国通过第242号决议,要求以色列退出第三次中东战争中占领的阿拉伯领土,同时也要求阿拉伯国家尊重并承认以色列的主权,但在当时的形势下,双方都拒绝这个决议。

为了洗雪战败的耻辱,收复失地,埃及等国在经过数年的准备后,于1973年10月主动发起了第四次中东战争。10月6日战争打响,埃及和叙利亚联军分别向西奈半岛和戈兰高地突袭,并先后突破以军防线,取得战果。初战失利的以色列迅速调整部署,稳定防线,并于10日起转入反攻。以军的反击首先在戈兰高地得手,12日,战线已推回到原停火线叙利亚一侧。然后,以军运用穿插战术,利用埃及军队结合部的空隙,派遣一支装甲分队渡过苏伊士运河,迂回到埃军后侧,构建登陆场,架设浮桥,接应后援部队,在运河西岸开辟了战场,并直接威胁开罗。此举使埃及军队腹背受敌,丧失了主动权,战争形势发生逆转。

10月22日,联合国安理会通过美、苏的联合提案,即要求双方立即就地停火的第338号决议。10月24日,阿拉伯方面接受停火,以色列也停止了军事行动,战争结束。这次战争的结果虽然没有达到阿拉伯国家原定的目标,也没有解决巴勒斯坦问题,但是,埃及和叙利亚收复了西奈半岛和戈兰高地的部分领土(根据1974年达成的军队脱离接触协议,以军在西奈半岛撤到运河以东约20英里处,在戈兰高地撤出这次战争中新占部分和上次战争中占领的一部分土地,双方军队间留出缓冲区,由联合国维和部队驻扎),遏制了以色列的扩张态势,在中东地区造成了一种战略均势。同时,这场战争比以往的几次战争更深刻地提供了教训,使双方认识到,任何一方都不可能用武力来达到自己的目的,没有和平也就没有安全,只有相互承认对方的生存权利,才有可能为巴勒斯坦问题的解决找到现实的出路,才能为中东地区创造和平的发展环境。因此,正是从第四次中东战争后,以埃及和以色列关系正常化为起点,中东地区开始了漫长曲折的和平进程。

1977年11月,埃及总统萨达特(1918—1981)访问耶路撒冷,并在以色列议会发表演说,迈出阿以和平交往的第一步。1978年9月,在美国斡旋下,埃及和以色列达成使关系正常化的《戴维营协议》,1979年3月26日,双方签署《和平条约》,1980年2月,两国建立外交关系,随后以色列分阶段从西奈半岛撤出军队。90年代随着东西方冷战结束,中东和平进程亦进入新阶段,1991年10月,在西班牙首都马德里举行了历史上首次阿拉伯各国和以色列共同参加的中东和平会议。1993年9月13日,以色列和巴勒斯坦解放组织在华盛顿签署关于巴勒斯坦人首先在加沙和杰里科实行自治的原则宣言。1994年7月和10月,以色列和约旦先后签署《和平宣言》和《和平条约》。1995年11月4日,主张推进和平进程的以色列总理拉宾(1922—1995)遇刺身亡,次年工党下台,和平进程由此停滞。

第三节 发展中国家的现代化道路

一、"非资本主义发展道路"的实践

战后独立的新兴国家在开始它们的自主现代化进程时首先遇到的问题是:选择怎样的发展道路?当时,摆在这些国家面前的有三种可能性:第一,按西方资本主义国家的样板走西方式的现代化道路;第二,按苏联的样板走苏联模式的社会主义现代化道路;第三,以民族主义为旗帜,走一条既非西方式的又非苏联式的中间道路,这种选择亦被称为"第三世界的非资本主义发展道路"或"第三世界的社会主义道路"。显然,上述不同的选择蕴含着两种基本的取向,即:顺应既有的世界体系或是摆脱资本主义世界体系,在后一种取向中则又根据主导意识形态的差异区分为激进对抗的苏联模式和游移不定的中间道路。从战后世界历史的实际情况看,大部分新独立国家或者沿着殖民地时期的发展惯性继续走西方式的资本主义道路,或者走上了中间类型的"非资本主义发展道路",在很多情况下,这两种选择并不是截然分开的,而是若即若离,混合交错,从时间维度上大致可划分为两个阶段,70年代前,即民族独立浪潮的高峰时期,"非资本主义发展道路"曾是主流,70年代以来,随着世界体系整合度的提高和世界经济"全球化"趋势的加强以及多数新独立国家陷入发展困境,摆脱世界体系的努力逐渐被放弃,"非资本主义发展道路"的实践也逐渐被新的选择取向所取代。

战后民族独立浪潮中,除一部分国家走上苏联模式的社会主义道路,还有相当数量的新独立国家也曾在民族主义旗帜下宣布自己是某种类型的"社会主义国家",表示要与西方资本主义分道扬镳,从而形成了"非资本主义发展道路"的实践。在不同程度上从事过这种实践的国家约有50多个,主要分布在亚洲、非洲和拉丁美洲。如:印度、缅甸、老挝、柬埔寨、印度尼西亚、叙利亚、伊拉克、埃及、苏丹、突尼斯、利比亚、阿尔及利亚、南也门、埃塞俄比亚、索马里、加纳、几内亚、坦桑尼亚、赞比亚、莫桑比克、安哥拉、津巴布韦、塞内加尔、刚果(布)、马里、贝宁、尼加拉瓜、圭亚那、智利等。这些国家打出的"社会主义"旗号往往具有民族主义的和宗教的色彩,如:"国大党社会主义"、"纲领党社会主义"、"复兴党社会主义"、"佛教社会主义"、"伊斯兰社会主义"、"阿拉伯社会主义"、"乌贾马(村社)社会主义"、"非洲社会主义"、"桑地诺社会主义"等。

战后一段时期内,上述"非资本主义发展道路"选择倾向之所以成为新独立国家的潮流,主要有几方面的原因:

1. 战后初期两大阵营对峙和两种世界性政治力量对中间地带的争夺造成了一种特定的地缘政治环境,同时,由于殖民主义与资本主义的天然联系使民族独立运动在反殖斗争中自然地倾向于社会主义一方,而苏联为首的社会主义阵营对民族独立运动的支持和援助进一步强化了民族独立运动的社会主义取向,使之在国家独立后继续寻求苏联方面的援助,并在一定程度上认同苏联的发展道路。

2. 新独立国家的建国一代领导人大多是比较有理想主义的革命家,他们的民族主义理想往往与摆脱资本主义体系的政治立场相统一,当这些领导人掌握政权后,革命时期的理想就转化为开创"非资本主义发展道路"的实践,并试图将社会主义的某些普遍原则与本民族的文化传统和宗教信仰结合起来,形成民族主义色彩的"社会主义"流派。

3. 新独立国家在现代化起步阶段需要集中政治权力以充分发挥国家在现代化启动中的主导作用,也需要在较短时间内取得工业发展的高速度以实现赶超先进国家的目标,在这些方面,苏联的体制模式提供了榜样,苏联战前工业化的成就对落后国家也颇具吸引力,因此有不少国家为摆脱对西方的经济依附、实现高速增长而转向学习苏联,在不同程度上接受了类似苏联式社会主义的发展战略,走上了"非资本主义发展道路"。

4. 有些新独立国家(主要是撒哈拉以南非洲国家)由于社会发展程度较低,还保留着比较原始的传统社会因素(如原始部落制度),这种因素可以转化为"粗陋的社会主义",所以,在这些国家打出社会主义旗号具有广泛的社会基础,在这种情况下,有些领导者为了巩固自己的权力,宁可在社会主义名义下维持传统社会结构,而不愿引进西方式的现代社会体制。

上述几方面原因的综合使一批战后新独立国家走上了"非资本主义发展道路",然而,这类实践的历史表明,所有这些被称作"第三世界社会主义"的国家虽然在经济和政治体制上模仿了苏联式社会主义的一些做法,但它们从来也没有真正脱离过资本主义的发展轨道,也没有真正摆脱过资本主义世界体系。在这些国家,依然保留着大量的殖民地时代形成的私有制经济成分,并在独立后推行的国有化基础上又生长出新的官僚资本主义统治阶层。有些国家因为实行亲苏政策而疏远了西方,但同时却成为苏联的附庸,更多的国家则始终没有摆脱对西方发达资本主义国家的经济依附。此外,因主观上追求"非资本主义发展"而导致偏离市场经济的正常运行轨道,给一些国家的现代化建设带来了负面影响,畸形的经济结构和低效益的经济机制使这些国家发展缓慢,人民生活长期处于贫困之中。总体上看,"非资本主义发展道路"虽然在独立初期曾表现出有利于清除殖民统治的痕迹、巩固民族国家政权和发展民族经济等方面的积极作用,但在实现现代化目标的长期发展进程中,选择这条道路的国家未能取得成功。因此,从 70 年代起,这类国家陆续改变了发展取向,特别是 80 年代末东欧、苏联剧变后,失去了外部支持的"第三世界社会主义"国家普遍陷于严重危机,它们或者经过激烈的政治动荡(内战、政变),或者通过领导层的自觉改革,先后结束了"非资本主义发展道路"的实践,在现实的国际环境和发展基础上开始了新一轮发展道路的选择。

除了上述以某种"社会主义"为旗号的"非资本主义发展道路",战后还有一些国家的统治集团运用本民族的宗教教义来对抗西方主导的世界体系,这方面最为典型的是霍梅尼(1902—1989)领导的伊朗伊斯兰革命。伊朗原来处于巴列维王朝的统治下,60 年代起,礼萨·巴列维(1919—1980)国王推行所谓"白色革命",试图按西方模式改造本国体制,把伊朗变成一个欧洲式的国家。国王的改革与国内根深蒂固的传统势力和宗教势力发生了尖锐的矛盾,国王的专制统治也激起了人民群众的不满,宗教势力遂利用群众的不满情绪展开了反对国王统治的"伊斯兰革命"。1978 年初,在宗教领袖霍梅尼的号召和领导下,一场大规模的反国王运动在伊朗各地先后兴起,国王政权虽出动军警镇压,但仍无法控制局势,到年底,霍梅尼的信徒已完全占据了上风,大势已去的国王被迫于 1979 年 1 月 16 日仓皇出逃,2 月 1 日,原流亡国外的霍梅尼回到德黑兰,组织伊斯兰政府,巴列维王朝就此覆灭。2 月 11 日,伊朗成立伊斯兰革命委员会,接管政权。4 月 1 日,宣布成立伊朗伊斯兰共和国,根据新宪法,霍梅尼被尊奉为"伊斯兰革命领袖",即最高领袖,并规定,从此伊朗一切按《古兰经》和《圣训》办事,国家生活的各个领域实行"全盘伊斯兰化"。霍梅尼还号召,所有伊斯兰国家在真主的旗帜下团结起来,成立一个"大伊斯兰政府",即对外输出伊斯兰革命。伊朗伊斯兰革命后,与美国等西方国家的关系明显恶化,与周边国家的关系也出现紧张。1980 年 9 月,由边界冲突引发,伊朗与伊拉克之间爆发大规模战争,长达 8 年的两伊战争至 1988 年 8 月停火,这场战争使双方承受了巨大的人员伤亡和财产损失。与此同时,伊朗的"伊斯兰化"使自己游离于世界现代文明的发展潮流之外,丧失了许多发展机遇,迟缓了现代化进程,进一步拉大了与发达国家的差距,在社会转型和发展的某些方面甚至出现了倒退。1989 年 6 月 3 日,霍梅尼病逝。此后,伊朗的内外政策开始逐步松动,随着一些具有改革和开放意识的人物登上政治舞台,伊朗又表现出新的发展趋势。

二、"新兴工业国(或地区)"的崛起

在战后发展中国家的历史进程中,有一些国家或地区抓住世界经济体系调整、升级提供的机遇,在 60—80 年代期间先后取得现代化建设的突破性进展,实现了经济高速增长,并推动社会结构的全面转型,基本奠定了现代社会的发展基础。由于这些国家或地区在经济、社会发展指标上已达到或接近比较发达国家的水平,改变了原来的落后面貌,因此被称为"新兴工业国(或地区)",目前被联合国等国际组织列入这种类型的国家或地区有十多个,主要分布在东亚和南美,其中最引人瞩目的是东亚"四小龙",即:韩国、新加坡、中国的香港和台湾地区。

1960 年以前,韩国、新加坡等东亚国家或地区尚处于贫困、落后之列,如韩国,当时的人

均国民生产总值不到 100 美元,农业人口占 2/3,几乎没有出口的制造业产品,重要的工业原料和产品全部依赖进口。在此后的 30 年间,这些国家或地区的经济发生了显著的变化,从经济增长率看,它们的年均增长率都在 8.5%—9.5%之间,远高于发展中国家的平均增长率(4.9%),由于长期保持高增长,到 90 年代中期,"四小龙"的人均国民生产总值都超过了 1 万美元,其中新加坡和香港地区的人均收入水平已进入发达国家或地区行列。经济的高速增长改变了这些国家或地区的经济结构,"四小龙"由原来依赖农业或转口贸易的传统型落后经济变为拥有现代先进技术装备的比较发达的工业经济,它们在世界经济体系中的位置也发生了变化,从过去严重依赖外部资本的边缘地区跃进到具备输出资本能力的接近于体系中心的准发达区域。由于经济总量的增加和发展层次的提高,"四小龙"在当代世界经济格局中已具有相当影响力,是一个不可忽视的经济、贸易和金融群体,在有些制造业和高新技术领域,如钢铁、造船、汽车、石油化工、半导体芯片和电脑、家用电器等,"四小龙"都接近达到世界水平,并有相当的竞争力,甚至名列前茅。

东亚"四小龙"及其他"新兴工业国(或地区)"在经济发展上的成就引起全世界的关注,尤其是 80 年代以来,对"东亚发展模式"的研究一时成为世界性热点,人们试图从"四小龙"的成功中总结出某些对发展中国家的现代化具有普遍意义的经验。由于人们的视角不同,对"东亚模式"和"东亚经验"的看法也有很大差异,有些注重社会体制和发展战略的作用,有些则强调社会文化的影响,但多数人认为,东亚地区的经济高速增长是经济因素和非经济因素综合作用的结果,是环境、体制、战略和政策之间的有机结合。其中,环境的因素(包括内部的社会、历史、文化条件和外部的国际环境)是外在的他变因素,但又是不可缺少的必要条件;体制和战略、政策是经济发展内在的自变因素,是在同样的客观条件下解决资源有效配置和实现经济持续增长的导向性和保证性机制。

具体而言,"东亚经验"中表现出普遍意义的主要是以下几个方面:

第一,政府确立了经济取向的现代化发展路线,并拥有足够的政治权威和组织动员能力去推行这一路线。作为外源性、后发型的现代化进程,在其启动阶段,国家政权发挥出十分重要的主导作用,因此,政府的发展取向及其施政能力在很大程度上决定着一个国家或地区现代化建设的成败。"四小龙"与其他大部分发展中国家或地区一样,是通过集权型的政治体制来启动现代化的,它们的成功之处在于保持了政治的稳定并牢固确立了经济建设第一的发展路线,从而使政府的功能主要运用于经济发展,避免了因政治斗争和发展目标的游移而导致的资源损耗。以韩国为例,1960 年前,韩国由于没有形成明确的发展目标,政治局面动荡不定,因此难以展开现代化建设,国家的贫困面貌在十几年中几无变化。1961 年朴正熙(1917—1979)上台后,一方面强化专制统治,另一方面确定以"经济发展第一"为指导方针,将国家政权的能量最大限度地发挥于现代化建设中,形成了所谓"威权主义的现代化"路线,这样,虽然政权的专制性质仍是传统社会的,但政权的功能却推动着现代社会的发展,由此而使其正面的效应超过了负面效应,并为以后在经济现代化基础上改革政治体制创造了条件。新加坡和台湾地区也在不同程度上走了类似韩国的发展道路。

第二，以建构市场经济体制为目标，进行社会体制结构的改革，形成稳固的现代社会基础。这也是政府导向的重要内容，其目的是尽快解决社会转型期的二元结构体制，培植和发育市场经济的主体——企业家和市民阶层，使传统农民社会过渡到现代市民社会，以适应农业经济向工业经济的发展。只有在社会结构发生根本性变革后，从外部引入的现代经济才能够落土生根，由上层推动的现代化进程才能得到社会基础的支撑，使之成为不可逆转的发展趋势。而且，也只有在社会基础结构发生了根本性变革后，政治上层建筑由专制型向民主型的转变才具备充分的条件。总体上看，"四小龙"的社会结构转型与市场经济体制的建构结合得比较紧密，从而缩短了二元结构的过渡期，减少了因转型方向不定而导致的重复性改革和革命性动荡所支付的代价。

第三，抓住发展机遇，适时采用外向型发展战略，在参与国际竞争中谋求突破。发展中国家或地区在殖民地时期的出口贸易大多为初级产品出口，独立后为了改变依附于发达国家的局面，发展独立的民族经济，很多国家或地区采用了"进口替代"发展战略，这种选择具有历史的合理性，尤其是一些自然资源丰富、国内市场广阔的国家，采用这种战略曾取得过比较明显的效果。但是，作为一种内向型的发展战略，"进口替代"表现出强烈的贸易保护主义和脱离国际竞争的倾向，这是与世界经济的全球化趋势不相符的，如将其绝对化，势必导致经济上的封闭性，丧失国际竞争能力，最终不利于自身的发展。与此相对应的是"出口导向"发展战略，也就是面向国际市场，利用国外的资源、资金、技术发展本国或本地区的制造业，所以，这是一种外向型的发展战略，它把本国或本地区经济与世界经济密切联系在一起，通过发挥自己的"比较优势"在国际竞争中寻求发展的高速度。当然，"出口导向"是有条件的，一是具有"比较优势"和自主发展能力，二是外部提供了有利于发挥"比较优势"的机遇。"四小龙"在这方面的成功就是内外两种条件适时结合的产物。首先，"四小龙"在50年代不同程度上进行过"进口替代"型的工业化努力，打下了一定的工业基础，具备了基本的工业制造能力，形成了一支产业工人队伍。其次，战后兴起的技术革命推动了发达国家的产业结构调整，原来占主导地位的劳动密集型产业逐渐向技术密集型产业过渡，这就造成了60年代"国际分工比较优势的转移"，正是在这一背景下，"四小龙"抓住这个难得的机遇，及时转变发展战略，从发达国家手中接过劳动密集型产业，充分发挥自己的劳动力优势，从加工工业开始，向国际市场出口扩张。此外，60年代"四小龙"采用"出口导向"战略的成功还得益于其他一些条件，如：当时能获得廉价的能源和原料；跨国公司的出现使技术和资金的流动减少了壁垒，有利于"两头在外"式加工工业的发展；冷战格局下"四小龙"所处的地理位置使它们能够获得美国特别给予的"地缘政治补偿"，即得到美国在资金、技术和贸易方面的优惠。所以，"四小龙"是在一个十分有利的时机进入了世界市场的国际循环，并表现出它们有能力在国际竞争中脱颖而出，改变了在世界经济体系中的地位。70年代后，"四小龙"再次利用国际分工比较优势的转移，趁发达国家向高技术产业进军的机会，接过重化工业空出的市场份额，向技术含量较高和资本实力较强的产业领域发展，较快地缩短了与发达国家的差距，终于奠定了作为"新兴工业国（或地区）"的地位。

"四小龙"的经验具有一定的普遍性,但同时又具有鲜明的个性特征,所谓"东亚模式"是一定时空条件相结合的产物,实际上,即使在同样的"东亚模式"下,"四小龙"的发展也是各具特点的,如:政府对经济的干预程度,韩国与香港地区有很大差异;新加坡和香港地区一直以利用外国直接投资为主,而韩国和台湾地区则以利用国外贷款为主;在产业组织上,台湾地区重点发展中小企业,韩国大力扶植财阀型企业集团;各国(或地区)的产业结构和金融政策也不尽相同。至于东亚地区具有共性的文化因素在经济发展中究竟起了多大作用?这是一个引起争论的问题,对文化因素的考察必须放在社会制度转型的基础上,否则,那种夸大民族文化或地域文化特殊性的观点不仅难以解释同一种文化何以在不同的社会发展阶段表现出大异其趣的功能,而且会得出否定现代化普遍规律的片面结论。

"四小龙"为代表的"东亚模式"虽然提供了发展中国家在世界体系结构中获得高速发展的成功经验,但是,这种经验仍然被历史地定位于"发展中"阶段,也就是说,这些"新兴工业国(或地区)"的崛起并没有从根本上改变世界体系既有的结构和秩序,主导世界体系的仍然是欧美为中心的发达国家区域。从现代化的世界进程看,"新兴工业国(或地区)"目前仍处于由传统社会向现代社会转型的过程中,这种"追赶型"的发展在某些时段可能取得比发达国家更高的发展速度,但在发展层次上与现代社会的范型仍有相当的距离,尤其是历史原因所造成的政治体制与经济体制发展的不同步和原创性技术发展能力的严重不足是制约这些国家或地区进一步提升发展层次的主要障碍,并成为走向危机的重要原因。1997年爆发的亚洲金融危机使"东亚发展模式"经受了严峻考验,受危机冲击的"四小龙"及东南亚国家的经济发展遭到严重挫折,有些国家(如韩国、泰国、马来西亚、印度尼西亚等)经济大幅度滑坡,陷入了负增长。这场危机虽然因具体的诱发因素(国际游资的炒作)而起,但实质上是世界体系运动中因区位差而产生的历时性矛盾在"全球化"趋势加速推进刺激下的一种反应。它暴露了"东亚模式"及与其类似的发展模式的弱点,并迫使这些国家和地区在克服危机的过程中进一步调整和改革自己的体制结构,突破原有经验的框框,在现代化的进程中再迈上一个新台阶。

三、"全球化"进程中的南北矛盾

战后,发展中国家现代化道路的选择有各种类型和不同的取向,有些试图摆脱资本主义世界体系,有些在既有的世界体系内谋求突破,在不同的时段和不同的地区,各种选择有成功,也有失败。成功的经验和失败的教训都揭示了历史运动的客观规律,这就是:现代世界的整体性和相互依存性制约着每一个国家的发展,殖民体系的瓦解结束了宗主国对殖民地的超经济强制,但并没有从根本上解决世界经济体系中因区位差而形成的"中心(发达地区)"与"边缘(不发达地区)"的结构性矛盾,一大批新独立国家走上自主现代化道路无疑是历史的进步,这个浪潮大大推动了现代文明的全球普及,但同时,在既有的世界经济格局中突进的"全球化",势必进一步凸现世界体系所内涵的不平等,这种因结构性因素而导致的世界范围的贫富差异也就是人们通常所说的"南北矛盾"("北方"指发达国家,"南方"指发展中国家)。

南北矛盾在抽象意义上是由于世界现代化进程的不平衡而造成的发展水平的差异,但这种差异之所以被具体固定在"北方国家"和"南方国家"间,则是历史上率先走向现代化的欧洲资本主义国家对亚、非、拉美地区实施殖民主义的结果。在"全球化"已成不可逆转趋势的当代世界,发展中国家虽然取得了政治独立,但不可能按自己的主观愿望去选择一个世界,它们只能在现实的世界体系中争取自己的发展权,由于起步晚和起点低,发展中国家在世界经济的竞争中处于明显的弱势,除少数脱颖而出者,大部分国家在经过30—40年的发展后,不仅没有缩小与发达国家的差距,反而进一步拉大了差距。根据联合国和世界银行发表的统计数据,被列入"最不发达国家"行列的贫穷国家的数量在逐年增加,1964年,这类国家有24个,1980年为31个,1990年达到43个(其中29个在非洲,其余分布在亚洲和拉丁美洲),在这些地区,约有10亿人生活在绝对贫困线之下,15亿人得不到基本的医疗条件,20亿人没有安全的饮水条件。把世界上最穷的20%的国家同最富的20%的国家进行比较的结果显示,两者的差距从60年代的13倍扩大到90年代的18倍。目前,人口只占世界20%的发达国家所拥有的财富却占全球的80%,占世界人口20%的最不发达国家的居民,其消费额度只占全球的1.3%,世界最富的3个人拥有的财富超过最穷的48个国家GDP的总和。当然,如果把十多个"新兴工业国(或地区)"和近10年来取得高速增长的中国和东南亚一些国家统计在内,发展中国家与发达国家之间的差距有所缩小,但这并没有改变南北矛盾的实质,因为决定南北关系的并不仅仅是经济数量的差距,更具实质意义的是发展层次的差距和发展阶段的差距,正是这种差距决定了一个国家在世界体系中的位置和强度,因此,对于发展中国家来说,其"落后"的本质主要体现在相对意义上,而改变落后状态的努力则受到世界体系整体结构的制约,只有突破原来的区位,从"边缘"上升到"中心",才是真正的成功。然而,在现实的世界体系格局中要做到这一点是非常困难的,至今还没有真正的成功者。

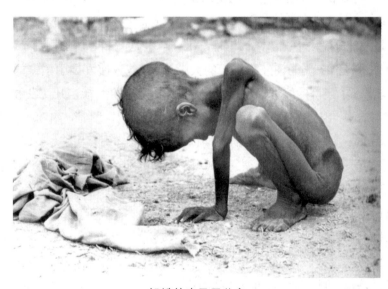

饥饿的索马里儿童

解决南北矛盾的另一条途径是改造现有的世界体系,建立有利于发展中国家的世界经济和国际政治新秩序。这方面的努力从60年代民族独立高潮兴起时即已开始,1964年,在发展中国家的倡议下,联合国召开了第一届贸易和发展会议,会上,77个发展中国家发表联合宣言,组成"七十七国集团",此标志着南方国家以一个整体的形象出现在世界经济舞台上,与北方国家展开集体谈判和斗争。同年10月,第二届不结盟国家首脑会议首次提出"建立国际经济新秩序"的口号。经过发展中国家的努力,1974年5月1日,联合国第六届特别会议通过了《关于建立新的国际经济秩序的宣言》和《行动纲领》,年底,联大又通过了《各国经济权利义务宪章》,这些文件标志着南北矛盾的存在与解决途径已成为一种世界性的共识,而发展中国家提出的世界经济新秩序理念也被国际社会普遍接受,这种理念的主要内容是:各国对其自然资源享有主权;打破国际商品市场的垄断,稳定初级产品的出口价格;反对发达国家推行贸易保护主义;增加向发展中国家的资金转移;共同解决发展中国家的债务问题;改革国际货币金融制度,使发展中国家享有平等参与和决策权利;消除发达国家向发展中国家转让技术的障碍和不合理体制;保护海洋资源和各国分享海运权;加强发展中国家的合作等。

发表宣言,制定行动纲领仅仅是第一步,将文件付诸实际行动面临巨大的阻力,因为发达国家绝不愿意轻易地让步,同时,资本的利益驱动和市场经济的竞争规律又总是自发地趋向于贫富两极分化,所以追求平等新秩序的理念难以成为现实。为了缓和南北矛盾,有些发达国家也曾采取过一些措施,如欧共体国家与65个发展中国家先后签订过3个《洛美协定》,在贸易上作有利于发展中国家的倾斜,并以财政援助方式帮助发展中国家稳定初级产品出口。但是,这些措施只是治表,而不可能治本,诚如国际性研究机构"南方委员会"的一份报告所指出:发达国家"只愿考虑在贸易安排中作出不致干扰旧体制基本构架的边际性变革"。一旦问题涉及根本,发达国家的态度就表现得十分强硬。1980年8月,第十一届特别联大曾提议举行"关于国际经济合作促进发展的全球谈判",次年10月,在墨西哥坎昆举行了预备会议,但由于美国为首的发达国家的阻挠,在谈判程序上未达成协议,致使正式谈判流产。

80年代,是大部分发展中国家陷入困境的10年,也是南北矛盾加剧的10年。由于发达国家在这一时期进行经济政策和经济结构的大幅度调整,致使发展中国家的外部经济环境恶化,很多国家出现了经济的停滞和倒退。首先,国际利率的大幅上升使发展中国家爆发严重债务危机。70年代,因发达国家经济的"滞胀"而导致大量过剩资金以优惠利率流入发展中国家,1973—1980年间,发展中国家的长期债务年增24.6%,总额达5599亿美元。80年代初,发达国家为治理"滞胀"采取紧缩通货政策,结果国际利率大幅度上升,与此相应,发展中国家的偿债率也连年上升,债务负担越来越沉重,有些国家的偿债率达到50%以上。由于无力还债,累计的债务总额不断增加,到1989年,发展中国家的债务总额已高达13000亿美元,相当于被统计国家国民生产总值的一半以上。其次,世界市场上初级产品价格低落导致发展中国家贸易收入锐减。由于发达国家实行紧缩政策,以及高技术产业的发展减少了对某些初级产品的需求,世界市场上初级产品的价格随之大幅度低落,按平均计算,80年代末33种初级产品的实际价格比70年代末下降了30%,石油价格在1984—1988年间跌幅达

65％。这对于主要依赖初级产品出口的发展中国家打击十分沉重。上述两方面因素的结合使国际资金流向在 80 年代发生了不利于南方国家的逆转,由于偿债额超过贷款额,仅此一项,1984—1988 年间倒流资金即达 1630 亿美元。同时,因进出口贸易价格倒挂,1981—1986 年间的倒流资金亦达 830 亿美元。这样,发达国家经济调整的相当一部分代价通过不平等的世界经济体系转嫁给了处于经济依附地位的发展中国家。在这 10 年中,发展中国家国民生产总值平均增长率仅为 2.8％,发展中国家在世界总产值中所占比重也由 1980 年的 23.3％下降到 1989 年的 16.15％,发展中国家与发达国家的人均国民生产总值之比则由 1980 年的 1∶15.3 扩大到 1989 年的 1∶23.86。

进入 90 年代后,随着发达国家经济形势的好转与稳定,发展中国家的外部经济环境趋于宽松,同时通过内部的改革和调整,很多发展中国家开始走出困境,恢复增长,1990—1996 年间发展中国家的经济增长率上升到 3％—6％。但是,这种发展仍然很不平衡,经济增长势头较强的只是局部地区和少数国家,大部分国家的发展基础仍十分虚弱,尤其是"最不发达国家"集中的非洲和亚洲、拉美的部分地区还没有摆脱困境,这些国家要走上稳定发展的道路还面临许多障碍。即使是发展态势最好的东亚和南美地区,在 1995 年和 1997 年也先后遭受金融危机的打击,经济严重波动。这些情况表明,世界现代化进程虽然在整体上极大地提升了人类文明,使人类社会的发展速度明显加快,但由于资本主义发达国家主导的世界体系内涵的不平等结构,从现代化进程中获取的利益和支付的代价在不同类型的国家中也是明显不平等的,南北矛盾就是其集中体现。只要世界体系结构不发生根本性的变革,南北矛盾也将始终作为世界的基本矛盾而长期存在,日益增强的"全球化"趋势与南北矛盾的相互作用将在很大程度上决定着世界的未来走向,换言之,世界最发达部分与人类的大多数之间关系的协调将是决定人类整体命运的至关重要的课题。

第九章
世界格局向多极化的演变

第一节 两大阵营的分化

一、美、欧、日相互关系的变化

战后初期形成的以资本主义和社会主义两大阵营对峙为基本特征的两极世界格局进入20世纪50年代中期以后逐渐发生向多极化的演变。导致这种变化的直接动因来自两大阵营内部的结构性调整和分化,其中,美国为首的资本主义阵营由美国一家独大逐步朝着美、欧、日三足鼎立的态势发展,苏联为中心的社会主义阵营则逐步走向分裂和解体。在这个过程中,两大阵营中都崛起了新的力量中心,与此同时,原来介于两大阵营之间的"第三世界"在国际政治舞台上也日趋活跃,发挥了制衡两极的作用。

美国、西欧和日本作为资本主义的发达区域在雅尔塔体系和东西方冷战的背景下,通过战后初期缔结的一系列政治、经济、军事同盟条约形成了美国为首的国家集团,在这个集团体系中,美国凭借综合国力上一度享有的绝对优势凌驾于西欧和日本之上,成为资本主义阵营的霸主。但是,这种美国支配型的体系结构在50年代中期以后随着西欧、日本经济的恢复和发展而发生了相应的变化。

50—70年代是主要资本主义国家的经济高速增长期,在这一时期,西欧和日本的经济增长速度都超过了美国,美国在资本主义世界经济中所占的比重则相应地下降,如:1948年,美国占资本主义国家工业总产值的54.6%,到1970年下降为37.8%;同一时期,美国占资本主义世界贸易额的比重也由49.6%下降到15.5%。美国相对经济实力的下降最突出地表现在美元霸权地位的动摇,1944年建立的布雷顿森林体系曾使美国控制了国际金融的命脉,并使美元成为黄金的代表,国际流通领域一度是美元的天下。然而,到60年代,随着西欧、日本经济力量的增强,美国在国际贸易中面临日益壮大的竞争对手,贸易盈余不断减少(1971年起出现贸易逆差),国际收支状况不断恶化,加上同一时期因推行长期赤字财政政策而导致通货膨胀日趋严重,美元的对外信用开始动摇,由此引发了美元危机,各国纷纷抛售美元,抢购黄金,使美国的黄金储备大量外流,一时国库空虚。连续发生的美元危机迫使美国政府于1971年8月宣布:放弃美元与黄金的直接挂钩,停止各国政府和中央银行用美元向美国兑换黄金。这一措施实际上宣告了以美元为中心的布雷顿森林体系已瓦解,固定汇率制被浮动汇率制所取代,美元的霸权地位大为削弱。

美国相对经济实力的下降使美、欧、日的实力对比趋向均衡,由此而推动资本主义阵营内部结构的调整,美、欧、日之间的政治关系也发生了相应的变化,这种变化突出表现为:西欧和日本在国际事务中越来越强烈地显示自己的独立意志,而美国在处理对欧、对日关系时也不得不从原来的"命令型"、"支配型"转向"伙伴型"、"合作型"。虽然美国还保持着绝对的军事优势和相对的经济优势,它的领导地位还没有动摇,但已不可能再像战后初期那样随心所欲地发号施令了。

在美欧关系中,法国戴高乐政府首先向美国的领导地位发起挑战。戴高乐于1958年6月重新上台,修改宪法,建立总统制的法兰西第五共和国,并且调整对外政策,力图使一度衰落的法国重振雄风,恢复作为世界性大国的地位。戴高乐强调:"欧洲是欧洲人的欧洲","美国不是欧洲的一部分",因此,美国不应主宰欧洲的命运。为了摆脱美国的控制,戴高乐政府采取了一系列措施,主要从两个方面着手,其一,加强法、德合作,以"法德轴心"推动欧洲共同体的发展,1963年1月签订的《法德合作条约》是这方面努力的一个具体成果,它使法国和联邦德国的关系发展到一个新高度,标志着"法德轴心"的形成。其二,积极发展独立的核力量,谋求进入世界核大国行列。1960年2月13日,法国在撒哈拉沙漠成功地试爆了第一颗原子弹,此后,法国始终坚持独立自主地发展核武器的方针,拒绝将自己的核武装纳入北约的核武体系。与此同时,法国还提出改革北约领导结构的主张,强烈要求取得与美国平等的地位,在遭到美国拒绝后,法国逐步将自己的军事力量从北约防务体系中撤出,以不再受美国的指挥。1966年3月,法国正式退出北约军事一体化机构,并要求美军和北约欧洲盟军最高司令部撤离法国,这样,法国在军事上不再隶属于美国领导的北约,强化了自己的独立性。此外,法国在处理与中国、苏联的关系时也表现出不追随美国的独立意志。1964年,法国在西方阵营中率先同中国建立大使级外交关系,产生广泛影响;1966年,戴高乐访苏时提出"从大西洋到乌拉尔"的"大欧洲"设想,也显示了法国力图突破美苏两极格局的意向。

美欧关系演变中另一个突出表现是联邦德国在国际政治舞台上逐渐取得自主权,走出了战败国的阴影。战后初期,联邦德国虽然恢复了主权,但在国防和外交上仍严重受制于美国,美国的对苏冷战战略将联邦德国置于冷战最前线,使联邦德国难以施展自己的全方位外交活动。在这种背景下形成的联邦德国对外政策一度比较僵硬,它不承认民主德国的合法性,因此而拒绝同与民主德国建交的国家建立外交关系(苏联除外),它也不承认战后划定的德波边界,使之与波兰等东欧国家的关系难以改善[①]。进入60年代后,联邦德国的国力显著增强,其国际地位也随之提高,为了改善自己的国际环境,对外政策的调整被提上议事日程。1966年12月,联邦德国政府改组,社会民主党入阁,勃兰特(1913—1992)出任外交部长,由此开始提出"新东方政策",1967年1月,联邦德国与罗马尼亚建立外交关系,迈出了新政策的第一步。1969年,社会民主党在大选中获胜,勃兰特出任总理,"新东方政策"得到全面推行,1970年,联邦德国与苏联和波兰先后签订条约,承认战后划定的德、波边界;1971年9月,就西柏林的特殊地位问题,联邦德国与苏、美、英、法四大国达成协定,使柏林问题不再成为东西方发生冲突的诱因;1972年12月21日,联邦德国与民主德国签订关于国家关系的"基础条约",彼此承认对方主权,放弃在双边关系中使用武力,实现了两个德国关系的正常化,1973年9月,两个德国同时加入联合国。"新东方政策"的推行大大拓展了联邦德国的外交空间,也在很大程度上使联邦德国与美国的关系从原来的"主从型"向"平等型"转变,而联邦德国国际地位的提高也是欧洲地位上升的一个重要标志。

勃兰特在波兰华沙犹太人死难者纪念碑前下跪

对美欧关系产生重要影响的还有英美关系的变化。战后,实力衰退的英国为了维持大国地位,主动与美国结成"特殊关系",通过与美国保持一致来获得美国的支持并发挥自己的

[①] 此种政策亦称"哈尔斯坦主义",因50年代担任联邦德国总理府国务秘书和外交部国务秘书、负责制定对民主德国和东欧国家政策方针的哈尔斯坦而得名。

影响。这种特殊关系的存在虽然使英国从美国方面得到了一些利益,却损害了英国与欧洲大陆国家的关系。进入60年代后,欧洲共同体的发展对英国产生越来越大的吸引力,为了赶上"欧洲列车",1963年和1967年,英国两次申请加入欧洲共同体,但由于英美的特殊关系而遭法国的否决,因为法国担心英国会成为美国在欧共体内的"特洛伊木马"。1970年,英国再次提出申请,为了使这次努力成功,英国首相希思在1971年12月宣布,英、美之间的特殊关系已经消亡,以后双方只存在"自然关系"。在英国表明这一立场后,欧共体于1973年接纳了英国,从此,英国也成为联合的欧洲的成员。

美、日关系在60—70年代也发生了变化。1951年的《旧金山和约》已经使日本恢复了主权国家地位,但与此同时签订的《日美安全保障条约》仍将日本置于美国的"保护"和控制之下。60年代日本经济进入高速增长期,日、美间的贸易竞争开始加剧,为了防止日本的廉价产品倾销美国,从1962年起,美国对日本部分产品的输入实施限制,并要求日本对美国资本和商品开放市场,由此导致两国在经济贸易领域的摩擦。在日美贸易竞争中,日本一直占据上风,尽管在美国压力下日元几度升值,但日本的贸易顺差还是不断扩大(1968年美国在日美贸易中的赤字为10亿美元,1986年上升到520亿美元)。经济竞争力的提高强化了日本在政治、外交领域的独立自主意识。在日本的要求下,1960年双方把《日美安全保障条约》修订为《日美共同合作和安全条约》,取消了旧条约中美国有权干涉日本内政的条文。1968年和1972年,美国先后将小笠原群岛和冲绳岛的行政权归还日本,日本则同意美国在保证不设置核武器的条件下继续使用冲绳的军事基地。1972年2月美国总统尼克松访华事先没有通知日本,此举对日本产生强烈冲击,当年7月上台的田中角荣(1918—1993)内阁趁机提出修改日本的对外政策,从过去向美国"一边倒"转向"多边自主",当时任外相的大平正芳(1910—1980)宣称:"日本跟着美国脚步走的时代已经过去了,日本现在应该为采取负责的行动独立作出决定。"作为"多边自主外交"的第一个重大步骤就是赶在美中建交之前恢复日中邦交,1972年9月,田中角荣访华,一举完成建交事宜,1978年又签署了《中日和平友好条约》,在处理对华关系上表现了日本的自主性。同时,在对苏关系和其他国际事务中,日本也力图冲破美国的束缚,扩大外交空间,在取得经济大国地位后树立政治大国的形象。

总之,美、欧、日关系的变化使资本主义阵营的结构逐步朝着三足鼎立的格局演变,这种变化促进了世界格局向多极化趋势的发展。

二、国际共运论战和社会主义阵营分裂

从50年代中期开始,苏联为首的社会主义阵营和国际共产主义运动发生了愈演愈烈的意识形态论战和国家利益之争,并一步步走向分裂和解体。在这个过程中,中苏两党的分歧和中苏两国关系的破裂起了举足轻重的作用。

国际共运的内部矛盾和社会主义国家间的摩擦最早表现于战后初期的苏联与南斯拉夫的冲突,虽然苏南冲突已经暴露了阵营内在的分裂因素,但其影响还是在局部范围,苏联在将南斯拉夫开除出社会主义阵营的同时进一步强化了对阵营内其他东欧国家的控

制,并通过与中国的结盟扩大了社会主义阵营。1956年召开的苏共二十大一方面标志着后斯大林时期苏联内部改革的开端,另一方面也揭开了国际共运意识形态论战的序幕。当时,围绕着对斯大林的评价和对国际形势以及国际共运路线的看法,形成了分别以中、苏两党为代表的两种观点。1956年4月和12月,中共中央两次召开政治局扩大会议,讨论苏共二十大及其对国际共运造成的影响,并以《人民日报》编辑部名义先后发表《关于无产阶级专政的历史经验》和《再论无产阶级专政的历史经验》,阐述了中国共产党在一系列重大问题上的原则立场和观点,不点名地批评了苏共领导人赫鲁晓夫等人在斯大林问题上的做法,也批判了赫鲁晓夫提出的"三和"(和平共处、和平竞赛、和平过渡)路线。1957年11月,在莫斯科举行社会主义国家共产党和工人党代表会议时,中、苏两党围绕"和平过渡"等问题展开争论,最后双方作了妥协,通过了《莫斯科宣言》。但是分歧依然存在,并逐渐影响到两党和两国关系。

从1958年起,苏联为了谋求与美国合作主宰世界的超级大国地位,加强了对社会主义阵营各国的干预和控制,其中对中国的压制激起强烈反弹,原本存在的意识形态分歧与国家利益的冲突交织在一起,使中、苏两党和两国关系不断趋于恶化。1960年7月,苏联政府单方面决定,在一个月内撤回全部1390名援华专家,废除343个专家合同和257个科技合作项目。此举给中国的经济建设和科技事业造成巨大损失,很多在建的重要工程被迫下马。1961年,苏联又趁中国经济困难之际,要中国连本带息归还朝鲜战争时期的军事贷款(本息共计达14.06亿卢布)。苏联对中国施加的压力严重损害了两国关系,为了顶住苏联的压力,维护国家主权和利益,中国进行了针锋相对的斗争。

斗争首先表现在意识形态领域。从1960年起,中国报刊陆续发表批判"现代修正主义"的理论文章,矛头指向苏联领导集团。同时苏联方面也在报刊上发表反华文章,由此展开了国际共运的大论战,以中、苏为对立的中心,其他国家的共产党在不同程度上也卷入了论战,在论战中,国际共运走向分裂,有些党因内部观点分歧也发生分裂。1963年,论战进入高潮,中、苏两党互相公开点名批判对方。随着两党关系的完全破裂,从1963年9月至1964年7月,中国连续发表9篇批判苏联内外政策路线的文章,对苏联领导集团进行了系统的理论清算。1964年10月,赫鲁晓夫下台,论战曾告一段落。但由于勃列日涅夫为首的苏联新领导仍然坚持在国际共运中推行霸权,中苏关系不仅没有好转,反而进一步恶化。

勃列日涅夫当政时期是苏联大力发展军事力量,以军事实力谋求世界霸权的野心表现得最为充分的时期,因此,在对华政策上,也更多地使用了施加军事压力的手段。为了从军事上压制中国,1966年1月,苏联与蒙古签订军事同盟条约,获得在蒙古驻军权,此后苏联向中蒙边境地区蒙古一侧派驻了大批军队,连同原来中苏边境的驻军,对中国形成百万大军压境之势。在这种背景下,历史上遗留的边界问题愈显突出,因此而起的边境冲突也日益频繁,1964年10月至1969年3月,共发生边界纠纷事件4189起,比60年代上半期增加1.5倍。1969年3月,在乌苏里江的珍宝岛(属中国黑龙江省虎林县)地区发生了两国军队间的严重武装冲突。这一事件使中、苏两国关系降到了冰点①。

由于中苏关系的破裂，社会主义阵营的分裂亦成定局，中国脱离了苏联控制的阵营体系，走上独立自主发展的道路，在国际政治舞台上成为两极之外的一支独立的力量，在世界格局的演变中发挥了重要作用。

第二节 "第三世界"的兴起

一、亚非会议：新独立国家登上国际政治舞台

"第三世界"在世界经济范畴中是对处于世界经济体系的"边缘"、现代化进程中相对落后的"发展中国家"的泛称，而在国际政治范畴中则是指介于美、苏为首的两大国家集团之间的"中间地带"。由于"中间地带"国家大多是"发展中国家"，所以无论从哪个范畴着眼，"第三世界"所指称的对象基本上是同一类国家，即大部分位于亚洲、非洲和拉丁美洲、历史上曾沦为殖民地或半殖民地、多数在二次大战后才获得独立的新兴国家。所谓"第三世界"的兴起，主要是从国际政治的角度，对"第三世界"国家作为一种集体的力量在推动世界格局向多极化演变中的地位和作用的概括。

"第三世界"在国际政治舞台上的崛起，第一个标志性事件是1955年举行的亚非会议。

50年代中期，正处于民族独立浪潮高涨阶段，当时，亚洲和北非已经诞生了一批新独立国家，但亚非地区还有许多国家尚未取得独立，在这种形势下，新独立的国家面临的共同问题是：1.如何在国际政治中协调相互关系，通过合作谋求发展并巩固独立；2.如何在世界性和地区性事务中发挥新兴国家的作用，在大国主导的两极格局中表达中小国家的要求、维护中小国家的利益；3.如何继续推进民族解放运动，壮大"第三世界"的力量。亚非会议正是在这样的背景下筹备召开的。

1954年底，印度尼西亚、缅甸、锡兰（斯里兰卡）、印度和巴基斯坦五国总理在印尼的茂物举行会谈后发表公报，决定发起召开亚非会议，并向中国等25个亚非国家发出邀请。会议预定的宗旨是：促进亚非各国的友好合作和睦邻关系；讨论与会各国的社会、经济和文化发展问题；讨论有关民族主权和反对殖民主义、种族主义的问题；讨论世界和平及亚非国家在世界上的地位和作用问题。这一建议得到亚非国家普遍欢迎和支持，被邀请国除中非联邦外都同意参加会议②。

1955年4月18日，亚非会议在印尼的万隆开幕，率领中国代表团出席会议的是周恩来

---

① 珍宝岛事件后，中、苏两国曾走到战争的边缘，为了避免因边界冲突而导致战争，1969年9月11日，赴河内参加越南主席胡志明葬礼的苏联部长会议主席柯西金回国途中在北京机场与中国总理周恩来举行会晤，双方就谈判解决边界问题达成谅解。中苏边界谈判从1969年10月开始，历时10年没有取得实质性进展，1979年因苏联入侵阿富汗而一度中断，1987年恢复。苏联解体后，俄罗斯、哈萨克斯坦、吉尔吉斯斯坦、塔吉克斯坦四国与中国继续进行边界谈判，并于1996年、1997年先后在上海和莫斯科签署五国协定，基本解决了苏联遗留的边界问题。2004年中俄签署《关于中俄国界东段的补充协定》，最终解决了边界问题。

② 参加亚非会议的除5个发起国，还有：中国、越南民主共和国、南越、阿富汗、柬埔寨、老挝、日本、菲律宾、泰国、尼泊尔、伊朗、也门、沙特阿拉伯、伊拉克、叙利亚、黎巴嫩、约旦、土耳其、埃及、苏丹、埃塞俄比亚、黄金海岸（加纳）、利比亚、利比里亚。

总理①。开幕式上,印尼总统苏加诺(1901—1970)以《让新亚洲和新非洲诞生吧》为题致词,他说:这是人类有史以来第一次有色人种的国际会议。他呼吁:亚非各国人民团结起来,实现完全的独立和繁荣。会上,多数国家的代表发言中以新老殖民主义为谴责对象,强调民族独立与和平共处,但也有一些国家的代表以反对"共产主义威胁"为由,影射攻击中国,恶化了会议气氛。针对这种情况,周恩来总理在发言中提出"求同存异"原则,表明中国愿同具有相似历史命运的亚非各国在反对殖民主义这一共同的基础上互相了解和尊重、互相同情和支持,而不是互相疑虑和恐惧、互相排斥和对立。周恩来的发言阐明了中国的立场,表达了会议的宗旨,获得绝大多数与会国代表的赞同。在中国和其他与会国的共同努力下,4月24日,会议按照预定目标一致通过了最后公报,即《万隆宣言》。宣言中提出以十项原则作为国与国之间和平相处、友好合作的基础:(1)尊重基本人权,尊重联合国宪章的宗旨和原则;(2)尊重一切国家的主权和领土完整;(3)承认一切种族的平等,承认一切大小国家的平等;(4)不干预或干涉他国内政;(5)尊重每一个国家按联合国宪章单独地或集体地进行自卫的权利;(6)不使用集体防御的安排来为任何一个大国的特殊利益服务,任何国家不对其他国家施加压力;(7)不以侵略行为或侵略威胁或使用武力来侵犯任何国家的领土完整或政治独立;(8)按照联合国宪章,通过如谈判调停、仲裁和司法解决等和平方法以及有关方面自己选择的任何其他和平方法来解决一切国际争端;(9)促进相互的利益和合作;(10)尊重正义和国际义务。以上十项原则所贯穿的反对殖民主义、争取民族独立、维护世界和平、加强各国人民之间的友好和合作的精神被称作"万隆精神","万隆精神"是亚非会议为人类进步作出的重要贡献。

周恩来在亚非会议上发言

亚非会议的成功举行具有深远历史意义,它是亚非历史上第一次没有西方国家参与的国际会议,标志着亚非新兴国家开始以独立自主的姿态登上了国际政治舞台,发出了自己的

---

① 为了破坏中国代表团出席亚非会议,台湾国民党特务在中国代表团先遣人员乘坐的印度航空公司包机"克什米尔公主号"上暗藏了定时炸弹,1955年4月11日,飞机在由香港飞往印尼途中爆炸,中国代表团工作人员和中外记者共11人遇难。事件发生后,周恩来总理不避艰险,仍如期率团赴会,挫败了国民党的破坏计划。

声音,并对国际事务产生了影响。在这个意义上,亚非会议被看作"第三世界"兴起的里程碑。

亚非会议倡导的"万隆精神"是战后第三世界国家反殖反霸斗争的思想武器和强大动力。"万隆精神"对两极化的集团政治格局是有力的冲击,作为多极化趋势重要内容的不结盟运动亦由此萌芽。

亚非会议还推动了战后民族独立运动进程,在"万隆精神"鼓舞下,50年代末60年代初兴起了又一波民族独立浪潮,殖民体系最终走向瓦解。

二、不结盟运动的形成与发展

亚非会议后,民族独立运动的发展和美、苏两极争夺"中间地带"活动的加剧在第三世界国家中激发了日益强烈的非集团化倾向。一些原亚非会议的发起者和积极参与者遂酝酿发起"不结盟运动"。积极倡导不结盟的还有最早走出苏联阵营的南斯拉夫。

1956年7月,南斯拉夫总统铁托、印度总理尼赫鲁、埃及总统纳赛尔在南斯拉夫的布里俄尼岛会晤,并发表《布里俄尼声明》,呼吁第三世界国家反对集团政策,走不结盟的道路,维护独立主权和世界和平。这一主张得到印尼总统苏加诺和加纳总理恩克鲁玛(1909—1972)的响应和支持。于是,这些领导人开始筹划组织不结盟运动会议。1961年6月,在埃及首都开罗举行了不结盟国家首脑会议的筹备会议,确定了参加不结盟国家会议的五项条件:(1)奉行和平共处和不结盟基础上的独立政策;(2)支持民族解放运动;(3)不加入以大国对抗为背景的军事集团;(4)不缔结以大国对抗为背景的双边军事同盟;(5)不在本国领土上为大国提供军事基地。显然,不结盟运动的目标与"万隆精神"是吻合的,它试图在美、苏为首的两大集团性力量之间形成第三种非集团性的国际政治力量,以维护第三世界国家的独立自主地位,并通过集体的努力制衡两极,在两极格局中谋求最大的战略利益。

1961年9月,第一届不结盟国家和政府首脑会议在南斯拉夫首都贝尔格莱德召开,25个国家参加会议,此标志着不结盟运动的正式形成。作为非集团性的国际运动,不结盟运动的活动方式主要是定期召开的首脑会议和外长会议(从1970年起每三年召开一次),每届会议的东道国担任会议主席,同时也是本届运动的主席,任期至下届会议。为了在会议之间协调立场,1973年起设立由各国常驻联合国代表组成的协调机构。与这种活动方式相一致,不结盟运动的成果主要体现在每届会议通过的《宣言》、《声明》等文件所表达的共同立场上。

从1961年到1998年,不结盟运动共举行了十二届首脑会议,第二至第十二届会议的地点分别是:开罗(埃及,1964)、卢萨卡(赞比亚,1970)、阿尔及尔(阿尔及利亚,1973)、科伦坡(斯里兰卡,1976)、哈瓦那(古巴,1979)、新德里(印度,1983)[①]、哈拉雷(津巴布韦,1986)、贝尔格莱德(南斯拉夫,1989)、雅加达(印尼,1992)、卡塔赫纳(哥伦比亚,1995)、德班(南非,1998)。在37年的进程中,不结盟运动的成员国不断增加,从首届会议的25国发展到第十二届会议的113国。

---

① 本届会议原定1982年在伊拉克的巴格达举行,后因两伊战争而延期并更改地点。

不结盟运动所倡导的国际政治理念在世界格局从两极向多极化的演变中发挥了重要影响,它的存在和发展抑制了集团政治,缓冲了两极对抗,也在相当程度上推动了国际政治的民主化,在不结盟运动旗帜下,广大第三世界国家成为国际事务中日趋活跃的重要力量。不结盟运动的壮大与两个阵营的分化作为同一个历史过程一起改变了战后初期形成的世界格局。

不结盟运动还致力于促进第三世界国家的经济合作("南南合作"),并要求改变不合理的国际经济秩序,运动的成员国大多也是联合国贸易和发展会议(简称"贸发会议")上代表发展中国家利益的"七十七国集团"[①]的成员,它们在历次"贸发会议"上提出的《宣言》和《行动纲领》为推动与发达国家的对话("南北对话"),改革国际经济体制等方面作出了重要贡献。

冷战结束后,随着两极格局的终结,不结盟运动的影响有所下降。面对新的形势,第十届首脑会议提出,要对运动的目标作新的定位,在继续为构建国际政治新秩序而努力的同时将把运动的侧重点转向经济领域,现在的主要目标是"向贫穷落后宣战"。在第十二届会议上,主要讨论了帮助贫穷国家的问题和解决因内部冲突而陷于战乱的非洲国家的困境问题,会议呼吁团结协作,保护穷国和弱小国家的利益,努力建立一个有利于第三世界的国际新秩序。

第三节 美苏争霸

一、50—60 年代美苏关系

在世界格局由两极向多极化的演变过程中,美国与苏联的关系始终处于中心位置,如果说冷战初期美、苏之间的对抗同时也表现为两大阵营的对抗,那么,随着两大阵营的分化,两极对峙的格局更直接地表现为美、苏两个超级大国的争霸。

战后初期的第一次柏林危机和朝鲜战争是冷战的第一个高潮。1953 年斯大林逝世和朝鲜战争的结束使美苏关系进入一个相对缓和的阶段。1956 年苏共二十大上赫鲁晓夫提出"三和"(和平共处、和平竞赛、和平过渡)路线,试图淡化与美国的对抗,追求"美苏合作,共同主宰世界"。其背后隐藏的战略目标是:在实力处于劣势的条件下,首先通过"合作"取得与美国的平等地位,分享霸权;然后在"和平竞赛"中赶上和超过美国,夺取霸权。为了实现这一目标,赫鲁晓夫时期的苏联把改善对美关系作为外交政策的主要方针,同时,与美国争霸的野心日益滋长,甚至按捺不住而跃跃欲试。至于美国,针对苏联对美政策的调整,在对苏政策上也有所变化。总体上,美国没有改变"杜鲁门主义"所确立的对苏遏制战略,但在策略上采取了软硬两手,一方面通过对话和高层交往缓和双边关系,表现出"合作"姿态,另一方

[①] 在 1964 年召开的第一届贸易和发展会议上,77 个发展中国家和地区发表联合宣言,要求改变旧的国际经济秩序,建立新的国际经济秩序,此后这些国家和地区被称为"七十七国集团",它主要在联合国贸发会议及相关国际事务中发挥作用,表达发展中国家的共同立场,到 90 年代初,该集团成员扩大到 128 个。

面又在实质上拒绝苏联分享霸权的要求,不允许苏联染指自己的势力范围。因此,这一时期的美苏关系时松时紧,在缓和与对抗的交替中经历了几次起伏。其中,围绕着柏林问题和古巴问题,美国与苏联进行了两次大的较量。

第二次柏林危机 1958年3月,联邦德国议会通过用核武器装备军队的决议,此举引起民主德国和苏联的强烈反应。赫鲁晓夫决定利用西方的挑衅行为在柏林问题上做文章,迫使美国接受苏联的要价,形成美苏协商解决重大国际问题的局面,以此显示美苏的"平等地位"和实现其"美苏共同主宰世界"的目标。当年10月27日,民主德国领导人乌布利希(1893—1973)发表声明,指责西方国家违反波茨坦协定,因此已无权继续留在柏林,柏林将实现统一,成为民主德国的首都。11月10日,赫鲁晓夫在莫斯科发表演说,表示支持乌布利希的立场,提出结束柏林的占领制度,美、英、法应撤出西柏林,苏联也将把东柏林的管制权移交给民主德国政府。11月27日,苏联政府正式照会西方三国,要求在6个月内撤走西柏林的驻军,使西柏林成为联合国监督下的非军事化的"自由城市",如果届时西方国家不走,苏联将单独同民主德国签订和约,并把进出西柏林的通道交给民主德国管理。与此同时,赫鲁晓夫还扬言,对西柏林这颗西方国家留在民主德国土地上的"毒瘤",须进行"外科手术"予以割除,必要时苏联将动用核武器和洲际导弹保卫民主德国。苏联的威胁性言论和限期撤军的通牒一时在柏林问题上造成了紧张气氛,危机由此而起。

面对苏联的压力,西方国家在协调了立场后采取了针锋相对的措施。一方面以强硬姿态表示决不离开西柏林,甚至不惜为此一战;另一方面又表示可就柏林问题举行四大国(美、英、法、苏)外交部长会议进行讨论。苏联在柏林问题上做文章的目的本来就是迫使美国与自己谈判,既然西方在谈判问题上松了口,也就顺水推舟。1959年1月,苏联部长会议第一副主席米高扬利用到美国"休假"之机向美国传递信息,表示"6个月期限"不是最后通牒,重要的是美、苏间开始谈判。2月,英国首相麦克米伦(1894—1986)到莫斯科访问时,赫鲁晓夫对他也作了同样的表态。当然,赫鲁晓夫希望举行美苏首脑会谈,在达不到这一目标的情况下,苏联也接受了外长会议的方案。5月11日,四国外长会议在日内瓦开幕,柏林危机缓和下来。

但是,外长会议没有解决实质性问题,苏联也不满足于这种较低级别的会谈,为了进一步向西方施加压力,6月间赫鲁晓夫又发表了要求西方离开西柏林的言论。在局势有可能反复的情况下,美国在提高谈判级别问题上向苏联作了让步。7月,美国总统艾森豪威尔正式邀请赫鲁晓夫访问美国。此举使赫鲁晓夫喜出望外,他在接到邀请信时得意地说:"我们最后迫使美国承认了与我们建立更密切关系的必要性。"9月15日,赫鲁晓夫启程访美,这是苏联最高领导人第一次访问美国,为了给赫鲁晓夫壮行,启程前苏联发射了一枚登月火箭,赫鲁晓夫把火箭搭载的一面苏联国旗的复制品作为礼物送给艾森豪威尔。访美期间,赫鲁晓夫先在美国各地参观游览了10天,然后到达美国总统休养地戴维营,与艾森豪威尔举行战后第一次美苏首脑会谈。会谈中,美国方面坚决要求苏联放弃在柏林问题上提出的最后通牒式条件,否则就退出会谈。为了避免来之不易的会谈失败,赫鲁晓夫同意收回原来关于柏林问题的声明,承认这是一个有待谈判的问题,而不是一个靠单方面行动来解决的问题。在苏联方面作了这一让步后,美国同意按苏联的建议举行四大国首脑会议进行具体谈判。9月27日,双方发表联合公报宣布会谈结果,赫鲁晓夫邀请艾森豪威尔于1960年回访苏联。

戴维营会谈是美苏关系史上的一个重要事件,它开创了冷战时期美、苏之间用首脑会谈形式调整彼此关系并操纵国际事务的先例。这次会谈虽然没有解决实质性的问题,但双方还是各有所得,尤其是苏联在形式上达到了与美国举行最高级谈判的目的,显示了美、苏的"平等地位",满足了赫鲁晓夫的虚荣心,因此苏联当时大肆宣传所谓"戴维营精神",把它说成美苏关系进入新纪元的象征。

然而,美苏关系的缓和好景不长,事隔不久,危机复起,美苏关系又进入一个紧张阶段。危机复起的导火线是1960年5月1日发生的U-2飞机事件。当天,一架美国U-2高空侦察机深入苏联领空1200公里后被苏军击落,飞行员被活捉,并供认了收集情报使命。这一事件给正在宣传"戴维营精神"的赫鲁晓夫泼了一盆冷水,为了反击美国的挑衅,苏联不得不采取报复措施。5月16日,赫鲁晓夫宣布撤销对艾森豪威尔的访苏邀请,并要求美国政府向苏联道歉,否则苏联将不参加预定于5月份召开的四国首脑会议。由于美国拒绝道歉,四国首脑会议流产。

1961年1月,肯尼迪(1917—1963)就任美国总统,美、苏双方都想利用这个机会缓和再度紧张的形势,于是,第二次美苏首脑会谈于6月初在维也纳举行。会谈中赫鲁晓夫试图用柏林问题向肯尼迪施压,他再次提出以6个月为解决柏林问题的期限,要求在1961年年底前签订对德和约,如果西方拒绝,苏联将单独与民主德国签订和约,使西柏林成为"自由城市"。肯尼迪不甘示弱,他以强硬姿态表示,美国不会接受最后通牒,如果苏联单方面行动,将在一夜之间使世界局势发生根本变化,因此,他奉劝赫鲁晓夫谨慎行事。由于双方都不愿妥协,这次会谈不欢而散,没有取得任何结果。维也纳会谈后,柏林危机进入高潮。美苏双方都作了战争准备,一时剑拔弩张。

柏林危机加剧了原本就存在的民主德国居民利用柏林通道逃往联邦德国的问题,1961年夏天,随着柏林危机进入高潮,从东柏林逃往西柏林的人数也达到了最高峰,这种状况给民主德国造成了严重危害。为了阻止人员西逃,民主德国领导人在8月3日至5日召开的华沙条约组织成员国首脑会议上提出在西柏林周围修建封锁墙的方案,这一方案得到苏联的批准。8月12日午夜,"柏林墙"工程付诸实施,首先在东西柏林间拉起了铁丝网,随后又围绕西柏林修建了永久性的水泥墙,并配置使人无法逾越的警戒设施,整个工程历时数年才告完成。从"柏林墙"修建之日起,西柏林与外界的水陆交通必须经过所保留的若干设有检查站的过境通道口,这样,有效地阻止了非法越境,逃往西柏林的人潮也就被遏制住了。

"柏林墙"的修建引起西方国家的抗议,为了表示保卫西柏林的决心,肯尼迪增派1500名军人进入西柏林,此举也是为了试探苏联和民主德国修墙的真实意图。美国军人经过过境站顺利进入西柏林,表明苏联无意封锁交通线,也不打算采取逼迫西方驻军离开西柏林的强硬措施,于是,西方国家也就容忍了"柏林墙"的存在。同时,"柏林墙"的修建对苏联来说则可以作为一种胜利的象征,赫鲁晓夫遂以此为台阶,主动平息了柏林危机。在当年10月召开的苏共二十二大上,赫鲁晓夫宣布,苏联为缓和形势不再坚持年底前签订对德和约,也不再坚持6个月的撤军期限。这样,以美苏关系变动为轴心的第二次柏林危机历时3年、两度起伏,在留下一道"柏林墙"后宣告结束。

古巴导弹危机 古巴位于加勒比海,距美国约90海里,历史上长期依附于美国,美国资本控制着古巴经济。1959年1月,卡斯特罗(1926—2016)领导的民族主义武装运动推翻巴蒂斯塔政权,建立新政府。美国承认了革命政府,但在美、古关系上很快与新政府发生矛盾。美国希望能继续维持原来的关系以保护美国资本的利益,而卡斯特罗政府不愿听命于美国,他按照自己的革命纲领推行经济和社会改革。1959年5月开始的土地改革和产业国有化严重打击了美国资本,美、古关系趋于紧张。与此同时,苏联利用美、古矛盾开始向古巴渗透。1960年2月,苏联部长会议第一副主席米高扬访问古巴,苏、古签订贸易协定,苏联还向古巴提供1亿美元贷款,帮助古巴顶住美国的压力。同年5月苏、古建立外交关系。古巴与苏联的接近激怒了美国,美国采取一系列报复性措施制裁古巴,包括停止从古巴进口食糖,企图用经济压力迫使古巴屈服。然而,得到苏联支持的古巴决心与美国斗争,10月,卡斯特罗宣布,古巴进入社会主义革命阶段,并下令将所有银行和大企业收归国有,其中有167家美国企业。1961年1月,美国与古巴断交。4月17日,在美国中央情报局策划下,1000多名古巴流亡分子组成的武装雇佣军入侵古巴,在位于猪湾的吉隆滩登陆,企图推翻卡斯特罗政府,但在古巴军民的反击下惨遭失败,入侵者被全歼。猪湾事件把古巴进一步推向苏联,5月1日,卡斯特罗正式宣布古巴是社会主义国家,随后成立了社会主义革命统一党(1965年改称共产党)。从1962年起,美国对古巴实施全面经济封锁,而苏联也开始以保卫古巴为由向古巴提供经济和军事援助,古巴成为美、苏在西半球争夺势力范围的热点。

为了利用古巴的特殊地理位置对美国形成威慑,以此弥补苏联在战略核力量上的差距,平衡美、苏战略地位,赫鲁晓夫决定向古巴运送中程核导弹和重型轰炸机,在古巴建立导弹基地。这一行动从1962年7月起实施,到10月份,已有42枚导弹被秘密运到古巴,一批伊尔-28轰炸机也同时进驻古巴。苏联的行动被美国情报机关察觉,8月至10月间,U-2高空侦察机拍下了数千张照片,最后确认古巴正在修建导弹发射场并部署了重型轰炸机。10月中旬,中央情报局把侦察结果向肯尼迪总统作了报告。10月16日至22日,肯尼迪召集国家安全委员会商讨对策,在权衡几种方案的利弊后决定对古巴实施武装封锁,迫使苏联让步。

10月22日晚,肯尼迪发表广播电视演说,宣布武装封锁古巴,同时要求苏联在联合国监督下撤走已经部署在古巴的进攻性武器。当天,肯尼迪还致信赫鲁晓夫,要他"正确理解美国在任何特定情况下的意志和决心"。从23日起,美国出动包括8艘航空母舰在内的183艘军舰和大批飞机,对古巴实行全面封锁。

面对美国的威胁,苏联一方面作出对抗性姿态,扬言要对美国的行动采取"必要的和适当的措施",但另一方面,赫鲁晓夫已经在考虑如何与美国妥协以摆脱困境。作为第一个步骤,从24日起,所有正在开往古巴的苏联船只全部掉头返航,避免与美国军舰接触。随后,赫

美机拍摄的古巴导弹发射场照片

鲁晓夫在致肯尼迪的信件中表示,苏联可以同意美国的要求,从古巴撤出导弹,但作为交换条件,美国必须解除对古巴的封锁,并保证不入侵古巴。此外,赫鲁晓夫还要求美国从土耳其撤走导弹。对于苏联的要求,肯尼迪予以"部分满足",即答应在苏联撤走导弹后解除对古巴的封锁,至于土耳其问题则不作承诺,只表示可将其纳入欧洲核武器控制谈判的议程。在美国的软硬兼施下,赫鲁晓夫最终作了决定性的让步,他于 28 日致信肯尼迪,正式同意从古巴撤出导弹。11 月 8 日开始,苏联货船将撤除的导弹部件从古巴运回苏联,并在公海上接受了美国军舰的检查。到 11 日,42 枚导弹全部撤走。接着,伊尔-28 轰炸机也在一个月内全部撤走。11 月 20 日,美国宣布解除对古巴的海上封锁,古巴导弹危机到此平息。

古巴导弹危机是美苏冷战史上的重大事件,虽然其持续时间不长,却对美苏关系产生了深远影响。首先,这是美国与苏联在西半球进行的第一次较量,尽管它以苏联的退让而告结束,但它表明,苏联已经突破雅尔塔体系划定的势力范围,开始走上与美国全球性争霸的道路。其次,这是战后美、苏之间发生的最高等级的危机,双方几乎走到爆发核战争的边缘。由于双方决策者的理智,人类避免了一场核灾难,但危机提供的教训是深刻的。经过这场危机,美、苏分别吸取了一些教训,作为苏联,意识到自己尚未取得与美国的战略平衡,因此在冷战形态的较量中不可避免地处于劣势,于是,在古巴导弹危机的刺激下,苏联决心加速发展军事力量,尤其是战略核力量,以谋求对美国的战略优势。作为美国,从危机的处理中总结了"分级威慑,逐步升级"的遏制方式,认为这是在避免核战争的前提下维护霸权和自身安全的有效战略,当然,这就要求美国拥有从常规武力到核武力的全面优势,在每一个竞争级别上都能压制对方,这样才能避免走到核门槛。所以,古巴导弹危机后,苏联和美国出于各自的动机展开了新一轮军备竞赛。与此同时,双方也吸取了共同的教训,这就是:在双方都拥有核武器的情况下,冲突必须有一个最后界限,任何一方都不能把对方逼到无路可退的地步,否则,即使是占有优势的一方也要蒙受同归于尽的风险。由此就产生了"危机控制"的必要性,而作为控制机制,彼此间信息的沟通十分重要。出于这种考虑,1963年5月,美国与苏联商定,在五角大楼和克里姆林宫间建立一条通讯"热线",使两国最高决策者保持最快捷、最可靠的信息沟通。

总之,以第二次柏林危机和古巴导弹危机为突出事件的50—60年代的美苏关系,反映出在当时的力量对比条件下双方的战略地位。总体上,美国掌握着冷战的主动权。但进入70年代后,情况发生了变化。

二、70年代美苏争霸态势的变化

从60年代末开始,美国与苏联的力量对比出现了有利于苏联而不利于美国的变化,其原因主要有三个方面:

第一,战后资本主义世界体系的经济发展周期在经历了20年左右的快速发展后进入一个调整性的低谷阶段,经济繁荣期的一些刺激因素所积聚的深层次矛盾逐步显化,最后在中东战争促发的石油危机的诱导下酿成了全局性的"滞胀"型(经济停滞和通货膨胀并发)经济危机。在这个过程中,美国首当其冲,受危机影响程度较深,加之短期内难以找到治理这种新型危机的有效对策,所以,70年代的美国经济呈现疲软态势,在世界经济中的地位相对衰落。与此同时,资本主义阵营内部关系的变化也削弱了美国支配世界的战略地位。

第二,古巴导弹危机后,苏联集中力量发展战略核武器,全面增强其军事实力,取得明显成效,因此大大缩小了与美国在军事方面的实力差距,其中某些领域还超过了美国。从战略核导弹的数量对比看,1962年美国占有多一倍的优势,1969年双方已成平手,到1978年,苏联拥有的洲际弹道导弹和潜射导弹数都超过了美国,再加上常规武器方面苏联原本就拥有的数量优势,美、苏军事实力对比的天平已向苏联一端倾斜。

第三,从60年代中期起,美国越来越深地陷于越南战争的泥潭,这个沉重的包袱束缚了美国与苏联在全球争霸的手脚,成为导致双方争霸态势逆转的直接因素。

越南战争 1954年7月在日内瓦签署的关于印度支那问题的协议结束了这个地区作为法国殖民地的历史,但是,由于美国势力的介入,日内瓦协议所规定的在越南举行自由普选以实现和平统一的进程被1955年10月南越吴庭艳集团的政变打断了。吴庭艳(1901—1963)在美国支持下废黜傀儡皇帝保大后单方面在越南南方举行了"选举",自任总统、总理和国防部长,建立起独裁政权,破坏了日内瓦协议,造成了越南南北方的分裂局面。在这一背景下,越南劳动党南方局决定发动武装斗争,推翻吴庭艳政权。1959年8月,越南南方开始了人民武装斗争,随着斗争规模的扩大,1960年12月和1961年2月,先后成立了越南南方民族解放阵线和越南南方人民解放武装力量,吴庭艳政权陷入困境。为了维持南越的亲美政权,从 1961 年 5 月起,美国通过与南越政府签订的双边军事协定,正式介入越南的内战,将这场内战逐步扩大为国际性的局部战争。

美国参与越南战争的第一阶段被称作"特种战争",也就是由美国提供军事装备和军事顾问,南越政府军在美国的武装和指挥下对反政府游击队实施"清剿"。为此,1962 年 2 月设立"美国军事援助司令部",到 1964 年,被派往越南从事"特种战争"的美国军事人员达到 22000 余人。然而,"特种战争"不仅未能消灭游击队,反而激起了人民群众更大规模的反抗,日益孤立的吴庭艳于 1963 年 11 月 1 日在一场军事政变中被杀。此后,南越政权变动频繁,统治基础日趋不稳。在这种情况下,美国开始直接卷入越南战争,并策划将战争扩大到越南北方。

1964 年 8 月,美国制造"北部湾事件",借口美国军舰在北部湾海域遭越南人民军炮艇袭击,对越南北方进行空袭。随即,美国国会通过授权总统采取一切战争措施的决议案,越南战争进入以美军为一方主力的大规模交战阶段。1965 年 2 月,美国开始对越南北方实施持续 4 年的大规模轰炸,同年 3 月 8 日,首批美国海军陆战队在南越岘港登陆。此后,美军参战人数不断增加,到 1969 年,被送往越南战场的美国军人达 55 万,美国在越南战争中使用了除核武器外几乎所有新型武器,包括 B-52 型战略轰炸机和凝固汽油弹,投弹总量达 1450 万吨,消耗军费 1389 亿美元。在对越南北方的全面轰炸阶段,美国平均每天出动 300 架次飞机,最多时一天出动了 790 架次。

越南战争给越南人民带来了深重灾难

尽管美国把大量的军力和财力投入越南战争,仍然无法扭转局面。相反,越南南北两个战场联成一体后,北方人民军和南方人民武装协同作战,进一步增强了战斗力。在中国、苏联等国的支持和援助下,越南军民不仅顶住了美国的狂轰滥炸,而且在南方的地面战场不断取得作战胜利,逐步掌握了战争的主动权。1968 年 1 月 31 日(农历除夕),越南军民在南方发动大规模"新春攻势",向西贡、顺化等数十个大小城镇及敌军基地展开全面进攻,一度攻入西贡，袭击了南越政权的总统府和美国大使馆，南越第二大城市顺化被人民解放武装力量占领达 26 天。"新春攻势"标志着越南战争的战略转折，它极大提高了越南军民的士气，也使美国国内的反战运动进一步高涨。在这种形势下，内外交困的美国约翰逊政府不得不筹划如何从越战泥潭中脱身。

1968 年 3 月，美国宣布部分停止对越南北方的轰炸（将轰炸范围限于十九度线以南），同时提出和谈建议。5 月 13 日，越、美双边会谈在巴黎开始举行。10 月 31 日，美国完全停止对越南北方的轰炸，越南战争进入了最后阶段。这场战争对美国的打击是沉重的，美国的战争行动在给越南人民造成深重灾难的同时也使自己付出了巨大代价。代价之一就是严重削弱了美国在与苏联争霸中的战略地位。1969 年 1 月上台的尼克松政府面对越战失利的形势，只好从现实出发，着手调整美国的全球战略。

1969 年 7 月 25 日，尼克松在关岛发表"新亚洲政策"演说，首次提出，在亚洲盟国的国内安全和军事防卫问题上美国将不再包办，"除非存在某个核大国的威胁，美国将鼓励并有权期望逐渐由亚洲国家本身来处理，逐渐由亚洲国家本身来负责"。1970 年 2 月 18 日，尼克松在国会发表咨文《70 年代美国对外政策：争取和平的新战略》，从全球战略角度系统阐述了经过调整的美国对外政策纲领，这就是所谓"尼克松主义"。这一新战略强调"伙伴关系、实力、谈判"三原则，以现实主义的立场重新界定了美国与盟国的关系，重新确立了美国的干预能力和限度，并突出了外交在实现国家利益目标中的作用。与冷战初期的"杜鲁门主义"比较，尼克松主义是一种局部收缩的防御色彩较浓的战略，它承认，美国无力在世界上独自称霸，世界正在朝着以五大力量（美、苏、中、日、欧）为中心的"多边外交活动的新时代"发展，美国需要并可以借助第三种力量来遏制苏联，以较低的成本维持霸权。它认为，在现实的条件下，美国不可能全面出击，为确保战略重点必须实行局部的战略收缩，具体而言，要从亚洲收缩，集中力量加强欧洲的防御。由此出发，尼克松政府把修改对华政策放在十分突出的位置，其目的在于建构美、中、苏战略大三角，以华制苏，形成有利于美国的战略新态势。在这个意义上，中、美关系能否发生实质性变化将决定尼克松主义的成败，而在美国退出越南战争的步骤中，中国因素也是至关重要的。

美国欲改变对华政策的信号得到中国的积极反应。当时面临苏联巨大压力的中国也正在考虑调整对外战略，建立以苏联为主要对象的国际反霸统一战线。经过一段时间的信息沟通和间接接触，中、美两国政府正式交往的大门终于打开了。1971 年 7 月，美国总统国家安全事务助理基辛格（1923— ）秘密访华，为尼克松访问中国作安排。1972 年 2 月 21 日至 28 日，在中、美两国敌对 20 多年后，美国总统尼克松来到中国，为中美关系正常化迈出了决定性的一步。尼克松与毛泽东、周恩来会谈后，双方在上海发表了联合公报。公报强调："任何一方都不应该在亚洲—太平洋地区谋求霸权，每一方都反对任何其他国家或国家集团建立这种霸权的努力。"公报还指出："美国认识到，在台湾海峡两边的所有中国人都认为只有一个中国，台湾是中国的一部分。"尼克松访华与上海公报的发表不仅是中美关系史上的里程碑，而且对世界格局产生了重大影响，虽然中美正式建交是在 1979 年 1 月 1 日，但中美关系正常化进程启动后,中、美、苏战略大三角的形态已经出现,世界格局的多极化趋势因此被大大推进了一步。

中美关系正常化进程促进了越南战争的结束。1973年1月27日,美国与越南民主共和国及越南南方共和临时革命政府、南越政权在巴黎签署《关于结束战争、恢复和平的协定》。3月2日,关于越南问题的国际会议在巴黎举行,参加会议的除巴黎协定签字四方,还有中国、苏联、英国、法国和作为监督委员会成员的匈牙利、波兰、印尼、加拿大。会议确认了巴黎协定并加以保证。根据协定,侵越美军于3月29日全部撤出越南。越南战争就此结束[①]。

在美国进行战略收缩的同时,苏联在70年代强化了战略攻势,它利用美、苏争霸态势逆转的有利条件,凭借快速增长的军事力量,推行扩张型的对外政策,向世界各战略要地频频出击。70年代前半期,苏联把重点放在巩固欧洲势力范围,形成对西欧的战略优势上,其中一个重要措施就是通过大规模部署中程导弹谋取战区核力量优势。在稳住欧洲后,70年代中期开始,苏联发动"南下攻势",从东南亚(海路)和西南亚(陆路)两个方向出击,向美国的霸权发起全面挑战。这期间,苏联在西亚的阿富汗、非洲之角的埃塞俄比亚、南部非洲的安哥拉、拉丁美洲的尼加拉瓜等国先后扶植了亲苏政权,在这些地区建立了战略据点。苏联还通过越南将印度支那三国都纳入自己的势力范围,试图控制太平洋与印度洋之间的海上交通线。然而,苏联的扩张因缺乏雄厚的经济基础而难以持久,当1979年苏联为稳住西亚战略据点而出兵入侵阿富汗时,它的弱点开始暴露,并如同美国陷于越南战争那样陷入了阿富汗战争的泥潭。以此为转折点,80年代美、苏争霸态势再度出现逆转。

1973年6月勃列日涅夫与尼克松会面举行军备问题谈判

[①] 1975年,越南北方向南方南越政权控制区发动全面进攻,4月30日,南越政权投降。1976年7月3日,越南南北方实现统一。

三、80 年代美苏关系的重大转折

1979 年底苏军入侵阿富汗把美国逼到了战略防线的边缘,卡特政府不得不改变对苏政策,于 1980 年 1 月 23 日宣布了所谓"卡特主义",以不同于"尼克松主义"的强硬姿态警告苏联:"外部力量企图控制波斯湾地区的任何尝试都将被视为对美国切身利益的进攻,美国将使用一切必要的手段——包括军事力量在内——打退这种进攻。""卡特主义"被认为是美国对苏战略发生新的转折的开始,这一转折的完成则是在 1981 年里根(1911—2004)入主白宫之后。

美国里根政府的对苏战略包含在被称作"里根主义"的全球战略构想之内。这一战略构想的要点是:(1)通过发展高新技术重振美国的经济军事实力,夺回对苏战略优势;(2)以实力为后盾,同苏联展开全方位的争霸斗争,在短期目标上遏制苏联的扩张,在长期目标上则是通过军备竞赛拖垮对方;(3)作为排挤苏联势力的主要手段是在第三世界国家打"低烈度战争",以此将苏联从扩张中获取的地盘上"推回去";(4)继续利用中、苏矛盾,使美、中、苏战略三角作有利于美国的倾斜。总之,"里根主义"作为一种进攻型的战略,是对"尼克松主义"的修正,它更多地承袭了"杜鲁门主义"的衣钵。

里根政府对苏战略的实践主要表现在两个领域。其一,对第三世界的争夺从消极遏制转向积极排挤。1983 年 10 月美军入侵格林纳达是越南战争后美国恢复海外用兵的首次尝试①,并以此为开端,在第三世界一系列国家展开所谓"低烈度战争",即通过支持亲苏国家内的反叛力量和支持亲美国家政府对反叛力量的镇压来削弱苏联势力,扩大美国地盘。1985 年 1 月,经里根批准,由美国国家安全委员会、中央情报局、五角大楼和国务院一起组成秘密部际政策研究小组,确定援助阿富汗、柬埔寨、安哥拉、尼加拉瓜四个所谓"苏联据点"的"自由战士"进行反政府武装斗争,同时,对于萨尔瓦多、危地马拉等国的"左派游击队",美国则支持这些国家的政府当局予以镇压。

其二,在军备竞赛方面,从数量竞争转向质量和技术竞争。由于 70 年代苏联已在战略核武器的数量上赶上了美国,使双方都拥有"二次报复力量",所以里根政府意识到,仅仅从战略进攻力量的强化着手已无法达到既保存自己又消灭对方的目的,必须从一个新的角度来争夺战略优势,即建立起攻防结合的核战略体系,使美国得以在一场实际的核战争中成为最后的赢者。同时,通过这种以高新技术为核心的新一轮军备竞赛,可以拖垮经济力量相对落后的苏联。出于这种动机,1983 年 3 月,里根提出了"战略防御计划"(简称 SDI,又被称作"星球大战计划")。这一计划的目标是,通过研制与部署以定向能、动能等新型太空武器为主体的反弹道导弹武器系统,在外层空间建立多层次拦截防御体系,夺取"高边疆"的控制权。与"星球大战计划"相配套,美国还出台了"太空工业化构想",试图以军事技术带动太空

---

① 1983 年 10 月,格林纳达发生军事政变,亲苏联和古巴的"激进左派"接管政权,成立革命军事委员会。10 月 24 日,里根下令入侵格林纳达,次日起,美军出动 10 余艘军舰和海军陆战队侵入格林纳达,推翻了格林纳达革命军事委员会,控制了这个加勒比海地区的岛国。

经济开发，使美国在新技术革命浪潮中占据领先地位。由于"星球大战计划"需耗费巨额资金，而且一些新型武器的研制尚待时日，所以这一计划提出后在美国朝野引起了争论，计划的实施也因此而遇到阻力。但是，这一计划的初步实施已经使美、苏间的军备竞赛趋向质的变化，并因其对苏联产生的巨大压力而影响了美、苏战略均势，从而对美、苏关系也产生了重要影响。

苏联在70年代曾凭借扩军备战而取得战略上的攻势地位，然而，从综合国力比较，苏联还是落后于美国相当距离（据美国商务部计算，1982年苏联的国内生产总值为美国的54%；据苏联中央统计局计算，1980年苏联国民收入为美国的67%）。在这样的经济基础之上，苏联要达到军事力量领先美国的目标，势必加强国民经济军事化的力度，在投资和国民收入的分配上向军事部门严重倾斜。70年代以来，苏联的军费开支一直维持在国民生产总值的15%左右，而同期的美国约为7%，如此军备竞赛的结果使苏联背上了远比美国沉重的包袱。进入80年代后，苏联的经济增长势头日趋疲软，而随着势力扩张而来的军费开支却日益沉重，尤其是旷日持久的阿富汗战争更把苏联拖入了难以摆脱的泥潭。在这种力不从心的情况下，到80年代中期，苏联已暴露出内外交困的危机症状。为了摆脱困境，1985年上台执政的戈尔巴乔夫决定在推行国内改革的同时转变对外政策，并由此而提出了所谓"新思维"外交。戈尔巴乔夫认为，在核战争和军备竞赛中都不可能有胜利者，所以他主张以"合理足够"概念维持低水平战略均势，同时，他还提出了"全人类利益优先"、"国际关系非意识形态化"、"从多样性中寻求各国利益的均衡"等观点。这种"新思维"在其抽象的理论外壳中内含的实用主义取向是很清楚的，这就是：挣脱军备竞赛的重负，收缩海外扩张态势，甩掉包袱，为国内的改革创造外部条件。在这种思想指导下，苏联对外政策作了重大调整。

首先，从争夺军事优势转向主动裁减军备。1985年苏共中央召开4月全会后，苏联当局接连发出裁减军备的建议，并于当年7月末主动宣布单方面暂停核试验。1986年1月15日，戈尔巴乔夫发表声明，提出到1999年分三阶段完全消除核武器的裁减核军备计划，并将单方面暂停核试验的期限继续延长。与此同时，在美苏裁军谈判中，苏联为求得同美国的妥协，逐步松动其原来坚持的"一揽子"解决立场（即：把战略武器谈判、中程导弹谈判和太空武器谈判视为一个整体），先后于1987年2月和7月接受了美国主张的单独就消除中程导弹问题达成协议的欧洲"双零点"方案（指美、苏双方完全消除部署在欧洲的中程和中短程导弹）和全球"双零点"方案（指双方也按同等原则完全消除部署在欧洲之外的中程和中短程导弹），从而使中导条约得以在1987年12月正式签署。随后，苏联又在常规裁军方面作出主动姿态。1988年12月7日，戈尔巴乔夫在联合国大会发表演说时宣布，苏联将在两年内单方面裁军50万。在欧洲常规力量裁军谈判中，苏联也改变了原来坚持的按百分比"均衡裁减"立场，接受了西方国家主张的"削减后均等"原则，致使苏联和华约原先享有的常规优势不复存在。1989年下半年，急于达成战略武器条约的苏联在谈判中再次让步，宣布放弃战略武器谈判与太空武器谈判挂钩的立场，从而加快了谈判进程。1991年7月31日，美苏正式签署削减战略武器条约，按此条约，两国将在7年内把各自的战略武器运载工具削减到1600件，这样,原来具有数量优势的苏联将减少36%左右,美国则只需减少11%左右;条约还规定,双方将把各自的核弹头削减到6000枚,苏联将因此减少50%,而美国只减少35%[①]。

其次,从对外扩张转向全面收缩。苏联在竭力同美国达成裁军协议的同时,还决定改变其70年代四面出击的扩张态势,转而奉行全面收缩的方针。这方面的首要步骤就是从阿富汗撤军。撤军行动于1988年5月15日开始,至1989年2月15日完成,此举标志着长达9年的苏联侵阿战争以类似于美国侵越战争的结局而告终。与此同时,苏联也退出了南部非洲的安哥拉内战,受苏联支持的古巴干涉军从1989年4月1日起撤离安哥拉。随后,苏联在非洲之角和拉丁美洲的战略据点埃塞俄比亚和尼加拉瓜相继发生了政权变动,亲苏的埃塞俄比亚门格斯图(1941—)政权在失去苏联支持后于1991年5月被美国支持的反政府武装推翻,尼加拉瓜桑地诺民族解放阵线政权则在1990年的大选中被反对派击败,以和平方式交出了政权。苏联的收缩态势不仅表现在放弃70年代扩张所得的地盘,还表现在放松对原有势力范围(东欧及其他亲苏的社会主义国家)的控制,并最终导致从这些地区的退出。1989—1990年东欧剧变的进程中,苏联采取了不予阻止的放纵态度,而东欧各国政权变动后,纷纷脱离与苏联的同盟体系,使苏联在战后经营了40多年的"安全地带"迅速瓦解,苏联不得不把战略防线撤到了本国境内。与此同时,蒙古、越南、古巴与苏联的战略同盟关系也逐步淡化乃至走向终结,苏联退出了在亚洲和拉丁美洲同美国抗衡的最具威胁力的战略据点。

总之,在"新思维"指导下,苏联对外政策的调整和全面收缩,标志着苏联奉行的争夺世界霸权的政策遭到了严重的失败。由于苏联的经济基础比较薄弱,而军备竞赛又耗费了大量的资源,经济和军事的非均衡发展最终使这个跛足巨人难以维持其超级大国的架势而暴露出外强中干的实质。在这个意义上,戈尔巴乔夫时期的全面收缩并非主观意志所使然,而是历史对其前任们恣意扩张所造成的客观后果的一种清算。这一时期苏联的收缩和美国政策的强硬适成对照,美、苏关系因此而发生了具有实质性的转折,这次转折不是像以前那样表现为对抗与缓和的轮回,而是从根本上改变了美、苏间的战略平衡,动摇了构成战后世界格局基础的两极体制,维持了40年的雅尔塔体系和延续了40年的美苏冷战随之而走向终点。

第四节 两极格局的终结

一、德国的统一和雅尔塔体系的瓦解

1989年兴起的东欧剧变浪潮把本来似乎不可能的两个德国的统一问题突然提上了日

[①] 苏联解体后,上述条约由俄罗斯继续承担义务,与美国的战略武器谈判亦由俄罗斯继续进行。1992年6月16日,俄罗斯总统叶利钦与美国总统布什达成新的削减战略武器协议,规定将两国的远程核弹头分别减少到3500或3000枚。

程,并以极快的速度加以实现。

1989年下半年,在周边东欧国家变革形势的影响下,原来相对稳定的民主德国也出现了动荡局势,执政的统一社会党很快失去了对政权的控制。民主德国局势的演变为联邦德国介入事态、主导统一进程创造了有利条件。12月28日,联邦德国总理科尔(1930—2017)在议会宣布了实现德国统一的"十点计划",要求民主德国先进行自由选举,组成"民主合法性"的政府,然后根据联邦德国的《基本法》,民主德国地区恢复原德国的州建制,并以州为单位加入联邦德国。

1990年3月,民主德国举行多党选举,得到联邦德国支持的基督教民主联盟获胜,取得组阁权。4月12日,以德梅齐埃为总理的新政府成立,新政府在施政纲领中把实现两德统一作为内外政策的中心,并按照科尔的计划,加快了民主德国并入联邦德国的步伐。5月18日,两德签署了货币经济社会联盟条约,从7月1日起,东马克不再流通,西马克成为统一货币,这样,联邦德国为民主德国承担了经济改革的责任,而民主德国则接受了联邦德国的经济制度,同时,民主德国亦把国家主权的最重要部分之一交了出去。迈出这一决定性步伐后,统一进程已无大的障碍。7月2日,东西柏林的边界关卡全部撤销,柏林墙亦开始拆除。8月31日,两德政府签署国家统一条约,原民主德国地区恢复为5个州,加入联邦德国。9月19日和20日,两德议会分别批准统一条约,10月3日,民主德国终止存在,在分裂41年后,一个统一的德国重新出现在世界舞台。

德国的统一不仅仅是德国的内部事务,同时也是一个涉及世界格局的重大国际性事件,在德国统一进程中,引出了一系列"外部问题",其中最主要的是:统一后的德国与军事联盟集团的关系;德、波边界的确定;四个战胜国(苏、美、英、法)对德国的权利与责任的终止等。为了解决这些问题,有关国家先后举行了4次所谓"2+4"外长会议,即由两个德国和苏、美、英、法四大国外长共同讨论德国统一的外部问题,并就这些问题达成了各项协议。

第一次"2+4"会议于1990年5月5日在波恩举行。当时西方国家与苏联在德国统一问题上的分歧集中在:德国与军事联盟的关系应当如何处理?美国为首的西方阵营的立场非常明确:统一后的德国必须作为北约成员国留在西方联盟内,"不应以中立换取统一"。苏联则要求统一后的德国实行中立和非军事化。1990年6月22日在柏林举行第二次"2+4"会议时,苏联开始退让,提出一项"过渡时期"计划,即:为德国统一规定一个5年"过渡期",此期间两个德国仍分属北约和华约,5年后待盟军撤离德国可整体加入北约。但这一计划立即遭到其余各方拒绝。在西方国家的软硬兼施下,苏联的立场再往后退,同意统一后的德国可以自己决定其联盟政策,实际上为德国整体加入北约开了绿灯(在由科尔出面与戈尔巴乔夫达成的最后协议中,作为苏联同意德国成为北约成员的条件,德方允诺,苏军仍可在德国东部留驻数年,在苏军撤离前,北约不将其组织结构扩展到德国东部,德国还承担裁减军队、不制造和拥有核武器及生化武器的义务,并为苏军撤离提供财政支持和信贷援助)。军事联盟问题解决后,1990年7月17日在巴黎举行第三次"2+4"会议时,讨论的中心已转到德、波边界问题上,波兰代表因此参加了会议。会议达成的协议称,统一后的德国将同波兰正式签约,再次确认原来由两个德国分别确认的奥得—尼斯河界。这一不变更现有边界的原则也适用于其他国家。至此,有争议的外部问题基本解决,1990 年 9 月 12 日在莫斯科举行了最后一次"2+4"会议,苏联外长谢瓦尔德纳泽、法国外长迪马(1922—)、英国外交大臣赫德(1930—)、美国国务卿贝克(1930—)和当时两个德国的外长根舍(1927—)、德梅齐埃(1940—)共同签署了《最后解决德国问题的国际条约》。这样,战后四大国对德国的占领状态彻底结束,统一的德国成为国际法意义上享有完整主权的国家。

德国的统一是战后世界历史发展进程中一个具有历史分期意义的重要界标,它标志着战后初期依据第二次世界大战的结果所确立的以欧洲东西方分界线的划定为基本内涵的雅尔塔体系已经瓦解,欧洲和世界格局发生了根本性的大变动,世界历史进入了一个新时期。

二、经互会、华约组织的解散和东西方冷战的结束

苏联的全面收缩、东欧各国的剧变和德国的统一使苏联为首的"东方集团"分崩离析,再也维持不下去了。面对欧洲政治、经济、军事格局的实质性变化,原来作为苏联控制东部德国和东欧地区主要工具的经济互助委员会和华沙条约组织都失去了存在的基础。

经互会的活动从 1987 年起已经明显减少,成员国之间的换货额逐年下降,协调性和共建性项目陷于停顿,各国间的矛盾则日趋表面化。1990 年 1 月召开的经互会第 45 次会议,针对东欧变化的形势,提出要革新这一组织并改变彼此的经济关系,但会议没有就新的关系制定可行的方针,只是宣告了旧的协作关系的结束。此后,匈牙利、捷克斯洛伐克和波兰主张建立一个新的地区性经济组织来取代经互会,实际上这些在政局变动后已认同西方体制的国家都力图摆脱苏联的经济控制,它们的主张只是为自己进入西方经济体系寻求过渡途径。与此同时,西方国家加强了对东欧地区经济转轨的支持和援助,1990 年 4 月,在法国总统密特朗(1916—1996)建议下成立了欧洲重建和发展银行,其职能是"推动对中欧及东欧国家的投资,减少投资风险,促进上述国家向市场经济过渡及加快机构改革"。在这一背景下,所谓经互会的革新已经没有实际意义。于是,从 1991 年 2 月经互会第 46 次会议起,各成员国都在为解散这个组织而清算账目。6 月 23 日,经互会 9 个成员国的代表在布达佩斯签署了解散议定书,90 天后,经互会正式宣告解散。

华沙条约组织的衰亡与苏联从东欧国家撤军联系在一起。在 1989 年 7 月召开的华约首脑会议上,戈尔巴乔夫提出要按"新思维"改革华约,使华约从"军事政治组织转变为政治军事组织"。这次会议的公报还承认"各国有权独立地制定自己的政治路线,不受任何外来干涉"。苏联的"新思维"外交为苏军撤出东欧国家提供了依据。1989 年 12 月 4 日,苏、保、匈、波和民主德国五国领导人在华约会议上宣布,1968 年他们的国家出兵捷克斯洛伐克是"对捷内政的干涉,应当受到谴责"。以此为契机,捷、匈、波等国纷纷要求苏联从这些国家撤走驻军。经过谈判,苏联与上述国家先后达成了分阶段撤军协议,随着德国走向统一,驻德苏军的撤离也有了明确的时间表。这样,原本作为苏联控制东欧的军事工具的华约,在苏军撤离东欧的情况下,其实际功能已严重丧失。因此,1990 年 6 月华约政治协商会议提出,必须"重

新研究华约的性质、职能和活动,并把它改造成主权的、平等的国家建立在民主原则基础上的条约"。但会议刚结束,匈牙利就率先表示,它打算完全退出华约,因为这个组织已经过时了。匈牙利的立场代表了东欧国家的共同想法,从根本上说,已走向西方阵营的东欧各国不愿意继续留在苏联为首的联盟集团内(即使这个集团经过改造)。在众叛亲离的局面下,未等苏联拿出改造方案,华约实际已经趋于解体。1991年4月1日,华约组织宣布解散其军事机构。7月1日,华约6个成员国(此时,原成员国之一的民主德国已不复存在)领导人在布拉格签署议定书,宣告华约的有效期提前结束[①],华沙条约组织至此正式解散。

经互会和华约的解散也就是作为冷战一方的"东方集团"的自我解散,由于这个集团的解散,原来构成东西方对抗的两个国家集团中的一个已经消亡(半年后,苏联自身亦告解体)。在这个意义上,持续40余年的东西方冷战随之走向了终点。从本质上看,冷战的结束反映了国际政治格局在世界经济全球化的推动下必然发生演变的客观规律(冷战时期已经出现的多极化趋势亦是这一规律的反映)。当然,作为一个具体的历史变动过程,冷战以这种特殊的形式结束,在很大程度上是由苏联的战略和政策变化所促成的。换言之,如果苏联在政策调整中坚持霸权立场,不主动放弃同美国的对抗,那么,东西方冷战持续更长的时间也是完全可能的。所以,冷战的结束和两极格局的终结既是历史发展的客观趋势,又是历史发展进程中各种因素(包括人们的主观选择)互动所形成的"合力"的结果。

三、向新格局过渡的世界

战后世界格局由两极向多极化方向的演变本是60年代以来日益强化的大趋势,然而,以80年代美、苏关系的重大转折为契机,以东欧剧变、德国统一、苏联集团和苏联本身的解体为基本内容,发生在短短五六年间的这个特殊历史过程则使世界格局的演变注入了一股突然的加力,两极中一极的猝然崩溃出乎人们的意料,国际社会在尚未准备好替代结构的情况下仓促面对一个格局大转换中的世界。由于此次世界格局的转换不像以往那样发生在大规模战争之后(如拿破仑战争后形成维也纳体制,一次大战后形成凡尔赛体系,二次大战后形成雅尔塔体系),所以新体制的确立缺少硬性的仲裁力量。冷战的胜利者不同于热战的胜利者,其处置战利品及安排冷战后世界的权威是不充分的,胜利一方虽然处于有利地位,但未必能将自己的意志强加于整个世界,失败一方虽然处境艰难,但依然保留着军事大国的威慑力量,并在国际事务中有相当的发言权。此外,由于多极化趋势的长期酝酿和发展,原来的两极格局早已出现了破绽,因此当旧格局最终被打破后,多种基于民族主义的国家力量和地区性力量亦趁势蜂起,竞相角逐,谋求在新格局中的位置和利益。这样,在诸种因素的交汇作用下,冷战后新格局的形成过程表现得非常复杂、扑朔迷离、动荡不定。

90年代是世界向新格局过渡的起始阶段。在这个世界格局的转型期,新旧矛盾并发,无论在世界事务层面,还是在地区事务层面,各种国际关系都在调整,处于各个层次的国家也

[①] 华约从1955年6月4日生效,有效期20年;1975年自动延长10年;1985年又延长20年,故1991年尚未到期。

都在审时度势,重新定位,其中,大国关系的调整、世界经济体系的扩展和世界主导力量的重构对新格局的确立及其未来走向产生着决定性的影响。如果说,这一阶段中世界各地发生的局部性动乱和冲突大部分可看作旧格局瓦解进程中的衍生物,那么,有两场局部战争则因其牵动全局而被认为是当今世界主导力量凭借优势地位塑造新格局的演示。

海湾战争 1990年8月2日凌晨,伊拉克出动10余万兵力向科威特发起突然进攻,迅速占领了科威特全境。8月28日,伊拉克宣布,将科威特并入其版图。伊拉克的这一举动酿成了举世瞩目的海湾危机。本来,这类地区性的霸权扩张和侵略行径与世界格局的变动没有必然的联系,在两极格局下,美、苏两个超级大国亦经常指使或怂恿其代理人进行这类局部战争。问题在于,海湾危机正发生在雅尔塔体系瓦解之际,它表现为一个地区性军事强国向正在变动中的世界秩序的挑战,因而被力图建构新秩序框架的世界性力量所不容,而苏联的收缩又给"唯一的超级大国"美国提供了利用这一事件显示其领导冷战后世界事务的机会。于是,美国立即作出强烈反应,师出有名地牵头打了一场惩罚侵略者的"正义战争"。8月7日,美国总统布什(1924—2018)签署代号为"沙漠盾牌"的军事行动计划,次日,美国国防部宣布出兵海湾,数十万美军和大批先进武器装备迅速集结于海湾前线。美国的行动得到其盟国及海湾和中东地区多数国家的支持,当时筹集的数百亿美元军费中,大部分来自沙特、科威特、日本、德国、阿联酋等国。有28个国家参加了美国为首的"多国部队",除美国外,出兵较多的还有英、法及海湾六国、埃及、叙利亚等。美国的行动还得到联合国安理会的支持,海湾危机发生后,安理会反应迅速有力,连续通过一系列谴责和制裁伊拉克的决议,这些决议为美国的干预行动提供了合法性。鉴于伊拉克无视国际社会的压力和安理会决议,1990年11月29日,安理会通过第678号决议,决定"授权同科威特政府合作的会员国",除非在1991年1月15日前伊拉克完全执行所有安理会有关决议,"否则可以使用一切必要手段",维护并执行安理会决议,"恢复该地区的国际和平与安全"。安理会的授权为美国为首的多国部队的军事行动开了绿灯。

1991年1月17日凌晨,以"沙漠风暴"为进攻方代号的海湾战争正式打响,经过连续大规模、高强度的空袭轰炸,伊军基本丧失抵抗能力。2月24日,多国部队展开地面进攻,分四路进入科威特和伊拉克境内。2月26日,陷于困境的伊拉克宣布从科威特撤军,27日宣布无条件接受安理会已通过的所有有关海湾危机的决议。28日晨5时,美国宣布停止进攻性作战行动。3月2日,安理会通过第686号决议,要求伊拉克采取进一步行动结束海湾战争,并规定正式停火前伊拉克必须答应的一些条件。4月3日,安理会又通过第687号决议,规定伊拉克必须在国际监督下销毁其所有化学和生物武器及远程导弹,接受1963年伊拉克同科威特划定的边界,对科威特和其他国家给予战争赔偿等。4月10日,伊拉克同意接受687号决议。次日,安理会宣布海湾实现正式停火。

海湾战争是世界格局转换过程中第一场表现新格局特征的局部战争。在这场战争中,旧格局的主导力量之一苏联已失去其原来对世界重大事件的影响力,而美国及其西方盟国则展现了主导冷战后世界新格局的态势。由于在这场战争中美国得到联合国安理会的全力支持，其国家利益与国际社会的整体利益比较协调一致，因此战争的结局不仅有利于维护国际法准则，抑制侵略势力，而且有利于提高美国的国际威望和地位，并助长了美国作为冷战后"唯一超级大国"领导世界的霸权心态。正是从海湾战争开始，美国逐步形成了超越冷战时期奉行的"遏制战略"、以构建冷战后世界新格局为目标的新全球战略。1991年，美国总统布什在其《国家安全战略》报告中提出，要按照美国的价值观和理想建立一个新的国际体系，"一个政治和经济自由、人权和民主制度健康发展的稳定而安全的世界"。他认为，为实现这一目标，"美国的领导是必不可少的"。1993年9月21日，美国总统克林顿（1946—   ）的国家安全事务助理莱克在一次演讲中首次亮出了新全球战略的招牌，他提出，应以"扩展战略"取代"遏制战略"，所谓"扩展战略"包括四个组成部分：(1)加强由主要市场民主国家组成的大家庭，即巩固西方联盟；(2)在苏联和东欧等地区帮助促进和巩固新的民主体制和市场经济；(3)抵御敌视民主和市场经济的国家的侵略；(4)以提供援助和帮助推行民主与市场经济的方式实现美国的人道主义即人权目标。在莱克演讲六天后，克林顿于9月27日在联合国大会上发表讲话，对"扩展战略"的宗旨作了阐述，他说："在冷战期间我们试图遏制对自由制度生存的威胁。现在我们试图扩展生活在自由制度下的国家的圈子。"1994年7月，这一"扩展战略"思想被正式写入政府的《国家安全战略》报告。这标志着冷战后美国的新全球战略已经基本确立，它以保持美国作为世界上唯一超级大国地位以及在美国领导下扩展由民主和市场经济国家组成的世界体系为总目标，以振兴美国经济、维持美国在科学技术和军事上的优势地位为战略重点，突出重视与美国国家安全关系日益密切的全球性问题（如武器扩散、环境破坏、恐怖主义、贩毒、难民等），强调建立和强化美国领导的国际性制度和多边合作机制。可见，这一新战略已经勾画了面向21世纪的美国对外政策的总框架，体现了美国力图长期主导冷战后世界新格局发展趋势的国家意志。[①]

为了实现跨世纪全球战略，美国在90年代加强了与其西方盟国的战略合作和政策协调，在苏联为首的东方集团已经瓦解的条件下，冷战时期形成的西方集团——北大西洋公约组织却得到了进一步强化，并被改造为必要时可撇开联合国来主导国际事务的战略工具。1998年，北约完成了它在冷战后的第一轮"东扩"，原华约集团的波兰、匈牙利和捷克成为北约的新成员，这标志着北约朝着控制全欧洲的方向迈出了实质性的一步。接下去，波罗的海三国、罗马尼亚、保加利亚、斯洛伐克和斯洛文尼亚等国也将成为北约的扩大对象。1999年4月24日，北约组织在其成立50周年之际于华盛顿举行庆典并召开首脑会议，通过了《北约新战略概念》，提出在继续坚持集体防御政策的同时，将对成员国防区之外、主要是周边的"欧洲—大西洋地区"发生的冲突及与北约安全利益相关的事件作出反应，包括采取军事行动。这个文件确定了北约在后冷战时期将其作用扩大到集体防御之外的新的功能，突出了它对国际事务的干预权。在北约东扩和重新定位的同时，欧洲联盟也把接纳东欧国家问题提上

[①] 1998年12月，美国政府正式推出《新世纪国家安全战略》报告，再次阐述了以"建设性接触"和"扩展民主"为基本方针、以领导世界为目标的战略构想。

了议事日程。可见,把欧洲整体纳入西方主导的世界体系是美国实现其领导世界目标时优先考虑亦最具决定意义的步骤。正是在这样的战略背景下,美国为首的北约借科索沃危机对不愿进入西方体系、不服从西方国家意志的南斯拉夫联盟实施了惩罚性打击,发动了20世纪最后一场局部战争。

科索沃战争 科索沃战争是由科索沃危机引发的,而科索沃危机则根源于南斯拉夫的解体。作为东欧剧变的一个组成部分,1945年成立的南斯拉夫联邦于1991年迅速解体,当年6月25日,斯洛文尼亚和克罗地亚率先宣布脱离联邦而独立,10月15日和11月20日,波斯尼亚—黑塞哥维那和马其顿亦先后宣告独立,1992年4月27日,塞尔维亚和黑山两个共和国宣布联合组成"南斯拉夫联盟共和国"。这样,南斯拉夫联邦分裂为5个独立国家。在南联邦解体过程中,由于领土、财产和利益分割上的矛盾以及原本存在的民族纠纷和宗教冲突,各共和国间和各国内的不同民族间先后发生规模不等的战争,其中最严重的内战发生在波黑境内,并涉及其周边的塞尔维亚和克罗地亚。1992年3月因国家的独立地位进行全民公决而触发的波黑穆斯林、克罗地亚族和塞尔维亚族之间的冲突在外部势力的支持下(波黑塞族得到南联盟塞尔维亚共和国支持,克族得到克罗地亚共和国支持,穆斯林得到各伊斯兰国家支持)愈演愈烈,最终形成长达三年半以上的全面内战,死亡人数超过25万。直至1995年11月21日,打得精疲力尽的各方才在美国的干预下于美国俄亥俄州的代顿空军基地签署了和平协议。代顿协议并没有平息南联邦解体带来的动荡,波黑战争结束后,民族冲突的热点很快转移到南联盟境内,科索沃危机成为世人关注的中心。

科索沃位于南联盟塞尔维亚共和国西南部,面积10887平方公里,与阿尔巴尼亚、马其顿相邻,人口200余万,其中90%以上是阿尔巴尼亚族。在南斯拉夫联邦时期,科索沃是塞尔维亚共和国内的自治省,但这个地区始终存在着要求更高程度民族自治的潮流。1980年铁托逝世后,以独立为目标的科索沃民族主义运动逐步兴起,并得到阿尔巴尼亚的支持。在这一背景下,阿族与塞族的矛盾日益尖锐,冲突时有发生。1989年2月27日,当时担任塞尔维亚共产党领导人的米洛舍维奇(1941—2006)为了压制阿族的民族主义运动,宣布取消科索沃的自治省地位,由此更激发了阿族的对抗情绪,阿族与塞族的冲突趋向激烈,塞尔维亚当局对阿族的镇压也随之升级。进入90年代后,阿族的民族主义运动进一步高涨,于1992年5月自行组成议会和行政机构,还选举民主联盟领导人鲁戈瓦(1944—2006)为"科索沃共和国"总统,形成了与塞族政权并行的另一个政权。1996年,阿族激进分子成立武装组织"科索沃解放军",开始了运用暴力手段的分离运动。面对阿族人的反抗,米洛舍维奇为首的南联盟和塞尔维亚当局采取强硬镇压措施,派遣大批塞族军队和警察部队进驻科索沃,试图消灭"科索沃解放军"。这样,在波黑战火逐渐熄灭的同时,科索沃的战火却越燃越旺,1997年以后不断发生武装冲突事件,伤亡人员日趋增多,约30万人流离失所,沦为难民。科索沃危机的发展使代顿协议后力图控制巴尔干局势的美国等西方国家感到不安,它们不能允许南联盟的行为干扰冷战后世界新格局的构建,同时它们也图谋借这一危机的处理排除东南欧地区最后一个与西方体系异己的米洛舍维奇政权,因此,从1998年底起,美国为首的北约开始介入科索沃危机,北约与南联盟的矛盾逐渐成为主要矛盾。

1999年2月6日,在美国和北约的压力下,塞尔维亚和科索沃阿族代表在巴黎附近的朗布依埃举行和平谈判,谈判的基础是美国特使希尔草拟的方案。该方案的主要内容是:尊重南联盟的领土完整,科索沃享有高度自治,南联盟军队撤出科索沃,"科索沃解放军"解除武装,按当地居民人口比例组成新的警察部队维持治安,北约向科索沃派遣多国部队保障协议实施。这个方案对双方来说都难以接受,阿族坚持要最终走向独立,并且不愿解除武装;南联盟则不同意科索沃获得自治共和国的地位,也反对北约部队进驻科索沃。但是,主持谈判的美国和北约表示,这个方案的80%内容不许改变,必须接受,否则拒绝的一方将受到惩罚,其中对南联盟而言将遭到北约的军事打击。在谈判陷入僵局后曾一度休会,3月15日复会,阿族代表于18日签署了协议,但塞尔维亚方面仍然拒绝签字。3月19日,北约向南联盟发出最后通牒,3月24日,北约发动了对南联盟的空中打击,科索沃战争爆发。

科索沃战争以大规模空袭为作战方式。美国为首的北约凭借占绝对优势的空中力量和高技术武器,对南联盟的军事目标和基础设施进行了连续78天的轰炸,给南联盟造成了重大财产损失和环境破坏,也造成了许多无辜平民(包括阿族难民)的伤亡。5月8日,北约战机发射的导弹击中了中国驻南联盟大使馆,导致3人死亡、多人受伤和馆舍的毁坏,制造了世界外交史上罕见的重大事件,严重侵犯了中国的主权,激起了中国人民的极大愤慨。北约的战争行动打着维护人权、制止"种族清洗"的旗号,实际上却以其非人道的行为导致了一场人道主义灾难。与海湾战争不同,北约这次战争行动没有得到联合国安理会的授权,违反了《联合国宪章》,在国际关系史上开创了一个危险的先例,因此受到世界舆论的广泛批评。

在北约空袭的巨大压力下,经过俄罗斯、芬兰等国的斡旋调停,南联盟最终软化了立场。6月2日,南联盟总统米洛舍维奇接受了由俄罗斯特使切尔诺梅尔金(1938—2010)、芬兰总统阿赫蒂萨里(1937—)、美国副国务卿塔尔伯特(1946—)共同制定的和平协议。该协议在坚持原朗布依埃方案基本内容的同时,强调了通过联合国机制解决问题的必要性,并对此作了具体规定。根据这个协议,进驻科索沃的多国部队将按照联合国宪章精神建立,科索沃未来自治地位的确切性质将由联合国安理会决定,难民返回家园的安排也将在联合国难民事务高级专员的监督下实施。6月3日,南联盟塞尔维亚共和国议会通过了接受上述协议的决议。6月9日,北约代表和塞尔维亚代表在马其顿签署了关于南联盟军队撤出科索沃的具体安排协议,南联盟军队随即开始撤离科索沃。6月10日,北约正式宣布暂停对南联盟的空袭。同一天,联合国安理会通过了关于政治解决科索沃问题的决议。历时两个半月的科索沃战争至此落下帷幕。

科索沃战争是20世纪末世界格局转型进程中的一个重要的阶段性标志。通过这场战争,美国及其西方盟国利用北约组织在推进欧洲地区的整合、实现其主导世界新格局的战略目标方面又迈进了一步。与此同时,美国在世界其他地区也按其战略部署展开了积极活动。如:在亚太地区通过修订美日防卫合作指针和研究开发"战区导弹防御系统"(TMD),扩大美、日军事同盟的活动范围和强化其军事打击能力;在中东地区一方面继续压制伊拉克、伊朗等敌对国家，另一方面竭力主导以色列与阿拉伯国家的和谈进程，以保持在该地区的控制力。总之，美国正以欧洲为战略重心，以亚太和中东为两大侧翼，逐步构筑起由它主导的全球安全体系。显然，美国和西方联盟的战略及其实践对冷战后世界新格局的形成具有重大影响，从海湾战争开始，经过10年左右的动荡、调整，至科索沃战争，新格局的轮廓构架已露出端倪，美国作为唯一超级大国的霸权在其中的作用表现得相当明显。然而，冷战后的世界毕竟不可能变成美国所希望的单极世界，因为在美国霸权提升的同时，发端于两极格局时期的国际政治多极化趋势也在继续发展，而且世界上大多数国家（包括美国的西方盟国）都不希望美国成为世界唯一的支配力量，所以，多极化必然成为表现国际社会多数成员意志的世界性潮流，这股潮流是美国无法阻挡的。当然，冷战后新格局基础上的多极化与两极格局基础上的多极化其内涵和表现形式是不尽相同的，如果说冷战时期多极化趋势的主要作用表现在通过对美、苏两霸的抑制促进两极格局的瓦解，那么，冷战后多极化趋势的功能主要表现在阻止单极霸权的形成，为一个更具合理性的、力量分布更为平衡的世界新格局提供建设性力量。

第五节　后冷战时代"全球问题"的挑战

一、世界体系结构性矛盾的深化

冷战的结束标志着世界体系在经历了一个世纪的裂变、重构后，进入了一个更具一元性的、发展程度更高的形态。冷战后，全球化的统一的世界市场已经形成，虽然在国际政治和世界经济领域仍不时出现动荡，但这已经属于新形态中世界体系的矛盾运动，从20世纪90年代起，世界历史已经开始了一个新的发展周期。

世纪之交的人类社会在文明发展层面上也面临着一系列挑战。这些挑战因为是在进入全球现代化阶段而产生或深化的，所以被称作"全球问题"，被看作对全人类的挑战。

由于苏联发展模式的失败和苏联为中心的国家集团的解体，人们似乎看到了一种历史性选择的结果，这就是以统一的世界市场为基础的自由民主制度的全球性建构。而且，既然"世界经济体"是由西方资本主义发达国家主导的，那么西方类型的自由民主制度也将主导全球公民社会的建构。正是出于这样的判断，美国学者弗朗西斯·福山在90年代中期提出了"历史终结"论。在他看来，关于人类文明发展取向和制度选择的意识形态冲突已经随着苏联退出历史舞台而告终结，因为"自由民主已克服世袭君主制、法西斯与共产主义这类相对的意识形态"，于是自由民主成为"人类意识形态进步的终点"和"人类统治的最后形态"。显然，这种观点若证之以历史实践，乃是面向"过去"，对20世纪的意识形态斗争和发展道路选择做了一个阶段性的"总结"。若放到世界历史坐标上，这种解释与20世纪曾经风行过的一些宏大"革命话语"一样，只具有"短时段"的意义。冷战后的历史运动表明，以冷战终结为标志的这一结局并非人类社会在发展道路选择上的最后结果。西方主导的市场经济和自由民主制度的胜出，一方面表现出"现代化"和"现代性"的普遍意义及其对人类历史的推动作用;另一方面也表明那些20世纪的替代性选择方案实质都是相对落后地区对"现代性"的抵制或反抗,它们在与"现代性"的较量中终因落后而落败。但是,这些替代性选择的失败并不能得出新的选择不会再出现或人类不再需要新的选择的结论。因此,"历史终结"论并不具有对"未来"的解释功能,如同其他种种乌托邦理论,它无法论证继续发展中的人类文明的未来走向,其虚妄就在于将短时段的历史观察升格为长时段的历史理论,将世界历史的一个阶段性变化夸大为终极性结果。

其实,后冷战时代的冲突和危机已经昭示人们,随资本主义工业化而来的现代性矛盾并未因冷战的结束而消除,苏联模式的失败也没有终结发展道路的竞争。因此人们还要继续应对现代性矛盾的挑战,还会因利益的纠葛而产生政治理念和意识形态的分歧,并进而导致各种类型的冲突。况且,这种孕育于冷战时期的冲突与对抗所表达的仍然是"现代性"的矛盾。源自西欧社会的现代化历史进程表现为两股并行的历史潮流:一是资本逻辑推动的经济全球化运动(通过世界市场、跨国资本和世界体系的发展);二是民族国家逻辑推动的现代民族主义运动(通过内在的主权国家建设和外在的国际体系建构)。两种历史运动构成了现代世界的复合结构——作为经济结构的"世界体系"与作为政治结构的"国际体系"的张力与矛盾。当然,由于冷战的终结,竞争性选择的主体已经发生了变化,随着原来主导二元体系格局的制度和意识形态对抗因素的消解,原先被"遮蔽"的另一些世界性对抗开始发挥其威力。其中伊斯兰激进主义运动是当今最具代表性的对抗西方世界及其"现代性"的力量,这种被亨廷顿称作"文明冲突"的新一轮意识形态斗争正在以各种形式(包括各种类型的恐怖主义组织和行为)展开。与国际政治的显性冲突比较,对人类社会影响更深远的是后冷战时代世界体系结构性矛盾的升级和深化及其带来的诸多挑战和风险。其中,经济全球化与社会共同体边界的不对称、信息全球化与意识形态认知的不对称、全球性问题与国际社会治理能力的不对称是矛盾的集中表现。当然,上述矛盾在冷战时期也已产生,但当时受制于"二元世界"的分割而尚未达到"全球"程度。现在,国际体系的冷战桎梏已被打破,世界体系的一元性得到了充分显示,人类社会进入了真正的全球化时代,世界体系的结构性矛盾也同时具有了全球化的形态。由上述矛盾而展现的新阶段的世界体系运动比冷战时期更直接、更深刻地反映了"现代性"的内在冲突和人类社会的发展性困境。也正是在这一背景下,国际体系与世界体系的张力因两者发展的不同步趋势拉大而更加凸显,成为后冷战时代诸多国际冲突的根源。

二、人类社会的发展性失衡

当前人类社会面临的"全球问题",除了国际政治领域以战争与和平、霸权与均势为主题的重大问题外,在发展领域,主要表现为以下几个方面:

(一)发展的自然性结构失衡问题。人类文明是在地球自然生态系统中发生和发展的,系统的平衡是文明可持续发展的基础。近代以来,工业文明首先在地球的某些区域打破了自然生态系统的平衡,然后,随着工业文明的扩展,失衡的区域范围不断扩大,到20世纪后期,经济全球化的进程最终使自然生态系统的失衡成为一个全球性问题。所谓自然性结构失衡,主要是指人类出于经济目的的生产活动对自然生态系统造成的负面后果超出了自然界自身的正常代谢功能,从而导致自然生态系统的结构紊乱和退化。目前,人们所观察到和意识到的这方面的突出问题是:1. 人口的增长速度过快和城市化、老龄化程度过高;2. 自然资源的过度开发和生物多样性的减少;3. 环境污染日趋严重和人类的自然生存质量下降。1999年10月,世界人口突破60亿,人类在40年里使人口数量增加了1倍,而世界人口从19世纪初的10亿增长到1960年的30亿则用了150年。可见人口的增长呈明显的几何速率,如果继续以这样的速度增长,那么50年后的世界人口很可能超过120亿。人口的膨胀将使地球的承载能力面临极限,许多人类生存必需的自然资源将会枯竭。据联合国环境规划署发表的《2000年全球环境展望》提供的数据,世界上约有20%的人缺乏安全的饮用水,80%的原始森林已被砍伐一空或遭到破坏,1/4的哺乳动物濒临灭绝,温室效应气体的排放则比50年代增加了3倍。这份有850人参与、历时两年半完成的报告指出,人口和经济增长对环境造成的破坏性影响要超过管理和技术的进步所取得的成果。人类可用来防止环境灾难发生的时间正变得越来越紧迫。

（二）发展的社会性结构失衡问题。现代文明所导致的人类社会与自然生态系统的矛盾之所以成为全球性问题,不仅是由于工业生产力的技术要素具有无限扩展的功能,而且在于工业文明的历史进程是由一种以利润的追逐为发展动力的社会机制——资本主义生产方式所主导的,在这种社会运行机制中,经济效益被置于社会效益之上,发展的不平衡成为提高经济效益、维持发展动力的必要条件。这样的发展机制一方面推动着经济全球化,另一方面也把不平衡的发展扩散到全球。不平衡的发展不仅表现为自然系统的失衡,同时也表现为社会系统的失衡,就后者而言,作为全球性问题,世界局部地区的过度发展与大部分地区的发展不足形成了尖锐的矛盾,虽然世界经济的整体水平在不断提高,但不同国家和地区间的贫富差距却在拉大。据世界银行公布的《1999/2000年世界发展报告》,目前每天收入不足1美元的绝对贫困人口已接近15亿,这个数字比15年前增加了3亿,如果不改变既有的结构失衡状态,那么到2015年,绝对贫困人口将会增加到19亿。如同自然系统的失衡会使人类的生存陷入困境,社会系统的失衡也会使人类面临严重的危机,在一个国家范围内,结构性贫困是社会动乱的根源,在世界范围内,全球性的结构失衡所导致的贫困是引发国际争端和跨国恐怖主义活动的重要原因,并最终将对人类社会的整体发展产生负面影响。

（三）自然性结构失衡和社会性结构失衡的双重效应问题。在当代世界的发展进程中,人类面临的全球问题不是孤立存在的,而是相互联系的,任何一个问题都包含着与自然系统和社会系统密切相关的双重因素。如人口问题,它既是现代科学技术发展为人类提供了人口增长的更好条件的结果,同时又是贫困地区以出生人口的数量来应付恶劣的生存环境的结果。于是,人口问题就出现了两种趋势,一方面是发达地区的老龄化,另一方面是贫困地区的高出生率,这两种趋势的结合,使人口总量的膨胀难以遏制,并使人口的增量部分进一步加剧了贫困的积累。再如环境问题,工业生产对自然生态的破坏首先从发达地区开始,当这方面的后果显化后,发达地区往往采取两手政策,在本地区重视环境保护,而将高污染产业转移到其他地区,这样既满足了改善自己生活环境的愿望,又不放弃对高额利润的追求。而作为发展中国家和地区,它们的发展首先着眼于经济的高速增长,在追赶发达地区的过程中,急功近利的心态和实际的利益驱动使环境保护只能被置于次要地位。此外,发达地区的消费方式在消耗自然资源上开创的负面效应随着大众消费的全球化而被扩散和放大,也进一步加剧了环境的退化。所以,全球性的环境问题在目前的社会结构条件下不可能得到全球性的治理。人们尽管已经认识到问题的严重性及其根源,也举行过一系列国际会议,发表了代表人类共识的世界宣言(其中最具影响的是1992年6月在巴西里约热内卢召开的环境与发展问题全球首脑会议所通过的《里约热内卢宣言》以及在《21世纪议程》的总框架下制定的一系列公约性文件),然而,实际的全球性治理环境运动至今没有形成有效的协同机制,虽然局部的环境保护有所成效,但总体上人类的生存环境继续在恶化。

总之,进入21世纪的人类社会既充满了发展的机遇和希望,也面临着诸多全球问题的挑战,这是世界现代化进程推进到全球化阶段的反映,也是人类登上一个新的发展高度后必然要作出的选择。当前,人类社会在选择未来发展方向和发展机制时所要解决的最具普遍意义的两个问题是:1. 在冷战后的国际政治环境中,如何实现世界体系和全球秩序的重构,为现代社会的全球性整合奠定合理的基础。2. 在信息技术革命和人工智能技术所代表的新经济时代到来之时,如何超越工业文明时代的发展机制,矫正现代文明的偏失,为走出发展困境,突破发展极限而寻求"可持续发展"的道路。对这两个问题的回应,也就是和平与发展的时代主题在新世纪历史进程中的拓展和深化。

第十章
20世纪思想文化的发展

思想文化的发展是人类文明进步的重要组成部分,它同政治经济发展及社会变迁紧密关连,相辅相成。

20世纪,科学技术加速化发展。它除了对文化发展有着表层的作用,如通过某项技术的发明,在绘画或文学作品中直接反映出来外,更主要的是能够重塑社会的整体系统,从根本上制约社会现实和观念形态,影响包括日常衣食住行的文化活动和高层次的文学艺术,从而深层地影响思想文化。19世纪末20世纪初的科学技术与工业革命带来了生产和社会生活的现代化,改变着人们的生活和思维方式,在现代化的进程中,人们的生活节奏日益加快,以前那种宁静浪漫的生活情趣被取代,人的异化现象更为明显。一些思想家在思考科学技术对人的影响问题时,得出了悲观的结论。非理性主义思潮由此兴起,它否定理性和上帝,否定西方社会的传统文化和传统价值标准,成为现代主义文学艺术的思想根源。

与此相对应,思想文化界对人的价值问题越来越重视。20世纪前半期,人类社会爆发了两次世界大战,无辜的生命大批死亡,文化遗产遭到浩劫,资本主义经济危机把一批批的人抛向痛苦的深渊,法西斯势力严重摧残人性,核武器的残酷破坏能力和核战争的威胁深深地触动人们的灵魂。人的生存危机促使西方文化界进一步批判资本主义的文化传统和社会现实,更加重视人的地位和价值。人作为西方文化载体的主体性得到进一步体现,社会科学各领域对人的探索和认识更加深化,人本主义哲学思潮的发展势头比以前更猛,存在主义作为体系更为完整的非理性主义流派,代表了人们普遍的思虑。

世界整体化进程进一步加快,使不同类型和体系的文化剧烈碰撞。各种文化在广泛的交流中,通过比较、反思、认同和扬弃,都会从其他文化特质中吸收新的元素和养料,从而导致文化的变迁和多元发展。同时,世界整体化进程也使环境问题、人口问题、粮食问题、教育问题、反毒品问题、反恐怖问题等成为有关人类命运的全球问题,成为各国文化界共同关注的焦点。

第一节　哲学与历史学

一、科学主义与人本主义哲学

20世纪的西方哲学派别林立,变化多端,但是大体上沿着科学主义和人本主义两大思潮由分化到聚合的方向演变。世界现代化运动的重大成果是科技发展,然而对科技事业的成功有不同的理解,这就构成了现代西方世界中思想和文化问题的背景。随着人控制自然的能力不断提高,人受到社会力量的制约也越大。一方面是科学、死板的理性化及其技术体现,强迫人按照一定方式行动的无个性力量的总和,另一方面是活的、具体的个人及其独有的内心世界和道德理想等。这种情况给现代文化带来一个重要特点,即自然科学和人文科学的分离,这种文化上的矛盾最尖锐最集中地表现在哲学领域,反映为科学与道德、事实与价值的分离与对立。这种分离与对立在康德哲学体系中已经有所表现,但是现代哲学则各把持其一隅而偏向发展,形成科学主义和人本主义两大潮流。

科学主义运动是在近代科学相对成熟、现代科学尚在孕育的历史条件下出现的。它始于法国哲学家孔德(1798—1857)创立的实证主义,后来又随着现代自然科学的发展不断变换形态,形成马赫主义。科学主义思潮声言尊崇科学和理性,主张按照"实证科学"或"精确科学"的模式来建立哲学,认为知识即科学,真理性的认识只有在科学中才能找到。它要求按照科学的精神来解释人以及有关人的问题,企图用某种自然科学的理论对之作出说明,它或者把人的价值和尊严、人的自由和个性发展当作科学范围以外的问题,或者认为这些问题都应服从科学技术的制约,强调人无非是技术和机器文明的材料,不是科学技术服从于人的目的,而是人服从于科学技术的要求。与此相关,他们认为,为了解决有关人的社会政治问题,不能像人本主义哲学家所主张的那样撇开现代技术的影响,回到原始的、本真的人,而是要用现代科学技术的方法改造人,进而改造社会,以此解决有关人的问题。20世纪20年代,马赫主义已不能解释自然科学发展中的新问题,在理论上日趋软弱,逻辑实证主义遂发展成影响最大的一种科学主义流派,以后在它的基础上又相继出现了逻辑实用主义、批判理性主义、历史主义学派等流派。

逻辑实证主义的倡导者石里克(1882—1936)、卡尔纳普(1891—1970)等力图实现一切科学的大统一,把实证主义经验论传统与对科学理论的严格的逻辑分析结合起来,从而建立起"科学的哲学"。逻辑实证主义者认为,哲学不应过问经验以外的问题,只有能被经验证实或证伪的命题,才是有意义的科学命题,否则就是毫无意义的假命题,而追求绝对真理、探寻看不见的"本质",都是远离事实和生活而毫无意义的。他们认为,真正的哲学的任务是对科学语言进行逻辑分析,找出它们结构的纯粹形式,并创造一个符号系统,把这些纯粹的形式用符号表达出来。这些符号、形式的意义只能用"经验"(即主观感觉)来证实。逻辑实证主义在科学方法论上是归纳主义,认为知识来源于经验的归纳,演绎推理不能给人以新知识。他们承认归纳推理不是必然推理,而是或然推理,它所获得的知识不是必然性知识,而只是或然性知识,但他们强调,世界上本来就没有永恒的、必然的事实知识,一切事实知识都是或然的,企图寻找永恒的、必然的事实真理,这本身就是一种绝对主义或教条主义。逻辑实证主义有两个重要的特征,一是采用"语言"的形式,拒斥"形而上学";二是突出以逻辑分析为中心的方法论。从实质上看,逻辑实证主义强调经验分析,否定形而上学,属于主观唯心主义经验论的范畴,但是它强调"科学的统一",符合现代科学发展一体化的趋向,其相对主义思考方式也影响许多科学家不自觉地接近了辩证的自然观和科学方法论。逻辑实证主义发展的鼎盛时期是30—40年代,50年代随着自然科学向微观、高速领域发展,它的一些观点和方法已不能适应新形势的需要,开始走向衰落,同实用主义等流派合流。

现代人本主义思潮,是19世纪上半期由德国唯意志主义者叔本华(1788—1860)和丹麦神秘主义者克尔恺郭尔(1813—1855)等人开创的,他们最早公开举起非理性主义的旗帜,要求哲学摆脱外在的虚幻世界而回到内心世界,提出维护个人的价值和使命等口号,以此来改变欧洲哲学思想发展的方向。这股思潮按照历史的顺序,中间经过了新康德主义、新黑格尔主义、生命哲学等流派。现代人本主义区别于古典人本主义的最大特征是非理性主义。西方历史进入20世纪后,出现了一系列新现象,丰富的物质财富反而加剧人与人之间的利害冲突,以理性为基础的科学技术不仅未能保障人的尊严和个性发展,反而使人受物的支配。两次世界大战造成了空前的人间惨剧。现代人本主义者认为科学方法不能揭示真正的实在,因而转向各种不可名状的情感意志和心理本能活动,企图摆脱自己所处的客观的、物质的生活条件的限制,去寻找个人内心精神生活的自由。20世纪形成的存在主义,最突出地论述了现代西方社会中人的价值与地位、生活与遭遇、自由与命运等等问题,从而成为现代人本主义思潮中影响最大和最有代表性的流派。

存在主义最早出现于第一次世界大战后的德国,创始人为海德格尔(1889—1976)和雅斯贝尔斯(1883—1969)。第二次世界大战前后,该流派在法国获得大发展,出现了萨特(1905—1980)、梅洛-庞蒂(1908—1961)、马塞尔(1889—1973)等代表人物,其中以萨特的影响最大。存在主义将人的问题作为基本的问题,人被看作哲学研究的出发点和主题,人之外的一切事物或现象的存在,只是"自在"或"持存",唯独人有自我意识,不但知道自己存在,还知道个人之外的各种东西的存在,故而成为真正的存在。存在主义的一般特点,一是人本主义,即以人的生存和人的问题作为哲学研究的基本对象;二是反传统理性,在认识论中深入研究人的非理性心态，探讨它在哲学、科学、文学、艺术各领域中的表现和作用，试图揭开人类自身精神现象之谜；三是否定一切道德规范，把个人自由推向极端，鼓吹绝对的、无条件的自由；四是悲观主义，对个人自由选择行为的结果惘然失措，对人类的前途也不抱任何希望；五是使用现象学的方法，解释学的意境。存在主义在一定程度上揭示了现代社会的发展对人性的压抑、对人的存在价值的否定以及对人的主体性的抹煞，紧紧抓住了西方"现代人"这个主题，因而能震撼无数人的心，并一度在西方广泛传播。但是它仅仅从人的本身去探索，回避和忽视了西方文明症的社会根源，不能为西方文明的未来发展指明方向，反而对西方社会产生了消极的影响。

在第三次科技革命的推动下，自然科学经历了由原子主义研究方法向系统—结构方法的转变，并推动自然科学和人文科学互相融合。一批人文科学家在探索新的社会认识方法的过程中，努力适应现代科技革命发展的进程，把自然科学、精密科学的方法移植进社会科学，特别是采用客观主义立场和系统—结构方法，将研究对象模型化、程序化、数学化，运用系统论、信息论、控制论、拓扑学等模式使知识形式化，把人文科学知识列成逻辑数学公式，从而在各自研究的领域内取得了独特的见解或成果。这样，60年代在世界范围内兴起了结构主义哲学，对存在主义形成挑战，并具有取而代之之势。

结构主义的主要代表有列维-斯特劳斯(1908—2009)、拉康(1901—1981)、阿尔都塞(1918—1990)、福柯(1926—1984)等。它以结构主义方法论联系起来，不注重于研究哲学的本体论和认识论，而是囊括哲学、人类学、社会学、语言学、文学、历史学、心理学、政治学等人文科学的一种广泛的社会思潮。结构主义认为，世界上的事物存在于一定的系统之中，系统各要素之间的关系的总和就是结构，结构是按一定组合规则构成的整体，可以自我调节，不受外部因素的影响，结构中各个部分可按一定的规则转换，无所谓进化发展。结构主义的基本哲学观点和基本研究方法有以下五个特点：1.强调整体性，认为孤立地研究各个部分尽管有时也能说明一些表面现象，但不可能说明这些部分的本性及其真正的意义；2.强调深层结构，反对停留在表面外观，认为只有把握了深层结构，才能把握现象后面的本质；3.强调结构的客观性，认为一切社会和文化现象的性质和意义都是由结构"命定"的，人只能体现结构的作用，是结构的"载体"，而不能改变结构成为历史的"主人"；4.强调结构是具有自调性的有机整体，不包含任何使它发生显著变化的因素，更没有将会摧毁它的成分，矛盾只能存在于两个结构之间；5.强调静态和共时态的研究，反对动态和历时态的研究，认为把握事物的深层结构无需也不应该历史地去研究事物的变化，只需静态地考察现象结构的横断面就行了。

结构主义哲学家的初衷是想摒弃传统人文学科研究中的"主观性"，坚持"客观性"，移植自然科学中的理性主义方法去研究人文科学的问题，但是，他们在深层结构的来源以及如何把握深层结构的问题上，却陷入了主观主义和非理性主义。此外，结构主义也存在明显的形而上学的倾向。它把共时态研究绝对化，反对历史主义的方法，却无法解释结构之间的相互转换；它把结构的和谐、协调和完美绝对化，否定社会结构中存在矛盾，却不能消除社会现实中存在的种种矛盾、弊端和冲突；它把客观条件的重要性绝对化，完全抹煞人的主观能动性。

为了消除结构主义理论的内在矛盾,一部分结构主义哲学家从结构主义理论内部进行自我批评和改造,形成了"后结构主义",并导致了结构主义的终结。后结构主义试图恢复被结构主义忽略的非理性事物和伦理性事物,主张通过引进异质事物来创造多层次事物,将封闭结构改为开放结构,并反对总体性,认为总体性是一种会导致事物停滞、思想僵化的形而上学原则,只有消除总体性,才能防止社会和文化的僵化。

二、历史学的发展

进入20世纪以后,西方传统史学受到了严峻的挑战。科学的发展使历史学的政治借鉴作用逐渐降低,人们由注重经验、注重过去转向重视科学、重视现实和未来,大量新兴学科排挤了古老的历史学。面临挑战,一些历史学家开始探索史学变革的道路,同时在世界整体化趋势的冲击下,史学整体研究的倾向越来越明显。

50年代中期以前,西方的史学思想主要出现两个流派,一个是思辨的历史哲学,另一个是分析的、批判的历史哲学。

思辨的历史哲学是20世纪以前传统历史哲学的继续和发展,主要代表人物是斯宾格勒(1880—1936)和汤因比(1889—1975)。德国学者斯宾格勒在20世纪初创立了"文化形态史学",其代表作《西方的没落》是一部以比较文化形态学为理论体系的历史哲学著作。斯宾格勒反对把世界历史看作是以西欧为中心的单线向上发展的过程,认为世界历史就是人类8个文化的传记,其中7个已经死亡,只有西方文化还存在,但已经走向没落。他把文化看作一种有机体,具有生命的周期,历经青春、生长、成熟、衰败等阶段,强调用"比较形态学"或"文化形态学"的方法研究世界历史,将世界历史上存在过的各种高级文化作形态学上的比较,找出各种文化在其生命周期中表现出来的形态上的相似性和共同性,以此来理解各种文化,并预测西方文化的前途。

英国历史学家汤因比先后出版了12卷本的巨著《历史研究》,进一步发挥了斯宾格勒的文化形态史观。他认为历史研究的最小单位是文明,6000年的世界历史中共存在过26个不同的文明,各个文明在哲学意义上是平行的、同时代的。他认为,产生文明的环境不是安逸的,而是困难的,挑战与应战是文明起源的规律,社会发展和文明进步是人类不断选择和创造的结果。

分析的、批判的历史哲学是20世纪的产物,代表人物有意大利哲学家克罗齐(1866—1952)和英国历史学家科林伍德(1889—1943)。克罗齐历史理论的一个基本观点是历史即哲学,他一改传统史学研究历史发展过程的作法,主要研究史学的性质、功用和意义,也不像思辨的历史学家那样重点研究人如何创造历史,而是讨论人怎样研究历史。他认为,历史事实离不开历史学家的思考,一切历史都是当代史,因为只有当历史被提升为关于永恒的现在的知识时,历史才表现为与哲学是一体的,只有现在生活中的兴趣才能使人去研究过去的事实。科林伍德更强调历史哲学就是对历史思维所做的哲学上的探讨,认为任何历史现象背后都隐藏着思想,"一切历史都是思想史",历史学家应在现实的基础上对过去的思想进行重新思考、复活和再现,研究历史归根到底是去弄清隐藏在历史行动背后的人的思想动机。

50年代中期以后,史学研究转入了现代化和科学化的新轨道,理论历史科学迅速兴起,探索和变革成为历史科学的主旋律,史学界逐渐脱离旧的史学模式,历史研究的总体水平明显提高。在这一阶段里,各种相关学科,如人类学、社会学、经济学、心理学、数学、系统论等学科的理论与方法,被运用于历史研究,进行跨学科的、"科学式"的或"法则归纳式"的研究。在方法论上,开创了计量史学、比较史学、心理史学、口述史学等新的史学研究方法。历史研究的领域急剧扩大,历史学家的视野向纵横两方面大大拓展,历史研究的对象不仅延伸到人类漫长的史前史时期,而且突破原来的界线一直延伸到当代,历史研究的空间范围突破欧洲中心论的框框,成为真正全世界的历史,历史研究的内容向纵深发展,除政治事件和杰出人物外,一些历史学家把视野扩大到包括地理、经济、文化、艺术、社会心理等在内的其他各个领域,力图创作出包罗万象的"总体史",同时也催生了许多新的历史分支学科,如人口史、生态史、社会心理史、气候史等。

年鉴学派是这一阶段西方史学界中颇具影响的流派。1929年,法国两位历史学家费弗尔(1878—1956)和布洛赫(1886—1944)共同创办了《经济社会史年鉴》,年鉴学派由此得名。战后,该派最著名的学者是法国的布罗代尔(1902—1985),他接替费弗尔成为学术带头人后,一方面组建跨学科的教学、科研和学术交流机构,同时主持出版了体现"总体史研究"精神的著作《地中海与腓力二世时代的地中海世界》和《15至18世纪的物质文明:经济和资本主义》。前一本著作由独立成篇的三部分组成。第一部分论述地中海的地理环境,包括山川、平原、海岸、岛屿、气候、交通、城市等;第二部分为单篇论文,包括人口密度、劳动力、贵金属流通、物价、商业、财政、运输以及当时称霸地中海的土耳其帝国和西班牙帝国的社会形态、战争方式等;第三部分属于传统的政治、军事史,记述两大帝国争霸地中海的过程。这三个层次的划分,体现了三种不同的历史时间,即地理时间、社会时间和个别时间。后来布罗代尔把这三种时间称为"长时段"、"中时段"和"短时段",并提出了相应的"结构"、"情势"和"事件"概念。他认为长时段通常是以世纪为单位的历史过程,长时段现象构成了历史的深层结构。他综合研究了地理、社会、经济、思想、政治等因素,通过三种不同的历史时间概念划分了历史认识的三个层次,立体地展现了一定时期一定地区人类生活的全貌。后一本著作的理论和方法基本上与前者相同,但作者把视野投向整个世界,扩大了总体史研究的范围。布罗代尔的理论和实践丰富了年鉴学派的体系,对当代西方史学有重要影响。

社会科学派是另一个影响较大的史学流派,它的主体力量在美国,其中包括新经济史派、新政治史派和新社会史派。该派认为"历史能够而且应该作为一门社会科学来进行研究",并自觉地促进历史与相邻学科的整体化,"应用各种可能的方法,尤其要鼓励在历史教学和研究中选择并应用相邻学科、特别是社会科学的有关理论和方法,来提高历史解释的质量"。这种"新史学"在方法论上有四个显著特点。第一,注重群体历史,力图勾画大批人或社会集团的行为。第二,注重运用社会科学概念和模式,力图从明确的假设或概念出发。第三,注重系统比较,但这种比较不是常见的形式上的罗列,而是系统分析不同背景下的相同社会过程,以便验证或归纳。第四,注重反复再现、可以证实的史料,尤其是计量资料。1954年,美国社会科学理事会发布了名为《历史研究中的社会科学》的第64号公告,标志着社会科学派的诞生。70年代该派取得长足发展,已拥有了一系列的新刊物,包括《社会和历史比较研究》《历史与理论》《社会史杂志》《历史方法》《计算机和人文科学》《跨学科历史杂志》《社会科学史料》等,作为探索和宣传的园地。

社会科学派注重使用各种方法来研究历史,其中计量方法尤其引人注目。1958年,哈佛大学经济学家康拉德和迈耶在《南北战争前南方奴隶制经济学》一书中首次把计量方法引入经济史研究领域。他们不是根据种植园主的手稿和直觉,而是根据农业部、商业部、人口调查局等机构的统计资料和演绎推理,"客观地"重新考察了争论已久的奴隶制效益问题,最后得出的结论认为,奴隶制给南方带来过收益,奴隶制自行消亡说站不住脚,它的消灭"也许取决于采取严厉的政治手段"。1963年,芝加哥大学经济史学家福格尔出版了《铁路与美国经济增长》一书,引起强烈的震动。福格尔在这本书中,调用一切可以调用的计量手段,对"铁路与美国经济起飞不可分割"的著名论点进行验证,认为如果依赖原有的公路和水路,或者改造公路或开筑5000英里长的新运河,可以取得几乎相同的经济结果。1972年,福格尔又同恩格尔曼一起出版了引起轰动的《苦难的时代——美国内战前的黑奴制经济学》一书。作者花了18年时间,搜集了所有有关奴隶制的资料,进行数千小时的计算机计算,声称第一次"科学地"叙述奴隶制度的实际状况。然而作者的结论令人惊讶,他认为奴隶制是高效益的经济制度,南方农业生产率比北方高,奴隶实际收入比自由农业工人高,奴隶伙食标准超过1964年的营养水平,黑人没有举行大规模的反抗活动等。于是,这部著作在学术界引发了一场"文化战争",始则被捧为"研究美国奴隶制的《资本论》",但不久人们就发现,该书几乎每一个环节都有缺陷,如资料不足,对资料的理解武断,推理混乱,概括勉强,立论陈旧等等。人们还发现,用静态的新古典理论来解释动态的历史是不充分的,而统计和计算机虽不失为有用的手段,但并不能使学者变成客观的、无所不能的"超级史学家"。

马克思主义历史学说对史学界的影响进一步增强。马克思主义诞生以后,长期以来受到资产阶级思想家的顽强抵抗。但是20年代末世界经济大危机的爆发,证明了马克思的历史判断的正确性。从此,即使那些否定马克思主义历史观点的历史学家们,"也不得不用马克思主义的观点来重新考虑自己的观点"。法国年鉴学派奠基人就明显受到过马克思主义历史观点的影响。50年代中期以后,"马克思主义深入到了西方思维之中",对欧美各派史学的影响明显加强了。这种影响在法国史学中表现得特别明显,以致法国历史科学委员会在1965年发表的工作总结中说:"一个作者在思想上不求助于《资本论》,就根本无法谈论作为今日法国史学的标志的各种变动。"布罗代尔比年鉴学派的奠基人更加认真地阅读了马克思的著作,尤其是《资本论》。在联邦德国,菲舍尔(1908—1999)及其领导的汉堡学派,阿本德罗特(1906—1985)及其领导的马尔堡学派,都受到过马克思主义历史学说的重大影响。美国激进派史学和英国"新社会史"的形成及其学术成就,都同马克思主义历史观点的影响有着密切的联系。当代欧美史学加强了经济史研究,经济因素在历史中的作用受到高度重视,马克思主义历史理论的许多观点、概念和方法在历史研究中被广泛运用。在美国,70年代以来还出现了研究和出版马克思著作的热潮,大学里开设了数百种马克思主义课程。

马克思主义史学的大本营在苏联。十月革命胜利后,苏联史学界确立了马克思主义的指导思想和方法论,开拓了如革命运动史、阶级斗争史等新的研究领域,并对一系列历史问题作出新的评价。二次大战以后,苏联史学界进一步发生变化,50—60年代重新展开"亚细亚生产方式"和"俄国农民战争"等问题的讨论,批判了"欧洲中心论",并在深入研究的基础上出版了一大批大部头的集体著作,如13卷本《世界通史》、12卷本《第二次世界大战史》、12卷本《苏联史》和6卷本《苏联共产党史》。但由于特殊的历史原因,这些著作大多观点陈旧,理论教条,给人一种刻板说教的感觉。近年来随着社会政治情况的变化,也出现了一些运用新的方法和手段的史学派别,如数量方法派、比较方法派等。

第二节 文 学 艺 术

一、现代文学

20世纪人类社会出现了许多新现象。社会化的大生产在大力推动社会生产力发展的同时,使劳动者在体力和精神上成为机器的附庸与奴隶,工业化和城市化产生了社会、心理和政治生活的紧张状态,人们的生活节奏加快,生活方式被迫发生变化。20世纪前半期,西方社会的各种基本矛盾比较尖锐,社会贫富悬殊,世风日下,人的尊严和生态环境遭到破坏。短时期内爆发的两次世界大战给人类带来空前的浩劫,生灵涂炭、哀鸿遍野。这些激烈的社会矛盾与冲突以及生活方式的改变必然在思想文化领域内折射出来。二次大战以后的科技革命,既为文学艺术作品提供了新的题材,又增强和扩大了文艺作品的表现途径和手段。同时,20世纪各国政治体制和人的思想观念进一步现代化,为文化的多元化发展提供了宽松的外部环境。于是,各国文学艺术界出现了前所未有的繁荣。

在欧美文学界,主要存在现实主义和现代主义两大流派。

现实主义作家不同程度地承袭19世纪后期现实主义和自然主义的传统,都坚持了"按照生活的本来面貌反映生活"的原则。但是其中又分为两种类型。第一类作家在创作中较少结合现代各种新的技巧,主要采取传统的现实主义手法,如英国的萧伯纳(1856—1950)、法国的罗曼·罗兰(1866—1944)和美国的德莱塞(1871—1945)等。第二类作家则在继承现实主义传统的基础上,较多地结合了各种新的表现手法。如美国作家海明威(1899—1961),在短篇小说《乞力马扎罗的雪》中采用了意识流和象征手法,在1952年出版的中篇小说《老人与海》中,则使用了"冰山原则",即作者只写露出水面的1/8,其余7/8的水下部分由读者自己去想象。德国作家托马斯·曼(1875—1955)在四部曲长篇小说《约瑟和他的兄弟们》中则借用了弗洛伊德的精神分析学说。

现代主义文学是一种多元化的文学,主要标志是以非理性的原则反叛旧的文学传统,提倡进行大胆的思想探索和文学实验。它们不屑于表面的客观真实的表现,志在表现意识以下的深沉情感,以冷峻严肃的笔调达到心理深处的客观真实。现代主义文学流派繁多,1945年以前主要有后期象征主义、表现主义、意识流文学、存在主义文学、未来主义、超现实主义六大流派,战后又涌现出黑色幽默、新小说派和垮掉的一代等流派。

后期象征主义继承了19世纪末期象征主义的余绪,主张以象征、暗示、自由联想等手法表达人的微妙的思想感情和哲理,以探求内心的"最高真实",反对直抒胸臆。他们的作品讲究雕塑美、音乐美和诗的韵律。代表作是英国诗人艾略特(1888—1965)的《荒原》。

表现主义最早产生于绘画艺术中,而后渗透到文学领域。它奉行"艺术是表现而不是再现"的原则,主张文学作品应表现人的主观感受和复杂多变的精神状态,反对摹写客观世界,强调表现"自我"。奥地利作家卡夫卡(1883—1924)的中篇小说《变形记》是其代表作,它通过荒诞、形象变形的艺术手法,深刻地表现了资本主义世界人性异化的主题。表现主义戏剧的先驱是瑞典的斯特林堡(1849—1912),其剧作有《鬼魂奏鸣曲》等。另一位重要代表是美国的奥尼尔(1888—1953),代表作有《毛猿》等。

意识流文学产生于20年代,深受弗洛伊德主义和柏格森(1859—1941)直觉主义的影响,强调文学主要表现人的意识流动,特别是表现潜意识的活动,主张文学应深入开拓人物的内心世界,反对对客观现实作忠实的描述,反对作家作出自己的说明和评论。意识流小说主要以内心独白为主线,大量采用象征手法,借用音乐和电影技巧,在语言和标点符号方面标新立异,使小说表现出时空颠倒,意识跳跃,表面一片混乱,只有仔细研究才能看出其间精巧的联系。爱尔兰作家乔伊斯(1882—1941)的长篇小说《尤利西斯》、英国女作家伍尔夫(1882—1941)的长篇小说《到灯塔去》、法国作家普鲁斯特(1871—1922)的长篇小说《追忆逝水年华》、美国作家福克纳(1897—1962)的长篇小说《喧哗与骚动》是意识流小说的典范。

存在主义文学主要是在存在主义哲学的基础上产生的,一些存在主义哲学家同时就是存在主义文学家。萨特是其中最重要的代表,他的《恶心》就是一部存在主义哲理小说。法国作家加缪的小说《局外人》也是这一派文学的著名代表作。另一位主要代表是法国女作家波伏瓦(1908—1986)。存在主义文学在70年代后渐显式微,但是它对欧美文学的发展有着不容忽视的影响。

黑色幽默是60年代美国文坛上出现的一个文学流派,得名于作家弗里德曼编写的一本名为《黑色幽默》的短篇小说集。该派作家怀有一种沉重的绝望感,在小说中把周围世界中的丑恶、畸形、残忍、阴暗的人物与事件,"艺术地"加以渲染和夸大,使之荒谬化,随后以一种带有喜剧效果的冷隽幽默加以讽刺和嘲笑。这些作家比较关心社会现实,他们的嘲弄与讽刺,实质上是对社会现实的一种批判,尽管这种批判常常带有某种玩世不恭、嬉笑怒骂、唐突无忌的态度。海勒(1923—1999)的长篇小说《第二十二条军规》是黑色幽默派的代表作,它以夸张、滑稽、讽刺的笔触,刻意描写了官僚体制的荒诞和残忍。冯尼戈特(1922—2007)的长篇小说《第五号屠场》、品钦的《万有引力之虹》也是黑色幽默的代表作。

新小说派诞生于法国,但是在其他欧洲国家、美国、日本也引起较大的反响。罗伯-格里耶(1922—2008)是新小说的主要代表,他1956年发表的论文《未来小说的道路》被称为新小说派的宣言。他认为19世纪以来的现实主义小说的手法与语言已经过时,现代作家的主要任务是用"没有人格化"的不带感情色彩的语言,表现"既没有意义,也不荒谬"的客观世界,从事物的变化反映人的心理"真实"。其代表作有长篇小说《橡皮》等。该派力图打破以巴尔扎克为代表的现实主义小说的传统手法的框框,从内容、形式、手法、语言诸方面探索一种新的小说创作类型,从而展示一个客观存在的"真实"世界,以适应迅速多变的世界。女作家萨洛特(1902—1999)也是该派的重要代表,她1956年发表了论文集《怀疑的时代》,反映了新小说派的理论观点。她认为,要摆脱本世纪以来日趋严重的小说创作危机,唯一的出路是打破传统的创作手法,让读者与作者共同进行一场"旨在发现表面之下深藏的事物的努力和探索"。其代表作有长篇小说《天象仪》等。新小说派在创作上主张以冷峻、客观的对物的描写来展示物质世界,在他们的笔下,主人公可以有名有姓,也可以无名无姓,有时干脆用字母作为代号。他们的小说常常打破时空界限,运用时空颠倒、穿插跳跃的手法,使现实、梦境、想象、回忆、幻觉等交错重叠,从而建立一个纯属内心世界的时间与空间。

垮掉的一代是文学流派,也是一场对传统的价值观念进行公开挑战的文学运动,参加这场运动的青年服饰怪诞、发型奇特、吸毒酗酒、群居纵欲,以表示对虚伪道德的反抗。该派在哲学上受存在主义的影响,在政治上受无政府主义的影响,在生活上受纵欲主义的影响,而在文学上则深受自然主义和自发主义的影响。该派的代表人物有凯鲁亚克(1922—1969)和金斯堡(1926—1997),前者的代表作是小说《在路上》,后者是垮掉派诗人,代表作是诗集《嚎叫及其他》。

在社会主义苏联,文学的发展与政治形势密切相关。从30年代起,文坛禁止现代主义写作手法的流传,规定社会主义的现实主义为唯一的创作原则和方法。从十月革命胜利到第二次世界大战结束,苏联文坛涌现出高尔基(1868—1936)、马雅可夫斯基(1893—1930)、法捷耶夫(1901—1956)、肖洛霍夫(1905—1984)等著名作家,创作了《阿尔达莫夫家的事业》(高尔基著)、《列宁》(马雅可夫斯基著)、《毁灭》(法捷耶夫著)、《静静的顿河》(肖洛霍夫著)等优秀作品。但是在斯大林时代,苏联文学作品中也出现了明显的对斯大林个人崇拜的倾向。斯大林逝世后,爱伦堡(1891—1967)于1954年发表了中篇小说《解冻》,突破此前描写工农业成就、歌颂英雄人物的固有模式,触及诸如社会主义社会应该发扬民主、关心人以及文艺界要敢于揭露阴暗面等尖锐问题。该书的发表引发了一股文学思潮,被称为"解冻文学"。这股潮流中的代表作还包括:奥维奇金(1904—1968)的农村工作特写集《区里的日常生活》、肖洛霍夫的卫国战争题材短篇小说《一个人的遭遇》和列昂诺夫(1899—1994)的哲理小说《俄罗斯森林》。苏共二十二大以后,苏联文坛出现了一批"集中营文学",描写主人公在劳改营的恶劣生活,强调劳改营的犯人都是无辜受害者,甚至把斯大林时期的苏联社会比作"阴曹地府"。70年代末80年代初,苏联文坛涌现出一批被评论家称为"小型化史诗"的作品,这类作品的特点是把大量的历史内容框限在较小的篇幅内,加强叙述的主观性,结构紧凑,情节淡化,在一定程度上借鉴了现代西方文学中象征、假定、跳跃和时空转换等手法。较出名的作品有邦达列夫(1924—　)的道德三部曲《岸》、《人生舞台》、《选择》,特里丰诺夫(1925—1981)的《老人》,艾特玛托夫(1928—2008)的《一日长于百年》等。

二、电影艺术

19世纪末的科技浪潮,为电影艺术的问世提供了坚实的物质基础。1895年,爱迪生和卢米埃尔(1864—1948)几乎同时在美国和法国发明了能拍摄和放映活动影片的机器,翌年底,电影已经完全脱离实验阶段,与观众见面。进入20世纪后,电影成为最具时代特色的艺术。

20世纪前半期,西方电影事业的发展大体经历了形成期和成熟期两个时期。1927年以前是形成期,电影经历了由短片到长片,从单镜头到多镜头剪接,并形成视觉语言的过程。第一次世界大战以前,西欧的艺术电影略占优势,尤以法国较为突出。大战爆发后,未遭战火摧残的美国电影迅速发展,逐渐形成自己的优势地位,并沿着剧情电影的方向发展。大战结束后的10年内,美国影片在世界各国占着上映节目的60%—90%。在西方电影的成熟期,电影技术有两个很重要的突破。1926年8月,华纳兄弟制片公司推出世界上第一部音画同步的配乐影片《唐璜》,不过只有音乐,没有对白。翌年10月,该公司又推出克劳斯兰德摄制的《爵士歌王》,这部影片插入了道白和歌唱。这些标志着电影事业进入了有声电影时代。1935年,美国彩色电影《浮华世界》问世,又标志着彩色电影时代的来临。自此,电影具备了画面、声音和色彩三大元素。

在西方电影史上,存在着写实主义和技术主义两个传统。写实主义者主张到现实的场景中去,一般不搞完整的电影剧本,强调在拍摄中随时发现戏剧性元素,重视演员的即兴灵感的作用和自然流露的情感,反对演员的刻意表演。他们不重视电影的娱乐价值,否定主观的教育和宣传意图。技术主义者则把娱乐观众、进行某种教育和宣传作为制片的目的,把技术或技巧放在重要地位。他们主张精心编写剧本,在摄影棚里采用貌似真实的布景和演员的刻意表演,充分利用蒙太奇等手段,给观众制造出完美的生活幻觉,唤起观众热爱、痛恨、赞成、反对、快乐、痛苦等强烈情感。这两个传统各具特色,但又互相交叉,优秀的电影作品往往融合两者的长处。

好莱坞电影是技术主义传统的典型代表,好莱坞电影城是技术主义电影的世界性基地,获得了"世界电影王国首都"的称号。随着大量的技术主义电影从好莱坞涌出,观众从中感觉到了一种"似是而非的真实"和"梦幻中的现实",因此好莱坞又获得了"梦幻工厂"的外号。好莱坞在电影发展的成熟期中首创了制片厂制度和明星制度,设立了闻名于世的奥斯卡金像奖,涌现出一大批优秀的电影演员。除了卓别林(1889—1977)主演的一批电影外,好莱坞还生产了不少在世界电影史上占有重要地位的影片,以及一些色情和凶杀片。第二次世界大战结束至60年代末,美国电影曾出现危机,好莱坞的制片厂制度也于1951年解体,影片产量不断下降。但是70年代由于一批年轻导演的崛起,好莱坞克服了危机,又生机勃勃地发展起来。好莱坞电影就像多元化的美国社会一样,纷繁复杂,斑驳陆离,反映着美国的梦想和愿望，显示着美国文化与社会价值观念的变化，成为美国社会情势的晴雨表。战后美国发生的重大事件，从麦卡锡主义到水门事件，从冷战到越南战争，从种族冲突到女权运动，都在电影中折射出来；激进主义与保守主义、现实主义与浪漫主义、写实主义与技术主义、纪实化思潮、传统主义和后现代主义等各种各样的哲学思潮、美学观念、艺术风格相互交替，同时并存；政治片、灾难片、战争片、西部片、科幻片、伦理片、暴力片、歌舞片、怀旧片等各种类型的影片轮番登场，在奥斯卡奖的角逐中各领风骚。好莱坞电影的特点之一，是既保持商业电影的气息，善于把握观众心理，迎合大众时尚，获取高额利润，同时又不惜工本，用大制作、高科技、名导演、大影星来生产和制作影片，参与世界电影市场的激烈竞争。

在好莱坞电影低落时期，欧洲各种风格的电影趁势崛起。战后初期首先兴起了意大利的新现实主义电影，以导演罗西里尼（1906—1977）为主要代表。这类影片站在人性和人道主义的立场上，关注下层普通人的生活和命运，把镜头对准战后初期尖锐的社会现实问题，如失业、贫困、老人等问题。即使是拍摄反映反法西斯斗争的重大历史题材，也很少描述伟大的英雄事迹，而是通过对普通人日常生活的描述来加以表现的。在表现方式上，这类影片摈弃了任何戏剧化的人工雕琢，采取了纪实性的、朴实无华的风格，在事件发生的地点实景拍摄追捕、格斗、酷刑、反抗斗争等场面，几乎同新闻纪录片一样逼真。然而，对世界影坛冲击比较大的是以法国"新浪潮"运动为代表的现代主义电影，以导演特吕弗（1932—1984）、戈达尔（1930—   ）为主要代表。这种电影的出现同存在主义、弗洛伊德精神分析学说、非理性主义、西方马克思主义等文艺思潮和哲学观念有较为密切的关系，是这些思潮和观念同电影相结合的产物。"新浪潮"电影运动的本质，是要求以现代主义精神来改造电影，要突破传统的电影形式、结构和手法，用现代的电影手法和技巧来表现哲理性的主题。这类影片往往是刻意描绘现代都市中人的处境、心理、爱情和性关系，用都市街景取代浪漫主义的自然风光，用性爱放纵代替爱的忠贞。在创作艺术和表现技巧方面，它们用事件的无逻辑组合或非理性的意识活动来代替或打乱逻辑的情节结构，以及用跳接、自我介入或其他主观随意的手法来破坏传统的技巧。这类影片既有别于仅供娱乐消遣的商业性故事片，也不同于不参与商业流通的先锋派实验电影，它们的立意与表现手法虽然都比较新颖，但一般的观众都能看懂。从60年代开始，又出现了"新德国"电影运动。这类影片介于"新浪潮"电影和好莱坞商业片之间，具有德意志的民族特色，注重哲理，对人的心理状态有细腻的分析，能吸取现代电影的技巧和手法，倾向于现实主义的纪实风格。

苏联在电影事业上也取得了较大的成就。20年代占重要地位的是新闻片和纪录片，30年代起则在表现"革命中的个人"的主题下，创作了不少故事片，其中包括《夏伯阳》《列宁在十月》《伟大的公民》等。苏联的影片以现实主义为主调，但是蒙太奇大师爱森斯坦（1898—1948）导演的《战舰波将金号》也曾震动世界影坛。卫国战争期间，苏联电影事业在战火中艰苦而顽强地前进，拍摄了不少鼓舞人民斗志的影片。50年代中后期至60年代初，由于社会政治领域反对个人迷信的结果，电影创作的氛围比较宽松，电影事业开始走向复兴。这个时期拍摄的影片，不少尽管还是战争题材，但是着力于从个人感受的角度来表现战争，较为细腻地刻画人物性格与心理活动,表现普通人在战争中的不幸命运,既揭示了战争的灾难,也带有某种阴郁伤感的情调。70年代和80年代初,苏联电影由复兴趋向繁荣,出现了创作高潮。电影的题材包括军事爱国主义、政治、生产和道德,但取得较大成就的是军事和道德题材。奥泽洛夫(1921—2001)执导的《莫斯科保卫战》,气势磅礴,场面壮观,影片摄制组成员有500人,光摄影师就有102人,参加拍摄的士兵5000人,平民10000人,演员250人,描述了斯大林、朱可夫、希特勒等一大批历史人物,尤其是战争的场面十分逼真,如反映苏、德双方争夺斯摩棱斯克时,有100多辆坦克、几千人参加拍摄。

20世纪后半期,电影开始受到电视的挑战。电视是传播信息的重要工具,是进行教育的有效手段,还是综合艺术的一个重要形式。随着电视覆盖面日益扩大,彩色电视的普及和电视机性能的提高,更多的人宁愿在家里舒适方便地看电视,上电影院的人数日趋减少。在录像业和光盘业发展后,观众又有了更多的选择余地和自主权。

三、现代美术

在美术界,20世纪现实主义流派仍然在继续发展,但是更为引人注目的是现代主义流派的崛起。这些流派在创作宗旨上主张强调自我,抒发个人情感,在技巧上否定视觉的真实性,采用紊乱的线和点、位置错乱的空间结构、违反真实的色彩配置等等。

19世纪末出现的表现主义绘画在20世纪初继续发展,该派画家注重通过作品表现内心情感,相对忽视对描绘对象的摹写,在形象上多表现为变形和抽象。主要画家有奥地利的珂珂希卡(1886—1980)、德国的凯希纳(1880—1938)、马尔克(1880—1916)等。

第一次世界大战前现代绘画中其他令人注目的画派之一是立体派。该派画家的创作是以个人主观为中心,以个人"脑子里的理解"来替代客观世界本身。他们在创作实践中提出一个认识物象的新方法,即把对象的上、下、左、右各方面的印象拼合在一个平面上,他们的作品,有的看起来好像是粘贴的剪纸,有的则像是叠置起来的碎玻璃。立体派领袖之一是西班牙画家毕加索(1881—1973),他创作的反法西斯壁画《格尔尼卡》和为保卫世界和平大会画的石版画《和平鸽》是立体派的佳作。立体派的另一位领袖是法国画家布拉克(1882—1963)。

野兽派也产生于第一次世界大战前,该派画家的风格不尽相同,但都强调大色块和豪放的线条,以形成夸张与自由的形式,达到单纯率意的效果。野兽派中最著名的画家是法国的马蒂斯(1869—1954),法国的弗拉芒克(1876—1958)也是该派的代表人物。

抽象派出现于第一次世界大战时期,创始人是俄国画家康定斯基(1866—1944)。他属于抽象主义中的唯情派,在创作中强调主观即兴式的冲动,认为艺术作品的形式本身就是内容,艺术作品的一切表现力都起源于形式。抽象派在保留事物形象方面比立体派走得更远,完全摆脱了形象的束缚,以纯粹的线、色、块作为艺术语言。抽象派的另一重要代表人物荷兰画家蒙德里安(1872—1944)属于该派的唯理派,他的画由不同大小的方格子组成,并认为这些作品都是他对人生和宇宙的概括。

超现实主义画派是两次世界大战之间产生的最有影响的画派,该派画家受弗洛伊德精神分析心理学的影响,在艺术表现上追求把潜意识中的生与死、真与幻、过去与未来,在"绝对现实"的探索中统一起来。主要画家有西班牙的米罗(1893—1983)、达利(1904—1989),德国的恩斯特(1891—1976),比利时的马格利特(1898—1967)等。

第二次世界大战以后,现实主义画派也有所发展。50年代在英国兴起了波普艺术,60年代以英国伦敦和美国纽约为中心在世界各地广泛流行。波普艺术力图通过生活中最为大众化的事物,如电影、广告、报刊等的技术,来创作生活中的普通现象的形象,以反映和揭示艺术与人的关系。通过拼贴或复制罐头、可口可乐瓶、广告招贴、总统肖像、影星照片、钱币、电椅等物品,使波普艺术更加具有多样化的魅力和强劲的市场冲击力。影响最大的波普艺术家是美国的沃霍尔(1928—1987)。

60年代后期出现的"照相现实主义"是波普艺术的变种,该流派又称"超级现实主义"或"高度现实主义",是高科技时代的产物。这个画派认为"逼真"和"酷似"才是艺术的要素,它的基本方法是摄影的放大与临摹,在题材选择方面比较广泛,如油桶、破车、沿街铺面、裸女等,往往借助于一张好看的照片或幻灯片放大作画,通过极端琐碎的细节临摹,以期达到比照相更真实的视觉效果。

但是战后发展更快的则是现代主义流派,其活动中心逐渐从巴黎转移到纽约。50年代最为风行的现代主义画派是"行动绘画"和"色彩抽象绘画"。前者又称"滴画",画家在作画时边走边滴颜料,他自身的运动与滴色动作相协调,以此来反映自己的绘画行动。这种画法随意性极大,不受任何绘画理论和技巧的支配,只关注于绘画材料本身和绘画语言,去追求色彩的偶然效果。后者又称"大色域绘画",作品往往由几个形状简单的方块和粗粗的线条组成,构成一种抽象的空间,似乎表达某种信仰或精神要素,常人难以理解。

欧普艺术也是影响较大的现代主义流派,它又称"光效应艺术"或"视幻艺术",利用光学的感觉加强绘画的效果,主要是以各种黑白或彩色的几何形体的复杂排列、组合、对比、重叠、交错等手法,使观众造成视觉上的错乱,产生颤动、变形等幻觉,给人一种虚幻超脱、光怪陆离的感觉。

ABC艺术是抽象艺术在60年代出现的分支。它又称"最低限度艺术",被认为是从"炽热的"行动绘画转向"冷淡的"、无感情的抽象绘画,把色彩减少到最低限度,甚至干脆就是"独色画",变成了一种想入非非的活动。

第三版后记

《世界通史》原为世界银行贷款资助项目,初版于2001年,2009年出了修订版。承蒙广大师生和学界的厚爱和好评,该书为诸多兄弟院校历史学系采用作教材和参考书。2005年,该书被评为普通高等教育"十一五"国家级规划教材,2017年,被列入"十三五"国家重点图书出版规划。

根据国家级规划图书编写的新要求,本版做了较大幅度的修订。在修订中,编撰体系和理论框架基本不变,指导思想和史学理念仍一以贯之。作为宏观史学的通史,其灵魂在于"通";作为由众多民族、国家组成的世界历史,其要义在"整体性"(世界性),力求上下贯通,左右融会,纵贯交织,从多维的视角总体上把握人类社会发展的历史进程、基本脉络和演化大势。本教材以人类文明的演变为线索,按古代文明和地域性历史、工业文明的兴盛、现代文明的发展和选择三大阶段,在宏观与微观、纵向与横向的结合上,勾勒出人类社会嬗变演进的总体运动,揭示世界文明发展的共同性、多样性和丰富性。

本教材此次修订时,我们努力体现科学性和时代性相结合的特点,吸纳国内外学术界最新研究成果,充实新史料,尽力使叙述的内容更接近于历史的本相。同时,编写人员站在时代的高度,用现代的理论、方法,对历史作出客观、中肯的诠释,知往鉴今,涵养历史智慧。

作为教材,本书力求贯彻立德树人、全面加强素质教育的方针和深化教学改革的精神,重视创新精神和实践能力的培养,推动学生向自主学习方式的转变。内容力求少而精,强干削枝,突出重点,简明扼要,力求更符合大学教材的特定要求。

《世界通史》共分三编,本卷为第三编。作者分工如下:余伟民撰写第二章、第五章、第七章、第八章、第九章,郑寅达撰写第一章、第三章、第四章、第六章、第十章。

本书此次修订时,华东师范大学出版社编辑范耀华女士给予了大力支持和协助,对提高本书质量提出了很好的建设性意见,谨在此深表感谢。

限于学术水平和时间的局促,书中难免有不当和疏漏之处,恳请专家同仁和广大读者指正。

主编
2018 年 1 月